全国财政职业教育教学指导委员会审定
全国高职高专院校财经类专业规划教材

国际金融实务
（第2版）

主编　吕鹰飞

中国财经出版传媒集团
中国财政经济出版社

图书在版编目（CIP）数据

国际金融实务/吕鹰飞主编．—2 版．—北京：中国财政经济出版社，2018.8
全国高职高专院校财经类专业规划教材
ISBN 978 – 7 – 5095 – 8381 – 4

Ⅰ．①国…　Ⅱ．①吕…　Ⅲ．①国际金融 – 高等职业教育 – 教材　Ⅳ．①F831

中国版本图书馆 CIP 数据核字（2018）第 159480 号

责任编辑：李　媛　赵天天　　　　　　责任校对：徐艳丽
封面设计：孙俪铭

中国财政经济出版社 出版

URL：http：//www.cfeph.cn
E – mail：cfeph@cfeph.cn
（版权所有　翻印必究）
社址：北京市海淀区阜成路甲 28 号　邮政编码：100142
营销中心电话：010 – 88191537　北京财经书店电话：64033436　84041336
北京密兴印刷有限公司印刷　各地新华书店经销
787×1092 毫米　16 开　21.25 印张　494 000 字
2018 年 10 月第 2 版　2021 年 1 月北京第 2 次印刷
定价：49.00 元
ISBN 978 – 7 – 5095 – 8381 – 4
（图书出现印装问题，本社负责调换）
本社质量投诉电话：010 – 88190744
打击盗版举报热线：010 – 88191661　QQ：2242791300

前言 Preface

　　全球宏观经济虽然呈现出显著复苏态势，但是风险依然存在，宏观经济政策选择、结构性改革和逆全球化问题依然突出。习近平总书记在党的十九大报告中指出，中国坚持对外开放的基本国策，坚持打开国门搞建设，积极促进"一带一路"国际合作，努力实现政策沟通、设施联通、贸易畅通、资金融通、民心相通，打造国际合作新平台，增添共同发展新动力。当前，我国经济已深度融入世界经济，国内外经贸往来之密、要素流动之广、市场融合之深前所未有，在新的历史起点上，推动形成全面开放新格局。伴随着人民币汇率形成机制市场化改革和人民币国际化进程的加快，我国经济将更大范围和更深度地融入全球经济，国内不同层次的经济主体将面临国际金融市场更大的风险和投资机遇。因此，提高现有国际金融和贸易从业人员的业务水平，并培养出更多能够有效防范金融风险和进行投融资的国际金融专业人才是亟待解决的问题。

　　目前我国的职业教育进入了前所未有的快速发展时期，党中央对发展职业教育提出了新要求。党的十八大报告明确提出要"加快发展现代职业教育"，党的十九大报告明确提出要完善职业教育和培训体系，深化产教融合、校企合作。教育部等六部门印发《现代职业教育体系建设规划》（教发[2014] 6号）的重点任务第九项"改革职业教育专业课程体系"中明确提出"建立产业技术进步驱动课程改革机制。按照科技发展水平和职业资格标准设计课程结构和内容。到2020年，基本形成对接紧密、特色鲜明、动态调整的职业教育课程体系。建立真实应用驱动教学改革机制。职业院校按照真实环境真学真做掌握真本领的要求开展教学活动。"

　　因此，本教材为了适应当前的国际国内金融形势，按照我国职业教育课程改革的需要，内容安排和体例设计力争体现职业教育的教学特点，注重权威性、前瞻性、国际化，是一本理实一体化的教材。教材在2015年第1版的基础上，对知识进行了更新，组织形式和内容选取旨在推动高等职业教育国际金融课程改革，根据工作项目确定教学任务，注重学生校内学习与实际工作的一致性，实现教、学、做一体化，突出对学生职业素质和能力的培养。为了便于学生的学习，教材以任务驱动教学，并开辟了"导入案例""案例分析""知识链接""单元实训""综合实训"等专栏，对相关新知识、新观点、新动态予以适当拓展，有助于帮助学生理解和把握知识要点，开阔学生的视野，激发学习兴趣，增强理论与实践结合的能力。与同类教材相比，本书突出了教材的实践性、生动性、趣味性和实用性，具有知识结构合理、内容形式新颖、案例经典生动、重点难点突出、理论与实践紧密结合等特点。

本书经全国财政职业教育教学指导委员会审定，作为全国高职高专院校财经类专业规划教材出版。本书既可以作为高职院校国际金融教学的专业教材，也可以作为金融机构、涉外企业等国际金融从业人员的岗位培训教材，还可以作为个人外汇投资的入门学习资料。

本教材由吕鹰飞担任主编，负责全书的整体结构设计、统稿并总纂。张晓晖担任主审，任春玲、侯迎春和姜丽凡担任副主编。汤茜、高建侠、方茂扬和汤国明参加编写。具体分工：项目一、项目三、项目六、项目八由吕鹰飞编写，项目二由侯迎春编写，项目四由宋贺编写，项目五由姜丽凡编写，项目七由任春玲编写。汤茜参与编写项目三，方茂扬参与编写项目四，高建侠参与编写项目八。

在写作过程中我们参阅了大量的国内外文献，在此对所有文献的作者表示衷心的感谢。限于编者的水平，书中难免存在疏漏和不足之处，恳请高职教育和金融行业专家、广大同仁和读者批评指正。

主　编

2018年2月

目 录 Contents

项目一　外汇与汇率 …………………………………………………（1）

　　任务一　外汇 ………………………………………………………（1）
　　　　教学活动1　了解外汇的概念 ………………………………（2）
　　　　教学活动2　了解主要的外国货币 …………………………（4）
　　任务二　汇率 ………………………………………………………（9）
　　　　教学活动1　汇率及其标价方法 ……………………………（9）
　　　　教学活动2　银行的外汇牌价及应用 ………………………（13）
　　任务三　汇率制度 …………………………………………………（16）
　　　　教学活动1　汇率决定的基础 ………………………………（16）
　　　　教学活动2　影响汇率变动的主要因素 ……………………（22）
　　任务四　汇率变动对经济的影响 …………………………………（25）
　　　　教学活动1　汇率变动对国际收支的影响 …………………（25）
　　　　教学活动2　汇率变动对国内经济的影响 …………………（28）
　　任务五　人民币汇率制度 …………………………………………（31）
　　【综合实训】………………………………………………………（34）

项目二　国际收支 ……………………………………………………（38）

　　任务一　国际收支与国际收支平衡表 ……………………………（38）
　　　　教学活动1　掌握国际收支的概念 …………………………（39）
　　　　教学活动2　认识国际收支平衡表 …………………………（42）
　　　　教学活动3　认识国际投资头寸表 …………………………（53）
　　任务二　国际收支平衡表分析 ……………………………………（58）
　　　　教学活动1　了解国际收支平衡表项目差额 ………………（58）
　　　　教学活动2　国际收支平衡表的分析方法 …………………（60）
　　任务三　国际收支失衡与调节 ……………………………………（65）
　　　　教学活动1　国际收支失衡的表现及原因 …………………（65）
　　　　教学活动2　国际收支失衡对经济的影响 …………………（68）
　　　　教学活动3　国际收支失衡的调节 …………………………（71）
　　【综合实训】………………………………………………………（80）

项目三 国际储备 （85）

任务一 认识国际储备 （85）
教学活动1 掌握国际储备的概念 （85）
教学活动2 国际储备的构成 （88）

任务二 国际储备的管理 （92）
教学活动1 国际储备的规模管理 （92）
教学活动2 国际储备的结构管理 （96）

任务三 我国的国际储备 （98）
【综合实训】 （102）

项目四 国际资本流动 （106）

任务一 认识国际资本流动 （106）
教学活动1 国际资本流动概述 （107）
教学活动2 国际资本流动的经济效应 （111）

任务二 国际融资实务 （115）
教学活动1 认识国际融资 （116）
教学活动2 国际融资的主要方式 （119）

任务三 金融危机 （129）
教学活动1 认识金融危机 （129）
教学活动2 金融危机爆发的原因及传导机制 （135）

任务四 我国利用外资与对外投资 （139）
教学活动1 我国利用外资 （139）
教学活动2 我国对外投资 （143）
【综合实训】 （150）

项目五 外汇交易的基本知识 （154）

任务一 认识外汇市场 （154）
教学活动1 外汇市场及其分类 （155）
教学活动2 外汇市场的主要参与者 （158）
教学活动3 世界主要的外汇市场 （160）
教学活动4 中国的外汇市场 （164）

任务二 了解外汇交易 （167）
教学活动1 外汇交易的类型及特点 （168）
教学活动2 外汇交易盈亏的计算 （173）

任务三 外汇交易流程和操作 （177）
教学活动1 选择外汇交易（开户）银行 （177）
教学活动2 开户 （179）
教学活动3 外汇交易平台的操作 （181）
教学活动4 熟悉外汇交易指令 （201）
【综合实训】 （209）

项目六　外汇交易实务 (212)

任务一　传统外汇交易 (212)
教学活动1　即期外汇交易 (213)
教学活动2　远期外汇交易 (218)
教学活动3　套汇交易 (226)
教学活动4　掉期交易 (230)
教学活动5　套利交易 (234)

任务二　外汇衍生品交易 (237)
教学活动1　合约现货外汇交易 (238)
教学活动2　外汇期货交易 (244)
教学活动3　外汇期权交易 (252)
教学活动4　金融互换交易 (258)

【综合实训】 (265)

项目七　外汇行情与交易策略 (270)

任务一　外汇行情分析 (270)
教学活动1　外汇行情基本面分析 (271)
教学活动2　外汇行情技术面分析 (276)

任务二　外汇交易策略与技巧 (289)
教学活动1　了解主要交易货币的特性和重要指标 (289)
教学活动2　外汇交易策略的制定和实施 (294)

【综合实训】 (299)

项目八　外汇风险管理 (301)

任务一　认识外汇风险 (301)
教学活动1　掌握外汇风险的概念 (302)
教学活动2　了解外汇风险的类型 (303)

任务二　外汇风险的管理 (308)
教学活动1　外汇风险管理的原则 (309)
教学活动2　外汇风险管理的方法 (310)

【综合实训】 (322)

综合实训答案 (326)

【主要参考文献】 (331)

项目一 Project 1
外汇与汇率

知识目标：掌握外汇的概念、特点，了解主要的外国货币；掌握汇率的概念、标价方法和种类；掌握不同汇率制度下汇率的形成机制；了解人民币汇率的形成机制和汇率制度的沿革。

能力目标：能够正确应用银行的外汇牌价表处理相关的外汇业务，能够运用所学知识分析国际金融和经济现象。

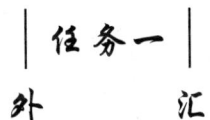

任务一 外汇

【任务要求】

教师要讲解外汇的概念、特点和种类

学生要理解外汇的概念、特点并认识世界主要货币的名称及符号

教学活动 1　了解外汇的概念

【活动设计】

1. 教师讲解外汇的概念、特点和种类等相关基础知识；
2. 教师组织课堂讨论，分析外国货币与外汇的关系。

【案例导入】

人民币国际化重新驶入快车道

2017年是人民币国际化的转折之年。在经历了近两年的停滞之后，人民币国际化呈现出明显的回暖迹象。导致人民币国际化回暖的因素，可以归结为三个方面：一是官方的支持，2017年的政府工作报告首次提出，要"保持人民币在全球货币体系中的稳定地位"，为全年工作奠定了基调；二是市场机制的完善，深港通、债券通等相继开通，金融产品不断丰富，为跨境投资便利化提供了条件；三是可能是最重要的因素，即人民币汇率的企稳回升。

事实上，人民币国际化进程同汇率走势亦步亦趋。2015年"8·11汇改"之后，人民币兑美元汇率持续贬值，由6.1左右一度下降至2017年年初的6.9左右，人民币国际化进程也由高歌猛进转为停滞不前。直到2017年5月，逆周期因子加入，人民币兑美元汇率持续走强，外国投资者持有人民币资产的意愿才重新上升，进而推动人民币国际化重获动力。

资料来源：经济参考报，2018.02.05。

【基础知识】

一、外汇的概念

外汇（Foreign Exchange）是国际经济交易的重要媒介，它的含义有两种：一种是动态的含义，一种是静态的含义。动态的外汇是国际汇兑的简称，是指把一国货币换成另一国货币，用以清偿国际间债权债务关系的金融活动。静态的外汇有广义和狭义之分。广义的外汇是泛指一切以外币表示的金融资产，狭义的外汇则是指以外币表示的用于国际结算的支付手段。狭义的外汇是通常所使用的外汇概念。根据狭义外汇的定义，外国货币（现钞）、外币有价证券、黄金等不能视为外汇，因为这些资产不能直接用于国际结算。因此，只有在国外银行的存款，以及可以索取这些存款的有效票据（如汇票、支票、本票和电汇凭证）等才是外汇。国外银行存款是狭义的外汇的主体。

国际货币基金组织曾对外汇作如下定义:"外汇是货币行政当局(中央银行、货币管理机构、外汇平准基金组织及财政部)以银行存款、财政部库券、长短期政府证券等形式所保有的在国际收支逆差时可以使用的债权"。按照我国2008年8月修正的《外汇管理条例》规定,外汇是指下列以外币表示的可以用作国际清偿的支付手段和资产:(1)外国货币,包括纸币、铸币;(2)外币支付凭证或者支付工具,包括票据、银行存款凭证、银行卡等;(3)外币有价证券,包括债券、股票等;(4)特别提款权;(5)其他外汇资产。

二、外汇的特点

由于外汇是用于国际结算,清偿不同国家间的债权债务,便于国际间资金的转移和实现各国货币购买力的工具和手段,所以它必然有以下特点:

1. 外汇是以外币表示的资产。任何以本国货币表示的信用工具、支付手段、有价证券等对于本国人来说都不是外汇。

2. 外汇必须是在国外能够得到补偿的债权,空头支票和遭到拒付的汇票不能视为外汇。

3. 外汇必须是可以自由兑换为其他支付手段的外币资产。如果某种资产在国际间的自由兑换受到限制,则它就不是外汇。

一种外币资产要成为外汇必须具备三个条件:

1. 国际性,即这种外币资产在国际经济往来中能够被各国普遍接受和使用。

2. 自由兑换性,即这种外币资产必须能够自由兑换成其他外币资产或支付手段。

3. 可偿付性,即这种外币资产在国外能保证得到偿付。如空头支票或被拒付的债权都不是外汇。

三、外汇的种类

根据可兑换程度的不同,外汇可区分为两类:

1. 自由外汇。这种外汇是指无需经过货币发行国外汇管理当局批准即可自由兑换成其他国货币或向第三者办理支付的外汇。美元、日元、英镑等一些主要西方国家的货币属于这一类。

2. 记账外汇。记账外汇又称协定外汇或双边外汇,是指不经有关国家货币当局批准不能自由兑换成其他货币,也不能向第三者进行支付的外汇。这种外汇是双边贸易的产物,即两国之间的贸易结算按双方协议规定只在双方的指定银行账户上记载,之后集中结算。所以这种外汇不是真正意义上的外汇。

【知识链接】

人民币国际化

人民币国际化是指人民币能够跨越国界，在境外流通，成为国际上普遍认可的计价、结算及储备货币的过程。尽管目前人民币境外的流通并不等于人民币已经国际化了，但人民币境外流通的扩大最终必然导致人民币的国际化，使其成为世界货币。

通常货币国际化可以分为三个层次：

第一层次是本币在一般国际经济交易中被广泛地用来计价结算；

第二层次是本币在外汇市场上被广泛用作交易货币；

第三层次是成为各国外汇储备中的主要货币之一。

跨境人民币结算：指将人民币直接使用于国际交易，进出口均以人民币计价和结算，居民可向非居民支付人民币，允许非居民持有人民币存款账户。

教学活动2　了解主要的外国货币

【活动设计】

1. 教师准备主要外国货币的票样图片；
2. 教师讲解即期主要外国货币的代码和特点；
3. 学生收集主要外国货币的资料。

【案例导入】

唐代广州成为全国外贸中心，有多种外国货币流通

人类学家列维·斯特劳斯曾经写道：在欧洲大小城乡里的那些沙龙上，衣装得体的男男女女们围坐一堂，满怀期待地等待着像他这样的游历者以如簧之舌讲述一个"未知"之地的种种"神秘"景象，不时发出惊叹的场景，是非常常见的。

唐代，广州成为全国的外贸中心，设立了专门管理海外贸易的机构"市舶司"，外国商人云集。宋代广州与50多个国家有通商及政治关系。元代广州更是与多达140多个国家有贸易往来。梁启超感叹当时的广州："交通之盛，不让今香港，而外人居留之多，今日举国无能与京矣。"并非虚语。

广州外贸繁荣时达到了怎样的程度呢？有历史资料这样记载："粤中所用之银不一种，曰连，曰双鹰，曰十字，曰双柱，曰北流锭，曰镪，皆乾隆初年以前所用。其后外洋钱有花边之名，来自墨西哥。又有鬼头之名，盖外人往往以其国王之像印于钱面也，今民间呼为番面钱，以画像如佛，故又号佛番。南、韶、连、肇多用番面，潮、雷、嘉、琼多

用花边。"学者指出,这种在一个地区使用多种外国货币的现象,在以前是绝无仅有的事。它从一个侧面反映出岭南商贸的国际性。

资料来源:广州日报,2017.11.22,作者:卜松竹。

【基础知识】

一、世界主要货币的名称及代码

世界各国的货币都有自己的名称和单位,但是全球经济一体化迅速发展以及国际贸易和国际金融市场的交易规模迅速扩大,要求各国在货币的表示方法上具有通用性,以方便国际结算和金融市场的交易。为了能够准确而简单地表示各国货币的名称,便于开展国际金融和贸易活动,国际标准化组织(ISO)设计了货币的标准代码。每种货币代码都用三个字母表示,前两个字母是国家和地区代码,最后一个字母是货币代码,只有欧元例外。世界主要的货币名称及代码如表1-1所示。

表1-1　　　　　　　　世界主要货币名称及标准代码

货币符号	货币名称(英文)	货币名称(中文)	简写
CNY	Renminbi Yuan	人民币(元)	¥
USD	US Dollar	美元	$/US $
EUR	EURO	欧元	€
GBP	Pound Sterling	英镑	£
JPY	Japan YEN	日元	JP¥
CHF	Swiss France	瑞士法郎	SF
SEK	Swedish Krona	瑞典克朗	SKr
NOK	Norwegian Krona	挪威克朗	NKr
CAD	Canadian Dollar	加拿大元	Can $
AUD	Australia Dollar	澳大利亚元	A $
SGD	Singapore Dollar	新加坡元	S $
HKD	Hong Kong Dollar	港元	HK $
MOP	Macau Pataca	澳门元	P/Pat
MYR	Malaysian Ringgit	马来西亚林吉特	M $
THB	Thai Baht	泰国铢	B
KRW	Korea Won	韩元	W
SDR	Special Drawing Rights	特别提款权	SDRs

【课堂讨论】

外国货币与外汇的关系。

二、世界主要货币简介

(一) 美元

美元是外汇交换中的基础货币,也是国际支付和外汇交易中的主要货币,在国际外汇市场中占有非常重要的地位。美国最早的纸币是由13个殖民地的联合政权"大陆会议"批准发行的,称为"大陆币"。1863年财政部被授权开始发行钞票,背面印成绿色,被称为"绿背"一直沿用至今。

美元的发行权属于美国财政部,办理具体发行的是美国联邦储备银行。目前流通的纸币面额有100、50、20、10、5、2、1元等7种,另有1元等于100分(Cents)。美国已经发行了1928、1934、1935、1950、1953、1963、1966、1969、1974、1977、1981、1985、1995、2001、2003、2009、2013等各年版。自2017年11月16日起,1928—1995年版美元(银行简称"小头版")在国内已停兑,即不收不付,1美元除外,如果要兑换,只能由国内银行向国外办理托收。每张钞票正面印有券类名称、美国国名、美国国库印记、财政部官员的签名。1963年起以后的各版,背面画面的上方或下方又加印一句"IN GOD WE TRUST (我们信仰上帝)"。1996年美国开始发行一种具有新型防伪特征的纸币,第一次发行的是100元券。1996年版美元(大头版),纸币的尺寸和基本设计风格没变。最大的变化是一改200多年无水印的美国传统,在10、20、50、100票面的右侧增加了肖像人物水印,而5美元则是在1999年以后添加的。2013年底,美国发行新版100美元面额钞票(大头彩色版),采用3D动感猫森工艺(MOTION),包括若干先进防伪工艺技术,称得上独一无二,成为美国有史以来印制的最复杂的钞票。美国钞票图样中的中心字母或阿拉伯数字分别代表美国12家联邦储备银行的名称。

外汇交易中,美元的交易额占86%,美元是目前国际外汇市场上最主要的外汇,主要表现在以下几点:

1. 各国中央银行的外汇储备包括黄金与各种货币,但其中最主要的储备资产仍然是美元。
2. 全球的主要贸易品几乎都以美元计价。
3. 大多数的国际贸易是以美元进行交易。
4. 绝大多数的国际性债务工具是以美元计价。
5. 在国际间旅行时,美元往往是最普遍被接受的货币。
6. 几乎每一种货币都是以美元表示价值。
7. 当国际间发生危机事件,资金希望寻求避风港时,美元通常是第一个被考虑的对象。
8. 美元区的情况决定世界范围利率的发展。

(二) 欧元

欧元源于1989年提出的道尔斯计划。1991年12月11日,马斯特里赫特条约启动欧元机制以来,到1999年初,大多数欧盟国家都把它们的货币以固定的兑换比例同欧元联结起来。根据马斯特里赫特条约,欧洲单一货币叫做"ECU"。1995年12月,欧洲委员会决定将欧洲单一货币改名为欧元"Euro"。2002年1月1日起,所有收入、支出包括工薪收入、税收等都要以欧元计算。2002年7月1日以后，欧元区各国发行的货币退出流通。

欧元纸币由各参与国中央银行责成的欧洲中央银行负责发行。欧元硬币由各个参与国政府负责发行。不同发行机构之间保持互相协调。欧元共分7种面值，即5、10、20、50、100、200和500欧元，面值越大，纸币面积越大。每种纸币正面图案的主要组成部分是门和窗，象征着欧盟推崇合作和坦诚精神。纸币的反面是各类桥梁，包括很早以前的小桥和现代先进的吊桥，象征着欧洲与其他国家之间的联系纽带。各种门、窗、桥梁等图案分别体现了欧洲各时期的建筑风格。欧元硬币由8种面额组成，包括1、2、5、10、20、50欧分。

1998年，欧盟11个成员国制订了欧元趋同标准（Convergence Criteria），并随着1999年1月1日欧元的正式出现而成立了欧元区。目前，欧元区共有19个成员国和超过3亿3千万的人口。19个国家分别是：德国、法国、意大利、荷兰、比利时、卢森堡、爱尔兰、西班牙、葡萄牙、奥地利、芬兰、立陶宛、拉脱维亚、爱沙尼亚、斯洛伐克、斯洛文尼亚、希腊、马耳他、塞浦路斯。另有9个国家和地区采用欧元作为当地的单一货币。但是作为美元的世界储备货币的竞争者，欧元的流通已经不限于上述地区。

（三）英镑

英镑为英国的本位货币单位，由英格兰银行发行。1971年2月15日，英格兰银行实行新的货币进位制，辅币单位改为新便士（New Penny），1英镑等于100新便士。目前，流通中的纸币有5、10、20和50面额的英镑，另有1、2、5、10、50新便士及1英镑的铸币。1990年10月8日，英镑加入欧洲货币体系，其对货币体系内各种货币汇率的波动幅度为6%。1992年9月16日，英国宣布英镑暂时脱离欧洲货币体系。2016年9月起，英格兰银行发行了新版5英镑塑料钞，这也是英格兰银行历史上首次发行塑料钞，此后，2017年9月推出了新版的10英镑塑料钞，并计划于2020年开始发行新版的20英镑塑料钞。英镑纸币主要由英格兰银行发行，此外苏格兰和北爱尔兰地区也有多家银行同时发行英镑，但设计图案与面额配置各不相同。在国际上，英镑的结算上普遍只承认英格兰银行版本。在我国，外币兑换银行也不兑换且不接收除英格兰银行以外其他各银行发行的英镑。

（四）日元

日元是日本的货币单位名称，创设于1871年5月1日。日元由日本银行发行。日元下面的货币单位（辅币）为分，1日元等于100分。流通中的纸币面值有1 000元、2 000元、5 000元、10 000元，硬币面额有1元、5元、10元、50元、100元、500元。日本钞票正面文字全部使用汉字（由左至右顺序排列），中间上方均有"日本银行券"字样，各种钞票均无发行日期。日元的印制水平很高，特别在造纸方面，采用日本特有的物产"三亚皮浆"为原料，纸张坚韧有特殊光泽，为浅黄色，面额越大颜色越深。

（五）澳大利亚元

澳大利亚元又称澳元，是澳大利亚的法定货币，由澳大利亚联邦储备银行发行。澳大利亚元在外汇市场上，目前为交易量世界第五大的流通货币，居美元、欧元、日元、英镑之后，占总交易量的6%。目前澳大利亚流通的有5、10、20、50元面额的纸币，另有5、

10、20、50分和1、2澳元硬币,其进位是1澳元等于100分(Cent)。1993年之前,还有1、2分硬币,但1993年之后不再流通。2017年,废除了100元面额的纸币。澳大利亚硬币的正面为英国女王伊丽莎白二世头像。澳大利亚新版塑料钞票,经过近30年的研制才投入使用,它是以聚酯材料代替纸张,耐磨,不易折断,不怕揉洗,使用周期长而且手感强烈,具有良好的防伪特性。自从1988年发行了世界上第一张塑料纪念钞以来,澳大利亚看到了塑钞的优势,其货币开始从纸钞全面转变为塑钞。从1992年开始,澳大利亚每年发行一枚塑钞来代替现行纸钞,到了1996年,所有塑料流通钞全部发行完毕,澳大利亚也由此成为了世界上第一个拥有一整套塑料流通钞票的国家。

(六)加拿大元

加拿大元由加拿大银行(Bank of Canada)发行。现行的加拿大纸币有5、10、20、50、100元5种面额,另有1元、2元和1、5、10、25、50分铸币,1元等于100分。1935年加拿大发行了印有英女皇乔治五世像的第一批钞票。1935年以来,加拿大已经一共发行了六个系列的纸币,分别是1935版、1937版、1954版、加拿大风光版、鸟版以及加拿大旅程系列。加拿大居民主要是英、法移民的后裔,分英语区和法语区,因此钞票上均使用英语和法语两种文字。1935年加拿大发行第一批钞票,分别用英语和法语两种文字印刷,以后发行的钞票系列却都是英法两种文字共同印刷。重新设计的钞票系列于1937年,1954年和1969年发行,最新的钞票是1986年发行的。2011年11月14日,加拿大央行宣布首次开始发行塑料钞票,进入流通的塑料钞票面值为100加拿大元。2017年6月1日,为庆祝加拿大建国150周年,加拿大银行发行一款新的10元钞票,是迄今为止加拿大最安全的钞票。

(七)瑞士法郎

瑞士法郎(Swiss Franc)是瑞士和列支敦士登的法定货币,由瑞士的中央银行发行。2015年1月15日起瑞士法郎与欧元脱钩。流通的纸币面额有10、20、50、100、200、1 000瑞士法郎,硬币面额有5、10、20生丁和1/2、1、2、5瑞士法郎,辅币进位是1瑞士法郎等于100生丁。2016年4月12日瑞士开始发行新版50瑞郎纸币,2017年5月17日发行20瑞郎纸币,10月18日发行10瑞郎纸币,之后陆续推出200瑞郎、1 000瑞郎和100瑞郎新纸币,直至2019年,瑞士纸币将全部更新。瑞士纸币有众多的防拷贝技术的特点,是极其困难甚至可能是无法仿制的。由于瑞士奉行中立和不结盟政策,所以瑞士被认为最安全的地方,瑞士法郎也被称为传统避险货币,加之瑞士政府对金融、外汇采取的保护政策,使大量的外汇涌入瑞士,瑞士法郎也成为稳健而颇受欢迎的国际结算和外汇交易货币。在如今银行卡、信用卡盛行的时代,与其他国家公民相比,瑞士人依然热衷于使用现金。

(八)港元

港元或称港币,是香港特别行政区的法定流通货币。按照香港基本法和中英联合声明,香港的自治权包括自行发行货币的权力。港元由渣打银行(香港)有限公司、香港汇丰银行有限公司及中国银行(香港)有限公司等3家发钞银行组织发行。香港特别行政区建立了港元发行与美元挂钩的联系汇率制度。外汇基金所持的美元就为港元纸币的稳定提供了支持。自1993年起,汇丰银行和渣打银行发行的新版钞票将带有殖民地色彩的图案均由狮头和紫荆花图案所代替。港元钞票面额分为 10 元、20 元、50 元、100 元、500 元、1 000 元，铸币（硬币）有 7 种面额，分别是 10 元、5 元、2 元、1 元、50 分、10 分、5 分。

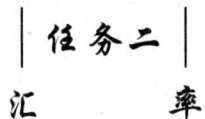

任务二 汇　　率

【任务要求】

教师要结合案例讲解汇率的概念、标价方法和种类，讲解银行外汇牌价表的构成及使用方法。

学生要掌握汇率的标价方法、种类，读懂银行的外汇牌价表并能够处理常见的银行外汇业务。

教学活动1　汇率及其标价方法

【活动设计】

1. 教师讲解汇率含义、种类及标价方法；
2. 给出不同市场的汇率，学生判断汇率的标价方法。

【案例导入】

走出人民币汇率惯性思维

对人民币汇率的信心反映出市场对宏观经济稳中向好的预期，但要警惕陷入人民币汇率单边走势的惯性思维。作为一个崛起中的发展中大国，中国的汇率制度也需要与时俱进。当前，我国面临的跨境资本流动越来越多，需要一个更为灵活、更有弹性的汇率安排。今后我国对人民币汇率双向波动的容忍度将增强，人民币汇率将越来越充分地反映市场供求并将与国际市场接轨。

人民币汇率在 2014 年以前长期单边升值，使人们习惯了汇率的单边走势。但这种情况早已发生了变化，"8·11" 汇改优化人民币中间价报价机制以来，人民币汇率形成机制改革已迈出市场化关键一步，人民币汇率弹性在逐步增强，尤其在 2017 年，汇率有涨有跌的双向波动特征尤为明显。中国人民银行副行长易纲曾评价说，中国 2017 年以来汇率真正实现了双向浮动。

继续深化人民币汇率形成机制改革，已是大势所趋。2017 年 7 月份召开的全国金融工作会议提出，深化人民币汇率形成机制改革，稳步推进人民币国际化，稳步实现资本项目可兑换。人民币汇率从有管理的浮动过渡至清洁浮动、对外汇市场的干预减少直至基本退出，是汇改的既定方向。这意味着我国对人民币汇率双向波动的容忍度将增强，人民币汇率将越来越充分地反映市场供求并将与国际市场接轨。

认清上述趋势，人们就会对人民币汇率有更加理性的判断。我国经济稳中向好，内生增长动力增强，这些因素将继续支持人民币在全球货币体系中保持稳定地位，也会支撑人民币汇率继续走强。但是，外汇市场波谲云诡，从来不乏"黑天鹅"。2018年，在世界经济复苏和主要经济体货币政策正常化仍有不确定性的形势下，人民币汇率更大的可能性是呈现双向波动而非单边上涨。

资料来源：经济日报，2018.02.08。

【基础知识】

一、汇率的概念

汇率（Exchange Rate）指的是两国货币之间折算的比率，或者说是以一国货币单位表示的另一国货币单位的价格，因此汇率也叫汇价。

二、汇率的标价方法

汇率的标价方法指的是以哪种货币作为基础进行折算。目前在国际上有以下几种标价方法：

1. 直接标价法（Direct Quotation）

直接标价法是指以一定单位（如1个单位或100个单位）的外国货币作为标准，折算成若干数量的本国货币。这种标价法是用本币来标出单位外币的价格，所以也称为价格标价法或应付标价法。在直接标价法下外国货币的数额固定不变，本国货币的数额随汇率的高低而变化。一定单位的外国货币折算成的本国货币增多，说明外国货币汇率上升，即外币升值或本币贬值。反之，说明外币汇率下跌，即外币贬值或本币升值。世界上绝大多数的国家采用直接标价法，我国人民币汇率也采用直接标价法。例如，中国外汇交易中心公布，2018年2月7日银行间外汇市场人民币汇率中间价为：1美元对人民币6.2882元，这里6.2882元人民币就是1美元的价格，表示要获得1美元，需付出6.2882元人民币。

2. 间接标价法（Indirect Quotation）

间接标价法是指以一定单位的本国货币（如1个单位或100个单位）作为标准，折合成若干数量的外国货币。在这种标价法中本币是基准货币，即用外币来标出单位本币的价格，所以也称之为应收标价法或数量标价法。在间接标价法下，本币数额固定不变，外币数额随汇率高低而变化。如果一定单位本币所兑换的外币数量增多了，则说明本币汇率上升而外汇汇率下跌，即本币升值，外币相对贬值；反之，则说明本币贬值，外币升值。

目前，英国、美国、澳大利亚和欧元区等国家和地区采用这种标价方法。采用间接标价法的国家，一般来说，都曾是在国际经济及政治上占有统治地位的国家，其货币都曾长期是最主要的国际货币。英国在金本位时期及第一次世界大战前后，在国际经济及金融领域一直占支配地位，伦敦一直是国际金融中心，英镑一直是最主要的货币，所以英国一直采用间接标价法。美国在第二次世界大战以前长期采用直接标价法，但在第二次世界大战以后，随着美元在国际结算和国际储备中逐渐取得统治地位以及国际外汇市场的高速发展，为了与各国外汇市场上对美元的标价一致，美国从1978年9月1日起，除了对英镑、澳元、欧元、爱尔兰镑和新西兰元继续采用直接标价法外，对其他货币一律改用间接标价法。

需要指出的是，汇率的两种不同的标示或标价方法，只是方法上的不同，即只是以本国货币还是以外国货币作为折算标准不同，并没有实质的区别，是一个问题的两个方面，即两种标价方法同时寓于一个兑换等式之中。例如，在100美元＝665.53元人民币的汇率关系中，从美国的角度看是间接标价法，而从中国的角度看就是直接标价法。

3. 美元标价法（US Dollar Quotation）

美元标价法又称纽约标价法，在美元标价法下，各国均以美元为基准来衡量各国货币的价值（即以一定单位的美元为标准来计算应该汇兑多少他国货币的表示方法），而非美元外汇买卖时，则是根据各自对美元的比率套算出买卖双方货币的汇价。这里注意，除英镑、欧元、澳元和新西兰元外，美元标价法基本已在国际外汇市场上通行。

美元标价法的目的是为了简化报价并广泛地比较各种货币的汇价。例如日本某银行面对其他银行的询价，报出的货币汇价为：1USD＝85.80JPY。

人们将各种标价法下数量固定不变的货币叫做基准货币（Base Currency），把数量变化的货币叫做标价货币（Quoted Currency）。显然，在直接标价法下，基准货币为外币，标价货币为本币；在间接标价法下，基准货币为本币，标价货币为外币；在美元标价法下，基准货币是美元，标价货币是其他各国货币。

三、汇率的种类

在不同的场合，汇率有不同的表现形式。汇率依据分类标准的不同，可以有不同的划分。

（一）**基本汇率和套算汇率**

按确定汇率的方法划分，汇率可以分为基本汇率和套算汇率。

1. 基本汇率（Basic Rate）。通常选择一种国际经济交易中最常使用、在外汇储备中所占的比重最大的可自由兑换的关键货币作为主要对象，制定与本国货币之间的比率，这种汇率就是基本汇率。

2. 交叉汇率（Gross Rate）。也称套算汇率，是在基本汇率的基础上，套算出本币对其他非关键货币的汇率。

（二）**买入汇率、卖出汇率、中间汇率和现钞汇率**

按银行买卖外汇的角度划分，可以将汇率分为买入汇率、卖出汇率、中间汇率和现钞汇率。

1. 买入汇率（Buying Rate），又叫做买入价，是外汇银行向客户买进外汇时使用的价格。
2. 卖出汇率（Selling Rate），又叫做卖出价，是外汇银行向客户卖出外汇时使用的价格。

银行买卖外汇的目的是为了获得利润，通过低价买进、高价卖出来赚取买卖价差。因此，买入汇率一定低于卖出汇率，买卖价之间的差额一般为 0.1% ~ 0.5% 左右，这是外汇银行的经营利润。

3. 中间汇率（Middle Rate），是买入价与卖出价的算数平均数。各新闻媒体在报导外汇行情时通常使用中间汇率，中间汇率是人们了解汇率变化和研究汇率走势的重要依据，但不适用于客户交易。

4. 现钞汇率（Bank Note Rate）又称现钞买卖价。是指银行买入或卖出外币现钞时所使用的汇率。现钞买入价一般低于外汇买入价，而现钞卖出价与外汇卖出价相同。为什么钞买价低于汇买价呢？因为银行在买进外汇后，通过银行转账，资金可以很快存入外国银行，开始生息或调拨使用。而外币现钞只能在其发行国使用，或存入其发行国银行才能生息。银行购入外币现钞后，要积累到一定数量才能将其运送并存入国外银行调拨使用，这期间银行要承受一定的利息损失，并且在运送过程中还要支付运费和保险费，银行要将这些利息损失和费用转嫁给卖出外币现钞的客户。因此，银行的现钞买入价要低于外汇买入价。而银行卖出现钞和卖出外汇并不影响银行的损益，因此二者价格相同。

（三）官方汇率和市场汇率

按对外汇管理的宽严程度划分，汇率可以分为官方汇率和市场汇率。

1. 官方汇率（Official Rate）是在外汇管制比较严格的国家，由官方的外汇管理机构制定并公布的汇率。在实行严格外汇管制的国家，一切外汇交易由外汇管理机构统一管理，外汇不能自由买卖，没有外汇市场汇率，一切交易都必须按照官方汇率进行。

2. 市场汇率（Market Rate）是在外汇管制比较松的国家，外汇市场上由外汇供求自行决定的汇率。市场汇率是外汇市场实际买卖外汇的汇率，它随着市场外汇供求的波动而波动，受市场机制调节。

（四）固定汇率和浮动汇率

按汇率制度的不同，可以划分为固定汇率和浮动汇率。

1. 固定汇率（Fixed Rate）。是指外汇汇率基本固定，汇率的波动幅度局限在一个较小的范围之内，当汇率波动超出规定的界限时，货币当局有义务对外汇市场进行干预以维持汇率的稳定。

2. 浮动汇率（Floating Rate）。是指汇率不予以固定，也无任何汇率波动幅度的上下限，而是汇率随着外汇市场的供求变化而自由波动。

（五）单一汇率和复汇率

按允许使用的汇率种类多少划分，可以分为单一汇率和复汇率。

1. 单一汇率（Single Rate）是指一种货币（或一个国家）只有一种汇率，这种汇率通用于该国所有的国际经济交往中。

2. 复汇率（Multiple Rate）是指一种货币（或一个国家）有两种或两种以上汇率，不同的汇率适用于不同的国际经贸活动。复汇率是外汇管制的一种产物，又可以分为贸易汇率和金融汇率等。

（六）即期汇率和远期汇率

按外汇交易的交割时间划分，汇率可以分为即期汇率和远期汇率。

1. 即期汇率（Spot Rate）也叫现汇汇率，是外汇买卖双方成交当天或两天以内进行交割时使用的汇率。

2. 远期汇率（Forward Rate）也叫期汇汇率，是在未来一定时期进行交割，而事先由买卖双方签订合同，达成协议的汇率。到了交割日期，由协议双方按预订的汇率、金额进行交割。

即期汇率和远期汇率之间有一定的差额，称为远期差价。这种差额用升水、贴水和平价来表示。升水是表示远期汇率比即期汇率贵，贴水则表示远期汇率比即期汇率便宜，平价表示二者相等。

教学活动2　银行的外汇牌价及应用

【活动设计】

1. 教师准备某商业银行外汇牌价表和相关外汇业务案例；
2. 教师讲解外汇牌价表的构成和正确选择使用外汇牌价的方法；
3. 学生利用外汇牌价表处理外汇业务。

【案例导入】

现汇交易价和外汇市场中间价

何先生是一家银行外汇实盘买卖客户，在2011年7月28日18点38分止损挂盘卖出日元买入美元，挂盘止损价格为81.55，挂盘期限1天，历史交易记录显示成交价格81.55。何先生查询了当天外汇行情，发现美元/日元市场行情中间价最高为81.47，怎会以81.55成交了？他向该行反映，未得到满意答复。在2011年8月26日，何先生投诉到当地人民银行。

经过调查，此笔投诉属客户对于合同中"现汇交易价"和外汇市场"中间价"概念不清所引起的纠纷。国家外汇管理局官方网站给予"现汇交易价"的解释为"外汇指定银行在向客户买卖外汇时所使用的汇率。"因此，现汇交易价实际上是银行向客户提供的现汇汇率，与中间价存在一定的点差，具体来说，被投诉银行对一般客户的现汇交易价一般是在中间价基础上加减10个点差确定的，所以客户在银行系统中填报81.55的现汇交易价格时，当外汇市场中间价到达81.45就会成交。随后，当地人民银行安排消费者和银行进行当面调解，向何先生解释了有关概念，提醒其在今后的交易中，要以银行报价为基准，避免造成资产损失，何先生对此表示认同。

资料来源：钱江晚报，2014年6月12日。

【基础知识】

一、读懂银行的外汇牌价表

中国银行外汇牌价表如表1-2所示。

表1-2　　　　　中国银行外汇牌价表　2018年2月8日（发布时间10∶02∶20）

货币名称	现汇买入价	现钞买入价	现汇卖出价	现钞卖出价	中行折算价
美元	627.02	621.87	629.63	629.63	628.22
日元	5.7281	5.5497	5.7698	5.7698	5.7446
欧元	768.33	744.4	773.94	775.48	770.07
英镑	869.77	842.67	876.1	878.02	870.83
阿联酋迪拉姆	—	165.03	—	177.01	170.88
澳大利亚元	490.21	474.94	493.77	494.85	490.94
澳门元	77.9	75.28	78.2	80.71	78.22
巴西里亚尔	—	184.29	—	201.57	192.53
丹麦克朗	103.15	99.96	103.97	104.18	103.46
菲律宾比索	12.21	11.83	12.31	12.88	12.3
港币	80.2	79.55	80.51	80.51	80.36
韩元	0.5756	0.5554	0.5802	0.6013	0.5777
加拿大元	498.64	482.86	502.28	503.38	499.44
马来西亚林吉特	163.22	—	164.36	—	160.53
卢布	10.84	10.17	10.92	11.34	10.87
南非兰特	51.98	47.99	52.34	56.33	52.02
挪威克朗	79.13	76.69	79.77	79.93	79.38
瑞典克朗	77.44	75.05	78.06	78.22	77.64
瑞士法郎	663.79	643.31	668.45	670.12	665.56
沙特里亚尔	—	162.83	—	171.31	167.35
泰国铢	19.75	19.14	19.91	20.52	19.91
土耳其里拉	164.68	156.61	166	174.07	164.95
新加坡元	472.67	458.08	475.99	477.18	473.56
新台币	—	20.7	—	22.33	21.53
新西兰元	450.94	437.02	454.1	459.67	453.16
印度卢比	—	9.1858	—	10.3584	9.8009
印尼卢比	—	0.0446	—	0.0478	0.0463

资料来源：中国银行网站。

通过观察中国银行的外汇牌价表，我们能够发现以下几个特点：

1. 人民币汇率采用直接标价法，以 100 单位外币作为基准，折算成若干单位的人民币。

2. 牌价表中有现汇买入价、现钞买入价、现汇卖出价、现钞卖出价和中行折算价五个价格构成。现汇买入价＜现汇卖出价，现钞买入价＜现汇买入价。美元、英镑等可自由兑换货币的现钞卖出价与现汇卖出价相同，交易量小的非自由兑换货币如泰国铢、菲律宾比索的现钞卖出价＞现汇卖出价。

3. 中行折算价是炒汇中的名词，中行折算价相当于是基准价，没有基准价的，中行自己折算出的中间价。中行折算牌价是中行内部使用的中间价。主要用于内部会计核算时的各货币之间的折算，同时也用于外汇买后内部的平仓，计算该业务的损益。中行折算价是中行本行用来核算外币资产的价格。如果客户要通过中国银行办理货币兑换，应该适用现钞和现汇的买卖价格而非该中行折算价。

二、利用银行外汇牌价表处理外汇业务

（一）结汇业务

国际业务结汇是指外汇所有者将其外汇收入出售给外汇指定银行，外汇指定银行按一定汇率付给等值本币的行为。目前，我国主要实行的是强制结汇制，部分企业经批准实行限额结汇制；对境内居民实行意愿结汇制。

2018 年 2 月 8 日，某出口企业收汇 100 万英镑，该企业到中国银行办理结汇。则中国银行会使用表 1－2 中的英镑现汇买入价为企业办理结汇，即出口企业结汇所得为 100 万 ×869.77÷100 = 869.77 万元人民币。

（二）售汇业务

外汇指定银行将外汇卖给外汇使用者，并根据交易行为发生之日的人民币汇率收取等值人民币的行为。例如 2 月 8 日，某企业要向德国出口商支付货款 100 万欧元，用人民币到中国银行购汇，则中国银行会使用表 1－2 中的欧元现汇卖出价出售 100 万欧元，该企业的购汇成本为 100 万 ×773.94÷100 = 773.94 万元人民币。

（三）外币兑换

外币兑换是客户到银行进行外币现钞的兑换业务。例如 2 月 8 日，张先生因出国旅游需要兑换 20 000 港元现钞，则中国银行会按照表 1－2 中港元现钞卖出价为张先生兑换港元现钞，张先生兑换港元需要支付 20 000 ×80.51÷100 = 16 102 元人民币。同日，王先生旅游回来，剩余 500 港元，到中国银行兑换人民币。则中国银行会选择港元现钞买入价为王先生兑换人民币，即王先生可以换回 500 ×79.55÷100 = 397.75 元人民币。

【操作实例】

利用表 1－2 做下列外汇业务。

1. 李先生因出国访问，用因私护照向中国银行兑换 20 万日元，问其应向银行支付多少人民币？

20万 × 5.769 8 ÷ 100 = 11 539.6 元人民币

2. 某公司有一张50万美元的汇票和5000欧元的现钞，能够兑换多少人民币？

50万 × 627.02 ÷ 100 = 313.51 万元人民币

5 000 × 775.48 ÷ 100 = 38 774 元人民币

3. 某公司需要对外支付60万英镑的货款，但其在银行只有美元账户，该公司需要支付多少美元兑换60万英镑？

用银行美元的现汇买入价和英镑的现汇卖出价进行兑换，即该公司用美元兑换人民币，再用人民币兑换英镑。

兑换60万英镑，需要支付人民币：60万 × 876.10 ÷ 100 = 5 256 600 元人民币

该公司需要支付 5 256 600 ÷（627.02 ÷ 100）= 838 346.46 美元兑换 5 256 600 元人民币

因此，该公司需要支付83.83万美元兑换60万英镑。

任务三 汇率制度

【任务要求】

教师要结合案例讲解固定汇率制和浮动汇率制度及不同汇率制度下汇率的决定基础和影响汇率变动的主要因素。

学生要掌握不同汇率制度下汇率的决定基础，能够运用所学的理论知识分析和解释经济金融现象。

教学活动1 汇率决定的基础

【活动设计】

1. 教师组织汇率制度的相关案例；
2. 教师讲解固定汇率制和浮动汇率制度及不同汇率制度下汇率的形成机制；
3. 组织学生讨论固定汇率制和浮动汇率制的优劣。

【案例导入】

深化人民币汇率形成机制改革

2017年7月第五次全国金融工作会议强调了"发挥市场在金融资源配置中的决定性

作用",并且将未来五年金融领域的主要任务调整为"服务实体经济、防控金融风险、深化金融改革"。党的十九大报告中提出的"发挥市场在资源配置中的决定性作用,更好发挥政府作用",必将是货币当局长久面对的重大课题。作为货币政策的重要组成部分,深化人民币汇率形成机制改革要求人民币汇率更充分地反映经济基本面,显著增强人民币汇率弹性,市场配置金融资源的能力不断提高,同时构建宏观审慎政策框架,守住不发生系统性金融风险的底线。可见人民币汇率形成机制改革应在权衡利弊的基础上,把握改革时机和机会窗口,渐进式推进改革具体方案和目标。

资料来源:华尔街见闻,2018.02.05,作者:董也琳。

【基础知识】

一、汇率制度

汇率制度又称汇率安排,是指一国货币当局对其货币汇率的变动所作的一系列安排或规定。

汇率制度作为有关汇率的一种基本原则,通常具有普遍适用和相对稳定的特点。一种汇率制度应该包括以下几个方面的内容:第一,规定确定汇率的依据;第二,规定汇率波动的界限;第三,规定维持汇率应采取的措施;第四,规定汇率应怎样调整。

根据汇率波动的剧烈和频繁程度可以把汇率制度分为固定汇率制度和浮动汇率制度。从19世纪末(约1880年)至1973年世界主要国家采用的是固定汇率制。1973年初,布雷顿森林体系彻底瓦解后,西方各国普遍采用了浮动汇率制度,1976年1月国际货币基金组织正式承认浮动汇率制度,1978年4月,国际货币基金组织理事会通过《关于第二次修改协定条例》,废除以美元为中心的国际货币体系,确立了浮动汇率的合法地位,标志着全球正式进入牙买加体系的浮动汇率制时代。

(一) 固定汇率制(Fixed Exchange Rate System)

固定汇率制是指汇率的确定受平价制约,现实汇率只能围绕平价在很小的范围内上下波动。它包括金本位制下的固定汇率制和纸币本位制下的固定汇率制。

金本位制下,金币可以自由铸造和流通,银行券可以兑换成金币,金银可以自由输出和输入国境。金本位制下的汇率以铸币平价为基础,汇率的波动幅度受黄金输送点的限制,由于波动幅度小,所以汇率相对比较固定。

金本位崩溃之后,各国相继实行不兑现的纸币本位制度。第二次世界大战后,成立了国际货币基金组织,建立了以美元为中心的固定汇率制,该制度规定:美元与黄金挂钩,成员国的货币与美元挂钩,并与美元建立固定比价。各国货币兑美元的汇率一般只能在平价的上下各1%的范围内波动,超过这个波动界限,各国政府有义务对外汇市场进行干预,以使汇率保持在一个相对固定的水平上。

(二) 浮动汇率制(Floating Exchange Rate System)

浮动汇率制是指一国不再规定其货币的金平价及现实汇率波动幅度,货币当局也不再承担维持汇率波动界限的义务，而是听任外汇市场的供求变化来决定货币汇率水平的汇率制度。

浮动汇率制依分类标准的不同可以划分为不同的类型：

按政府是否进行干预，可分为自由浮动和管理浮动。自由浮动又称清洁浮动，它是指一国货币当局对汇率不加干预，完全听任外汇市场供求来决定本国货币的汇率。管理浮动又称肮脏浮动，它是指一国货币当局按照本国经济利益的需要，对汇率随时进行干预，以使本国货币汇率符合自己的期望值。从目前各国运作的实际情况来看，绝大多数国家都实行管理浮动。纯粹的自由浮动是不存在的，即使某些国家声称自己的货币汇率是自由浮动，那也不过是相对于某一特定时期和特定的经济条件而言。一旦汇率的波动超过其自身的承受能力，入市干预便成为了必然的选择。

按照浮动的形式，可分为单独浮动和联合浮动。单独浮动是指一国货币不同任何外国货币有固定比价关系，其汇率只根据外汇市场供求状况和政府干预的程度自行浮动。如美元、日元、加元等多个国家的货币实行单独浮动。联合浮动亦称共同浮动或集体浮动，它是指由若干个国家组成货币集团，集团内各国货币之间保持固定比价关系，而对集团外国家的货币则实行联合浮动。目前比较典型的是欧盟采用的联合浮动。

当今世界上的汇率制度五花八门，除上述类型之外，还存在钉住汇率制、爬行钉住汇率制以及联系汇率制等，我国的香港特别行政区就实行联系汇率制度。

【课堂讨论】
固定汇率制和浮动汇率制的优劣。

【知识链接】

牙买加货币体系

国际货币基金组织（IMF）于1972年7月成立一个专门委员会，具体研究国际货币制度的改革问题。委员会于1974年的6月提出一份"国际货币体系改革纲要"，对黄金、汇率、储备资产、国际收支调节等问题提出了一些原则性的建议，为以后的货币改革奠定了基础。直至1976年1月，国际货币基金组织（IMF）理事会"国际货币制度临时委员会"在牙买加首都金斯敦举行会议，讨论国际货币基金协定的条款，经过激烈的争论，签定达成了"牙买加协议"，同年4月，国际货币基金组织理事会通过了《IMF协定第二修正案》，从而形成了新的国际货币体系。主要内容有：

1. 实行浮动汇率制度的改革。牙买加协议正式确认了浮动汇率制的合法化，承认固定汇率制与浮动汇率制并存的局面，成员国可自由选择汇率制度。同时IMF继续对各国货币汇率政策实行严格监督，并协调成员国的经济政策，促进金融稳定，缩小汇率波动范围。

2. 推行黄金非货币化。协议作出了逐步使黄金退出国际货币的决定。并规定：废除黄金条款，取消黄金官价，成员国中央银行可按市价自由进行黄金交易；取消成员国相互之间以及成员国与 IMF 之间须用黄金清算债权债务的规定，IMF 逐步处理其持有的黄金。

3. 增强特别提款权的作用。主要是提高特别提款权的国际储备地位，扩大其在 IMF 一般业务中的使用范围，并适时修订特别提款权的有关条款。规定参加特别提款权账户的国家可以来偿还国际货币基金组织的贷款，使用特别提款权作为偿还债务的担保，各参加国也可用特别提款权进行借贷。

4. 增加成员国基金份额。成员国的基金份额从原来的 292 亿特别提款权增加至 390 亿特别提款权，增幅达 33.6%。

5. 扩大信贷额度，以增加对发展中国家的融资。

资料来源：百度百科。

二、汇率的形成机制

汇率从根本上讲是各种货币价值的体现。也就是说，货币具有的或代表的价值决定汇率水平的基础，汇率在这一基础上受其他各种因素的影响而变动，形成现实的汇率水平。在不同的货币制度下，各国货币所具有的或者所代表的价值是不同的，即汇率具有不同的决定因素，并且影响汇率水平变动的因素也不相同。

（一）固定汇率制下汇率的形成机制

1. 国际金本位制下汇率的形成机制。在金本位制下汇率的决定因素是铸币平价（Mint Par），也就是说两种货币的实际含金量之比是决定两种货币汇率的基础。例如在金本位制时期，1 英镑铸币的实际含金量为 113.0016 格令，1 美元铸币的实际含金量为 23.22 格令，因此英镑与美元的铸币平价为 1 英镑 = 4.8665 美元（113.0016 ÷ 23.22）。此外，外汇市场上的汇率水平及其变化还要取决于许多其他因素，最为直接的就是外汇供求关系的变化。正如商品价格取决于商品的价值，但供求关系会使价格围绕价值上下波动一样，在外汇市场上，汇率也是以铸币平价为中心，在外汇供求关系的作用下上下浮动的。不过，金本位制度下由供求关系变化造成的外汇市场汇率变化并不是无限制地上涨或下跌，而是被界定在铸币平价上下各一定界限内，这个界限就是黄金输送点（Gold Point）。黄金输出点和黄金输入点共同构成了金本位制下汇率波动的上下限。在金本位制下，黄金可以自由地流通，各国间的债务债权可以由外汇来清算也可以用黄金。当汇率的支付对一国不利时，可以用黄金支付，但是运送黄金需要包装费、运输费、保险费等以及利息。以英美两国为例。当时在英美之间运送 1 英镑的黄金需要 0.03 美元。而当时的汇率是 1 英镑 = 4.8665 美元，若当英镑的汇率上涨超过 4.8965 时，美国进口商就可以选择用直接运送黄金来避免损失，而不去购买英国的外汇，这样英镑的汇率就会有所降到 4.8695 以下，因此 1 英镑 = 4.8695 美元就为美元的黄金输出点。反过来说，英镑的汇率下降到 4.8365 以下，美国出口商就不愿按此汇率兑换美元，而会选择从英国用英镑兑换黄金运送回国，这样英镑的供给就会减少，从而英镑升值到 1 英镑 = 4.8365 美元以上。所以 1 英镑 = 4.8365 美元称为美国的黄金点。

总之，金本位制度下，由于黄金输送点的制约，外汇市场上汇率波动总是被限制在一定范围内，最高不超过黄金输出点，最低不低于黄金输入点。因此，由供求关系导致的外汇市场汇率波动是有限度的，汇率制度也是相对稳定的。

2. 布雷顿森林体系下汇率的形成机制

布雷顿森林体系确立了以美元为中心的国际货币体系。其对汇率安排的主要内容有：

第一，美元与黄金挂钩。各国确认1944年1月美国规定的35美元一盎司的黄金官价，每1美元的含金量为0.888671克黄金。各国政府或中央银行可按官价用美元向美国兑换黄金。为使黄金官价不受自由市场金价冲击，各国政府需协同美国政府在国际金融市场上维持这一黄金官价。

第二，其他国家货币与美元挂钩。其他国家政府规定各自货币的含金量，通过含金量的比例确定同美元的汇率。例如，1英镑的法定含金量为3.58134克，英镑与美元的黄金平价为 $3.58134 \div 0.888671 = 4.03$，即 GBP1 = USD4.03。

第三，实行可调整的固定汇率。《国际货币基金协定》规定，各国货币对美元的汇率，只能在法定汇率上下各1%的幅度内波动。若市场汇率超过法定汇率1%的波动幅度，各国政府有义务在外汇市场上进行干预，以维持汇率的稳定。若会员国法定汇率的变动超过10%，就必须得到国际货币基金组织的批准。1971年12月，这种即期汇率变动的幅度扩大为上下2.25%的范围，决定"平价"的标准由黄金改为特别提款权。布雷顿森林体系的这种汇率制度被称为"可调整的钉住汇率制度"。

【知识链接】

布雷顿森林体系的建立背景

两次世界大战之间的20年中，国际货币体系分裂成几个相互竞争的货币集团，各国货币竞相贬值，动荡不定。

在第二次世界大战后期，英美两国政府出于本国利益的考虑，构思和设计战后国际货币体系，分别提出了"怀特计划"和"凯恩斯计划"。"怀特计划"和"凯恩斯计划"同是以设立国际金融机构、稳定汇率、扩大国际贸易、促进世界经济发展为目的，但运营方式不同。由于美国在世界经济危机和第二次世界大战后登上了资本主义世界盟主地位，美元的国际地位因其国际黄金储备的实力得到稳固，双方于1944年4月达成了反映怀特计划的"关于设立国际货币基金的专家共同声明"。

建立布雷顿森林体系的关键人物是美国前财政部助理部长哈里·怀特，凭藉战后美国拥有全球三分之二黄金储备和强大军事实力的大国地位，他力主强化美元地位的提议力挫英国代表团团长、经济学大师凯恩斯，"怀特计划"成为布雷顿森林会议最后通过决议的蓝本。

资料来源：百度百科。

（二）浮动汇率制下汇率的形成机制

牙买加协议正式确认了浮动汇率制的合法化，承认固定汇率制与浮动汇率制并存的局面，成员国可自由选择汇率制度。牙买加体系允许汇率制度安排多样化，并试图在世界范围内逐步用更具弹性的浮动汇率制度取代固定汇率制度。

在不兑现的信用制度下，各国货币汇率决定的基础取决于它们各自在国内所代表的实际价值，也就是说货币对内价值决定货币对外价值，而货币的对内价值又是用其购买力来衡量的。因此，货币的购买力对比就成为纸币制度下汇率决定的基础。

值得注意的是，在信用货币制度下，汇率波动不再具有黄金输送点的制约，波动可以是无止境的，任何能够引起外汇供求关系变化的因素都会造成外汇行市的波动。

【知识链接】

巨无霸指数

巨无霸指数是由《经济学人》于1986年9月推出，此后该杂志每年出版一次新的指数。该指数在英语国家里衍生了Burgernomics（汉堡包经济）一词。

巨无霸指数（Big Mac Index）是一个非正式的经济指数，用以测量两种货币的汇率理论上是否合理。这种测量方法假定购买力平价理论成立。假设全世界的麦当劳巨无霸汉堡包的价格都是一样的，然后将各地的巨无霸当地价格，通过汇率换算成美元售价，就可以比较出各个国家的购买力水平差异。指数根据购买力平价理论出发，1美元在全球各地的购买力都应相同，若某地的巨无霸售价比美国低，就表示其货币相对美元的汇率被低估，相反则是高估。

举例而言，假设一个巨无霸在美国的售价为\$2.50，在英国的售价为£2.00；购买力平价汇率就是 $2.50 \div 2.00 = 1.25$。要是1美元能买入£0.55（或£1 = \$1.82），则表示以两国巨无霸的售价而言，英镑兑美元的汇价被高估了45.6%［$(1.82 - 1.25) \div 1.25 \times 100\%$］。

《经济学人》之所以选择巨无霸汉堡包，因为它在多个国家均有供应，而且在各地的制作规格基本相同，让这个指数可以简便且相对比较准确地反映各地货币的实际购买力。最新一期的"巨无霸指数"发布于2018年7月5日，结果显示，巨无霸汉堡包在中国的售价最低。该指数显示，几乎所有新兴市场国家的货币都在一定程度上被低估，货币被高估的则大多是欧盟的边缘国家，比如冰岛、挪威和瑞士。

《经济学人》的"汉堡包指数"虽然得出人民币仍需大幅升值的结论，但他们同时也表示，其实这个指数用来对比经济发展阶段相同的国家时，更能说明问题。因为用汉堡包测量购买力平价是有其限制的；比方说，当地税收、商业竞争力及汉堡包材料的进口税可能无法代表该国的整体经济状况。在许多国家,像在麦当劳这样的国际快餐店进餐要比在当地餐馆贵,而且不同国家对巨无霸的需求也不一样。在美国这样的发达国家,低收入家庭可能会一周几次在麦当劳进餐,但在中国和一些亚洲国家,低收入者可能从来就不会去吃巨无霸。尽管如此,巨无霸指数广为经济学家引述。

资料来源:百度百科。

教学活动2　影响汇率变动的主要因素

【活动设计】

1. 教师结合案例讲解影响汇率变动的主要因素;
2. 组织学生讨论分析近几年人民币升值的主要原因。

【案例导入】

人民币兑美元大幅升值

人民币汇率近期持续攀升。2018年2月2日早间,在岸、离岸人民币对美元汇率均升破6.28关口,在岸人民币最高价报6.2772,离岸人民币最高价报6.2788。自2018年初以来,在岸、离岸人民币汇率均上涨超2200点。与此同时,人民币中间价近期也连续调升,2日人民币中间价上调160基点报6.2885,升破6.30关口,自2018年初以来,人民币中间价已经累计调升2194基点,累计涨幅达3.76%。2017年圣诞节前后,人民币涨势开始酝酿。2017年12月20日左右,人民币快速拉升,于12月21日最低探至6.55附近。

2017年12月25日起,更是势如破竹,在岸人民币对美元汇率大涨近400个基点,刷新当年9月15日以来新高至6.5387。在过去的一个月里,人民币中间价从6.5升破6.29关口。数据显示,1月人民币对美元涨幅累计高达3.5%,创1994年汇率并轨以来最大单月涨幅。

资料来源:华西都市报,2018.02.05,作者:冷宏伟。

【基础知识】

信用货币制度下影响汇率变动的因素有很多,主要有以下几个方面。

一、影响汇率变动的长期因素

(一) 国际收支差额

一国国际收支差额既受汇率变化的影响，又会影响到外汇供求关系和汇率变化，其中，贸易收支差额又是影响汇率变化最重要的因素。当一国有较大的国际收支逆差或贸易逆差时，说明本国外汇收入比外汇支出少，对外汇的需求大于外汇的供给，外汇汇率上涨，本币对外贬值；反之，当一国处于国际收支顺差或贸易顺差时，则外汇供给大于支出，同时外国对本国货币需求增加，会造成本币对外升值，外汇汇率下跌。

(二) 通货膨胀水平

通货膨胀必然引起汇率水平的变化。具体地说，一国通货膨胀率提高，货币购买力下降，纸币对内贬值，其对外汇率下跌。更确切地说，变化受制于两国通货膨胀程度之比较。如果两国都发生通货膨胀，则高通货膨胀国家的货币会对低通货膨胀国家的货币贬值，而后者则对前者相对升值。

(三) 一国的经济实力

一国经济实力的强弱是奠定其货币汇率高低的基础，稳定的经济增长率、低通货膨胀水平、平衡的国际收支状况、充足的外汇储备以及合理的经济结构、贸易结构等都标志着一国较强的经济实力，这不仅形成本币币值稳定和坚挺的物质基础，也会使外汇市场上人们对该货币的信心增强。反之，经济增长缓慢甚至衰退、高通货膨胀率、国际收支巨额逆差、外汇储备短缺以及经济结构、贸易结构失衡，则标志着一国经济实力差，从而本币失去稳定的物质基础，人们对其信心下降，对外不断贬值。与其他因素相比较，一国经济实力强弱对汇率变化的影响是较长期的，即它影响汇率变化的长期趋势。

二、影响汇率变动的短期因素

(一) 利率水平

当一国提高利率水平或本国利率高于外国利率时，会引起资本流入该国，由此对本国货币需求增大，使本币升值，外汇贬值；反之，当一国降低利率水平或本国利率低于外国利率时，会引起资本从本国流出，由此对外汇需求增大，使外汇升值、本币贬值。

利率对于汇率的另一个重要作用是导致远期汇率的变化，外汇市场远期汇率升水、贴水的主要原因在于货币之间的利率差异。高利率货币会引起市场上对该货币的需求，以期获得一定期限的高利息收入，但为了防止将来到期时该种货币汇率下跌带来的风险和损失，人们在购进这种货币现汇时往往会采取掉期交易，卖出这种货币的远期，从而使其远期贴水；同样的道理，低利率的货币则有远期升水。

(二) 财政、货币政策

一般来说，扩张性的财政、货币政策造成的巨额财政收支逆差和通货膨胀，会使本国货币对外贬值；紧缩性的财政、货币政策会减少财政支出，稳定通货，而使本国货币对外升值。但这种影响是相对短期的，财政、货币政策对汇率的长期影响则要视这些政策对经济实力和长期国际收支状况的影响如何，如果扩张政策能最终增强本国经济实力，促使国际收支顺差，那么本币对外价值的长期走势必然会提高，即本币升值。

（三）投机资本

投机资本对汇率的作用是复杂多样的和捉摸不定的。有时，投机风潮会使外汇汇率跌宕起伏，失去稳定；有时投机交易则会抑制外汇行市的剧烈波动。

（四）政府的市场干预

尽管第二次世界大战后西方各国政府纷纷放松了对本国的外汇管制，但政府的市场干预仍是影响市场供求关系和汇率水平的重要因素。当外汇市场汇率波动对一国经济、贸易产生不良影响或政府需要通过汇率调节来达到一定政策目标时，货币当局往往参与外汇买卖，在市场上大量买进或抛出本币或外汇，以改变外汇供求关系，促使汇率发生变化。为进行外汇市场干预，一国需要有充足的外汇储备，或者建立专门的基金，如外汇平准基金、外汇稳定基金等，保持一定数量，随时用于外汇市场的干预。

（五）其他因素

一些非经济因素的变化往往也会波及到外汇市场。一国政局不稳定、有关国家领导人的更替、战争爆发等，都会导致汇率的暂时性变动。其原因在于，无论是政治因素、战争因素或其他因素，都会不同程度地影响有关国家的经济政策、经济秩序和经济前景，从而造成外汇市场上人们的心理预期变化。人们为寻求资金安全、保值，或者乘机进行投机，都会进行迅速的外汇交易，引起市场行情的波动。

另外，诸如黄金市场、股票市场、石油市场等其他投资品市场价格发生变化也会引致外汇市场汇率联动。这是由于国际金融市场的一体化，资金在国际间的自由流动，使得各个市场间的联系十分密切，价格的相互传递成为可能和必然。

【课堂讨论】

近几年人民币升值的主要原因。

【知识链接】

G7 联合干预金融市场

日本央行（Bank of Japan）行长白川方明（Masaaki Shirakawa）周一（11日）表示，七大工业国（Group of Seven，简称G7）在3月11日日本地震和海啸发生数日后作出了联合干预汇市以抑制日元飙升的行动，这在限制金融市场受到伤害方面发挥了重要作用。

白川方明11日晚间发表演讲时指出，G7的汇市联合干预举措不仅对于稳定汇市产生了至关重要的作用，同时也在防止负面影响波及日本股市等其他市场上发挥了关键作用。

3月11日，日本发生里氏9级地震，随后引发海啸，并爆发了至今不知何时结束的核泄漏危机。经历了强震、海啸、核泄漏危机的日本，其日元不仅没有出现大幅度贬值，而且不断飙升，这让全球金融市场都出现了震动，包括日本在内的七国集团于3月18日展开了联合干预行动打压日元。

各国联手干预日元汇率是10多年来的首次，上一次是2000年9月各国联手抛出日元买进欧元。日元一度逼近1美元兑换76日元这一战后新高，G7认为这已成为新的经济不稳定因素，因此一致同意出手干预抑制汇率过度波动。

而日本上次单方面干预是在2010年9月，当时大量卖出2.1万亿日元，约合250亿美元，但是仅仅推动汇率从82.85日元升至85.77日元。这种冲击价值迅速消失，美元兑日元到10月底又跌至80日元。

资料来源：汇通网，2011年4月12日。

任务四

汇率变动对经济的影响

【任务要求】

教师要结合案例讲解汇率变动对一国国际收支和国内经济的影响。

学生要掌握汇率变动对经济影响的基本原理，并能够运用所学知识分析相关的经济金融现象。

教学活动1 汇率变动对国际收支的影响

【活动设计】

1. 教师组织汇率变动对国际收支影响的相关案例；
2. 教师讲解汇率变动对一国国际收支的影响机理；
3. 组织学生讨论分析人民币汇率升值对中国对外经济的影响。

【案例导入】

人民币飙升给外贸企业再上一课，等待观望不如自救

"（美元）只能先放着了。"一家出口原料药的小型外贸企业老板王先生无奈地感叹道。他仍对美元反弹怀有希望，结汇还是不结，仍在纠结中。按照传统做法，王先生在去年下半年陆续回收的货款并没有全部结汇，而是在6.8~6.9左右屯了不少美元；最近几个月的汇率波动，已经让他去年的利润减少近半。而且他至今还没有做衍生品对冲风险的

打算。2018年1月人民币兑美元快速升值3.5%，是去年全年涨幅6.72%的逾一半，并创下1994年汇率并轨以来的最大单月涨幅。人民币的这波"超级行情"对于中国不少利润微薄的外贸企业而言，如同生死大考，尤其是一些持汇待结的出口企业。这可能是中国广大中小外贸企业的无奈现状，尽管监管层数次提醒企业不要押注人民币的升贬，应树立风险中性意识和健全汇率风险管理，但仍有不少企业在裸奔。不仅小企业，很多上市公司也纷纷中招。博腾股份、阳普医疗等多家公司均发布公告称汇兑损失对公司业绩产生影响。而福田汽车1月公告预计公司2017年的业绩同比减少，诸多原因中就包括汇率波动，即"人民币升值导致相关应收账款的汇兑损失增加影响本期净利润"。此次美元短时暴跌让国内众多贸易商深刻感受到了未对冲的美元敞口风险的阵痛，在人民币双向波动的预期愈发强烈的背景下，外贸企业或将就此把"汇率风险管理"作为必修课。

资料来源：新浪财经，2018.02.06，作者：李文科。

【基础知识】

一、汇率变动对贸易收支的影响

汇率变动一个最为直接也是最为重要的影响就是对贸易收支的影响，这种影响有微观和宏观两个方面：从微观上讲，汇率变动会改变进出口企业成本、利润的核算；从宏观上讲，汇率变动因对商品进出口产生影响而使贸易收支差额以至国际收支差额发生变化。

汇率变化对贸易产生的影响一般表现为：一国货币对外贬值后，有利于本国商品的出口，而一国货币对外升值后，则有利于外国商品的进口，不利于本国商品的出口，从而会减少该国贸易顺差或扩大贸易逆差。这是因为，一国货币的汇率发生变化后，该国商品与其他国家商品的比价也就发生了变化。如果一国货币升值或汇率上升，该国商品在国外以外国货币表示的价格就会更高，这将抑制外国居民对该国商品的需求，减少对该国商品的购买，这样该国从商品出口中所获得的外汇收入就会减少，而同时，外国商品在该国以该国货币表示的价格就会下降，这就会刺激该国居民对外国廉价商品的需求，增加对外国产品的购买，该国用于进口外国产品的外汇支出将会增加；相反，如果一国货币贬值或汇率下降，对该国国际收支的影响正好相反。

可见，一国可以通过本币贬值的手段来达到扩大出口，限制进口，改善贸易条件的目的。不过，需要说明的是，本币贬值的这种效应须满足一个有效条件，这个有效条件就是著名的马歇尔—勒纳条件（Marshall—Lerner Condition），即进出口需求弹性的绝对值之和必须大于1，即（Ex + Em）>1（Ex，Em分别代表出口和进口的需求弹性）。而且，货币贬值导致贸易差额的最终改善需要一个"收效期"，收效快慢取决于供求反应程度高低，而且在汇率变化的收效期内甚至还会出现短期的国际收支恶化现象。这一变化过程的轨迹如同"J"形，故称J曲线效应（J—curve Effect）。

另外，由于汇率的升降，直接影响相关国家的外贸与资本流向、流量，因此一些国家操纵市场汇率，进行所谓的"外汇倾销"，如果一国实行以促进出口、改善贸易逆差为主要目的的货币贬值，尤其是以外汇倾销为目的的本币贬值，往往会引起对方国家和其他利益相关国家的反抗甚至报复，这些国家会采取针锋相对的措施，直接地或隐蔽地抵制贬值国商品的侵入，"汇率战"由此而生。货币竞相贬值促进各自国家的商品出口是国际上很普遍的现象，由此造成的不同利益国家之间的分歧和矛盾也层出不穷，这加深了国际经济关系的复杂化。

二、汇率变动对非贸易收支的影响

一国货币汇率下降，在国内物价水平不变或上涨不多的情况下，外国货币的购买能力相对增强，该国的商品和劳务的价格相对低廉。单位外币可以兑换更多的该国货币，购买更多的贬值国的商品和劳务，从而促进该国非贸易外汇收入的增加。例如，一国货币贬值可以促进该国对外旅游业的发展。

三、汇率变动对资本流动的影响

汇率变动主要影响以保值或追求短期收益为目的的短期资本的流动，而对长期投资资本的流动影响不大。汇率变动对资本流动的影响一方面表现在货币升贬值后带来的资本流出或流入增加，另一方面也表现在汇率预期变化对资本流动的影响。如果本币贬值，外汇汇率上浮，则短期资本为了避免因持有本币资产的价值相对下降而带来的损失，会纷纷逃往其他货币坚挺或汇率稳定的国家。如果本币升值，则意味着以本币表示的各种资产价值增加，短期资本为了投机获利或保值而流入国内。当一国外汇市场上出现本国货币贬值的预期时，会造成大量抛售本币、抢购外汇的现象，资本加速外流（或外逃），这与贬值预期后资本流入增加的结果正相反；当一国外汇市场上出现本国货币升值预期时，则会形成大量抛售外汇、抢购本币的现象，使资本流入增加，这与本币升值后资本流出增加的结果正相反。

汇率变动对于资本流动的影响程度有多大，或者说资本流动对于汇率变化的敏感性如何还要受其他因素的制约，其中最主要的因素是一国政府的资本管制。资本管制严的国家，汇率变动对资本流动影响较小，资本管制松的国家，汇率变动对资本流动影响较大。大规模的短期资本流动，不管是流出国外，还是流入国内，对国内经济、国际收支都将产生不利的影响。

四、汇率变动对外汇储备的影响

汇率变动主要是影响外汇储备的数量和实际价值的变动。当本币汇率下浮时，出口增加，进口减少，外汇收入增多，支出减少，外汇储备相应增加，但汇率下跌又会引起资本外流，减少外汇储备；当本币汇率上浮时，出口减少，进口增加，会减少本国外汇收入，增加外汇支出，但同时又会使保值性和投机性资本流入，增加外汇储备。因此，汇率变动对外汇储备数量的增减变动取决于进出口外汇收支变化与资本项目收支变化的对比情况。

另外，目前世界各国所持有国际储备的绝大部分是外汇储备，如果储备货币汇率发生变动，必然影响到一国国际储备的实际价值，从而造成外汇储备的风险损失与风险收益。

在多元化外汇储备时期，由于储备货币的多元化，汇率变动对外汇储备的影响也多样化了。

国际储备多元化加之汇率变化的复杂化，使国际储备管理的难度加大，各国货币当局因而都随时注意外汇市场行情的变化，相应地进行储备货币的调整，以避免汇率波动给外汇储备造成损失。

【课堂讨论】

人民币汇率升值对中国国际贸易的影响。

【知识链接】

汇率变动对世界经济的影响

浮动汇率制度形成后，外汇市场上各国货币频繁的、不规则的波动，不仅给各国对外贸易、国内经济等造成了深刻影响，而且也影响着各国之间的经济关系。汇率变动对世界经济的影响主要表现在三个方面：一是对国际贸易的影响。汇率稳定有利于国际贸易的发展，而汇率不稳，则会使进出口商无法准确折算进出口贸易的成本与收益，增加国际贸易风险，影响国际贸易总量的增长和扩大。二是对资本流动的影响。汇率稳定能够确保国外投资者获得预期利润，减少投资的汇率风险，促进资本输出入的发展，而汇率动荡往往使资本在国际间频繁流动，增强国际游资的投机性，不利于世界经济的稳定发展。三是对国际关系的影响。汇率不稳，往往加剧国际间的矛盾。如80年代初中期美元坚挺，一路攀升，加重了拉美等发展中国家的外债还本付息负担，最终爆发了债务危机，从而加剧了债务国与债权国之间的矛盾。

资料来源：《金融学基础》，中国财政经济出版社，2014年2月第一版。

教学活动2　汇率变动对国内经济的影响

【活动设计】

1. 教师组织相关案例；
2. 教师讲解汇率变动对国内经济影响的机理；
3. 教师组织学生讨论人民币升值对国内经济的影响。

【案例导入】

专家指出汇率变化牵动香港物价和旅游市场

近期美元汇率持续走低，人民币继续走强，在联系汇率制度下，港币兑人民币的汇价也在下行。业界人士认为，汇率变化会拉升香港消费价格，也将带热内地赴港旅游市场，加之香港经济前景理想、私人消费旺盛，香港经济所受影响不大。不过未来需要防范通胀压力过大，避免汇率变化波及经济稳定。业界认为，目前的弱美元、强人民币的形势，会对香港经济产生影响，尤其是在对汇价敏感的私人消费领域和旅游市场，香港物价可能因此上扬，内地赴港旅游可能更为火热。目前，香港的日用品价格尚未呈现较大幅度的波动，但市场普遍预期"柴米油盐"将会迎来一波加价潮，并突出表现在春节期间。"距离农历新年还有约半个月，受人民币汇率变动影响，香港不少依赖内地进口的蔬菜和粮食，将陆续出现加价现象。"香港食品委员会副主席吴永恩表示。对于人民币走强的形势，很多内地赴港旅客颇感欣慰。香港旅游业界预期，人民币升值有望提升内地赴港游热度。香港餐饮联业协会会长黄家和谈到，因人民币升值，食材来货价格短期内会有所调整，但人民币升值也会刺激本港旅游业，将在一定程度上提高内地游客的消费欲望。因此，扣除食材涨价因素，香港餐饮业生意额仍会上升，甚至比去年更佳。

资料来源：新华网，2018.01.29，作者：张欢。

【基础知识】

汇率变动对国内经济的影响是多方面的，影响的广度和深度受一国的对外开放程度、经济结构、外汇和资本管制宽严等因素的制约，具有不确定性，必须具体情况具体分析。一般来说，汇率变动对国内经济的影响主要表现在以下几个方面：

一、汇率变动对国内利率水平的影响

在本国货币发行量一定的情况下，当本国货币汇率下跌，通过对进出口贸易和资本流动的影响，会使该国外汇收入增加，外汇支出减少，从而使国内货币供给总量增加，导致国内利率水平下降。反之，本国货币汇率上升，则会使本国国内货币供给总量下降，造成国内利率水平的上升。

二、汇率变动对物价水平的影响

在信用货币制度下，用物价指数来计算的货币购买力是决定汇率的基本因素，而汇率变化又反过来会影响物价水平。如果本币汇率下浮，该国通货膨胀压力会加大。

首先，从出口来看，贬值会刺激出口，则在短期内会加剧国内市场的供求矛盾，甚至引起出口商品国内价格的高涨，由此也会影响其他相关产品的物价上涨。

其次，从进口来看，贬值导致进口商品价格上升，若进口的多是原材料、中间产品，且这些物品弹性小，必然导致进口成本的提高，由此引发成本推进型通货膨胀。另一方面，进口价格上涨，从货币工资机制来讲，会推动生活费用的上涨，导致名义工资的提高。反之，如果本币汇率上浮，则进口供给增加，进口成本降低，使进口商品和以进口原料生产的商品价格下降，进而推动国内整个物价水平下降。

再次，从货币发行量来看，如果贬值增加了出口，形成贸易收支顺差，通常也会导致该国外汇储备的增加，中央银行也同时必须投放相同价值的本币，在没有有效的对冲操作的条件下，必然会增大该国通货膨胀的压力。因此，一国如果要想使贬值发生正效应，必须采取相应的货币政策予以搭配。

现实中，一国发生通货膨胀会导致本币对外贬值，本币贬值又会产生物价上涨的压力。如果政府当局不能有效地加以控制，则会陷入"贬值——通货膨胀——贬值……"的恶性循环中。因此，汇率与价格水平之间的关系是汇率理论与政策研究中一项重要内容。

三、汇率变动对国民收入、劳动生产率和就业的影响

货币贬值可以看作是对出口的补贴、对进口的征税。当本国货币汇率下跌时，会刺激出口，抑制进口，使闲置资源向出口商品生产部门转移，并促使进口替代品生产部门的发展，使劳动生产率提高，生产扩大，国民收入在乘数的作用下就会数倍地扩张，就业会随之增加。反之，则产生相反的结果。但是这种补贴与征税效应，如果是保护了国内落后生产力，就会不利于劳动生产率的提高，从长远看会给国民经济带来不利影响，从而不利于发展中国家经济结构的调整。

【知识链接】

"广场协议"

20世纪80年代初期，美国财政赤字剧增，对外贸易逆差大幅增长。美国希望通过美元贬值来增加产品的出口竞争力，以改善美国国际收支不平衡状况。

1985年9月22日，美国、日本、联邦德国、法国以及英国的财政部长和中央银行行长（简称G5）在纽约广场饭店举行会议，达成五国政府联合干预外汇市场，诱导美元对主要货币的汇率有秩序地贬值，以解决美国巨额贸易赤字问题的协议。因协议在广场饭店签署，故该协议又被称为"广场协议"。

"广场协议"签订后，上述五国开始联合干预外汇市场，在国际外汇市场大量抛售美元，继而形成市场投资者的抛售狂潮，导致美元持续大幅度贬值。1985年9月，美元兑日元在1美元兑250日元上下波动，协议签订后不到3个月的时间里，美元迅速下跌到1美元兑200日元左右，跌幅20%。在这之后，以美国财政部长贝克为代表的美国当局以

及以弗日德·伯格斯藤（当时的美国国际经济研究所所长）为代表的金融专家们不断地对美元进行口头干预，最低曾跌到1美元兑120日元。在不到三年的时间里，美元对日元贬值了50%，也就是说，日元对美元升值了一倍。

资料来源：百度百科。

【课堂讨论】

人民币升值对国内经济的影响。

任务五
人民币汇率制度

【任务要求】

教师要讲解人民币汇率制度的沿革和人民币汇率形成机制。

学生要掌握现行的人民币汇率制度。

【活动设计】

1. 教师讲解人民币汇率制度的沿革和人民币汇率形成机制；
2. 组织学生讨论人民币汇率走势。

【案例导入】

要警惕陷入人民币汇率单边走势的惯性思维

人民币汇率在2014年以前长期单边升值，使人们习惯了汇率的单边走势。但这种情况早已发生了变化，作为一个崛起中的发展中大国，中国的汇率制度也需要与时俱进。当前，我国面临的跨境资本流动越来越多，需要一个更为灵活、更有弹性的汇率安排。"8·11"汇改优化人民币中间价报价机制以来，人民币汇率形成机制改革已迈出市场化关键一步，人民币汇率弹性在逐步增强，尤其在2017年，汇率有涨有跌的双向波动特征尤为明显。中国人民银行副行长易纲曾评价说，中国2017年以来汇率真正实现了双向浮动。

继续深化人民币汇率形成机制改革，已是大势所趋。2017年7月份召开的全国金融工作会议提出，深化人民币汇率形成机制改革，稳步推进人民币国际化，稳步实现资本项目可兑换。人民币汇率从有管理的浮动过渡至清洁浮动、对外汇市场的干预减少直至基本退出，是汇改的既定方向。这意味着我国对人民币汇率双向波动的容忍度将增强，人民币汇率将越来越充分地反映市场供求并将与国际市场接轨。

认清上述趋势，人们就会对人民币汇率有更加理性的判断。我国经济稳中向好，内生增长动力增强，这些因素将继续支持人民币在全球货币体系中保持稳定地位，也会支撑人民币汇率继续走强。但是，外汇市场波谲云诡，从来不乏"黑天鹅"。2018 年，在世界经济复苏和主要经济体货币政策正常化仍有不确定性的形势下，人民币汇率更大的可能性是呈现双向波动而非单边上涨。

资料来源：经济日报，2018.02.08，作者：陈果静。

【基础知识】

一、人民币汇率概述

第一，人民币是一种不能自由兑换外币的货币，汇率由国家外汇管理局统一制订和调整，并且，每日早晨通过新华社用中文、英文和法文发布。一切外汇买卖和对外结算，除另有规定外，都必须按照国家外汇管理局公布的汇价折算。

第二，我国人民币汇率的确定，则是完全独立自主的，不受任何外来的压力与影响。

第三，人民币汇价采用直接标价法，一般以 100 个外币单位为标准，折算为一定数额的人民币来标价的。人民币汇价有买入价、卖出价和现钞买入价三档。买入与卖出都是针对银行来说的，买入价是银行买入外汇的价格，卖出价是银行卖出外汇的价格。买卖价之间的差率为 0.5%，作为银行的费用收入。

第四，人民币外汇汇价不分电汇、票汇或信汇，都采用同一汇价。但买入外币汇票和旅行支票时，因考虑到银行垫付资金问题，所以另收一定费用。

第五，目前人民币汇率挂牌的货币都是可以自由兑换的货币，计有英镑、美元、瑞士法郎、香港元、澳门元、新加坡元、马来西亚林吉特、澳大利亚元、加拿大元、丹麦克朗、芬兰马克、日元、挪威克朗、瑞典克朗等。

二、人民币汇率制度的沿革

1. 1994 年以前的人民币汇率制度

根据不同时期的经济发展需要，改革开放前我国的汇率体制经历了新中国成立初期的单一浮动汇率制（1949—1952 年），在 1953 年以前采取"物价对比法"，即先分别计算出口商品理论比价、进口商品理论比价和侨汇购买力比价，然后以出口商品理论比价加一定的利润为依据，参照进口商品理论比价和侨汇购买力理论比价具体确定人民币汇率水平。

1953—1972 年我国采取单一固定汇率制。

布雷顿森林体系后以"一篮子货币"计算的单一浮动汇率制（1973—1980 年）。

1973 年以后，由于发达国家普遍采用浮动汇率制，各国货币汇率经常浮动，为避免消极影响，保持人民币汇率的适当水平，采用"一篮子货币"的计值方法，即选用与我国外贸有关的若干种货币，按照这些货币汇率波动的情况，运用加权平均法计算出人民币汇率，并注意经常调整。

党的十一届三中全会以后，我国进入了向社会主义市场经济过渡的改革开放新时期。为鼓励外贸企业出口的积极性，我国的汇率体制从单一汇率制转为双重汇率制。经历了官方汇率与贸易外汇内部结算价并存（1981—1984 年）和官方汇率与外汇调剂价格并存（1985—1993 年）两个汇率双轨制时期。

2. 1994—2005 年：钉住汇率制度

为了适应中国改革开放不断深化的要求，同社会主义市场经济体制相吻合，以及符合国际货币基金组织和关贸总协定对成员国汇率安排的规定，1994 年 1 月 1 日，中国政府对外汇体制进行了重大改革，人民币官方汇率与外汇调剂价格正式并轨，实行以市场供求为基础的、单一的、有管理的浮动汇率制度。

3. 2005 年 7 月，人民币汇率制度改革，逐渐完善人民币汇率的市场形成机制

2005 年 7 月 21 日 19 时，中国人民银行发布公告：经国务院批准，我国开始实行以市场供求为基础、参考"一篮子货币"进行调节、有管理的浮动汇率制度。此次汇率改革，人民币对美元一次性升值 2%，人民币汇率不再钉住单一美元，而是按照我国对外经济发展的实际情况，选择若干种主要货币，赋予相应的权重，组成一个货币篮子。篮子货币的确定以对外贸易权重为主，主要包括美元、欧元、日元、韩元、新加坡元、英镑等 11 种货币。

2010 年 6 月 19 日，中国人民银行重新启动了人民币汇率形成机制改革。这次改革实质上是 2005 年 7 月改革的延续，中国政府重申了以市场供求为基础、参考一篮子货币、人民币对主要货币日均波幅千分之五的管理浮动汇率制。自 2006 年 1 月 4 日起，中国人民银行授权中国外汇交易中心于每个工作日上午 9 时 15 分对外公布当日人民币对美元、欧元、日元和港币汇率中间价，作为当日银行间即期外汇市场（含 OTC 方式和撮合方式）以及银行柜台交易汇率的中间价。自 2012 年 4 月 16 日起，银行间即期外汇市场人民币兑美元交易价浮动幅度由千分之五扩大至 1%，即每日银行间即期外汇市场人民币兑美元的交易价可在外汇交易中心对外公布的当日人民币兑美元中间价上下 1% 的幅度内浮动。2014 年 3 月 17 日起，中国人民银行将美元/人民币汇率浮动区间由 ±1% 扩大到 ±2%，外汇指定银行为客户提供当日美元最高现汇卖出价与最低现汇买入价之差不得超过当日汇率中间价的幅度由 2% 扩大至 3%，其他规定仍遵照《中国人民银行关于银行间外汇市场交易汇价和外汇指定银行挂牌汇价管理有关问题的通知》（银发〔2010〕325 号）执行。这是中国汇率制度改革向前迈出的又一步。

三、人民币国际化

人民币国际化是指人民币能够跨越国界，在境外流通，成为国际上普遍认可的计价、结算及储备货币的过程。人民币国际化的含义包括三个方面：第一，是人民币现金在境外享有一定的流通度；第二，也是最重要的，是以人民币计价的金融产品成为国际各主要金

融机构包括中央银行的投资工具，为此，以人民币计价的金融市场规模不断扩大；第三，是国际贸易中以人民币结算的交易要达到一定的比重。这是衡量货币包括人民币国际化的通用标准，其中最主要的是后两点。当前国家间经济竞争的最高表现形式就是货币竞争。如果人民币对其他货币的替代性增强，不仅将现实地改变储备货币的分配格局及其相关的铸币税利益，而且也会对西方国家的地缘政治格局产生深远的影响。

2008 年，我国开始推进人民币国际化，人民币国际化进程同汇率走势亦步亦趋。2015 年"8·11 汇改"之后，人民币兑美元汇率持续贬值，由 6.1 左右一度下降至 2017 年年初的 6.9 左右，人民币国际化进程也由高歌猛进转为停滞不前。直到 2017 年 5 月，逆周期因子加入，人民币兑美元汇率持续走强，外国投资者持有人民币资产的意愿才重新上升，进而推动人民币国际化重获动力。

【综合实训】

一、基础知识测试

（一）单选题

1. 广义的外汇泛指一切以外国货币表示的（　　）。
   A. 金融资产　　　　　　　　B. 外汇资产
   C. 外国货币　　　　　　　　D. 有价证券

2. 在法兰克福市场上，EUR1 = USD1.2270 用的是（　　）。
   A. 间接标价法　　　　　　　B. 直接标价法
   C. 市场标价法　　　　　　　D. 美元标价法

3. 汇率采取直接标价法的国家和地区有（　　）。
   A. 美国　　　　　　　　　　B. 香港
   C. 英国　　　　　　　　　　D. 日本

4. 在采用直接标价的前提下，如果需要比原来更少的本币就能兑换一定数量的外国货币，这表明（　　）。
   A. 本币币值上升，外币币值下降，通常称为外汇汇率上升
   B. 本币币值下降，外币币值上升，通常称为外汇汇率上升
   C. 本币币值上升，外币币值下降，通常称为外汇汇率下降
   D. 本币币值下降，外币币值上升，通常称为外汇汇率下降

5. 本国货币与关键货币之间的汇率是（　　）。
   A. 官方汇率　　　　　　　　B. 市场汇率
   C. 基本汇率　　　　　　　　D. 套算汇率

6. 一国货币升值对其进出口收支产生何种影响（　　）。
   A. 出口增加，进口减少　　　B. 出口减少，进口增加
   C. 出口增加，进口增加　　　D. 出口减少，进口减少

7. 在其他条件不变的情况下，一国货币汇率下跌，将（　　）。

A. 有利于该国的出口　　　　　　　　B. 有利于该国增加进口
C. 不利于该国增加旅游收入　　　　　D. 有利于该国增加侨汇收入

8. 汇率按外汇管制程度不同，分为（　　）。
A. 官方汇率和市场汇率　　　　　　　B. 静态汇率和动态汇率
C. 贸易汇率和金融汇率　　　　　　　D. 固定汇率和浮动汇率

9. 一国货币对另一国货币存在着两个或两个以上的比价称为（　　）。
A. 单一汇率　　　　　　　　　　　　B. 复汇率
C. 市场汇率　　　　　　　　　　　　D. 买入汇率

10. 小王到银行想将手中的1 000美元兑换成人民币，银行与小王交易时将采用（　　）。
A. 现汇卖出价　　　　　　　　　　　B. 中间价
C. 现钞买入价　　　　　　　　　　　D. 现汇买入价

（二）多选题

1. 根据狭义的外汇概念，下列属于外汇的是（　　）。
A. 外币有价证券　　　　　　　　　　B. 外国钞票
C. 外币银行存款　　　　　　　　　　D. 外币表示的银行汇票
E. 外币表示的银行支票

2. 根据我国的外汇定义，下列属于外汇的是（　　）。
A. 外币有价证券　　　　　　　　　　B. 外国钞票
C. 外币银行存款　　　　　　　　　　D. 外币表示的银行汇票
E. 外币表示的银行支票

3. 按外汇管制的宽严程度，可以将汇率划分为（　　）。
A. 官方汇率　　　　　　　　　　　　B. 市场汇率
C. 固定汇率　　　　　　　　　　　　D. 浮动汇率
E. 基准汇率

4. 已知：在伦敦外汇市场上，GBP1 = USD1.6550/60；在纽约外汇市场上，USD1 = JPY119.56/88，下列判断正确的是（　　）。
A. GBP的买入价为1.6550，USD的买入价为119.56
B. GBP的买入价为1.6560，USD的买入价为119.88
C. GBP的卖出价为1.6560，USD的卖出价为119.88
D. USD的买入价为119.56，JPY的卖出价为119.88
E. USD的买入价为119.56，JPY的卖出价为119.56

5. 在其他条件不变的情况下，一国货币汇率下跌，将（　　）。
A. 有利于该国的出口　　　　　　　　B. 有利于该国增加进口
C. 有利于该国增加旅游收入　　　　　D. 有利于该国增加侨汇收入
E. 有利于该国减少进口

6. 影响汇率变动的长期因素有（　　）。
A. 国际收支状况　　　　　　　　　　B. 物价水平

C. 利率水平　　　　　　　　　D. 货币政策

E. 经济状况

7. 以下有关汇率形成机制的说法正确的有（　　）。

A. 金本位制下汇率的决定基础是铸币平价

B. 金本位制下汇率波动的界限是黄金输送点

C. 布雷顿森林体系下美元与黄金挂钩，其他各国货币与美元挂钩

D. 在浮动汇率制下，各国货币仍然与黄金挂钩

E. 浮动汇率制下汇率的决定基础是由纸币所代表的实际价值

8. 完全可兑换货币有（　　）。

A. 欧元　　　　　　　　　　　B. 美元

C. 英镑　　　　　　　　　　　D. 人民币

E. 日元

9. 现行人民币汇率制度的特点是（　　）。

A. 以市场供求为基础　　　　　B. 参考"一篮子货币"

C. 有管理地浮动　　　　　　　D. 政府操纵

E. 钉住美元浮动

（三）判断题

1. 广义的外汇就是以外国货币表示的用于国际间结算的支付手段。（　　）
2. 在间接标价法下，当外国货币数量减少时，称外汇汇率下浮或贬值。（　　）
3. 以单位外币为基准，折成若干本币的汇率标价法是直接标价法。（　　）
4. 浮动汇率制下，一国货币汇率下浮意味着该国货币法定贬值。（　　）
5. 金币本位制下，汇率的波动是有界限的，超过界限时政府就要加以干预。（　　）
6. 升水表示远期外汇比即期外汇贵，贴水表示远期外汇比即期外汇便宜。（　　）
7. 银行现汇的买入价低于现汇的卖出价，现钞的买入价高于现汇的买入价。（　　）
8. 铸币平价是布雷顿森林体系下汇率决定的基础。（　　）
9. 国际收支长期顺差会导致本币升值。（　　）
10. 人民币是完全可自由兑换货币。（　　）

（四）问答题

1. 什么是外汇？外汇有哪些特点？
2. 简述直接标价法和间接标价法。
3. 简述国际金本位制下汇率的形成机制。
4. 影响汇率变动的主要因素有哪些？
5. 汇率变动对经济有哪些影响？
6. 简述现行的人民币汇率制度。

二、实务题

根据表1-2，处理下列外汇业务。

1. 某公司进口一批货物，需要支付50万美元，应支付多少人民币购汇？

2. 王女士的女儿从国外给她电汇 10 000 英镑,她能兑换多少人民币?

3. 李先生出国旅游,到银行兑换 30 万日元,需要支付多少人民币?如果他旅游回来剩余 5 万日元,可以兑换多少人民币?

4. 某企业收汇 20 万欧元,到银行结汇能兑换多少人民币?

项目二 Project 2
国 际 收 支

> 知识目标：理解国际收支的基本含义。读表并熟悉国际收支平衡表的格式，熟练掌握国际收支平衡表的账户构成、记账原理及记账方法；理解国际收支失衡的原因和对策。
>
> 能力目标：通过本项目的学习，使学生能够掌握编制国际收支平衡表的技能，能够分析一国的国际收支平衡情况，能够分析国际收支失衡的原因并提出适宜的对策。

任务一 国际收支与国际收支平衡表

【任务要求】

教师要讲解国际收支的概念和特征，引导学生学习国际收支平衡表和国际收支头寸表，了解其结构和内容；编制国际收支平衡表，培养他们运用学过的知识分析问题和解决问题的能力。

学生要学习和掌握国际收支的概念和特征，读懂国际收支平衡表和国际收支头寸表并学会分析报表，掌握编制国际收支平衡表的原理和方法，能够运用学过的知识分析国际收支情况。

教学活动 1　掌握国际收支的概念

【活动设计】

1. 教师组织相关案例；
2. 教师讲解国际收支的概念和特征。

【案例导入】

中国国际收支

中国国际收支规模延续多年快速增长，1982—2012 年间，我国国际收支交易总规模年均增长 31.6%，由 540 亿美元升至 7.38 万亿美元，占 GDP 的比重由 19% 升至 2007 年的顶峰，国际收支交易总规模占 GDP 的 128%，又回落到 2012 年的 87.86%。国际收支交易对中国宏观经济形势特征的影响力越来越大。

受国内外环境影响，2016 年，我国国际收支总差额为逆差 2 209 亿美元，较上年 1 300 亿美元的逆差出现较大增长，其中经常账户顺差 1 964 亿美元，同比减少 1 078 亿美元；资本和金融账户（不含储备资产）逆差 4 173 亿美元，比上年同期减少 175 亿美元。

截至 2016 年年末，我国对外净资产余额为 18 005 亿美元，其中对外资产 64 666 亿美元，对外负债 46 660 亿美元。

资料来源：国家外汇管理局网站数据整理。

【基础知识】

一、国际收支概念

国际收支概念有广义与狭义之分。狭义的国际收支是指一个国家或地区在一定时期内，由于经济、文化等各种对外交往而发生的，必须立即结清的外汇收入与支出。一战后到二战期间盛行这一概念。

广义的国际收支是指一国或地区居民与非居民在一定时期内全部经济交易的货币价值之和。它是以交易为基础，既包括贸易收支和非贸易收支，又包括资本的输出输入；既包括已实现外汇收支的交易，又包括尚未实现外汇收支的交易。这是二战后国际社会公认的国际收支概念。

二、国际收支的特征

（一）国际收支是一个流量概念，也是一个事后的概念

国际收支记录的是在一段时期（通常指1年）内，一国与他国发生的各项经济往来情况。根据统计学的定义，流量是一定时期内发生的，是变动的数值，因此国际收支是一个流量概念。常见的还有一个季度、半年内发生的国际收支。因为国际收支是对过去一段时期内对外经济交易货币价值的汇总，所以也是一个事后的概念。

（二）国际收支记录的交易必须是在一个国家居民与非居民之间进行的

判断一项经济交易是否应包括在国际收支范围内，所依据的不是交易双方的国籍，而是依据交易双方是否分属居民与非居民的范畴。居民与居民之间的经济交易属于国内交易，不属于国际收支范畴。只有居民与非居民之间的经济交易才属于国际收支范畴。

所谓居民，是指在一个国家的经济领土内居住达1年或1年以上的具有一个经济利益中心的机构单位。否则为非居民。居民是一个经济上的概念，是以居住地为设计划分的，包括个人、政府、企业和非营利机构等。

注意：

1. 移民属于其工作所在国的居民，逗留时间在1年以上的留学生、旅游者也属于所在国的居民。
2. 一个企业国外子公司是其所在国的居民，是其母公司所在国的非居民。
3. 法人组织是其注册国的居民。
4. 官方外交使节、驻外军事人员永远是派出国的居民，所在国的非居民。
5. 国际性机构，如联合国、国际货币基金组织、世界银行等是任何国家的非居民。

（三）国际收支所反映的内容是以经济交易为基础，而不是以外汇支付为基础的

国际收支中的经济交易涉及所有的从一个经济实体向另一个经济实体转移的经济价值，既包括用外汇收付的经济交易，也包括以实物、技术形式进行的经济交易。主要包括：（1）物物交换：商品和劳务与商品和劳务之间的交换，如双边贸易是以货易货、以商品为报酬的劳务输入；（2）物币交换：金融资产与商品劳务之间的交换，如国际贸易中支付外汇获得外国商品、劳务；（3）金融资产与金融资产之间的交换，如国际证券筹资；（4）无偿的商品转移，如国际间实物捐赠、义务援助；（5）无偿的金融资产转移，如国际捐款、赠款、银行存款形式的遗产继承等；（6）对外投资收益的再投资。

（四）国际收支与国际借贷有联系又有区别

国际借贷是指一个国家或地区在一定日期对外资产和对外负债的汇总记录，它反映的是某一时点上一国居民对外债权债务的综合情况，是一个存量概念。而国际收支是一个流量概念，反映一个国家或地区在某一时间段（通常为1年）内，由于经济交易而引起的对外资产和对外负债的变动情况。

1. 国际借贷与国际收支的联系

国际借贷是产生国际收支的直接原因。它们之间是一对因果关系。一般来说，国际间债权债务关系发生后，必然会在其国际收支平衡表上有所反映。但有时，国际收支又反作用于国际借贷，因为国际收支的某些变化会引起国际借贷活动的展开。因此，两者之间相辅相成、互为因果。

2. 国际借贷与国际收支的区别

（1）国际借贷表示一个国家在一定日期对外债权债务的综合情况；而国际收支则表示一个国家在一定时期对外全部经济交易的综合情况。

（2）国际借贷是个静态的概念，表示的是一种存量（余额）；国际收支是个动态的概念，表示的是一种流量（发生额）。

（3）国际借贷只包括形成债权债务关系的经济交易，范围小；国际收支则包括一切对外发生的经济交易，范围大。（如对外捐赠属国际收支范畴，但并未体现国际借贷关系）。

【知识链接】

《国务院关于修改〈国际收支统计申报办法〉的决定》

新华网北京2013年11月22日电 日前，国务院总理李克强签署国务院令，公布了修改后的《国际收支统计申报办法》，新办法自2014年1月1日起施行。

为进一步提高数据的国际可对比性，新办法规定，"国际收支统计申报范围为中国居民与非中国居民之间发生的一切经济交易以及中国居民对外金融资产、负债状况"。

中国居民通过境内金融机构与非中国居民进行交易的，应当通过该金融机构向国家外汇管理局或其分支局申报交易内容；中国境内各类金融机构应当直接向国家外汇管理局或其分支局申报其自营对外业务情况，包括其对外资产、负债及其变动等情况，并履行与中国居民通过其进行国际收支统计申报活动有关的义务。"拥有对外金融资产、负债的中国居民个人，应当按照国家外汇管理局的规定申报其对外金融资产、负债的有关情况"。

此外，考虑到将非居民作为国际收支统计申报主体已是各国较为普遍的做法，新办法将申报主体由中国居民扩大到在中国境内发生经济交易的非中国居民，规定："中国居民和在中国境内发生经济交易的非中国居民应当按照规定及时、准确、完整地申报国际收支信息。"

资料来源：新华网，2013.11.22。

教学活动2　认识国际收支平衡表

【活动设计】

1. 教师准备中国某年国际收支平衡表；
2. 教师讲解国际收支平衡表的基本结构、主要内容、编制原理和编制方法；
3. 学生根据给出的国际经济交易编制国际收支平衡简表。

【案例导入】

资料如表2-1所示。

表2-1　　　　　　　　中国国际收支平衡简表（2016年）　　　　　　　单位：亿美元

项目	差额	贷方	借方
一、经常项目	1 964	24 546	22 583
A. 货物和服务	2 499	21 979	19 480
a. 货物	4 941	19 895	14 954
b. 服务	-2 442	2 084	4 526
B. 初次收入	-440	2 258	2 698
1. 职工报酬	207	269	62
2. 投资收益	-650	1 984	2 634
C. 二次收入	-95	309	404
二、资本和金融项目	263	2 444	2 181
A. 资本项目	-3	3	7
B. 金融项目	267	2 441	2 174
a. 非储备性质的金融账户	-4 170	2 441	6 611
1. 直接投资	-466	1 706	2 172
2. 证券投资	-622	412	1 034
3. 金融衍生工具	-47	22	69
4. 其他投资	-3 035	301	3 336
b. 储备资产	-4 437	53	4 487
三、净误差与遗漏	-2 227	0	2 227

资料来源：根据国家外汇管理局网站数据整理。

【基础知识】

一、国际收支平衡表的概念

国际收支平衡表,也称国际收支账户,是系统地记录一个经济体(国家或地区)一定时期内各种国际经济交易情况(包括数量和金额)的一种统计报表,它集中反映了一国国际收支的总貌和具体构成。

国际收支平衡表较全面、集中地反映了一个经济体(国家或地区)的国际经济交易情况,各个经济体的经济状况,因历史和现实多方原因,各不相同,编制出来的平衡表的内容和格式也不尽相同。按照 IMF 的统一规定,国际收支平衡表的主要内容可以划分为三大部分:经常项目、资本和金融项目、错误和遗漏账户,如表 2-2 所示。

表 2-2　　　　　　　　　　　国际收支平衡简表

项目
一、经常账户
1. 货物
2. 服务
3. 初次收入
3.1 职工报酬
3.2 投资收益
4. 二次收入
二、资本与金融账户
1. 资本账户
2. 金融账户
2.1 非储备性质的金融账户
2.1.1 直接投资
2.1.2 证券投资
2.1.3 金融衍生工具
2.1.4 其他投资
2.2 储备资产
三、错误和遗漏项目

二、国际收支平衡表的编制原理和记账规则

(一)国际收支平衡表的编制原理

国际收支平衡表是根据一国在一定时期内发生的全部经济交易汇总编制的,需要遵循一定的编制原理。国际收支平衡表的编制原理是"有借必有贷、借贷必相等"的复式记账法,对每一笔国际经济交易都要以相同金额分别记录在借、贷两方。

按照复式簿记的惯例,凡是收入项目以及资产(本国对外金融资产)的减少和负债(外国在本国的金融资产)的增加全部记录在贷方,称为正号项目,记为"+";凡是支出项目以及资产的增加或负债的减少全部记录在借方,称为负号项目,记为"-"。用等式表现为:

贷方项目 = 外国居民向本国居民支付的交易 = 引起本国外汇供给的项目

借方项目 = 本国居民向外国居民支付的交易 = 引起本国外汇需求的项目

(二) 国际收支平衡表的记账规则

1. 经济交易的记录遵循权责发生制原则。在国际经济交易中,如签订买卖合同、货物装运、清算、交易和付款等,一般都是在不同时期进行的。为了统一各国的记录口径,IMF建议采用权责发生制原则(所有权变更,即一笔经济交易如在编制平衡表时期内完全结清,则可如实记录;若在交易中发生了贸易信用,如预付货款、延期付款等,则以交易标的物的所有权变更时期为记录日期)。

2. 进出口商品以离岸价计价。在国际惯例上,一笔商品进出口交易,出口国以离岸价来计算,而进口国则以到岸价来计算,为了统一估价进口和出口,IMF建议商品进出口均采用离岸价格来计算,保险费和运输费列入劳务收支。

3. 通常以美元记账,按照交易日期的市场汇率折算。国际货币基金组织认为,为了便于对各国的国际收支平衡表进行全球性的比较和分析,有必要建立标准的、相对稳定的记账单位。当前世界各国通常以美元作为记账单位。关于折算汇率通常采用交易日期的市场汇率;如果当日的市场汇率不存在,就选择在最短期内的平均汇率。

三、国际收支平衡表的内容详解

(一) 经常账户 (Current Account)

经常账户是指对实际资源在国际间的流动行为进行记录的账户,包括货物和服务、初次收入和二次收入。是本国与外国进行经济交易而经常发生的会计项目,是国际收支平衡表中最基本、最重要的项目。

1. 货物和服务:包括货物和服务两部分。

(1) 货物 (Goods),是经常项目乃至整个国际收支平衡表中最重要的项目,记录一国商品的进口和出口。

其中:借方记录进口总额,贷方记录出口总额,商品进出口的差额称为贸易差额,即有形贸易收支 (Balance of Visible Trade)。

货物账户数据主要来源于海关进出口统计,但与海关统计存在以下主要区别:一是国际收支中的货物只记录所有权发生了转移的货物(如一般贸易、进料加工贸易等贸易方式的货物),所有权未发生转移的货物(如来料加工或出料加工贸易)不纳入货物统计,而纳入服务贸易统计;二是计价方面,国际收支统计要求进出口货值均按离岸价格记录,海关出口货值为离岸价格,但进口货值为到岸价格,因此国际收支统计从海关进口货值中调出国际运保费支出,并纳入服务贸易统计;三是补充部分进出口退运等数据;四是补充了海关未统计的转手买卖下的货物净出口数据。

（2）服务（Services），相对于商品的有形贸易来说，服务贸易是无形贸易（Invisible Trade），主要记录劳务的输出和输入。包括加工服务，维护和维修服务，运输，旅行，建设，保险和养老金服务，金融服务，知识产权使用费，电信、计算机和信息服务，其他商业服务，个人、文化和娱乐服务以及别处未提及的政府服务。贷方记录提供的服务，借方记录接受的服务。

①加工服务：又称"对他人拥有的实物投入的制造服务"，指货物的所有权没有在所有者和加工方之间发生转移，加工方仅提供加工、装配、包装等服务，并从货物所有者处收取加工服务费用。贷方记录我国居民为非居民拥有的实物提供的加工服务。借方记录我国居民接受非居民的加工服务。

②维护和维修服务：指居民或非居民向对方所拥有的货物和设备（如船舶、飞机及其他运输工具）提供的维修和保养工作。贷方记录我国居民向非居民提供的维护和维修服务。借方记录我国居民接受的非居民维护和维修服务。

③运输：指将人和物体从一地点运送至另一地点的过程以及相关辅助和附属服务，以及邮政和邮递服务。贷方记录居民向非居民提供的国际运输、邮政快递等服务。借方记录居民接受的非居民国际运输、邮政快递等服务。

④旅行：指旅行者在其作为非居民的经济体旅行期间消费的物品和购买的服务。贷方记录我国居民向在我国境内停留不足一年的非居民以及停留期限不限的非居民留学人员和就医人员提供的货物和服务。借方记录我国居民境外旅行、留学或就医期间购买的非居民货物和服务。

⑤建设：指建筑形式的固定资产的建立、翻修、维修或扩建，工程性质的土地改良、道路、桥梁和水坝等工程建筑，相关的安装、组装、油漆、管道施工、拆迁和工程管理等，以及场地准备、测量和爆破等专项服务。贷方记录我国居民在经济领土之外提供的建设服务。借方记录我国居民在我国经济领土内接受的非居民建设服务。

⑥保险和养老金服务：指各种保险服务，以及同保险交易有关的代理商的佣金。贷方记录我国居民向非居民提供的人寿保险和年金、非人寿保险、再保险、标准化担保服务以及相关辅助服务。借方记录我国居民接受非居民的人寿保险和年金、非人寿保险、再保险、标准化担保服务以及相关辅助服务。

⑦金融服务：指金融中介和辅助服务，但不包括保险和养老金服务项目所涉及的服务。贷方记录我国居民向非居民提供的金融中介和辅助服务。借方记录我国居民接受非居民的金融中介和辅助服务。

⑧知识产权使用费：指居民和非居民之间经许可使用无形的、非生产/非金融资产和专有权以及经特许安排使用已问世的原作或原型的行为。贷方记录我国居民向非居民提供的知识产权相关服务。借方记录我国居民使用的非居民知识产权服务。

⑨电信、计算机和信息服务：指居民和非居民之间的通信服务以及与计算机数据和新闻有关的服务交易，但不包括以电话、计算机和互联网为媒介交付的商业服务。贷方记录本国居民向非居民提供的电信服务、计算机服务和信息服务。借方记录本国居民接受非居民提供的电信服务、计算机服务和信息服务。

⑩其他商业服务：指居民和非居民之间其他类型的服务，包括研发服务，专业和管理

咨询服务、技术、贸易相关等服务。贷方记录我国居民向非居民提供的其他商业服务。借方记录我国居民接受的非居民其他商业服务。

⑪个人、文化和娱乐服务：指居民和非居民之间与个人、文化和娱乐有关的服务交易，包括视听和相关服务（电影、收音机、电视节目和音乐录制品），其他个人、文化娱乐服务（健康、教育等）。贷方记录我国居民向非居民提供的相关服务。借方记录我国居民接受的非居民相关服务。

⑫别处未提及的政府服务：指在其他货物和服务类别中未包括的政府和国际组织提供和购买的各项货物和服务。贷方记录我国居民向非居民提供的别处未涵盖的货物和服务。借方记录我国居民向非居民购买的别处未涵盖的货物和服务。

2. 初次收入（Primary Income），表示初次收入在居民和非居民之间的流动。初次收入表示对非居民的生产过程的付出或提供的劳动、金融资产和自然资源的出租而获得的报酬。简单来说，初次收入包括提供劳动力的报酬、金融资产的投资收益以及自然资源出租获得的收益，因而该项目相应下设"雇员报酬""投资收益"和"其他初次收入"三个细目。

（1）雇员报酬，指根据企业与雇员的雇佣关系，因雇员在生产过程中的劳务投入而获得的酬金回报。贷方记录我国居民个人从非居民雇主处获得的薪资、津贴、福利及社保缴款等。借方记录我国居民雇主向非居民雇员支付的薪资、津贴、福利及社保缴款等。

（2）投资收益，指因金融资产投资而获得的利润、股息（红利）、再投资收益和利息，但金融资产投资的资本利得或损失不是投资收益，而是金融账户统计范畴。贷方记录我国居民因拥有对非居民的金融资产权益或债权而获得的利润、股息、再投资收益或利息。借方记录我国因对非居民投资者有金融负债而向非居民支付的利润、股息、再投资收益或利息。

（3）其他初次收入，指将自然资源让渡给另一主体使用而获得的租金收入，以及跨境产品和生产的征税和补贴。贷方记录我国居民从非居民获得的相关收入。借方记录我国居民向非居民进行的相关支付。

【知识链接】

中国海外投资

因于"高成本低收益"，拥有 1.8 万亿美元海外净资产、全球最大债权国的中国，在对外投资中却仍然陷于投资净收益为负的阴霾。2012 年中国海外投资净收益为 -574 亿美元，其中，中国对外投资收益为 1 434 亿美元，而外国在华投资收益为 2 008 亿美元。2011 年我国对外投资净收益为 -853 亿美元。

而在 2008 年我国对外投资收益达 825 亿美元，比 2007 年增长 8%，其中的相当部分是外汇储备投资收益。投资利润汇出 575 亿美元，增长 5%；投资收益净流入 250 亿美元，增长 17%。

资料来源：国家外汇管理局网站数据整理。

3. 二次收入（Secondary Income），表示居民和非居民之间的经常转移，如政府或慈善组织提供的经常转移。经常转移可以是现金或其他资产。二次收入包括：私人间转移（如汇款；按照惯例，房子之间的经常转移，赌博彩票和其他类型的赌博获益）、对收入和财产等的征税、社会捐赠、社会福利、非人寿保险的保险费和赔偿金、国际间的经常性合作、其他转移。

二次收入账户反映两个经济体之间收益的再次分配，即一方出于当前的目的，向另一方提供资源，没有获得相应的经济价值作为对价，即单方面无偿转移。

初次收入影响一国的国民收入，二次收入和初次收入共同影响了一国的可支配收入。资本转移不影响一国的可支配收入，所以在资本账户反映。

（二）资本与金融账户（Capital and Financial Account）

资本与金融账户是指对资产所有权在国际间流动行为进行记录的账户，它包括资本账户和金融账户两大部分。

1. 资本账户（Capital Account），指居民与非居民之间的资本转移，以及居民与非居民之间非生产非金融资产的取得和处置。贷方记录我国居民获得非居民提供的资本转移，以及处置非生产非金融资产获得的收入，借方记录我国居民向非居民提供的资本转移，以及取得非生产非金融资产支出的金额。

资本账户包括资本转移和非生产、非金融资产的收买和放弃。

资本转移包括三项所有权的无偿转移：固定资产所有权的资产转移；同固定资产收买和放弃相联系的或以其为条件的资产转移；债权人不索取任何回报而放弃的债权。

非生产、非金融资产的收买和放弃是指各种无形资产如专利、版权、商标、经销权和其他可转让合同的交易。

2. 金融账户（Financial Account），指发生在居民与非居民之间、涉及金融资产与负债的各类交易。根据会计记账原则，当期对外金融资产净增加记录为负值，净减少记录为正值；当期对外负债净增加记录为正值，净减少记录为负值。金融账户分为包括"非储备性质的金融账户"和"储备资产"两个分账户。

（1）"非储备性质的金融账户"按照投资类型或功能又可分为：直接投资、证券投资、金融衍生工具和其他投资。

①直接投资，以投资者寻求在本国以外运行企业获取有效发言权为目的的投资，包括直接投资资产和直接投资负债两部分。相关投资工具可划分为股权和关联企业债务。股权包括股权和投资基金份额，以及再投资收益。关联企业债务包括关联企业间可流通和不可流通的债权和债务，包括直接投资资产和直接投资负债。直接投资资产，指我国作为直接投资者对在外直接投资企业的净资产，作为直接投资企业对直接投资者的净资产，以及对境外联属企业的净资产。直接投资负债，指我国作为直接投资企业对外国直接投资者的净负债，作为直接投资企业对直接投资者的净负债，以及对外联属企业的净负债。

②证券投资，包括证券投资资产和证券投资负债，相关投资工具可划分为股权和债券。股权包括股权和投资基金份额，记录在证券投资项下的股权和投资基金份额均应可流通（可交易）。股权通常以股份、股票、参股、存托凭证或类似单据作为凭证。投资基金份额指投资者持有的共同基金等集合投资产品的份额。债券指可流通的债务工具，是证明

其持有人（债权人）有权在未来某个（些）时点向其发行人（债务人）收回本金或收取利息的凭证，包括可转让存单、商业票据、公司债券、有资产担保的证券、货币市场工具以及通常在金融市场上交易的类似工具。证券投资资产，记录我国居民投资非居民发行或管理的股权、投资基金份额的当期净交易额。证券投资负债，记录非居民投资于我国居民发行或管理的股权、投资基金份额的当期净交易额。

③金融衍生工具，又称金融衍生工具和雇员认股权，用于记录我国居民与非居民金融工具和雇员认股权交易情况。金融衍生工具资产，又称金融衍生工具和雇员认股权资产，用于记录我国居民作为金融衍生工具和雇员认股权资产方，与非居民的交易。金融衍生工具负债，又称金融衍生工具和雇员认股权负债，用于记录我国居民作为金融衍生工具和雇员认股权负债方，与非居民的交易。

④其他投资，除直接投资、证券投资、金融衍生工具和储备资产外，居民与非居民之间的其他金融交易。包括其他股权、货币和存款、贷款、保险和养老金、贸易信贷和其他应收/应付款。

其他股权：指不以证券投资形式（上市和非上市股份）存在的、未包括在直接投资项下的股权，通常包括：在准公司或非公司制企业中的、表决权小于10%的股权（如分支机构、信托、有限责任和其他合伙企业、以及房地产和其他自然资源中的所有权名义单位）、在国际组织中的股份等。资产项记录我国居民投资于非居民的其他股权。负债项记录非居民投资于我国居民的其他股权。

货币和存款：货币包括由中央银行或政府发行或授权的，有固定面值的纸币或硬币。存款是指对中央银行、中央银行以外的存款性公司以及某些情况下其他机构单位的、由存单表示的所有债权。资产项记录我国居民持有外币及开在非居民处的存款资产变动。负债项记录非居民持有的人民币及开在我国居民处的存款变动。

贷款：指通过债权人直接借给债务人资金而形成的金融资产，其合约不可转让。贷款包括普通贷款、贸易融资、透支、金融租赁、证券回购和黄金掉期等。资产项记录我国居民对非居民的贷款债权变动。负债项记录我国居民对非居民的贷款债务变动。

保险和养老金：又称保险、养老金和标准化担保计划，主要包括非人寿保险技术准备金、人寿保险和年金权益、养老金权益以及启动标准化担保的准备金。资产项记录我国居民作为保单持有人或受益人所享有的资产或权益。负债项记录我国作为保险公司、养老金或标准化担保发行者所承担的负债。

贸易信贷：又称贸易信贷和预付款，是因款项支付与货物所有权转移或服务提供非同步进行而与直接对手方形成的金融债权债务。如相关债权债务不是发生在货物或服务的直接交易双方，即不是基于商业信用，而是通过第三方或银行信用形式发生，则不纳入本项统计，而纳入贷款或其他项目统计。资产项记录我国居民与非居民之间因贸易等发生的应收款或预付款。负债项记录我国居民与非居民之间因贸易等发生的应付款或预收款。

其他应收款/应付款：除直接投资、证券投资、金融衍生工具、储备资产、其他股权、货币和存款、贷款、保险准备金、贸易信贷、特别提款权负债外的对非居民的其他金融债权或债务。资产项记录债权，负债项记录债务。

特别提款权负债：指作为基金组织成员国分配的特别提款权，是成员国的负债。

（2）储备资产，是指一国金融当局持有的储备资产（亦称官方储备、国际储备）及对外债权，包括黄金储备、外汇储备、在基金组织的储备头寸、特别提款权以及官方对外持有的债权债务等。

货币黄金，指中央银行作为国际储备持有的黄金。

特别提款权，是国际货币基金组织根据会员国认缴的份额分配的，可用于偿还国际货币基金组织债务、弥补会员国政府之间国际收支赤字的一种账面资产。

在国际货币基金组织的储备头寸，指在国际货币基金组织普通账户中会员国可自由提取使用的资产。

外汇储备，指中央银行持有的可用作国际清偿的流动性资产和债权。

（三）净误差与遗漏账户

国际收支平衡表采用复式记账法，由于统计资料来源和时点不同等原因，会形成经常账户与资本和金融账户不平衡，形成统计残差项，称为净误差与遗漏。

这是一种人为设置的抵销账户，用来抵销编表时出现的净的借方或贷方余额。原则上，国际收支平衡表按复式记账法，借方与贷方总额应当是相等的，差额为零。但实际上，一国的国际收支平衡表不可避免地会出现净的借方余额或净的贷方余额，很难达到平衡。这个余额是统计资料有误差和遗漏而造成的。

造成统计资料有误差的主要原因是：一是统计资料不完整。比如，商品走私、以隐蔽形式进行的资本外逃等；二是统计数字的重复计算和漏算。比如，统计资料有的来自海关，有的来自银行，有的来自官方主管机构，难免造成错算和漏算；三是统计资料本身缺乏真实性和准确性。比如，有的数据是估算出来的，当事人故意瞒报或虚报统计数据，短期资本在国家之间的投机性流动造成统计上的困难等。

为此，需要在国际收支平衡表中设置"净误差与遗漏"账户。如果经常账户、资本和金融账户的贷方出现余额，就在净误差与遗漏项下的借方列出与余额相等的数字；如果这几个账户的借方出现余额，则在净误差与遗漏的贷方列出与余额相等的数字，如表2-3所示。

【知识链接】

中国的净误差与遗漏

从1996年正式实施国际收支统计申报制度以来到2016年，我国净误差与遗漏额4次为正、16次为负。

通常国际上认为，净误差与遗漏额占货物贸易进出口总值的5%以下是可以接受的。并且，在国内外经济金融形势动荡时，净误差与遗漏额也可能较大，如美国1998年该项占比为9.4%，2004年占比为4.2%。随着国际收支统计体系的不断完善，我国净误差与遗漏额正在逐步缩小，1996—1999年净误差与遗漏额占货物贸易总值的比重为4%~6%，2000—2013年占比为2%以下，2008年占比为1%（美国预估值为3.8%）。2009年以后有上涨趋势，2012年占比1.87%。2015年和2016年这个数字突增为5.74%和6.39%。

资料来源：国家外汇管理局网站。

表 2-3　　国际货币基金组织规定的《国际收支平衡表》的标准形式

项目	差额	贷方（+）	借方（-）
Ⅰ. 经常账户			
A. 货物和服务			
a. 货物			
b. 服务			
1. 运输			
2. 旅游			
3. 通讯服务			
4. 建筑服务			
5. 保险服务			
6. 金融服务			
7. 计算机和信息服务			
8. 专有权利使用费和特许费			
9. 其他商业服务			
10. 个人、文化和娱乐服务			
11. 别处未提及的政府服务			
B. 初次收入			
a. 职工报酬			
b. 投资收入			
1. 直接投资			
2. 证券投资			
3. 其他投资			
C. 二次收入			
a. 各级政府			
b. 其他部门			
1. 工人的汇款			
2. 其他转移			
Ⅱ. 资本和金融账户			
A. 资本账户			
a. 资本转移			
1. 各级政府			
2. 其他部门			
b. 非生产、非金融资产的收买/放弃			
B. 金融账户			
a. 非储备性质的金融账户			
1. 直接投资			

续表

项目	差额	贷方（+）	借方（-）
（1）资产			
（2）负债			
2. 证券投资			
（1）资产			
（2）负债			
3. 金融衍生工具			
（1）资产			
（2）负债			
4. 其他投资			
（1）资产			
（2）负债			
b. 储备资产			
1. 货币黄金			
2. 特别提款权			
3. 在基金组织的储备头寸			
4. 外汇储备			
5. 其他债权			
Ⅲ. 错误和遗漏账户			

资料来源：国际货币基金组织在2009年出版的《国际收支和国际投资头寸手册》（第六版）。

【单元实训】

国际收支平衡表的编制

假定中国在某一年发生下列几笔对外经济交易，要求做出会计分录，并编制国际收支平衡表。

1. 做出会计分录

[例1] 中国A企业向美国商人出口价值300万美元的仪器仪表，并开出期限为30天的汇票，要求美国商人到期将款项转入纽约银行伦敦分行的中国A企业账户。

借：金融账户——其他投资 300万美元

贷：货物——商品出口 300万美元

[例2] 中国B公司从澳大利亚购买价值1 000万美元的铁矿石，用美元支票付款。

借：货物——商品进口 1 000万美元

贷：金融账户——其他投资 1 000万美元

[例3] 一批法国游客在中国的旅游花费价值10万美元，采用票汇的方式在纽约银行在中国的分行提现，并兑换为人民币消费。

借：金融账户——其他投资 10万美元

贷：服务——旅游 10万美元

[例4] 中国C进口商租用美国经营的航船，支付运输费100万美元，用支票支取在

纽约银行的存款结余。

借：服务——运输 30 万美元

贷：金融账户——其他投资 30 万美元

[例 5] 中国某基金会向非洲贫困地区捐款 100 万美元，并捐助物资 400 万美元。

借：二次收入 500 万美元

贷：金融账户——其他投资 100 万美元

贷：货物——商品出口 400 万美元

[例 6] 中国政府动用外汇库存 100 万美元向印尼提供无偿援助。

借：二次收入 100 万美元

贷：官方储备 100 万美元

[例 7] 中国 D 公司购买花费 3 000 万美元墨西哥某石油企业 25% 的股权。

借：金融账户——直接投资 3 000 万美元

贷：金融账户——其他投资 3 000 万美元

[例 8] 德国居民在上海证券交易所买进 100 万美元的 B 股。纽约德国银行的美元结余减少。

借：金融账户——其他投资 100 万美元

贷：金融账户——证券投资 100 万美元

[例 9] 中国居民在美国股票交易所购买美国 10 年期国债 50 万美元。

借：金融账户——证券投资 50 万美元

贷：金融账户——其他投资（对外私人短期负债）50 万美元

[例 10] 中国 E 企业在海外投资所得利润 500 万美元。其中 300 万美元用于当地的再投资，100 万美元购买当地商品运回国内，100 万美元调回国内结售给政府以换取本国货币。

借：金融账户——直接投资 300 万美元

货物——商品进口 100 万美元

储备资产 100 万美元

贷：投资收益（海外投资利润收入）500 万美元

2. 将上述各笔交易编制成国际收支平衡表（见表 2－4）：

表 2－4　　　　　　　　　　中国国际收支平衡表　　　　　　　　　　单位：万美元

项　目	贷方（+）	借方（-）	差　额
A. 经常账户			（-）520
1. 货物	①300 + ⑤400	②1 000 + ⑩100	（-）400
2. 服务	10	30	（-）20
（1）旅游	③10		
（2）运输		④30	
3. 初次收入	⑩500		（+）500
4. 二次收入		⑤500 + ⑥100	（-）600
B. 资本和金融账户			（+）520
1. 资本账户			

续表

项　目	贷方（+）	借方（-）	差　额
2. 金融账户			
（1）非储备性质的金融账户			
1）直接投资		⑦3 000 + ⑩300	（-）3 300
2）证券投资	⑧100	⑨50	（+）50
3）其他投资	②1 000 + ④30 + ⑤100 + ⑦3 000 + ⑨50	①300 + ③10 + ⑧100 + 0	（+）3 770
（2）储备资产	⑥100		0
C. 错误和遗漏			
总　计	5 590	5 590	0

3. 简评

从上例可以看出，中国在该年度的经常账户与除储备资产外的资本与金融账户总差额：

520 万美元 - 520 万美元 = 0

即，该年度中国国际收支是 0。

教学活动 3　认识国际投资头寸表

【活动设计】

1. 教师准备国际投资头寸表；
2. 教师讲解国际投资头寸表的结构和内容；
3. 组织学生讨论分析国际投资头寸表与国际收支平衡表的关系。

【案例导入】

表 2-5 为中国国际投资头寸简表。

表 2-5　　　　　中国国际投资头寸简表（2005—2016 年）　　　　（单位：亿美元）

	2007	2008	2009	2010	2011	2012	2013	2014	2015	2016
对外净头寸	11 881	14 938	14 905	16 880	16 884	17 346	19 960	16 028	16 728	18 005
对外金融资产	24 162	29 567	34 369	41 189	47 345	51 749	59 861	64 383	61 558	64 666
其中：										
对外直接投资	1 160	1 857	2 458	3 172	4 248	5 028	8 805	8 826	10 959	13 172
证券投资	2 846	2 525	2 428	2 571	2 044	2 406	2 585	2 625	2 613	3 651
衍生金融工具	0	0	0	0	0	0	0	0	36	52

续表

	2007	2008	2009	2010	2011	2012	2013	2014	2015	2016
其他投资	4 683	5 323	4 952	6 304	8 495	10 437	11 867	13 938	13 889	16 811
储备资产	15 473	19 662	24 532	29 142	32 588	33 879	38 804	38 993	34 061	30 979
对外金融负债	12 281	14 629	19 464	24 308	30 461	34 585	39 901	48 355	44 830	46 660
其中：										
对外直接投资	7 037	9 155	13 148	15 696	19 069	21 596	23 312	25 991	26 963	28 659
证券投资	1 466	1 677	1 900	2 239	2 485	3 364	3 865	7 962	8 170	8 086
衍生金融工具	0	0	0	0	0	0	0	0	53	66
其他投资	3 778	3 796	4 416	6 373	8 907	9 426	12 724	14 402	9 643	9 849

资料来源：根据国家外汇管理局网站资料整理。

【基础知识】

一、国际投资头寸的定义

国际投资头寸是指在某一时点上，一国对世界其他地方的资产与负债，是一个存量概念。将一国的对外资产与对外负债相减后所得的净值就是净国际投资头寸。

国际投资头寸和国际收支密切相关。国际收支记录发生期间内与非居民的金融和非金融交易。国际投资头寸显示某一特定时点上（通常是年底）与非居民的过去金融交易的结果。

国际投资头寸采取市场价值计价的定值原则。需要指出的是，在计算国际投资头寸时，一些类型的头寸无法获得市场价格，可采用参照资产的市场价格定值。

二、国际投资头寸表概念和内容

（一）国际投资头寸表的概念

国际投资头寸表是反映特定时点上一个国家或地区对世界其他国家或地区金融资产和负债存量的统计报表，其变动情况是由特定时期内交易、价格变化、汇率变化和其他调整引起的。

（二）国际投资头寸表的内容

国际投资头寸的基本内容，根据国际货币基金组织2009年编制的《国际收支和国际投资头寸手册（第六版）》，国际投资头寸表的项目分为资产和负债两大类，并按照职能对两者进行进一步分类。具体如表2-6所示：

表 2-6　　　　　　　　　　　　国际投资头寸表：主要组成部分

A. 资产	B. 负债
1. 在国外的直接投资	1. 在报告经济体的直接投资
1.1　股权	1.1　股权
1.2　关联企业债务	1.2　关联企业债务
1.a　金融部门	1.a　金融部门
1.1.a　股权	1.1.a　股权
1.2.a　关联企业债务	1.2.a　关联企业债务
1.b　非金融部门	1.b　非金融部门
1.1.b　股权	1.1.b　股权
1.2.b　关联企业债务	1.2.b　关联企业债务
2. 证券投资	2. 证券投资
2.1　股权	2.1　股权
2.2　债券	2.2　债券
3. 金融衍生工具	3. 金融衍生工具
4. 其他投资	4. 其他投资
4.1　其他股权	4.1　其他股权
4.2　货币与存款	4.2　货币与存款
4.3　贷款	4.3　贷款
4.4　保险和养老金	4.4　保险和养老金
4.5　贸易信贷	4.5　贸易信贷
4.6　其他	4.6　特别提款权
5. 储备资产	4.7　其他
5.1　货币黄金	
5.2　特别提款权	
5.3　在基金组织的储备头寸	
5.4　外汇储备	
5.5　其他	

（三）国际投资头寸表主要指标释义

根据国际货币基金组织的标准，国际投资头寸表的项目按资产和负债设置。资产细分为我国对外直接投资、证券投资、其他投资和储备资产四部分；负债细分为外国来华直接投资、证券投资、其他投资三部分。净头寸是指对外资产减去对外负债。具体的项目含义如下：

1. 直接投资：以投资者寻求在本国以外运行企业获取有效发言权为目的的投资。分为对外直接投资和外来直接投资。

2. 证券投资：包括股票、中长期债券和货币市场工具等形式的投资。证券投资资产是指一国居民持有的非居民发行的股票、债券、货币市场工具、衍生金融工具等有价证券。证券投资负债为非居民持有本国居民发行的股票和债券。

（1）股本证券：包括以股票形式为主的证券。

（2）债务证券：包括中长期债券和一年期以下的短期债券；货币市场工具或可转让

的债务工具，如短期国库券、商业票据、短期可转让大额存单等。

3. 金融衍生工具，包括期货期权等。

4. 其他投资：指除直接投资、证券投资和储备资产之外的所有金融资产/负债，包括贸易信贷、贷款、货币和存款及其他资产/负债四类形式。其中长期指合同期为一年期以上的金融资产/负债，短期为一年期以下的金融资产/负债。

（1）贸易信贷：指一国与世界其他国家或地区间，伴随货物进出口产生的直接商业信用。资产表示本国出口商的出口应收款以及本国进口商支付的进口预付款；负债表示本国进口商的进口应付款以及本国出口商预收的货款。

（2）贷款：资产表示一国境内机构通过向境外提供贷款和拆放等形式而持有的对外资产；负债表示一国机构借入的各类贷款，如外国政府贷款、国际组织贷款、国外银行贷款和卖方信贷。

（3）货币和存款：资产表示一国金融机构存放境外资金和库存外汇现金，负债表示一国金融机构吸收的海外私人存款、国外银行短期资金及向国外出口商和私人的借款等短期资金。

（4）其他资产/负债：指除贸易信贷、贷款、货币和存款以外的其他投资，如非货币型国际组织认缴的股本金，其他应收和应付款等。

5. 储备资产：指一国中央银行可随时动用和有效控制的对外资产，包括货币、特别提款权、在基金组织的储备头寸和外汇。

三、国际投资头寸表与国际收支平衡表的关系

国际投资头寸表与国际收支平衡表（Balance of Payments，简称 BOP）一起，构成一个国家或地区完整的国际账户体系。国际收支平衡表反映的是在特定时期内一个国家或地区与世界其他国家或地区发生的一切经济交易。国际投资头寸表反映的是特定时点上一个国家或地区对世界其他国家或地区的金融资产和负债存量状况。

国际投资头寸表在计价、记账单位和折算等核算原则上均与国际收支平衡表一致。打个比方，国际收支平衡表相当于企业的财务状况变动表，反映的是交易流量情况；而国际投资头寸表相当于企业的资产负债表，反映的是资产负债存量状况。

国际投资头寸的资产与负债的期末值等于其期初值与本期的变化值之和，这些变化值包括：本期交易（等于国际收支的金融账户）和分别由于价格变化、汇率变化和其他变化引起的资产和负债值的改变额，如表 2-7 所示。

各项基本指标之间存在如下关系：

年末头寸 = 年初头寸 + 交易 + 价格变化 + 汇率变化 + 其他调整
资产 = 在国外的直接投资 + 证券投资 + 衍生金融工具 + 其他投资 + 储备资产
负债 = 来华直接投资 + 证券投资 + 衍生金融工具 + 其他投资
净头寸 = 资产 - 负债

表 2-7　　　　　　　　　　国际投资头寸和国际收支之间的关系

期初头寸	经常账户				期末头寸
	资本账户				
	金融账户交易	头寸的其他变化			
		价格变化	汇率变化	其他调整	
资产 在国外的直接投资 证券投资 金融衍生工具 其他投资 储备资产 负债 在报告经济体的直接投资 证券投资 金融衍生工具 其他投资 净国际投资头寸	资产 在国外的直接投资 证券投资 金融衍生工具 其他投资 储备资产 负债 在报告经济体的直接投资 证券投资 金融衍生工具 其他投资 净国际投资头寸				资产 在国外的直接投资 证券投资 金融衍生工具 其他投资 储备资产 负债 在报告经济体的直接投资 证券投资 金融衍生工具 其他投资 净国际投资头寸

四、国际投资头寸表的意义

编制国际投资头寸表，可以为一个国家或地区衡量自身的涉外经济风险状况提供基础信息，对该国宏观经济分析和政策决策具有重要意义。

1. 编制国际投资头寸表有利于进一步完善包括国民账户、财政统计、货币金融统计和国际收支统计在内的四大宏观账户统计；

2. 国际投资头寸表所反映的涉外经济状况是产业政策、贸易政策、经济发展协调性等各种经济因素共同作用的结果，可以为一国制定涉外经济发展政策和调整对外资产负债结构提供基础性信息；

3. 掌握国家涉外经济存量及其结构，便于更加系统全面地反映一国涉外经济发展趋势、结构分布、收益大小以及风险状况。

随着世界经济一体化进程的加快，各国对外资产负债状况，尤其是一些较大的经济体的对外资产和负债状况，对于分析全球金融资本状况也愈加重要。

任务二
国际收支平衡表分析

【任务要求】

教师要结合实际案例讲解国际收支差额，引导学生学习和掌握国际收支平衡表的分析方法；培养学生分析问题和解决问题的能力。

学生要学习和掌握国际收支平衡表的分析方法。

教学活动1 了解国际收支平衡表项目差额

【活动设计】

1. 教师准备国际收支平衡表；
2. 教师讲解主要的国际收支差额；
3. 学生分析国际收支平衡表并熟练掌握国际收支差额。

【案例导入】

表2-8为中国2012—2016年国际收支差额情况表。

表2-8　　　　中国2012—2016年国际收支差额情况表　　　　（单位：亿美元）

年份	2012	2013	2014	2015	2016
贸易收支差额	2 318	2 354	2 840	3 687	2 429
经常项目差额	1 931	1 828	2 197	2 932	2 104
资本和金融项目差额	-168	3 262	382	-1611	-470
综合差额（国际收支差额）	965	4 314	1 178	0	1

资料来源：根据国家外汇管理局网站数据整理计算。

【基础知识】

一、对国际收支平衡表分析的意义

国际收支是经济分析的主要工具，一国的国际收支记录了它与世界各国的经济金融往来的全部情况，反映了该国的对外经济特点及变动对国际金融的影响。因此，认真全面地对国际收支平衡表进行分析，对了解国内外经济状况，制定相应的措施具有极其重要的意义。

二、国际收支平衡表的四大差额

国际收支平衡表的分析主要是对总差额和各项目差额的分析，主要包括四大差额，贸易收支差额、经常账户差额、资本和金融账户差额和综合差额。差额即各账户借贷方发生额的净值。当贷方大于借方称为净贷差，也称为盈余；当借方大于贷方称为净借差，也称为赤字。

（一）贸易收支差额

贸易收支差额指经常账户中的商品进出口差额。

贸易收支在全部国际收支中所占的比重相当大，贸易收支差额在很大程度上决定了国际收支的总差额。同时贸易收支的数字尤其是商品贸易收支的数字易于通过海关的途径收集，能较快地反映出一国对外经济交往情况。此外，商品的进出口情况综合反映了一国的产业结构、产品质量和劳动生产率状况，反映了该国产业在国际上的竞争能力。因此，对贸易收支的差额进行分析是十分重要的。

（二）经常项目差额

经常项目差额包括贸易收支、无形贸易收支（即服务和收入）和经常转移收支。它综合反映了一个国家对外经济交易的一般态势，各国和国际货币基金组织都特别重视经常项目差额情况。如果经常项目有逆差，表示从国外净动用了一些商品、服务供国内使用，相应地减少本国在外国的资产或是增加对外的负债。如果经常项目有顺差，表示向国外净供应了一些商品和服务，相应地会增加本国对外资产或减少对外的负债。

（三）资本和金融账户（剔除官方储备）差额

资本和金融账户差额具有三方面的作用。一是通过资本和金融账户余额可以看出一个国家金融市场的开放和发达程度，对一国货币政策和汇率政策的调整提供有益的借鉴；二是资本与金融账户和经常账户之间具有融资关系，所以资本与金融账户的余额可以折射出一国经常账户的状况和融资能力；三是单独计算"资本账户"与"非储备性质的金融资产账户"的总和，贷方数字表示国际资本的净流入额，借方数字表示国际资本的净流出额。

（四）综合收支账户差额或总差额

综合收支账户差额是指经常账户差额与资本和金融账户差额（资本账户、直接投资、证券投资、衍生金融工具、其他投资账户差额，也就是将金融账户中的官方储备账户剔除后的金额）及净误差与遗漏账户金额的加总。通过分析综合账户可以衡量国际收支对一国储备造成的压力。总差额为正，则储备资产增加，总差额为负，则储备资产减少。通常人们讲的国际收支盈余或赤字就是指综合收支差额盈余或赤字。

教学活动 2　国际收支平衡表的分析方法

【活动设计】

1. 教师准备国际收支平衡表；
2. 教师讲解国际收支平衡表的分析方法；
3. 学生运用所学知识分析国际收支平衡表。

【案例导入】

2017 年国际收支重回"双顺差"跨境资金流动基本平衡

外汇局数据显示，2017 年，我国经常账户顺差 1 720 亿美元，与同期国内生产总值（GDP）之比为 1.4%。国际收支口径的货物贸易顺差 4 761 亿美元，其中，货物出口和进口同比分别增长 11% 和 16%，显示外贸回稳向好的趋势进一步稳固。

2017 年，非储备性质的金融账户顺差 825 亿美元，可比口径 2016 年为逆差 4 752 亿美元。其中，直接投资呈现净流入 638 亿美元，2016 年为净流出 466 亿美元。具体来看，对外直接投资净流出 1 014 亿美元，外国来华直接投资净流入 1 653 亿美元，双向均继续保持一定规模。此外，2017 年，我国储备资产因国际收支交易（不含汇率、价格等非交易因素影响）增加 915 亿美元，2016 年为减少 4 437 亿美元。其中，外汇储备增加 930 亿美元，在国际货币基金组织（IMF）的储备头寸等减少 15 亿美元。

外汇局发言人称，总体来看，去年我国国际收支状况稳健，跨境资金流动从净流出转为基本平衡，随着国内经济稳中向好态势进一步巩固，未来国际收支总体平衡的基础将更加坚实。

资料来源：第一财经，2018.02.08。

【基础知识】

一、一般的经济分析方法

一般的经济分析方法适用于所有的宏观和微观经济的分析，是最基本的分析方法，也同样适用于国际收支平衡表的分析。常见的分析方法包括动态分析法、比较分析法和结构分析法。

（一）动态分析法（纵向分析法）

动态分析法指对一国若干连续时期的国际收支平衡表进行动态分析的方法。只有通过动态分析，才能了解一国国际收支的均衡状况的动态变化，并通过一系列调节措施，促使该国保持最佳的国际储备水平，促进该国货币汇率均衡与经济正常发展。

（二）比较分析法（国别分析法）

比较分析法指将一国的国际收支平衡表与其他国家，尤其是主要的经济大国的国际收支平衡表进行比较，找出本国与他国国际收支顺逆差的异同及原因，分析本国与他国的国际收支结构以及调节措施，了解本国和他国在世界经济中的地位，正确认识国际金融格局，借鉴他国经验，为调节本国国际收支所用。

（三）结构分析法

结构分析法是国际收支平衡表中各项目所占比重，进而分析一国国际收支的内部结构特征、总体的性质、总体内部结构依时间推移而表现出的变化规律性的统计方法。如经常账户的结构分析；货物和服务贸易的结构分析；金融账户的结构分析等。结构分析主要是一种静态分析，即对一定时间内经济系统中各组成部分变动规律的分析。如果对不同时期内经济结构变动进行分析，则属动态分析。

二、国际收支平衡表项目的差额分析法

（一）差额分析法的含义

对国际收支平衡表的分析通常采用差额分析的方法。差额分析是指国际收支平衡表内各个项目都有其独特的内容，分别反映了一国的不同经济活动，因此应逐项分析各个项目的差额，从而了解各项目的盈余和亏损情况。差额分析的内容主要包括贸易收支差额、经常账户差额、资本和金融账户差额、总差额和错误与遗漏等逐项差额的分析。具体如表2-9所示：

表2-9　　　　　　　　　差额分析的内容列表

差额种类	涵义
贸易收支差额	商品进出口净额
经常账户差额	实际资源转移净额
资本和金融账户差额	资本流入与流出净额
国际收支总差额（增减国际储备）	经常账户与资本金融账户差额之和
错误与遗漏	最后平衡项目

（二）采用差额分析法对各个项目的具体分析

1. 贸易收支差额的分析（反映实体经济的国际竞争力）

贸易收支差额指经常账户中的商品进出口差额。这个差额是国际收支评价中的重要和传统指标。贸易收支差额对不同发展类型国家有不同的涵义。对贸易差额的分析包括对贸易收支规模和结构的分析。分析是首先揭示贸易收支规模和结构的变化（同一国家不同时期比较）或不同（不同国家间比较），然后分析产生这些变化的原因。影响贸易规模和结构的因素涉及贸易产品供需两个方面，具体包括：经济周期、国内经济发展情况、主要贸易产品的世界价格、贸易自由化程度、贸易伙伴国的通货膨胀率和汇率政策、本国贸易

政策的变化等。

2. 经常账户收支差额的分析（反映包括无形贸易的综合国际竞争力）

随着经济的发展，无形贸易收支在国际收支的比重迅速上升，因此各国也同样重视经常账户的收支差额，特别是发达国家，他们在无形贸易中的地位远高于发展中国家，因此，其无形贸易收支的特征是盈余，且对经常账户收支影响很大，因此他们更关注经常账户收支差额。如中国香港从1997年以来，商品贸易收支逆差，但无形贸易收支顺差，因此经常账户收支的平衡依仗无形贸易。

更重要的是，经常账户综合反映了一国的经济实力，反映了一国产品和劳务的国际竞争能力，还包含了对外投资的规模和收益能力，也体现了一国储蓄与投资的差额，并且是外汇储备的主要的和基本的来源，而其长期赤字必然导致外汇储备的枯竭，因此对经常账户差额的分析非常重要，它是监察一国国际收支状况的重要指标，也是研究对外贸易与国民经济发展的关系的重要变量，也是一国制定贸易政策的重要依据。

3. 资本和金融账户差额的分析

（1）从资本和金融账户与经常账户的关系分析。资本和金融账户与经常账户通常有以下两种情况：

①与经常账户的互补关系。发达国家持续的贸易收支或经常账户顺差，必然导致本币升值，本币相对于外币购买力增强，资本必然输出，成为债权国；发展中国家因贸易收支和经常账户长期逆差，需要借入资金弥补，以平衡国际收支，利用资本和金融账户的资本净流入为经常账户融资，因此，发展中国家往往是债务国。因此，存在这样的情况：一国经常账户顺差对应资本和金融账户逆差，而一国经常账户顺差对应资本和金融账户顺差。

②与经常账户的平行关系。例如自20世纪90年代起，中国就一直保持着经常项目和资本和金融项目的"双顺差"格局，形成"经常项目顺差转化为外汇储备资产＋大规模外商直接投资内流"的组合，导致外汇储备的快速上升。

（2）资本流动的规模与一国资本市场的发展与开放程度的关系。资本流动的规模反映一国资本市场的发展与开放程度。一般来说，发达国家的资本流动规模远大于发展中国家，从资本和金融账户中可以体现。原因有以下方面：

①发达国家相对过剩资本充裕，是资本流出的物质前提。

②资本遵循安全和收益的原则，保持在发达国家之间的大规模流动。美国是最大的资本输出和输入国。

③发达国家资本账户开放，流动成本低。

④资本市场发育成熟，能为投资者提供丰富的投资品种和避险工具。

因此，发展中国家为经常账户赤字融资，主要是利用官方储备，而不是资本流入。发展中国家持有的储备规模远远大于发达国家，截至2018年1月末，中国外汇储备规模为3.16万亿美元，为2016年10月以来最高水平，居世界第一位。

（3）资本和金融账户规模不断扩大，反映资本脱离实体经济的趋势。目前资金流动只有1%为贸易融资，其余资本脱离实体经济，独立在金融市场体内循环。其对经济的影响力、风险已经成为国际经济必须关注的焦点。因此，对资本金融账户差额的分析日益重要。

4. 综合账户差额或总差额导致官方储备变动分析：

综合账户差额是指经常账户与资本和金融账户差额的汇总，即两大账户的余额的加总。公式表示为：

国际收支总差额 = 经常项目差额 + 资本和金融项目差额

综合账户差额具体由经常项目差额和资本项目差额以及直接投资，证券投资，其他投资项目的差额构成。

如果不考虑误差和遗漏项目，根据有借必有贷、借贷必相等的复式记账原则，构成国际收支平衡表的这些主要差额项目有以下关系：

经常账户借贷方发生额 + 资本和金融账户借贷方发生额 = 经常项目差额 + （资本和金融项目差额 + 储备资产变动额） = 0

移项后：储备资产变动额 = -（经常项目差额 + 资本和金融项目差额）

显然，经常项目差额与资本和金融项目差额发生变化都会导致储备资产的变化，即国际收支总差额的状况将导致该国国际储备量的变化，如果总差额表现为盈余，则国际储备增加；如果总差额呈现为赤字，则国际储备就会相应减少。因此，综合账户差额这个数据反映的是一国要动用储备弥补国际收支差额的规模，或是外汇储备增加的规模，因此用它来衡量国际收支对储备造成的压力。目前看来，国际收支总差额是分析国际收支状况时最常用的指标，按惯例，在没有特别说明的情况下，国际收支差额通常指的是总差额。

在固定汇率制下，综合账户差额对一国干预外汇市场，维持汇率稳定意义重大。

在浮动汇率制下，政府干预外汇市场的力度减弱，综合账户差额并不意味动用储备的规模，因为汇率由外汇市场的供求决定，但是，它反映一国国际收支的自主性交易的状况，反映国际收支的实际状况。

【操作实例】

实训题目：1990—2000年美国国际收支平衡表分析

（一）根据以下资料，对美国国际收支平衡表做出分析（如表2-10所示）：

表2-10　　　　　　　美国国际收支平衡表（1995—2000年）　　　　　　单位：10亿美元

项　　目	1995年	1996年	1997年	1998年	1999年	2000年
一、经常项目	-109	-123	-141	-217	-331	-435
A. 货物和服务	-96	-102	-106	-167	-265	-369
a. 货物	-172	-189	-195	-245	-343	-447
b. 服务	76	87	89	78	78	79
B. 初次收入	21	19	6	-6	-18	-14
C. 二次收入	-34	-41	-42	-44	-48	-53
二、资本和金融项目	123	152	269	154	311	399
A. 资本项目	0.4	0.7	0.4	0.6	-3	-0.7
B. 金融项目	123	151	269	154	315	399

续表

项目	1995年	1996年	1997年	1998年	1999年	2000年
1. 非储备性质的金融账户	123	152	267	153	314	400
（1）直接投资	−41	−5	−1	40	125	155
（2）证券投资	115	218	267	133	214	332
（3）其他投资	49	−61	1	−20	−25	−87
2. 储备资产	−10	7	−1	−7	9	0.3
三、净误差与遗漏	−4	−35	−128	70	12	36

资料来源：国际货币基金组织数据库。

（二）分析过程和答案

根据1995—2000年美国国际收支平衡表，对美国国际收支的特点分析如下：

1. 国际收支总体平衡，国际储备变动较小。观测美国1995年到2000年国际收支平衡表发现，经常账户都是逆差，而资本与金融账户都是顺差，二者抵销的结果是国际储备变动均较小，1995年增幅最大约为97亿美元，2000年变动最小，减少约为3亿美元。国际储备变动较小的原因：贸易逆差与资本与金融账户的顺差数额大致相近的结果。

2. 经常账户持续逆差，且呈加速上升趋势。从1996年开始经常账户逆差增长速度加快，年增加额分别为：140亿美元、172亿美元、767亿美元、1 141亿美元、1 040亿美元；年环比增长率分别为，12.8%、13.9%、54.6%、52.5%和31.4%。经常账户持续逆差的主要原因是货物贸易的持续逆差（进口大于出口），货物贸易逆差占经常账户逆差的比重分别为157.1%、153.5%、138.5%、112.7%、103.6%、102.7%；且呈持续上升趋势。

3. 服务贸易持续顺差，变动不大，占经常账户金额的比重持续下滑。从1995年到2000年服务贸易持续顺差；服务贸易顺差金额变动不大，最高为1997年的888亿美元，最低为1995年的760亿美元；服务贸易顺差金额占经常账户金额的比重持续下滑，从1995年到2000年分别为：69.5%、70.7%、63.2%、38.0%、23.6%、18.1%，说明服务贸易在国际贸易中的重要性在下降。

4. 收益项目变化明显。1995年到1997年服务贸易为顺差，顺差金额在下降；1998年到2000年则表现为逆差。这一项目说明美国对外投资的收益从大于利用外国投资的利润流出，发展为小于外资利润流出。

5. 美国仍然是世界上重要的资本流入国。从1995年到2000年美国的资本和金融账户持续顺差，资本流入逐年上升，年均增长率为26.4%。2000年的流入额达到3 987亿美元，其中证券投资占比为83.2%，直接投资占比为38.9%。

6. 净误差和遗漏项目金额变动较大。净误差和遗漏项目金额变动最大值在1997年达到1 278亿美元，其次是1998年为698亿美元，最少年份是1995年为44亿美元。

思考题：以上从哪几个方面分析国际收支状况？采用了哪些分析方法？

任务三　国际收支失衡与调节

【任务要求】

教师要结合案例讲解国际收支失衡的含义、表现和原因，以及国际收支失衡对经济的影响，提出解决国际收支失衡问题的政策措施。

学生要学习和掌握国际收支失衡含义、表现和原因，理解国际收支失衡对经济的影响，掌握解决国际收支失衡问题的政策措施。能够运用所学知识分析我国国际收支状况。

教学活动1　国际收支失衡的表现及原因

【活动设计】

1. 教师准备国际收支失衡的相关案例；
2. 教师讲解国际收支失衡的含义、表现和失衡的原因；
3. 组织学生讨论分析我国国际收支双顺差的原因。

【案例导入】

时隔两年　我国国际收支再现"双顺差"

2017年我国国际收支状况稳健，跨境资金流动从净流出转为基本平衡，随着国内经济稳中向好态势进一步巩固，未来国际收支总体平衡的基础将更加坚实。

经常账户保持合理顺差，货物进出口同比增长。2017年，经常账户顺差1 720亿美元，与同期国内生产总值（GDP）之比为1.4%。国际收支口径的货物贸易顺差4 761亿美元，其中，货物出口和进口同比分别增长11%和16%，显示外贸回稳向好的趋势进一步稳固。

非储备性质的金融账户转为顺差。2017年，非储备性质的金融账户顺差825亿美元，可比口径2016年为逆差4 752亿美元。其中，直接投资呈现净流入638亿美元，2016年为净流出466亿美元。具体来看，对外直接投资净流出1 014亿美元，外国来华直接投资净流入1 653亿美元，双向均继续保持一定规模。

储备资产也在增加。2017年，我国储备资产因国际收支交易（不含汇率、价格等非交易因素影响）增加915亿美元，2016年为减少4 437亿美元。其中，外汇储备增加930亿美元，在国际货币基金组织的储备头寸等减少15亿美元。

资料来源：新华网，2018.02.09。

【基础知识】

在开放经济条件下，一个国家的国际收支是否平衡，对本国经济的稳定具有重要意义，是一个国家经济发展的重要目标之一。

一、国际收支失衡的含义

（一）自主性交易和补偿性交易

对外经济交易可以分为自主性交易和补偿性交易两类。自主性交易是指个人和企业为某种经济动机和目的而从事的交易，是经济主体完全从微观角度考虑进行的交易，其特点是交易行为的自发性和主动性。例如经济主体自发进行的货物和劳务进出口、国际借贷、国际投资等等。这类交易的差额，即国际收支平衡表的相关账户的借方大于贷方或者贷方大于借方，都直接影响汇率，使本币与外币之间的比价改变，并且进一步深入到一国经济的内部。因此，政府为了对自主性交易进行平衡处理，维持汇率稳定，国际收支项目中还必须设置补偿性交易。

补偿性交易是为了弥补自主性交易差额而进行的融通性交易，其内容主要是储备资产的增减，具有事后性和政府主导性、被动性的特点。

自主性交易的有关项目包括：经常账户的全部项目、资本和金融账户中的长期资本项目（直接投资、长期证券投资）和短期资本项目。

补偿性交易的有关项目包括储备资产项目。

（二）国际收支的平衡与失衡

国际收支平衡表是按复式记账原理编制而成，因此借方总额与贷方总额完全相等，表总是平衡的。但是，这只是会计意义上的平衡，即仅仅是形式上的平衡。国际收支是否平衡取决于自主性交易的差额。当自主性交易借贷双方的差额为零时，称国际收支平衡；当这一差额为正时，称国际收支顺差，当这一差额为负时，借方大于贷方，称国际收支逆差。差额不为零时，都视为国际收支不平衡。

因此，国际收支是否平衡取决于自主性交易所产生的借贷金额是否相等。如果一国在一个长时期内实现了自主性交易平衡，无须再依靠调节性交易来调节与维持，就可以说该国国际收支达到了实质性平衡。国际收支失衡是指一国经常账户、金融与资本账户的余额出现问题，即对外经济出现了需要调整的情况。

二、国际收支失衡表现的类型

（一）据时间标准进行分类，可分为静态失衡和动态失衡

静态失衡是指一国国际收支总体在某一时点上存在一定的顺差或逆差。静态失衡是一种临时的、合理的失衡，一国不需要坚持在任何时点上都没有逆差。若该国的国际储备和国际融资能力比较充裕，这种逆差可以不作政策调节；反之，则需要进行采取调节措施。

动态失衡，是指一定时期内（如3年、5年），一国国际收支总体出现持续的、规模

较大的逆差或持续的、规模较大顺差。它反映一国在整个经济发展过程中对外经济实力动态的变化过程和结果。按照经济发展总体规划，一国不一定需要坚持静态平衡，但有必要掌握一定时期如3到5年或更长时间的大体平衡。如果国际收支逆差或顺差大大超过正常水平，而在预期的时间内难以抵销时，则需要及时进行调节。

（二）根据国际收支的内容，可分为总量失衡和结构失衡

总量失衡即综合收支失衡，是指国际收支总体上的失衡，即是指在国际收支平衡表中除了官方储备和错误与遗漏账户以外的所有账户收支基本平衡，总量失衡反映国际收支对官方储备造成的压力大小。

结构失衡是指国际收支各部分的失衡，包括贸易收支失衡、经常项目收支失衡和资本和金融账户收支失衡。

（三）根据国际收支失衡时所采取的经济政策，可分为实际失衡和潜在失衡

实际失衡是指在目前的经济政策下，国际收支所表现出来的或者说已经形成的失衡数额；潜在失衡是指在没有采取任何影响国际收支的经济政策，或者仅采取中性化经济政策的情况下，一国将会产生的国际收支失衡的数额。

三、国际收支失衡的原因

引起国际收支失衡的原因可以概括为以下几种情况：

（一）偶发性因素

国内外突发事件的发生会造成一国的出口收入下降或进口支出增加。如意外的自然灾害、骚乱、战争等因素所引起的国内产量下降（如谷物欠收），出口供给减少，进口需求增加，从而导致本国的国际收支赤字。这类突发性事件若在国外贸易伙伴国发生，则可能会本国带来进口供给和出口需求下降，使国际收支失衡。偶发性因素的冲击是暂时性的，一旦这些因素消失，国际收支便会恢复到正常状态。

（二）周期性因素

周期性失衡是由经济的周期性因素造成的，严格的说是各国所处经济周期的阶段不同所造成的。如本国经济处于繁荣阶段，贸易伙伴国的经济处于衰退阶段，这样本国对外国产品的需求就较外国对本国产品的需求旺盛，因此造成本国贸易收支赤字。战后西方主要国家的经济周期具有同步性，这一类型的失衡在工业国家有所减轻。但是工业国家的经济周期对发展中国家的国际收支的影响比较明显，当它们处于衰退阶段，对发展中国家的出口产品的需求就会减弱，造成发展中国家出口的下降。

（三）结构性因素

国际收支失衡的结构性失衡是由于一国的经济结构失衡造成的。经济结构失衡可分为产品供求结构失衡和要素价格结构失衡。如果本国产品的供求结构无法跟上国际市场产品需求结构的变化，出口就会萎缩，贸易赤字就会扩大，称作产品供求结构失衡。例如国际市场对本国具有比较利益的出口产品需求减少，或者国际市场上本国进口品的供给减少，价格上升，而本国无法改变出口结构，则本国的国际收支将出现赤字。同样，如果本国要素的价格变动使本国出口品在国际市场上所具有的比较优势逐渐消弱直至消失，也会导致

本国贸易赤字的长期存在，称作要素价格结构失衡。例如本国原是劳动力禀赋丰富的国家，劳动密集型的产品具有比较优势，但如果本国工资上涨的程度大于劳动生产率提高的程度，则本国劳动力不再是较便宜的生产要素，本国出口品的生产成本就会提高，逐渐丧失国际竞争的能力。

（四）货币性因素

由于一国的价格水平、成本、汇率、利率等货币性因素变动所造成的国际收支失衡称为货币性失衡。如果一国货币数量发行过多，该国的成本与物价普遍上升，由此必然导致出口减少，进口增加，另外，本国利息率也会下降，造成资本流出增加，流入减少，使国际收支出现赤字。货币性失衡不仅与经常账户收支有关，也与资本账户收支有关。

（五）收入性因素

通常情况下，一国国民收入增加，会使本国的消费增加，对商品和劳务的进口需求会相应增加，引起国际收支逆差。如果国民收入增加的同时，带动劳动生产率的提高，则会降低本国商品的生产成本，导致出口的增加，国际收支则会出现顺差。

（六）投机性因素

实行浮动汇率制后，汇率变动的风险使国际金融市场上存在巨额的游资，一有风吹草动，这些资金就会在各国之间频繁地移动，以追求投机利润。这种变化莫测的短期资本流动常常造成一国国际收支的不稳定。

（七）过度债务因素

一些发展中国家在发展民族经济的过程中，违背了量力而行的原则，借入大量外债，超过了自身的承受能力，同时一些发达国家实施高利率政策和保护主义措施，结果使发展中国家贸易条件进一步恶化，国际收支逆差不断扩大。

【课堂讨论】

我国国际收支双顺差的原因。

教学活动2　国际收支失衡对经济的影响

【活动设计】

1. 教师准备国际收支失衡的相关案例；
2. 教师讲解国际收支失衡对经济的影响；
3. 组织学生讨论分析国际收支双顺差对我国经济的影响。

【案例导入】

巴基斯坦国际收支困局对中企的两大影响

巴基斯坦《商业记录报》发表文章称，2018财年一季度，巴经常账户赤字将达36亿美元,占GDP的4.2%,较上年同期的16亿美元上升117%。报道称,巴央行目前正全力稳定卢比汇率,将大量美元投入外汇市场,导致外汇储备快速下降。如果不及时采取有效措施,一年后外汇储备将下降至恐慌水平,巴将不得不像2013年时一样,再度求助国际货币基金组织,届时汇率调整将不可避免。近年来,巴基斯坦国际收支多次出现困难。这种困难主要表现在:出口乏力、进口快速增长、经常项目赤字严峻、外汇储备捉襟见肘。无论是国际货币基金组织(IMF)还是在巴国内,都存在着一种以巴基斯坦卢比贬值缓解国际收支失衡的声音,不支持巴当局消耗外汇储备维持卢比汇率稳定的做法。

巴基斯坦2017年国际收支困局对企业界的影响表现在多个方面。从进出口贸易来看,为减少进口增长对外汇的消耗,巴基斯坦今年限制进口的措施可能扩大。中国出口商可以多留意巴基斯坦限制进口的商品种类及限制进口措施扩大化可能带来的风险,同时要注意商品出口到巴基斯坦收款难度可能上升的风险。从对巴基斯坦投资来看,情况比较多元。一方面巴基斯坦政府在目前情况下当然会更欢迎外来投资,这可补充该国的外汇储备,改善其国际收支状况,同时巴基斯坦法律不存在外汇管制,外资企业在巴可自由汇出、汇入外汇,只是会对资本利得、红利、利润汇出征收10%的税。另一方面,考虑到巴基斯坦脆弱的国际收支状况和捉襟见肘的外汇储备,一旦遇到企业集中将经营所得汇出巴基斯坦的情况,巴基斯坦未必有充足的外汇满足企业的这一需求。届时可能出现的情况是,虽然该国名义上不存在外汇管制,但实际上资金汇出却很困难。对中企来说,对巴投资前可多权衡一下上述因素,对巴投资后从巴基斯坦汇出资金最好能错开高峰,不要扎堆,以免巴基斯坦承受过大的资金流出压力。

资料来源:中国贸易报——中国贸易新闻网,2017.11.16,作者:刘国民。

【基础知识】

在国内外经济相互影响的情况下,一国的国际收支不稳定,势必影响到国内经济。在西方国家,国际收支均衡作为对外经济目标,与充分就业、物价稳定和经济增长等国内经济目标并驾齐驱。不论国际收支赤字还是盈余,它们的持续存在都会通过各种传递机制给国内经济产生或大或小的不利影响,妨碍内部均衡目标的实现。

一、国际收支逆差的影响

(一)国际收支赤字的一般影响

国际收支逆差一般会引起本国货币汇率下浮;如逆差严重,则会使本币汇率急剧跌落。国家货币当局如不愿其发生,就会抛售外汇和买进本国货币,维持汇率的稳定。这一方面会消耗外汇储备,甚至会造成外汇储备的枯竭,从而严重削弱其对外支付能力,影响经济发展所必需的生产资料和原料的进口,从而阻碍国民经济的发展,使国民收入的增长速度放慢;另一方面则会形成国内的货币紧缩形势,促使利率水平上升,影响本国经济的增长,从而引致失业的增加和国民收入增长率的相对与绝对下降。

（二）长期性国际收支赤字的影响

如果一国国际收支因出口收入不足以弥补进口支出出现长期性赤字，那就意味着出现对国外产品的净需求，本国的国民收入就会下降，失业就会增加。

（三）国际收支巨额赤字的影响

在国际收支出现巨额逆差时，政府还会采取紧缩性的财政货币政策，通过降低社会总需求来压缩进口，减少外汇支出。但紧缩性财政货币政策的实施，在减少外汇支出的同时，也会引起国内经济的衰退。

存在巨额逆差的国家，会增加对外汇的需求，从而促使外汇汇率上升，本币不断贬值或者产生贬值的预期，对本国的对外经济交往会产生消极影响。

巨额逆差将使本国的偿债率降低，如果陷入债务困境而不能自拔，这又会影响本国的经济和金融实力，降低其国际信誉。

（四）资本流入导致的国际收支赤字的影响

如果一国资本流出大于资本流入，那就会造成本国资金的紧张，引起利息率上升，也势必影响到商品市场的需求。

二、国际收支顺差的影响

（一）将使该国货币供应量增加，加重通货膨胀

持续顺差会增加外汇的供给和对本币的需要，具体表现为本国的国外净资产增加过快，在国内信贷不能减少的情况下，迫使本国中央银行扩大货币投放，从而产生通货膨胀的压力。

（二）将加剧国际摩擦

一国盈余意味着他国赤字。一国盈余过多，则必然影响其他国家的经济状况，引起国际磨擦，不利于国际经济关系。如进入20世纪80年代以后日益加剧的日美贸易摩擦就是一例。

（三）对国民经济的影响

若顺差来源于贸易收支顺差，意味着国内可供使用的生产资源就会减少，长期如此势必影响本国的经济发展速度。

（四）巨额顺差的影响

巨额的顺差一般会使该国货币汇率上升，从而不利于其出口贸易的发展，降低经济增长速度，并加重国内的失业问题。由于一国国际收支赤字造成国内经济的萎缩，就业不足，带来国际储备的枯竭，故各国对此十分重视。而国际收支盈余对一国的压力则相对轻一些，不必急于调节。但从长期来看，各国都必须采取措施，使国际收支尽可能保持均衡状态。

【课堂讨论】

国际收支双顺差对我国经济的影响。

教学活动3　国际收支失衡的调节

【活动设计】

1. 教师准备国际收支失衡的相关案例；
2. 教师讲解国际收支失衡的调节方法；
3. 组织学生讨论如何改善我国国际收支长期双顺差的情况。

【案例导入】

国际收支调节理论的应用

2001年以来，国际资本不断涌入新兴经济体，我国国际收支呈现出多年的"双顺差"格局，外汇储备不断增加，基础货币被动投放。2008年金融危机后，主要经济体实行了量化宽松政策，资本流入得以持续。但随着新兴经济体的增速放缓和发达国家量化宽松政策的退出，国际资本开始流出新兴市场。亦有观点认为跨境资本流动的规模明显增大，方向转换更加频繁，资本流动在"不可能三角"中的重要性明显提升。发展中国家汇率浮动情况、储备规模水平均不足以应对跨境资金流动所带来的货币政策冲击。自2014年二季度开始，我国非储备性质金融账户开始出现逆差并呈逐步扩大趋势，国际收支呈现了"经常账户顺差，资本与金融账户逆差"的新局面。

从西方开放宏观经济学理论可以看到，政策搭配是解决内外矛盾的基本方法。想要实现内外均衡，就必须针对本国经济发展特点和宏观经济运行情况，搭配运用各项政策工具，使其发挥出最大效能。浮动汇率和资本流动是发达经济体国际收支调节的两大市场化工具。对于我国而言，国际收支、资本流动、汇率和外汇储备变化都是影响宏观经济和货币政策的核心内容。"三元悖论"的现实应用就是在保持一定的货币政策独立性，有管理的浮动汇率制和有管理的资本流动的情况下不断平衡三者的关系。国际收支平衡既是货币政策的目标又与汇率变化和资本流动密切相关。在保持货币政策相对独立的条件下，扩大汇率的波动范围和对跨境资本的宏观审慎管理逐渐成为了应对现实情况的一种合理选择。

当前，金融安全已上升到国家安全的高度。促进国际收支平衡目的不仅是为了防范失衡所带来的系统性风险，同样意味着对于金融安全的保障。金稳会的成立将进一步促进金融回归服务实体经济的本源，切实提高金融风险的管控能力。在"强监管"和"促改革"的背景下，对于国际收支失衡的调节应坚持"主动"和"被动"相结合。

资料来源：金融时报——中国金融新闻网，2017.08.21，作者：程鹏。

【基础知识】

国际收支失衡的调节包括自动调节和人为调节两种。

一、国际收支失衡的自动调节机制

国际收支自动调节机制是指在不考虑政府干预的情况下,市场经济体内的经济变量与国际收支相互制约、相互作用从而自动消除国际收支失衡的过程,也称国际收支的市场调节。

(一) 国际金本位制度下的国际收支自动调节机制

国际金本位制度下的"货币—价格机制"是英国经济学家大卫·休谟(David-Hume)于1752年最早提出来的,其论述被称为"价格—现金流动机制",是指国际收支不平衡导致黄金的流出或流入,通过对进出口商品价格的影响,最终使国际收支趋于平衡的自动调节过程。如图2-1所示。

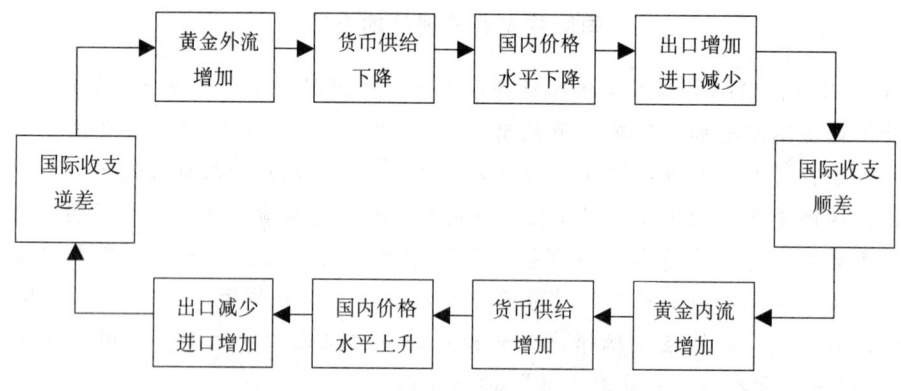

图2-1 货币—价格自动调节机制过程

货币—价格机制的另一种表现形式为相对价格变动对国际收支的影响,如图2-2所示。

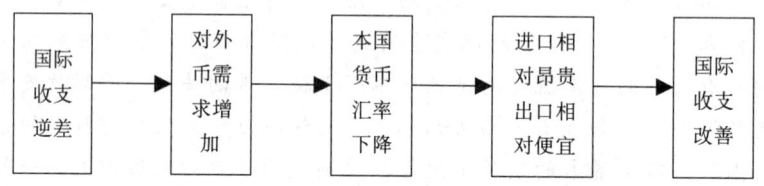

图2-2 货币—价格自动调节机制的另一种表现形式

(二) 纸币本位固定汇率制度下的国际收支自动调节机制

在纸币本位的固定汇率制下,当国际收支出现不平衡时,政府为了稳定汇率就要动用外汇储备,从而引起货币供给量的变化,进一步诱发国民收入、物价及利率等宏观经济变量的变化,这些变量的改变又通过收入机制、相对价格机制和利率机制使国际收支实现自动平衡。

1. 收入机制

当一国出现国际收支失衡时,政府动用外汇储备来予以平衡,使本国货币供给量发生变动,引起社会总需求的变化,其中包括对进口产品的需求也发生变化,使国际收支不平衡消除的自动机制。如当一国出现国际收支逆差时,政府用外汇储备来予以弥补,从而使得本国货币供给量减少,引起社会总需求的萎缩,其中包括对进口产品的需求,从而进口的外汇支出就会下降,有利于国际收支逆差的消除。如图2-3所示。

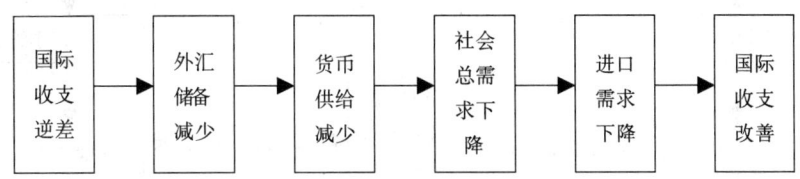

图2-3 国民收入的自动调节机制

2. 相对价格机制

当出现国际收支逆差时,货币供给量的下降及引起的社会总需求萎缩,必然带来物价水平的回落,使本国出口产品具有相对价格优势,促使出口增加和进口减少,有利于国际收支逆差的消除。顺差情况则相反。

3. 利率机制

当国际收支出现不平衡时,为了稳定汇率,必然动用外汇储备量,使货币供给量发生变化,引起市场利率的变化,引发资本的流入或流出,从而改善国际收支的失衡状况。如当国际收支出现逆差时,为了稳定汇率,必然减少外汇储备量,使货币供给量下降,市场利率上升,引发资本流入的增加,改善资本账户收支,使国际收支逆差得以缩小。如图2-4所示。

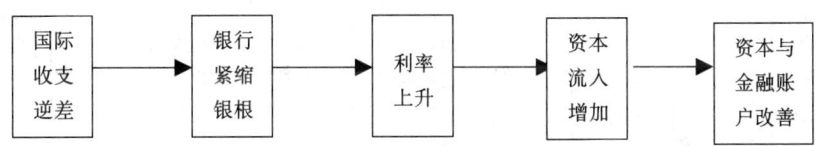

图2-4 国民收入的利率调节机制

上述3种机制综合作用过程如图2-5所示。

(三) 浮动汇率制度下国际收支的自动调节

浮动汇率制的基本特征就是,当国际收支出现不平衡时,政府不必动用外汇储备来稳定汇率,市场汇率的变化可以对进出口起到调节作用,从而使国际收支自动恢复均衡(如图2-6所示)。但需要指出的是,汇率对国际收支调节作用的有效发挥必须满足下列条件:①进出口商品的需求弹性之和大于1,即满足马歇尔——勒纳条件;②对方国家不采取同样的汇率变动措施;③经济处在非充分就业状态或具有健全的资源转移机制。

二、国际收支失衡的政策调节(人为调节)

国际收支的自动调整机制虽然有其优点,但它们只能在某些条件或经济环境下才会发生作用,而且作用的程度和效果无法保证,所需要的过程也比较长。因此,当国际收支出

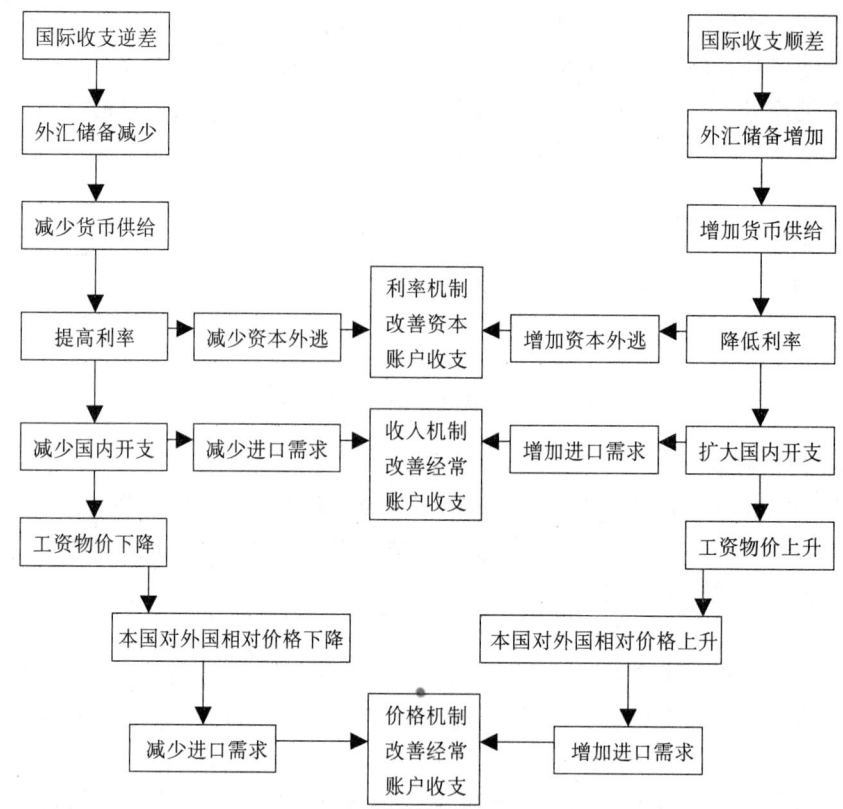

图 2-5　国民收入的利率调节机制、收入机制和价格机制的作用过程总图

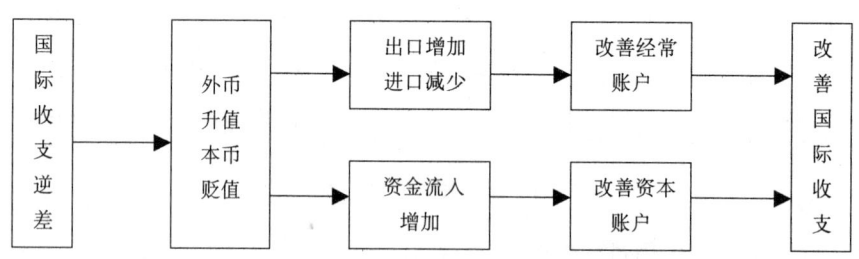

图 2-6　浮动汇率制度下国际收支的自动调节

现失衡时,一国当局往往不能完全依靠经济体系的自动调整机制来使国际收支恢复均衡,而需要主动采取适当的政策措施。一般来讲,当一国出现国际收支失衡时,政府调节国际收支的宏观政策主要由以下 3 类政策组成:①资金融通政策;②需求管理政策;③供给管理政策。而在每一类政策中又由不同的具体政策组成,从而构成了一个调节政策体系,如图 2-7 所示。

(一) 国际收支的调节政策

1. 资金融通政策,也称外汇缓冲政策

一国运用官方储备的变动或临时向外筹借资金来抵销超额外汇需求或供给。该政策通常用来融通一次性或季节性的国际收支赤字,避免了暂时性失衡可能引起的汇率波动,有

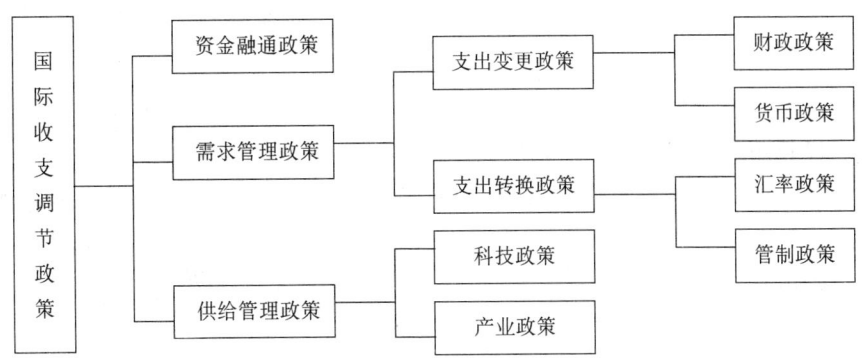

图 2-7 国际收支调节政策构成

利于本国对外贸易和投资的顺利进行。但是，由于一国官方储备规模的有限性，资金融通政策不能用来解决巨额的和长期的国际收支赤字问题。若持续使用该政策，外汇储备的枯竭或外债的大量累积会使资金融通政策难以为继，赤字问题仍然无法从根本上解决。因此，当出现长期性国际收支赤字时，实施调整政策是难以避免的。但在调整期间，适当地运用这一政策来作为辅助手段，放慢调整速度，就可以为调整创造宽松的环境，使国内经济避免因调整过猛所带来的难以承受的震动。

2. 支出变更政策（需求管理政策1）

国际收支的调整政策包括需求管理政策和供给管理政策，需求管理政策又分为支出变更政策和支出转换政策。支出变更政策改变支出的水平，具体包括财政政策和货币政策；支出转换政策改变支出的结构，具体包括汇率政策和直接管制政策。

财政和货币政策的作用主要是通过政策的松紧变化，调节社会总需求的扩张或收缩，从而达到调节国际收支的目的。因此，财政货币政策属于需求管理政策中的支出变更政策。

（1）财政政策。当一国出现国际收支逆差时，政府可采用紧缩的财政政策，如削减政府开支，或提高税收，迫使投资和消费减少，物价相对下降，从而有利于出口，压制进口，改善贸易收支及国际收支。

（2）货币政策。货币政策手段调高再贴现率、提高法定存款准备金比率、或在公开市场卖出政府债券等等。例如当一国出现国际收支逆差时，中央银行可以提高再贴现率，市场利率随之上升，投资和消费受到抑制，物价开始下降，从而有利于出口，抑制进口，改善贸易收支。同时市场利率的提高，也有利于吸引外资流入，从而改善国际收支。

财政政策与货币政策作为国际收支调节手段具有明显的局限性，主要表现在为解决国际收支失衡问题而采取的财政或货币政策可能同国内经济目标发生冲突。如紧缩性政策在减少进口支出的同时，也抑制了本国居民对国内产品的需求，由此导致失业和投资的不足，还会影响长期的经济增长。因此，在本国经济不振、失业严重的情况下，国际收支赤字的出现，常常使政府在宏观经济政策的抉择上左右为难。只有在国际收支赤字是总需求大于充分就业条件下的总供给引起的情况下，采取紧缩性经济政策才不至于牺牲国内经济目标。

3. 支出转换政策（需求管理政策2）

支出转换政策改变支出的结构,即改变支出在外国产品与本国产品之间的比重。转换政策可以通过贬值(汇率政策)或贸易政策等得以实现,即通过提高外币的价格来诱使进口数量的减少,出口数量的增加,或通过外汇管制和进口配额等来直接限制进口的数量,通过出口补贴、出口退税等措施来奖励出口。

(1) 汇率政策。汇率政策是政府为达到一定目的,通过金融法令的颁布、政策的制定或措施的推行,把本国货币与外国货币的比价确定或控制在适度的水平而采取的政策手段。如当一国发生国际收支逆差时,该国可使本国货币贬值,以增强本国商品在国外的竞争力,扩大出口;同时,国外商品的本币价格上升,竞争力下降,进口减少,国际收支逐步恢复平衡。若发生国际收支顺差,则采取相反的措施。

(2) 直接管制政策。直接管制包括外汇管制、贸易管制和财政管制等形式。外汇管制主要指一国政府通过有关机构对外汇买卖和国际结算进行行政手段干预。贸易管制主要指一国政府直接限制商品进出口数量的政策手段,如进口配额、进口许可证制。财政管制主要指一国政府通过有关机构,如财政部、海关和官方金融机构等以进口关税、出口补贴、出口退税等形式,管制进出口商品的价格和成本,从而调节国际收支的政策手段。

直接管制政策的优点:①见效快,较少通过市场机制的中间环节。②具有较好的可操作性。③其效力容易测定。④对国内经济的影响面较小,政府在采用这种调节手段时具有更大的灵活性。⑤使政府对经济的调节深入到微观领域,可克服财政与货币政策等宏观调节手段的某些局限性。

直接管制政策的弊端:①容易受到对方的报复。②它本身要耗费一定的行政管理费用和信息成本。③可能扭曲市场价格信号,使市场机制作用不能充分发挥,不能充分利用国际分工发挥自身优势。④在一定程度上限制了竞争,会削弱国内企业的创新动力。⑤可能产生寻租行为。

4. 供给调节政策

从供给角度讲,调节国际收支的政策有产业政策、科技政策。这些政策旨在改善一国的经济结构和产业结构,提高劳动生产率,增加出口商品和劳务的生产,提高产品质量,降低生产成本,以此达到增加社会产品(包括出口产品和进口替代品)的供给、改善国际收支的目的。供给政策具有长期性,虽然在短期内难以有立竿见影的效果,但它可从根本上提高一国的经济实力与科技水平,从而为实现内外均衡创造条件。

(1) 产业政策。产业政策的核心在于优化产业结构,根据国际市场的变化和自身的比较优势制定正确的产业结构规划,克服资源在各产业部门间流动的障碍,使本国产业结构的变动能适应世界市场的情况,从而达到减少乃至消除结构型的国际收支失衡。

(2) 科技政策。对于发展中国家而言,科技政策的含义包括以下三个方面:第一,推动技术进步。第二,提高管理水平。第三,加强人力资本投资。科技政策可以促进整个社会生产力水平的提高,促进经济结构的变革,促进创新产业的发展,通过增强高科技产品的生产能力,替代进口产品,从而改善国际收支状况。

(二) 政府国际收支调节手段的政策搭配

每一种国际收支调节政策都会对宏观经济带来或多或少的调节成本,所以必须进行相机抉择,搭配使用各种政策,以最小的经济和社会代价达到国际收支的平衡或均衡。

【单元实训】

实训题目：我国国际收支失衡问题研究分析（2008—2017 年）

（一）查找我国 2008—2017 年我国国际收支平衡表，对我国国际收支失衡的状况、原因做出分析。

（二）撰写论文：国际收支失衡对经济的影响。

【知识链接】

国际货币基金组织简介

一、国际货币基金组织的产生

1944 年 7 月，在美国新罕布什尔州布雷顿森林镇，44 个国家的代表召开联合国货币与金融大会，会议一致通过《国际货币基金组织协定》。据此，于 1945 年底成立国际货币基金组织（IMF），总部设在美国首都华盛顿。国际货币基金组织（IMF）是联合国的一个专门机构，是为促进国际经济合作、维持国际经济秩序稳定而建立的，由主权国家自愿参加的多边合作组织。

二、国际货币基金组织的宗旨

通过设立一个常设机构，就国际货币问题进行磋商，促进国际货币合作；促进国际贸易平衡发展，开发所有成员国的生产性资源，提高就业率和收入水平；促进汇率的稳定，保持成员国之间有秩序的汇兑安排，避免竞争性通货贬值；协助建立成员国之间经常性交易的多边支付体系，取消阻碍国际贸易发展的外汇管制；在有充分保障的前提下，向成员国提供暂时性资金融通，增强其信心，使其有机会在无需采取有损于本国和国际经济繁荣的情况下，纠正其国际收支失衡问题；缩短成员国国际收支失衡时间，以减轻失衡的程度。

三、国际货币基金组织的组织机构

到 2008 年 4 月，国际货币基金组织共有 185 个成员国或地区。会员国分为两类：凡参加布雷顿森林会议，并于 1945 年 12 月 31 日前在《协定》上签字的国家为创始会员国，在此之后参加的国家为其他会员国。

IMF 的组织机构由理事会、执行董事会、发展委员会、临时委员会、总裁和若干业务职能机构组成。

四、国际货币基金组织的资金来源

基金组织的资金来源主要有：基金组织的份额、借款和信托基金。

五、基金组织的业务活动

国际货币基金组织为实现其宗旨，开展汇率监督、政策协调、贷款、储备资产创造等业务活动。

(一) 汇率监督

汇率监督是国际货币基金组织一项重要职能，是要求会员国提供必要的资料进行汇率政策磋商；或者基金组织收集所需资料，以全面估价会员国的汇率政策。

(二) 政策协调

基金组织一般根据对世界经济形势定期审查结果进行特别磋商。磋商的目的是，使国际货币基金组织能够履行监督成员国汇率政策的责任；有助于国际货币基金组织了解成员国的经济发展和政策措施，以便能够迅速处理成员国申请贷款的要求。磋商的周期一般是每年举行一次。除定期磋商以外，国际货币基金组织还与成员国进行非正式的秘密磋商或临时磋商。

(三) 贷款业务

贷款业务是国际货币基金组织最主要的业务活动。

1. 贷款的特点

(1) 贷款的对象：会员国政府，即只与会员国的财政部、中央银行、外汇平准基金组织或其他类似的机构往来。

(2) 贷款用途：弥补会员国因经常项目收支而发生的国际收支不平衡。

(3) 贷款规模：同会员国向IMF缴纳的份额成正比。

2. 贷款的种类

(1) 普通贷款。普通贷款是基金组织最基本的贷款，用于满足会员国出现国际收支逆差时的资金需要。普通贷款分为储备部分贷款和信贷部分贷款。

(2) 出口波动补偿贷款。出口波动补偿贷款设立于1963年。主要用于初级产品出口国出口收入下降，发生国际收支困难时，可在原有的普通贷款之外，另向IMF申请此项贷款。

(3) 缓冲库存贷款。缓冲库存贷款设立于1969年6月。主要用于支持初级产品出口国稳定国际市场，建立国际缓冲库存的资金需要。

(4) 石油贷款。石油贷款设立于1974年6月。专门向1973年因石油涨价而引起国际收支困难的发达国家和发展中国家发放的临时性贷款。该种贷款是专项贷款，资金由石油输出国（如沙特阿拉伯、伊朗、科威特、委内瑞拉等）和发达国家（如原西德、荷兰、瑞士等）借入，专款专用。

(5) 信托基金贷款。信托基金贷款的条件是：①第一期为1973年人均国民收入不超过300SDR（约合360美元）的国家，第二期为1975年人均国民收入不超过520美元的国家；②申请贷款国的国际收支、外汇储备和其他发展情况经 IMF 审核证实确有资金需要，而且又有调整国际收支的适当计划。

（6）补充贷款。该贷款设立于 1977 年 8 月。用于补充普通贷款的不足，贷款资金由石油输出国和有国际收支顺差的发达国家提供，总额为 100 亿美元。

（7）结构调整贷款。该贷款设立于 1986 年 3 月，目的是促使低收入会员国制定和执行全面的宏观经济调整和结构改革政策，以恢复经济增长和改善国际收支，从而解决它们长期存在的国际收支困难。

（8）制度转型贷款。该贷款设立于 1993 年 4 月，IMF 设立这项贷款是为了帮助成员国克服从计划经济向市场经济转变过程中出现的国际收支困难，属于专项贷款。

（四）储备资产的创造

在 1969 年的年会上，国际货币基金组织正式通过了十国集团提出的特别提款权方案，决定创设特别提款权，补充国际储备的不足。特别提款权于 1970 年 1 月开始正式发行。会员国可以自愿参加提款权的分配，目前除了个别国家以外，大部分会员国都是账户的参加国。基金组织按会员国缴纳的份额分配特别提款权，分配后即成为会员国的储备资产，当会员国发生国际收支赤字时，可以用特别提款权偿付债务，或用于偿还 IMF 的贷款。

（五）其他

此外，国际货币基金组织还在其专长领域内向成员国政府和中央银行提供技术援助和培训服务。

六、中国与基金组织的关系

1945 年基金组织成立时，我国是创始会员国之一，但 1980 年以前中国在基金组织的席位一直被台湾当局占据。1971 年我国恢复在联合国的合法席位，在联合国各专门机构的合法席位也相继恢复。经过积极交涉，我国政府与基金组织于 1980 年 4 月初在北京达成协议，基金组织执行董事会于同年 4 月 17 日正式通过决议，决定恢复中华人民共和国在 IMF 的合法席位。

1980 年 9 月，IMF 通过决议将中国的份额从 5.5 亿特别提款权提高到 12 亿。2008 年 IMF 改革之后，中国份额增至 80.901 亿特别提款权，所占份额仅次于美、日、德、英、法五大股东国，投票权上升到 3.65%。此外，我国在基金组织单独选派执行董事，并且是临时委员会成员，参加基金组织日常业务处理工作。

【综合实训】

一、基础知识测试

（一）单选题

1. 以下哪项经济交易不属于国际收支的范畴（　　）。
   A. 世界银行向我国提供贷款
   B. 我国居民到国外进行 3 个月旅游的花费
   C. 我国政府向其驻外大使馆汇款
   D. 我国驻外大使馆人员在当地的花费

2. 一国国际收支顺差，该国国际收支平衡表中国际储备项目应为（　　）。
   A. 正值　　　　　　　　　　　　B. 负值
   C. 不变　　　　　　　　　　　　D. 上述均不对

3. 国际收支平衡表中最主要和最基本的项目是（　　）。
   A. 经常项目　　　　　　　　　　B. 资本项目
   C. 金融项目　　　　　　　　　　D. 平衡项目

4. 国际收支平衡表中储备资产为"-100 亿美元"，表示（　　）。
   A. 储备资产净值减少 100 亿美元　　B. 储备资产净值增加 100 亿美元
   C. 储备资产总额为 100 亿美元　　　D. 储备资产总额为 -100 亿美元

5. 由于国民收入的增减变化引起国际收支失衡是（　　）。
   A. 周期性失衡　　　　　　　　　B. 结构性失衡
   C. 货币性失衡　　　　　　　　　D. 收入性失衡

6. 国际收支平衡表中表示居民和非居民之间的经常转移，如政府或慈善组织提供的经常转移是（　　）。
   A. 资本转移　　　　　　　　　　B. 其他初次收入
   C. 初次收入　　　　　　　　　　D. 二次收入

7. 一个国家的国际收支不平衡时，运用官方储备的变动或临时向外筹借资金来抵销超额外汇需求或供给，这种政策叫（　　）。
   A. 外汇缓冲政策　　　　　　　　B. 直接管制
   C. 财政和货币政策　　　　　　　D. 汇率政策

8. 无形资产的收买或出售在国际收支平衡表中应列入（　　）。
   A. 贸易项目　　　　　　　　　　B. 资本项目
   C. 服务项目　　　　　　　　　　D. 金额项目

9. 由国内通货膨胀或通货紧缩而导致的国际收支平衡，称为（　　）。
   A. 周期性失衡　　　　　　　　　B. 收入性失衡
   C. 偶发性失衡　　　　　　　　　D. 货币性失衡

10. 一国国际收支顺差会使（　　）。

A. 外国对该国货币需求增加，该国货币汇率上升
B. 外国对该国货币需求减少，该国货币汇率下跌
C. 外国对该国货币需求增加，该国货币汇率下跌
D. 外国对该国货币需求减少，该国货币汇率上升

(二) 多选题

1. 国际收支平衡表的经常账户包括的项目有（　　）。
   A. 货物 　　　　　　　　　　　　B. 服务
   C. 初次收入 　　　　　　　　　　D. 二次收入
   E. 资本转移

2. 一国对外经济活动中计入国际收支平衡表正号项目的有（　　）。
   A. 收入项目 　　　　　　　　　　B. 负债的增加
   C. 资产的增加 　　　　　　　　　D. 资产的减少
   E. 负债的减少

3. 国际收支平衡表中贷方记录的内容包括（　　）。
   A. 对外资产的减少，对外负债的增加
   B. 对外资产的增加，对外负债的减少
   C. 对外国商品劳务的进口支出
   D. 本国商品劳务的出口收入
   E. 官方储备的减少

4. 《国际收支手册》第六版将国际收支账户分为（　　）。
   A. 经常账户 　　　　　　　　　　B. 资本与金融账户
   C. 储备账户 　　　　　　　　　　D. 错误和遗漏账户
   E. 国际投资头寸账户

5. 国际收支平衡表中的初次收入账户包括（　　）。
   A. 雇员报酬 　　　　　　　　　　B. 投资收益
   C. 其他初次收入 　　　　　　　　D. 经常转移
   E. 资本转移

6. 国际收支失衡的自动调节机制有（　　）。
   A. 货币—价格机制 　　　　　　　B. 相对价格机制
   C. 收入机制 　　　　　　　　　　D. 利率机制
   E. 货币政策调节机制

7. 当国际收支出现逆差时，为了平衡国际收支，政府可以采取的措施有（　　）。
   A. 提高利率 　　　　　　　　　　B. 本币升值
   C. 减少税收 　　　　　　　　　　D. 减少政府支出
   E. 本币贬值

8. 国际收支平衡表中的金融账户包括（　　）。
   A. 储备资产 　　　　　　　　　　B. 直接投资
   C. 证券投资 　　　　　　　　　　D. 金融衍生工具

E. 其他投资

9. 支出变更政策包括（　　）。
   A. 货币政策　　　　　　　　B. 财政政策
   C. 汇率政策　　　　　　　　D. 产业政策
   E. 科技政策

10. 国际收支的供给调节政策有（　　）。
    A. 财政政策　　　　　　　　B. 产业政策
    C. 科技政策　　　　　　　　D. 货币政策
    E. 汇率政策

（三）判断题

1. 我国驻美使馆的工作人员是美国的居民。（　　）
2. 中国公民小刘在马来西亚打工时间为11个月，其工薪收入应当作为国际收支的内容。（　　）
3. 资产增加或负债减少的项目应记入借方。（　　）
4. 凡是涉及非居民的经济交易都属于国际收支的范畴。（　　）
5. 国际收支平衡表中，记入贷方的项目是对外资产的增加。（　　）
6. 国际收支经常账户、金融与资本账户以及储备账户的计账方法是一样的。（　　）
7. 资本和金融账户是指对实际资源在国际间的流动行为进行记录的账户。（　　）
8. 国际收支平衡是绝对的，不平衡是相对的。（　　）
9. 国际收支平衡表最终差额为零只是会计意义上的平衡。（　　）
10. 在其他条件不变的情况下，一国国际收支顺差会增大国内通货膨胀和本币升值的压力。（　　）
11. 由于本国产品的供求结构无法跟上国际市场产品需求结构的变化，出口就会萎缩，贸易赤字扩大而形成的国际收支失衡，是周期性失衡。（　　）
12. 资金融通政策主要用于解决临时性的国际收支失衡。（　　）

（四）问答题

1. 国际收支与国际借贷有何异同？
2. 简述错误和遗漏账户产生的原因。
3. 简述国际收支平衡表的编制原理。
4. 国际收支失衡的原因有哪些？
5. 国际收支失衡对经济有什么影响？
6. 如何进行国际收支失衡的调节？

二、实务题

（一）假设A国在2017年发生的下列对外经济交易

1. A国企业进口价值200万美元的设备，这一进口导致该企业在海外银行的存款减少。

2. A国居民到外国旅游花销30万美元，这笔费用从该居民的海外存款账户中扣除。

3. A国公司以价值3 000万美元的设备对外直接投资,与东道国兴办合资企业,股份占比达到40%。

4. A国政府运用外汇库存40万美元向外国提供无偿援助,另外提供相当于60万美元的粮食药品援助。

5. A国企业在海外投资所得到利润200万美元。其中100万美元用于当地投资,70万美元购买当地商品运回国内,30万美元调回国内结售给政府以换取本国货币。

6. A国居民运用其海外存款40万美元,用以购买外国某公司的股票。

7. A国商人购买外国不动产价值800万美元,用外汇存款支付。

8. 美国银行向A国提供总额为200万美元的政府贷款。

9. A国中央银行卖出10万美元储备资产以干预外汇市场。

请根据上述交易内容做出会计分录,编制该国国际收支平衡表,并回答以下问题:

1. 2017年该国货物贸易差额是多少?

2. 经常账户差额是多少?资本与金融账户是盈余还是赤字?

3. A国国际收支的总差额是多少,A国的储备资产有何变化,对A国外汇市场产生什么影响?

(二)案例分析题

根据下表,并从国家外汇管理局网站查找2015—2017年中国国际收支平衡表,比较新报表在结构上做了哪些调整?从综合分析和具体的差额分析两个方面,采取动态分析法和结构分析法,对我国的国际收支情况做出分析报告。

表2-11　　　　　　　　中国国际收支平衡表(2008—2014年)　　　　　　单位:亿美元

项 目	2008年	2009年	2010年	2011年	2012年	2013年	2014年
一、经常项目	4 261	2 433	2 378	1 361	2 154	440	2 197
A. 货物和服务	3 489	2 201	2 230	1 819	2 318	888	2 840
a. 货物	3 607	2 495	2 542	2 435	3 216	1 156	4 760
b. 服务	−118	−294	−312	−616	−897	−268	1920
B. 收益	314	−85	−259	−703	223	−411	−341
1. 职工报酬	64	72	122	150	37	44	259
2. 投资收益	250	−157	−381	−853	186	−455	−599
C. 经常转移	458	317	407	245	25	−37	−302
二、资本和金融项目	190	1 985	2 869	2 655	448	1 270	382
A. 资本项目	31	39	46	54	15	1	0
B. 金融项目	159	1 945	2 822	2 600	434	1 269	383
1. 直接投资	943	872	1 857	2 317	457	733	2 087
1.1 我国在外直接投资	−535	−439	−580	−484	−154	−204	−804
1.2 外国在华直接投资	1 478	1 311	2 437	2 801	611	937	2 891
2. 证券投资	427	271	240	196	93	265	824

续表

项　　目	2008年	2009年	2010年	2011年	2012年	2013年	2014年
3. 其他投资	-1 211	803	724	87	-116	272	-2 528
三、储备资产	-4 190	-4 003	-4 717	-3 878	-746	-1 308	-1 178
四、净误差与遗漏	-261	-414	-529	-138	12	403	-1 401

（三）案例分析题

根据以上资料，分析我国国际收支失衡的原因和影响以及应采取的调节政策（可以通过网络查找和学习我国更多的相关资料）。

项目三 Project 3
国际储备

知识目标：掌握国际储备的概念、特点、作用及国际储备的构成。明确影响国际储备需求的主要因素；了解国际储备管理的必要性和管理思路，了解我国国际储备的构成及特点。

能力目标：通过本项目的学习，使学生能够了解国际储备的构成及特点能够结合实际分析国际储备的规模及管理；能够利用国际储备理论分析和解释我国的国际储备。

任务一 认识国际储备

【任务要求】

教师要结合案例讲解国际储备的概念、特点、作用及构成等相关基础知识。学生要学习和掌握国际储备的概念、特点及构成。

教学活动1 掌握国际储备的概念

【活动设计】

1. 教师组织相关案例；

2. 教师讲解国际储备的概念、特点及作用；

3. 教师组织课堂讨论，分析国际储备和国际清偿能力的关系。

【案例导入】

德国央行决定将人民币资产纳入外汇储备

继欧洲央行去年6月宣布增加等值5亿欧元的人民币外汇储备后，德国央行也已在去年决定将人民币资产纳入外汇储备。德国联邦银行（央行）董事会成员安德烈亚斯·东布雷表示，人民币被用作央行外汇储备的情况越来越多，不仅是欧洲央行，还包括欧洲一些国家的央行。不过，他未透露德国央行计划增持人民币储备的具体数额。德国央行一位发言人当天在法兰克福表示，在完成相关组织和技术准备后，德国央行将开始投资人民币资产。德国央行另一位董事会成员约阿希姆·维尔梅林表示，将人民币资产纳入外汇储备是德国央行长期多元化战略的一部分，也反映了人民币在全球金融体系中日益重要的地位。目前德国央行的外汇储备包括美元、日元和澳元等资产。

资料来源：新华网，2018.01.06。

【基础知识】

一、国际储备的概念

国际储备（International Reserve）也称"官方储备"，是一国货币当局持有的，用于国际支付、平衡国际收支和维持其货币汇率的国际间可以接受的一切资产。国际储备是战后国际货币制度改革的重要问题之一，它不仅关系各国调节国际收支和稳定汇率的能力，而且会影响世界物价水平和国际贸易的发展。

国际储备和国际清偿能力不能等同。国际清偿能力除了包括各种形式的国际储备外，还包括一国在国际上筹借资金的能力。因此，国际储备仅是一国现有的对外清偿能力，而国际清偿能力是现有的对外清偿能力和潜在的对外清偿能力的总和，它的构成见表3-1。

表3-1　　　　　　　　　　国际清偿能力的构成

自有储备 （国际储备）	借入储备	诱导储备 （借入储备的广义范畴）
1. 黄金储备 2. 外汇储备 3. 在基金组织中的储备地位 4. 在基金组织的特别提款权余额	1. 备用信贷 2. 互惠信贷 3. 支付协议 4. 其他类似的安排	商业银行的对外短期可兑换货币资产

二、国际储备的特点

(一) 官方持有性

作为国际储备的资产必须是中央货币当局直接掌握并予以使用的,这种直接"掌握"与"使用"可以看成是一国中央货币当局的一种"特权"。非官方金融机构、企业和私人持有的黄金、外汇等资产,不能算作国际储备。该特点使国际储备被称为官方储备,也使国际储备与国际清偿能力区分开来。

(二) 自由兑换性

作为国际储备的资产必须可以自由地与其他金融资产相交换,充分体现储备资产的国际性。缺乏自由兑换性,储备资产的价值就无法实现,这种储备资产在国际间就不能被普遍接受,也就无法用于弥补国际收支逆差及发挥其他作用。

(三) 充分流动性

作为国际储备的资产必须是随时都能够动用的资产,如存放在银行里的活期外汇存款、有价证券等。当一国国际收支失衡或汇率波动过大时,就可以动用这些资产来平衡国际收支或干预外汇市场来维持本国货币汇率的稳定。

(四) 普遍接受性

作为国际储备的资产,必须能够为世界各国普遍认同与接受、使用。如果一种金融资产仅在小范围或区域内被接受、使用,尽管它也具备可兑换性和充分流动性,仍不能称为国际储备资产。

三、国际储备的作用

(一) 调节国际收支的缓冲器

国际收支无论发生顺差或逆差,都需要进行调节,使其趋于平衡。国际储备在这个调节过程中起着缓冲作用,一国国际收支出现短期的逆差,可用本国的国际储备来平衡,而不用采取调整国内经济或进出口贸易的措施来纠正,不致影响国内经济的发展。

(二) 是一国币值稳定的保证

国际储备可作干预资产,被一国货币当局用来干预外汇市场,以将本国货币的汇率维持在政府希望的水平上。如通过出售储备购入本币,使本币汇率上升;反之,通过购入储备抛出本币,使本币汇率下降。充裕的国际储备是支持和加强本国货币信誉的物质基础。

(三) 向外借债还债的信用保证

国际储备是衡量一国对外资信的重要指标。一国的国际储备状况是国际金融机构评估国际资本对该国投资风险的指标之一。国际储备可以作为一国向外借款的保证、偿还外债的保证,可以提高一国的资信,便于对外筹资,降低融资成本。

【课堂讨论】
国际储备和国际清偿力的关系。

教学活动 2　国际储备的构成

【活动设计】

1. 教师准备相关案例；
2. 教师讲解国际储备的构成及各种储备资产的特点；
3. 组织学生讨论发达国家与发展中国家国际储备构成的区别。

【案例导入】

全球囤金行动：5个月增加储备 226.6 吨

世界黄金协会发布了最新的全球官方黄金储备数据。数据显示，截至 2017 年 12 月，全球官方黄金储备比上期公布的数据增加 226.6 吨，达到 3.37 万吨，增幅近 0.7%。与 2017 年 12 月 7 日发布的数据相比，新数据中前 10 名的央行黄金储备的排行与储备量没有改变，不过黄金占外汇储备有一些细微的变化。美国、德国、意大利、中国、俄罗斯、瑞士与荷兰的黄金占外汇储备比重都有所升高；日本的黄金占外汇比重保持不变；法国的黄金占外汇比重则略有下降。

2017 年 7 月至 11 月的 5 个月中，俄罗斯连续增持黄金共 112.8 吨，使其总黄金储备上升到 1 828.6 吨，占其外汇储备的 17.5%，位居全球官方黄金储备量排名的第 7 名。而位居第 6 名的中国，公开的官方黄金储备在这 5 个月并未任何变化，黄金储备为 1 842.6 吨，占其外汇储备的 2.4%。

这 5 个月中，哈萨克斯坦官方黄金储备连续增加，共增加了 16.6 吨。土耳其也大幅增加黄金储备，由于官方接受了商业银行储备金的要求，黄金已被添加到土耳其的资产负债表。除了 11 月，土耳其央行共增加黄金储备 98.9 吨。目前，哈萨克斯坦央行黄金储备 295.7 吨，占外汇储备的 38.7%；土耳其央行黄金储备 525.8 吨，占外汇储备的 18.4%，排名全球官方黄金储备量的第 12 位。

资料来源：搜狐财经，2018.01.09。

【基础知识】

国际储备形式随历史的发展而发展。"二战"前黄金与可兑换为黄金的外汇构成各国的国际储备。目前，IMF 成员国国际储备的形式有：

一、黄金储备（Gold Reserves）

黄金储备是指一国货币当局持有的货币性黄金。

黄金作为一种价值实体，它是一种重要的国际储备资产，每个国家都持有一定数量的黄金储备。自1976年起，根据国际货币基金组织的《牙买加协议》的有关规定，黄金同国际货币制度和各国的货币脱钩，黄金不再成为货币制度的基础，也不准用于政府间国际收支差额的清算，至此黄金实现了非货币化。但是国际货币基金组织在统计和公布各成员国的国际储备时，依然把黄金储备列入其中，主要原因是黄金长期以来一直被人们认为是一种最后的支付手段，它的贵金属特性使它易于被人们所接受。加之，世界上存在发达的黄金市场，各国货币当局可以方便地通过向市场出售黄金来获得所需的外汇，平衡国际收支差额。全球官方黄金储备排名情况见表3-2。

表3-2　　截至2018年1月黄金储备量排名前20位的国家、地区或机构

名次	国家	黄金持有（吨）	占外汇储备百分比（%）
1	美国	8 133.5	75.0
2	德国	3 373.6	69.1
3	IMF	2 814.0	—
4	意大利	2 451.8	67.5
5	法国	2 435.9	63.5
6	中国	1 842.6	2.4
7	俄罗斯	1 828.6	17.5
8	瑞士	1 040.0	5.4
9	日本	765.2	2.5
10	荷兰	612.5	66.6
11	印度	557.8	5.7
12	土耳其	525.8	18.4
13	欧洲中央银行	504.8	28.4
14	中国台湾	423.6	3.7
15	葡萄牙	382.5	63.4
16	沙特阿拉伯	322.9	2.7
17	英国	310.3	8.8
18	哈萨克斯坦	295.8	38.7
19	黎巴嫩	286.8	20.8
20	西班牙	281.6	17.0

资料来源：世界黄金协会。

二、外汇储备（Foreign Exchange Reserves）

外汇储备是一国货币当局持有的对外流动性资产，其主要形式为国外银行存款和外国政府债券。外汇储备是国际储备的主体。

外汇储备由各种能充当储备货币的资产构成。储备货币必须具备三个特征：①必须是可兑换货币；②必须为各国普遍接受；③币值相对稳定。"一战"前，英镑是最主要的储备货币。20 世纪 30 年代美元崛起，与英镑共享主要储备货币的权利。"二战"后，美元成了各国外汇储备中最主要的储备货币。20 世纪 60 年代开始，美元地位下挫，德国马克、日元的储备货币地位上升，从而形成储备货币多元化的局面。1999 年 1 月 1 日，欧元问世，这对打破美元一统天下的单一货币格局和加快国际货币体系的改革具有重要意义。

三、在国际货币基金组织的储备头寸（Reserve Position in the Fund）

在国际货币基金组织（IMF）的储备头寸，亦称普通提款权（General Drawing Rights），是指成员国在 IMF 的普通资金账户中可自由提取和使用的资产。一国在 IMF 的储备头寸包括：

（1）成员国向 IMF 认缴份额中 25% 的黄金或可兑换货币部分。因这部分的资金，成员国可自由提用，故可成为一国国际储备资产。

（2）IMF 向其他成员国提供的本国货币的贷款。这部分贷款构成一国对国际货币基金组织的债权，该国可无条件地提取并用于支付国际收支的逆差（各成员国认缴的份额 75% 是用本币缴纳的）。

（3）IMF 向一国借款的净额，也构成该成员国对 IMF 的债权。

四、特别提款权（Special Drawing Right，缩写 SDR）

特别提款权是国际货币基金组织创设的一种储备资产和记账单位，是该组织分配给其成员的一种使用资金的权利，可以在发生国际收支逆差时向其他成员换取外汇。SDR 是国际货币基金组织在 1969 年 9 月正式创立的特殊的账面资产，是在普通提款权以外配给成员国的特别提用资金的权利，故称特别提款权。特别提款权不是真正的货币，只是一种记账单位。它不能直接用于贸易和非贸易支付，不能直接作为国际支付手段，只是会员国在基金组织中的账面资产。它不能兑换为黄金，故被称为"纸黄金"。正因为如此，其使用仅限于基金组织会员国之间与基金组织之间的官方结算与支付。自 1970 年基金组织按成员国认缴份额开始分配特别提款权起，其中 70% 左右分配给了发达国家，30% 左右分配给了发展中国家。

人民币没有纳入货币篮子之前，SDR 由美元、欧元、英镑、日元四种货币加权平均定值。IMF 每 5 年对特别提款权篮子中的货币进行一次评估，2010 年 11 月调整后，美元的权重由 2005 年审查确定的 44% 下降至 41.9%，欧元的权重由 34% 上升为 37.4%，英镑的权重由 11% 上升至 11.3%，日元的权重由 11% 下降至 9.4%。2016 年 9 月 30 日（华盛顿时间），国际货币基金组织（IMF）宣布纳入人民币的特别提款权（SDR）新货币篮子于 10 月 1 日正式生效，拉加德总裁发表声明称，这反映了人民币在国际货币体系中不断上升的地位，有利于建立一个更强劲的国际货币金融体系。新的 SDR 货币篮子包含美元、欧元、人民币、日元和英镑 5 种货币，权重分别为 41.73%、30.93%、10.92%、8.33% 和 8.09%，对应的货币数量分别为 0.58252、0.38671、1.0174、11.900、0.085946。

SDR 的分配，是基金组织根据成员国出资的份额，按比例无偿进行分配。在 2009 年 4 月 G20 伦敦峰会的呼吁下，各国就再次进行 SDR 分配迅速达成共识，IMF 于当年 8 月进行了第三次 SDR 普遍分配，分配了 2 500 亿美元的 SDR（1612 亿 SDR），并于同年 9 月进行了一次额度为 215 亿 SDR 的特殊分配，将全球 SDR 总量提高至 2 041 亿 SDR。已分配而未使用的 SDR，成为一国国际储备资产的一部分。

【课堂讨论】

人民币加入 SDR 货币篮子的重要意义。

【知识链接】

特别提款权的创立

经过了一个长时间的酝酿过程。20 世纪 60 年代初爆发的美元第一次危机，暴露出以美元为中心的布雷顿森林货币体系的重大缺陷，以一国货币为支柱的国际货币体系是不可能保持长期稳定的。从 20 世纪 60 年代中期起，改革"二战"后建立的国际货币体系被提上了议事日程。以美英为一方，为了挽救美元、英镑日益衰落的地位，防止黄金进一步流失，补偿美元、英镑、黄金的不足，适应世界贸易发展的需要。而以法国为首的西欧六国则认为，不是国际流通手段不足，而是"美元泛滥"，通货过剩。因此强调美国应消除它的国际收支逆差，并极力反对创设新的储备货币，主张建立一种以黄金为基础的储备货币单位，以代替美元与英镑。1964 年 4 月，比利时提出了一种折中方案：增加各国向基金组织的自动提款权而不是另创新储备货币来解决可能出现的国际流通手段不足的问题。基金组织中的"十国集团"采纳了这一接近于美、英的比利时方案，并在 1967 年 9 月基金组织年会上获得通过。1968 年 3 月，由"十国集团"提出了特别提款权的正式方案。但由于法国拒绝签字而被搁置起来。美元危机迫使美国政府宣布美元停止兑换黄金后，美元再也不能独立作为国际储备货币，而此时其他国家的货币又都不具备作为国际储备货币的条件。这样就出现了一种危机，若不能增加国际储备货币或国际流通手段，就会影响世界贸易的发展。于是，提供补充的储备货币或流通手段就成了基金组织最紧迫的任务。因此，基金组织在 1969 年的年会上正式通过了"十国集团"提出的储备货币方案。

资料来源：百度百科。

任务二 国际储备的管理

【任务要求】

教师要讲解国际储备管理的主要方法,确定国际储备适度规模的方法以及结构管理的关键环节。教学中注意培养学生分析问题和解决问题的能力。

学生要学习和掌握影响一国国际储备规模的因素,了解国际储备管理的主要方法,能够运用所学知识分析国际储备管理的相关问题。

教学活动1 国际储备的规模管理

【活动设计】

1. 教师准备相关案例;
2. 教师讲解影响国际储备规模的因素、国际储备的来源以及国际储备规模管理的主要方法。

【案例导入】

当前外汇储备投资以安全性为主

中国由于双顺差导致积累了大量外汇储备,而这些外汇储备又绝大多数去投资美国国债,关于中国货币当局减持美债的传言频现。2018年1月10日,有外媒报道称,中国部分高层官员在对外汇储备投资评估后,建议减缓或暂停增持美国国债,认为美国国债吸引力减弱。消息传出后10年期美债收益率短线拉涨,日内涨幅扩大至4.7个基点。而美元兑人民币也一改最近两日由于央行调整逆周期因子而大幅升值的消息,开始大幅贬值,当天人民币升值0.24%,再次回到6.5050一线。

2016年10月以前,中国长期成为美国国债最大持有者,此后被日本反超,去年上半年经过连续5个月增持,中国再次成为美国国债第一大海外持有国。根据美国财政部月度数据,中国2017年多数时间均增持美国国债,最新数据显示10月份增持约84亿美元,总量达到1.19万亿美元。

过去几年,关于外储投资收益率低的问题,时有谈及,央行也尝试加码投资欧债或者日债等,但金融资产价格波动非常正常,欧债日债价格波动相对美元更加剧烈,收益率有时候更低,货币当局事实上没有选择空间。在当前的国际经济环境下,更需要将流动性投放于美债,不能过多考虑收益。全球经济全面复苏,中东局势动荡,油价开始持续上涨,这两个因素可能导致对中国的输入性通胀,而美国经济复苏经年,现在又祭出减税政策,这些因素对国内经济都具有很大压力,在防范风险为重中之重的前提下,外汇储备的投资更加以安全性和流动性为主,不能斤斤计较于那点收益率。因为外汇储备的管理必须把安全性和流动性放在首要位置,所以中国的外储投资低收益率的美国国债,实在是不得已,因为只有美国国债目前是安全性流动性最好的资产。

资料来源:华夏时报,2018.01.11,作者:冉学东。

【基础知识】

一国持有的国际储备,实际上是将可利用的实际资源储备起来,放弃和牺牲利用它们的机会,是一种经济效益的损失。所以国际储备的数量并不是越多越好,而是适度为宜。一国保持多大的国际储备量为适度,是国际储备水平管理的重要任务。从现实看,各国并没有统一的标准,因为一个国家在不同的发展阶段,或不同国家在相同发展阶段,对国际储备的需求都不会相同。因此,国际储备的绝对量不能说明国际储备的适宜度,国际储备的量化指标必须通过与相关指标的对比比例来说明。

一、决定一国储备水平的因素

(一) 对外贸易状况

一个对对外贸易依赖程度较高的国家,需要的国际储备较多;反之,则较少。一个在贸易条件上处于不利地位,其出口商品又缺乏竞争力的国家,需要的国际储备较多;反之,则较少。国际上普遍认为,一国持有的国际储备应能满足其3个月的进口需要。按此计算,储备额对进口的比率为25%左右。这就是所谓的储备进口比率法。该方法的优点是简明易行,所以被世界各国及国际组织所广泛采用。

(二) 持有国际储备的机会成本

国际储备作为备用资产,在未被支配使用之前的闲置实际上是一种损失和浪费,这主要是相对于这部分资产如果被用作投资可能带来的经济效益而言。虽然储备资产若以存款或购买有价证券形式也可带来增值,但与投资效益相比总会有差额,这就是机会成本。储备资产越多,需付出的机会成本也就越高。所以,储备的总量只要能满足需要就可以了,而并非越多越好。

(三) 借用外国资金的能力

一国借用国外资金的能力越强,其国际储备水平越可适当偏低;反之,应适当偏高。

(四) 直接管制程度

管制越严需要的储备就越少;管制放松,需要的储备就越多。

(五) 汇率制度与外汇政策

实行固定汇率制度和稳定汇率政策的国情下,对国际储备的需要量较大;汇率自由浮动的国情下,对储备的需要量较小。

（六）货币的国际地位

一国货币如果可以作为储备货币，可通过增加本币对外负债来弥补国际收支逆差，而不需要较多的储备；反之，则需要较多的储备。

二、国际储备的来源

一国国际储备的水平取决于四项储备资产的增减情况，主要的来源是黄金储备和外汇储备。

（一）黄金储备的来源

一国通过国内外交易可以增加黄金储备。储备货币的发行国用本国货币在国际黄金市场购买黄金，可以增加其国际储备量。非储备货币发行国在国际金融市场购买黄金，需要使用可兑换的货币即动用外汇储备，结果只是改变了国际储备资产的构成，而不能增加国际储备的总量。但是一国中央银行用本国货币在本国金融市场购买黄金都能够增加该国的黄金储备，从而增加国际储备总量。

（二）外汇储备的来源

（1）国际收支顺差。这是一国外汇储备的根本来源，其中经常项目盈余是最可靠、最稳定的来源。

（2）中央银行干预外汇市场所得的外汇。为了抑制本币升值，中央银行在外汇市场抛出本币收购外汇时，新购买的这部分外汇就增加了该国的外汇储备。

（3）国际信贷。一国取得的外国政府贷款、国际金融机构贷款以及中央银行间的互惠信贷等都会增加外汇储备的总量。

（三）普通提款权和特别提款权的来源

普通提款权和特别提款权是根据一国在国际货币基金组织份额多少而形成储备资产，一国不能主动增加普通提款权和特别提款权。在国际货币基金组织未调整份额的情况下，这两项储备资产就不会增加。

三、确定适度国际储备规模的方法

（一）定性分析法

定性分析法的基本思路是：国际储备的短缺或过剩会直接影响到某些关键的经济变量和政策倾向，因此，考察这些经济变量和政策倾向的变动，就可以判断储备水平是否适度。

这些客观指标产生的背景是，该国政府已经明确其适度储备量的水平，因而当其采取高利率政策或奖出限入政策来改善国际收支时，便意味着该国存在储备不足问题。正是由于储备不足，该国政府缺乏干预外汇市场的能力，从而汇率不稳。于是，该国被迫通过国外借款来弥补国际储备缺口。

定性分析法不乏其合理性，但它只能粗略地反映储备的适度性，不能测算出一个确定的储备量。而且用来反映储备适度性的经济变量和政策措施的变化可能并非由储备过剩或不足引起，而是由其他经济因素甚至政治因素所引起。因为这种方法的前提是假定储备水平是一种重要的政策目标，政府为达到预定的储备水平目标而调整内部和外部的政策，但有些时候政府的政策调整可能是为了其他更重要的政策目标。

（二）定量分析法

1. 比例分析法

比例分析法是采用国际储备量与某种经济活动变量之间的比例关系来测算储备需求的最适度水平。比例分析法简便易行，IMF 也是这一方法的支持者。其中，进口比例法（R/M 比例法）是目前国际上普遍采用的一种衡量方法，该方法是由美国耶鲁大学的经济学家特里芬教授在其 1960 年出版的《黄金与美元危机》一书中提出的，其基本思路是：把国际贸易中的进口作为唯一的一个变量，用国际储备对进口的比例（R/M）来测算最适度储备量。一国的 R/M 比例应以 40% 为最高限，20% 为最低限。按全年储备对进口额的比例计算，约为 25%～30% 左右，即一国的储备量应以满足约 3～4 个月的进口为宜。R/M 比例法在理论上存在缺陷，因为国际储备的作用并非只是支付进口。并且各国对持有国际储备的好处和付出的代价看法不同，各国在世界经济中所处的地位不同等。这些差异决定了各国储备政策的差异，因而各国对储备的需要量也就不同。所以，只用进口贸易这个单一指标作为决定各国国际储备需求量的依据，显得有些依据不足。

其他常用的比例分析法指标还有：储备对外债总额的比例、储备对国民生产总值的比例等。

2. 成本—收益分析法

成本—收益分析法又称机会成本分析法。是 20 世纪 60 年代以来，以海勒、阿加沃尔为首的经济学家，将微观经济学的厂商理论"边际成本等于边际收益"运用于外汇储备总量管理而得出的，即当持有储备的边际成本等于边际收益时，所持有的储备量是适度的。一般情况下，国际储备的需求量与持有储备的机会成本成反比，与持有储备的边际收益成正比。持有储备的机会成本是运用外汇进口资源要素以促进国内经济增长的边际产出（可采用国内投资收益率来计算）。持有储备的边际收益则是运用储备弥补国际收支逆差，避免或推迟采用政策性调节措施，减少和缓解对经济造成不利影响的好处，以及运用外汇购买国外有息资产的收益。只有当持有储备的边际收益等于持有储备的机会成本，从而带来社会福利最大化时，才是最适度储备规模。

成本收益分析法具有测算的准确性高于比例分析法的优点，这种方法采用多元回归和相关分析的技术建立储备需求函数，克服了比例分析法采取单一变量的片面性。但宏观经济中有些变量并不像微观经济变量一样有界限分明的成本和收益，只能测算综合成本和综合收益。这使成本收益法存在着不足之处：其计算方法比较复杂，涉及的经济变量较多，有的数据难以获得，只能凭经验主观选择或采用其他近似指标替代，影响了计算结果的准确性，因而很难在实际生活中采用。

教学活动2　国际储备的结构管理

【活动设计】

1. 教师准备相关案例；
2. 教师讲解国际储备结构管理的主要内容。

【案例导入】

人民币地位渐升，但取代美元成主流储备货币仍需时日

人民币汇率在2017年全年保持稳健，未如一些国际投资者此前所预言那样进一步贬值，进入2018年后，人民币汇率继续坚挺，其国际化进程也在继续推进着。最近的事态发展证明，主流储备货币领域可能要迎来一位"新生儿"——人民币。美银美林的外汇策略师Adarsh Sinha和利率策略师Yang Chen说："从长远来看，未来10年左右，中国的人民币在全球的外汇储备中所占的份额应该会达到英镑和日元的级别（截至2017年9月，英镑/日元的份额是占全球外汇储备的4.5%）"。Sinha和Chen认为，全球外汇储配的重新分配是一个非常缓慢的过程，所以短时间内不可能出现迅速的变化。相比2018年的表现，观察美元长期的发展更为重要。美元虽然是主要的储备货币，但是"仅20年来其储备量一直在下滑。"

尽管如此，美元强势地位的转变还是相当慢的，部分可能是因为考虑到美国国债的市场的规模和流动性，美元对外汇买家们来说仍然具有强大的吸引力。布朗兄弟哈里曼公司（Brown Brothers Harriman）外汇策略全球主管Marc Chandler表示："没有什么比美元疲软更能刺激出美元在外汇储备中的强势地位已经衰落的言语了。"美元是世界领先的储备货币之一，但与其并驾齐驱的还有欧元，英镑，日元，现在还有人民币。鉴于美元在2017年的表现相比其竞争对手来说逊色一些，所以2018年关于外汇储备多元化的讨论更是激烈。

资料来源：汇通网，2018.01.18。

【基础知识】

一国储备资产除了水平上适度外，还需结构上合理，这样才能做到流动性（或称变现性）、收益性、安全性兼顾。合理的国际储备结构，是指国际储备资产的最佳构成，即各种储备资产之间以及外汇储备的各种储备货币之间的最优比例关系。

一、国际储备资产的结构管理

现实生活中，除黄金储备外，变现性和收益性往往是互相排斥的。比如，变现性很高的国外银行活期存款的收益性很低，甚至为零，而外国政府长期债券收益较高，变现性却较低。如何在变现性与收益性之间权衡，二者兼顾，是黄金储备、外汇储备、普通提款权和特别提款权结构管理的目标原则。由于世界上各国国情不同，有的国家强调收益性，有的国家强调变现性，但是由于国际储备的作用主要是用于弥补国际收支的逆差，所以多数国家的货币当局更重视变现性。

目前，西方国家的一些经济学家或货币当局，将储备资产划分为三级：

一级储备资产，富于流动性，但收益性较低，它包括活期存款、短期存款和短期政府债券。

二级储备资产，收益性高于一级储备，但流动性低于一级储备，如 2~5 年期的中期政府债券。

三级储备资产，收益性高于二级储备，但流动性低于二级储备，如长期公债券。

普通提款权，由于会员国能随时从 IMF 提取和使用，所以类似一级储备。特别提款权，由于它只能用于其他方面的支付，须向 IMF 提出申请，并由 IMF 指定参与特别提款权账户的国家提供申请国所需货币。显然，这个过程需要一定时日才能完成。因此，特别提款权可视为二级储备。而黄金储备，由于各国货币当局一般只在黄金市价对其有利时，才会转为储备货币，可视为三级储备。

一级储备作为货币当局随时、直接用于弥补国际收支逆差和干预外汇市场的储备资产，即作为交易性储备。二级储备作为补充性的流动资产。三级储备主要用于扩大储备资产的收益性。一国应当合理安排这三级储备资产的结构，以做到在保持一定流动性的前提条件下，获取尽可能多的收益。

二、外汇储备的结构管理

由于普通提款权和特别提款权的多少都决定于成员国向基金组织缴纳的份额，其数量受基金组织的控制，不能随意变更，其内在构成也较为简单，所以国际储备结构管理的重点是外汇储备中各种储备货币的结构管理。

浮动汇率制度下，汇率的经常波动给外汇储备带来了贬值的风险。当然另一面持有外汇储备资产还有一定的利息（银行存款、证券投资），所以储备货币外汇资产收益率等于价格变化率加名义利率。在储备货币的选择和应用上，优先考虑的是安全保值，同时兼顾流动性和收益性。这是储备货币结构管理的难点之所在。

(一) 合理选择储备货币的币种

对外汇储备的结构管理主要是储备货币的币种选择，即合理地确定各种储备货币在一国外汇储备中所占的比重。确定外汇储备币种结构的基本原则是：储备货币的币种和数量要与对外支付的币种和数量保持大体一致，即外汇储备币种结构应当与该国对外汇的需求结构保持一致,或者说取决于该国对外贸易支付所使用的货币、当前还本付息总额的币种结构和干预外汇市场所需要的外汇,这样可以降低外汇风险。

(二) 采取多元化的储备货币结构

排除单一货币结构,实行以坚挺的货币为主的多元化货币结构。外汇储备中多元化货币结构,可以保护外汇储备购买力相对稳定,以求在这些货币汇率有升有跌的情况下,大体保持平衡,做到在一些货币贬值时遭受的损失,能从另一些货币升值带来的好处中得到补偿,提高外汇资产的保值和增值能力。在外汇头寸上应尽可能多地持有汇价坚挺的硬货币储备,而尽可能少地持有汇价疲软的软货币储备,并要根据软硬货币的走势,及时调整和重新安排币种结构。

(三) 采取积极的外汇风险管理策略

一国应安排预防性储备货币。如果一国货币当局有很强的汇率预测能力,那么它可以根据无抛补利率平价(预期汇率变动率等于两国利率差)来安排预防性储备的币种结构。例如,若利率差大于高利率货币的预期贬值率,则持有高利率货币可增强储备资产的营利性;若利率差小于高利率货币的预期贬值率,则持有低利率货币有利于增强储备资产的营利性。

任务三 我国的国际储备

【任务要求】

教师要讲解我国国际储备的特点及相应的管理措施。

学生要了解我国国际储备的规模、构成及管理方法,能够运用所学知识分析我国国际储备水平和管理方面的相关问题。

【活动设计】

1. 教师准备相关案例;
2. 教师讲解我国国际储备的相关知识;
3. 组织学生讨论我国国际储备的规模是否适度。

【案例导入】

中国外汇储备稳定增长 12 个月

据香港《南华早报》网站 2 月 7 日报道,中国人民银行数据显示,截至 2018 年 1 月末,中国外汇储备规模为 3.16 万亿美元,为 2016 年 10 月以来最高水平,较 2017 年 12 月末上升 215 亿美元。相比上月的环比增长 202 亿美元,1 月份外储环比涨幅更大。2017

年是中国的外汇储备自 2014 年以来首次实现全年正增长。目前,人民币对美元汇率处于 2015 年 8 月以来的最高水平。

中国国家外汇管理局表示,1 月份外汇储备规模上升的主要原因是非美元货币汇率上扬,而中国今后的跨境资本流动将更趋平衡。中国央行 6 日在全国外汇管理工作会议后发表的声明中,重申"防范跨境资金流动风险"和"严厉打击地下钱庄等外汇违法违规活动"的决心。政府视资本外流为经济和金融稳定的重大威胁。从 2014 年中期到 2017 年初,中国的外汇储备减少了约 1 万亿美元。中国对个人结售汇业务实行每人每年等值 5 万美元的额度限制,每年从 1 月 1 日起重新计算。法国兴业银行的中国经济学家指出,受美元贬值的影响,以美元计价的外汇储备持续增长,因为欧元和日元资产的美元价格升高了。

资料来源:参考消息网,2018.02.19。

【基础知识】

一、我国国际储备的特点

(一)国际储备资产的构成

自 1980 年我国正式恢复了在 IMF 和世界银行的合法席位以后,我国的国际储备资产也是由黄金、外汇储备、特别提款权和在 IMF 的储备头寸四部分构成。我国的黄金储备量自 20 世纪 80 年代以来一直是比较稳定的。2000 年以来,中国调整过两次黄金储备,即 2001 年和 2003 年,分别从 394 吨调整到 500 吨和 600 吨,目前我国黄金储备已达到 1054 吨,在世界各国中排名第五。由于我国在 IMF 中所占的份额较低,所以特别提款权和储备头寸的数额十分有限,截至 2018 年 1 月末,特别提款权(SDR)上升至 112.51 亿美元,基金组织储备头寸下降至 77.84 亿美元,占我国国际储备总额极小比例。

外汇储备是我国国际储备资产的主体,约占整个国际储备额的 90% 以上。

(二)我国合理的国际储备需求量

由于我国一直实行稳定的黄金储备政策,而且我们无法调整特别提款权和储备头寸,所以这里讨论的国际储备合理需求量的问题仅仅是就外汇储备而言的。

我国的外汇储备量,一直是个有争议的问题。一种观点认为,我国的外汇储备量应高些,其理由是:

第一,由于初级产品在我国出口商品中还占较大比重,由于我国工业制成品质量、包装和价格还存在一些问题,因而在国际市场上的竞争能力较弱,故国际收支比较脆弱。

第二,随着借用外资的增多,我国的外汇储备除用以弥补国际收支逆差的需要之外,还要起到偿还外债的担保作用。

第三,我国只能用外汇支付进口的商品与劳务,非外汇储备有限。

第四,中国银行外汇结存并非全部可用来执行国际储备的职能。因此,我国需要多持有一些外汇储备。

另一种观点认为,我国的外汇储备应低些,其理由是:

第一,我国在国际金融市场有着较高的资信,具有较强的借用国外资金的能力。

第二,目前,人民币还不是自由兑换货币,人民币汇率由国家统一通过行政手段制定,因而国家不需要干预外汇市场的那部分外汇储备。

第三,我国的外汇资金较为紧张,不宜将大量外汇资金放在外汇储备上。

第四,利用外资是我国一项不可动摇的基本国策,外汇储备大多是与利用外资的方针相抵触的。

二、我国国际储备资产的管理

(一) 我国国际储备资产的管理体制

1979年以前,我国的外汇储备是由中国人民银行实行集中管理,统一经营。中国银行作为中国人民银行的下属机构负责办理具体业务。

1979年,中国银行从中国人民银行分设出来,与此同时,成立了隶属于中国人民银行的国家外汇管理局。这时的中国银行独立履行国家外汇专业银行的职能,国家的贸易和非贸易外汇收入通过中国银行结汇而集中于中国银行手中,外汇储备也由该行管理。国家外汇管理局主要行使管理外汇、外债和储备的职能。

(二) 我国国际储备资产的结构管理

这里的结构管理是指外汇储备的结构管理。由于构成我国外汇储备资产的性质和运动形式不同,因此在管理上也有所区别和侧重。

1. 关于国家外汇库存的结构管理

国家外汇库存是国家对外的债权,主要用于支付国家进口商品所需外汇,并要发挥它的其他各项作用。对这部分储备资产重要的是保值,而不是谋利。管理的基本原则是:坚持储备货币多样化的原则,以分散汇率变动可能带来的损失;根据支付进口商品所需货币的币种和数量,确定该货币在储备中的比例;密切注视外汇市场的变化趋势,随时调整各种储备币的比例;选择储备货币的资产形式时,要按照安全性、流动性和收益性的顺序进行决策。

2. 中国银行外汇结存的结构管理

中国银行的外汇结存源于中国银行的对外负债,这一性质决定其管理原则与国家外汇库存的管理原则有所不同。具体要求是:对从国外借入的外汇资金,尽量遵循借、用、收、还货币一致性原则避免汇率风险;对国内企业的外汇存款,如果存款币种与用汇币种不一致时,应尽早办理远期外汇买卖,将汇率风险转嫁到国际市场上去;对于长期稳定的沉淀资金,金融机构只要看准时机,可以通过买卖赚取利润。

三、我国国际储备的现状

据国家统计,1999年底,中国外汇储备约为0.16万亿美元(占全球规模的9%)。而截至2008年末我国外汇储备约高达1.95万亿美元。就2007年1年,中国外汇储备就增长了4 619亿美元,与2006年底相比增长了43%。如果考虑到央行向中投公司注入外汇资产,央行要求全国性商业银行用美元缴纳人民币法定存款准备金等因素,则2007年中国外汇储备实际增加额超过了 6 300 亿美元。截至 2018 年 1 月末,中国外汇储备余额增至 31 614.57 亿美元,创 2016 年 9 月以来最高水平,环比增加 215.08 亿美元,增幅 0.68%,为连续第 12 个月增加,并创 2017 年 7 月以来最大单月增幅。我国经济结构调整和优化升级加快进行,经济基本面有望延续稳中向好态势。全球经济同步复苏,主要央行将逐步收紧货币政策。在基本面因素的推动下,我国跨境资本流动和外汇供求将更趋平衡,人民币汇率双向浮动的特征将更加明显。在国内国际经济金融形势的共同作用下,我国外汇储备规模将保持总体稳定。截至 2018 年 1 月末,中国黄金储备规模为 796.75 亿美元,较 2017 年 12 月末增加 32.02 亿美元。1 月末黄金储备连续第 16 个月持平于 5 924 万盎司。基金组织储备头寸下降至 77.84 亿美元;特别提款权(SDR)上升至 112.51 亿美元;其他储备资产降至 5.12 亿美元。官方储备资产合计 32 606.79 亿美元,环比增加 247.84 亿美元。

(一) 我国国际储备存在的问题

1. 增长过快

我国外汇储备的飙升主要归因于持续的经常项目顺差与资本项目顺差。自 1994 年至今,中国连续 14 年出现了经常项目和资本项目"双顺差"。尤其是自 2005 年 7 月人民币汇改以来,由于中国政府选择了"小幅、稳健、可控"的升值策略,吸引了大量国际短期资本流入中国套利,这加速了我国外汇储备的累积。截至 2008 年 1 月末,国家外汇储备余额达 3.16 万亿美元,较 2008 年末增加 1.21 万亿美元。

2. 币种以及资产结构不合理

美元资产在中国外汇储备中所占比例过高,美元资产在外汇储备中约占 65%,其他的主要国际储备货币的比重较低。另外,虽然我国最近几年增加黄金储备,截至 2018 年 1 月,我国的黄金储备 796.75 亿美元(1 842.6 吨,约 5 924 万盎司),但黄金储备占外汇储备的比重只达到 2.5%。而发达国家黄金在外汇储备中的占比普遍高达 40%~60%,美国黄金在外汇储备中占比高达 75%,欧元区国家黄金在外汇储备中占比均达到 60% 以上。我国储备中 90% 左右用于购买传统上低风险、低收益、高流动性的国债和机构债。

(二) 巨额外汇储备给我国经济带来的不利影响

1. 管理难度增大

如此庞大数额的外汇储备必然对政府的管理工作提出了相当高的要求和挑战。一般来讲,对外汇的管理须坚持"安全性、流动性、盈利性"的"三性"原则,即政府面对巨额外汇储备如何在保证保值的前提下实现增值。

2. 本币升值压力过大

外汇储备增多必然造成外汇市场上外币的供给大于需求,同时对本币的需求加大,这就加大了本币升值的压力,不利于对外贸易顺利开展。

3. 持有储备的机会成本增大

中国外汇储备的其中 90% 用于购买美国国债与机构债,真正的回报率不超过 5%。如何提高资金的回报率,我国政府的压力较大。

4. 风险增大

近年来美元对其他的主要国际货币货币持续贬值,而美元又是我国外汇储备中比重相当大的一块,它的贬值造成中国外汇储备严重缩水,国际购买力严重受损。

5. 易引起国际摩擦

我国国际储备主要来源于国际收支盈余，从根源上说是来自贸易伙伴的国际收支逆差，这样容易引起逆差国采取更多的贸易保护政策，不利于贸易的长远发展。

（三）现阶段我国可采取的对策

首先，在保证"三性"原则的基础上加大对外汇质和量的管理，安全性仍然是首要考虑的因素。当然，这里所指的安全不仅是货币汇率、利率风险的安全，更重要的是变现、流通、兑换的能力，以及存放保管的风险防范。

其次，调整资金资产结构，降低美元资产的比重，加大欧元、英镑等硬货币的比率，加强资产的保值力，从而提高抵御外汇风险的能力。储备中以美元计价的资产不管是相对比重还是绝对比重都是一个庞大的数字，都足以使美元市场产生动荡，因此这将是一个长期的过程。在此，更要加大黄金的储备量，因为当世界经济处于危机和动荡的时候，黄金往往扮演着作为最后结算工具的角色。

再次，通过调整汇率使本币适当升值来改变进出口部门在对外经济贸易中的收益，进而影响进出口交易的规模，从而起到控制贸易收支的作用。再者，适当地降低进口关税提高出口关税以刺激进口限制出口，通过调整进出口关税影响进口产品的国内市场价格和我国商品的国际价格，从而改变贸易收支差额，进而减慢外汇储备的增长速度。特别是一些化工产品，他们通常是低成本高利润，但对环境危害较大，对于这些产业，政府更应该采取行政手段加以限制。

最后，政府可以采取扩张性的政策，我国正处于经济发展的黄金时期，虽然从整体来讲我国已处于世界先进行列，但生产力水平与很多发达国家相比还有一段距离，我们拥有如此巨额的外汇储备，应好好利用。大力引进国外的先进设备、技术和人才，提高生产力的整体水平，为我国经济健康发展提供更有力的保障。

【综合实训】

一、基础知识测试

（一）单选题

1. 目前，国际储备体系中最重要的储备资产是（　　）。
   A. 黄金　　　　　　　　　　　B. 外汇储备
   C. 特别提款权　　　　　　　　D. 普通提款权

2. 自布雷顿森林体系崩溃以来，国际储备最明显的变化是（　　）。
   A. 美元是唯一的储备货币　　　B. 英镑是唯一的储备货币
   C. 黄金是最重要的储备资产　　D. 国际储备资产多元化

3. 我国国际储备管理的重点是（　　）。
   A. 外汇储备　　　　　　　　　B. 特别提款权
   C. 黄金　　　　　　　　　　　D. 普通提款权

4. 世界各国目前广泛使用（　　）进口额作为确定适度国际储备量的标准。

A. 6个月 B. 3个月
C. 9个月 D. 1年

5. ( ) 是减少外汇储备风险的一种方法。
A. 储备货币多元化 B. 储备美元
C. 储备英镑 D. 储备单一货币

6. 在特别提款权的定值中,( ) 一直是篮子货币中比重最大的货币。
A. 德国马克 B. 英镑
C. 日元 D. 美元

7. 特别提款权初创时以( )定值。
A. 美元 B. 英镑
C. 黄金 D. 德国马克

8. 特别提款权是一种( )。
A. 实际资产 B. 账面资产
C. 流动资产 D. 固定资产

9. 储备资产按照( )的高低可划分为三级储备。
A. 安全性 B. 流动性
C. 盈利性 D. 稳定性

10. 一国外汇储备最稳定和可靠的来源是( )。
A. 经常账户顺差 B. 资本与金融账户顺差
C. 中央银行用本币购买外汇 D. 中央银行用本币购买黄金

(二) 多选题

1. 国际储备的特点有( )。
A. 官方持有性 B. 自由兑换性
C. 充分流动性 D. 普遍接受性
E. 投机获利性

2. IMF成员国的国际储备的形式有( )。
A. 黄金储备 B. 外汇储备
C. 普通提款权 D. 特别提款权
E. 互惠信贷

3. 储备货币必须具备的特征有( )。
A. 必须是可兑换货币 B. 必须为各国普遍接受
C. 必须具有高投资回报率 D. 币值相对稳定
E. 必须是美元

4. SDR由以下几种货币加权平均定值( )。
A. 美元 B. 人民币
C. 欧元 D. 英镑
E. 日元

5. 决定一国储备水平的因素有( )。

A. 对外贸易状况 B. 持有国际储备的机会成本
C. 借用外国资金的能力 D. 直接管制程度
E. 货币的国际地位

6. 以下属一国国际储备的有（　　）。
A. 中央银行持有的外汇 B. 中央银行持有的黄金
C. 对国际货币基金组织的债权 D. IMF 分配尚未动用的 SDR
E. 商业银行持有的外汇

7. 外汇储备结构管理应遵循的原则（　　）。
A. 便利性 B. 安全性
C. 盈利性 D. 流动性
E. 多样性

（三）判断题

1. 国际清偿能力实际上就是国际储备。（　）
2. 无论国际储备体系发展到哪个阶段，黄金都是最重要的国际储备。（　）
3. 特别提款权是国际货币基金组织根据会员国的份额无偿分配的，可用于归还 IMF 贷款和会员国政府之间弥补国际收支赤字的一种实际资产。（　）
4. 经常项目收支顺差是一国国际储备的最主要来源。（　）
5. 用外汇储备购买外国黄金，不仅会改变该国国际储备的构成，而且会增大其国际储备的总额。（　）
6. 国际储备的规模越大越好。（　）
7. 一般认为实行浮动汇率制有助于一国减少其外汇储备的大量流失。（　）
8. 外汇储备在实际中使用的频率最高，而黄金储备几乎很少使用。（　）
9. 一国的国际储备就是该国外汇资产的总和。（　）
10. 国际上一般认为，一国最适度的储备量应以满足该国 3 个月的进口支付额为标准，即储备量与当年进口额的比率为 25%。（　）

（四）问答题

1. 试述国际储备和国际清偿能力的关系。
2. 国际储备的作用是什么？
3. 简述国际储备的构成。
4. 简述影响国际储备需求的因素。
5. 如何进行国际储备的结构管理？

二、实务题

美媒：中国减持美债至 4 个月新低，仍是最大外国持有者

2017 年 11 月，在外汇储备增长的同时，中国持有美国国债的规模降至 4 个月来的最低水平，这或许说明世界第二大经济体对美国国债的兴趣减少。

据彭博新闻社网站 1 月 18 日报道，在减税可能意味着美国必须发行更多国债以填补赤字之际，美国最大债权国的撤退，可能使利率面临上行压力。

报道援引美国财政部17日公布的数据，去年11月，中国持有的美国政府发行的长、中、短期国债总额环比减少1.1%，降至1.18万亿美元。

报道指出，中国仍是美国国债最大的外国持有者，其次是日本，日本11月持有1.08万亿美元的美国国债，环比减少0.9%，为4年来最低水平。日本已连续4个月减持美国国债。

美国财政部数据显示，中日两国持有的美国国债规模占所有外资所持的三分之一，11月份外资所持美国国债总额为6.34万亿美元，规模几乎没有变化。

美国富瑞金融集团高级经济学家托马斯·西蒙斯17日说，美国财政部公布的情况仅反映了去年1个月的情况，所以现在判断后续发展态势还为时过早。

为了稳定人民币汇率，中国一直在增加外汇储备并限制资本外流，人民币今年已升值1.1%，去年全年升值6.7%。去年12月，中国的外汇储备连续11个月出现增长，规模升至3.14万亿美元。

资料来源：参考消息网，2018.01.19。

思考题：1. 我国外汇储备管理的必要性是什么？

　　　　2. 我国外汇投资应注意哪些问题？

项目四 Project 4
国际资本流动

知识目标：掌握国际资本流动的含义、类型和特点；了解国际融资，掌握国际融资的主要方式；了解国际资本流动与金融危机的关系，了解金融危机的表现形式及危害；了解我国的对外投融资情况。

能力目标：通过本项目的学习，使学生能够分析国际资本流动的利弊，能够根据金融市场情况选择合适的投融资方式。

任务一 认识国际资本流动

【任务要求】

教师要结合案例讲解国际资本流动的含义、方式、特点及对资本输出国、输入国的影响。

学生要掌握国际资本流动的含义，分清楚资本流入和资本流出，掌握国际资本流动的方式和特点，掌握资本流动的经济影响。

教学活动1　国际资本流动概述

【活动设计】

1. 教师准备国际资本流动案例；
2. 教师讲解国际资本流动的含义、方式及特点；
3. 组织学生讨论分析当今国际资本流动的新特点。

【案例导入】

金融全球化的退潮：跨境资本流动减少

2008年的那场全球金融危机留下了大量经济和政治创伤，还重塑了资本在世界各地流动的方式。2007年的跨境资本流动规模是2016年的近3倍（2016年全球4.3万亿美元的跨境资本流动，2007年12.4万亿美元）。当初寄望通过海外放贷开创光明未来的银行，现在正专注于国内业务。如今，有更多跨境资金流动是以长期直接投资的形式发生的，号称是为了在前景光明的市场建设工厂或者入股企业。

被较少谈论的是资本流动，或者金融全球化的状态。然而，资本流动过剩是导致全球金融危机的主要原因之一——可能也是滋生下一场危机的诱因。麦肯锡全球研究所（McKinsey Global Institute）在一份报告中提出，如今的全球金融体系比10年前更具韧性。该智库认为这是对未来抱有希望的理由，尽管同一份报告承认，自2007年以来，跨境资本流动的总规模下降了65%。

跨境资本流动规模下滑，在很大程度上提醒人们全球经济这些年来走过的历程。2007年，全球流动性充裕，原因是解除金融监管，中国等新兴经济体储蓄激增，石油出口国的财富当时看似取之不尽。所有这些资金都必须找到归宿和回报。很大一部分流入了美国房地产市场，吹大了一个在破裂后带来灾难性后果的泡沫。

跨境资本流动规模下降的主要原因是跨境银行放贷的大幅萎缩，尤其是欧洲的银行。麦肯锡的苏珊伦德表示：" 就去全球化而言，在全球经济中很难找到比银行业更加去全球化的领域。"

如今，全球资本流动更多是以外商直接投资（FDI）的形式，即企业在工厂及其他通常被视为生产性的设施上做出长期财务承诺。但经济学家们普遍认为，FDI的增长反映了一种不良趋势——企业寻求更低的税率，而各国为了满足这一需求相互竞争。

资料来源：节选自网易号，行业分析研究院，2017.8.28。

【基础知识】

一、国际资本流动的概念

国际资本流动,是指资本在国际间转移,或者说,资本在不同国家或地区之间作单向、双向或多向流动,具体包括:贷款、援助、输出、输入、投资、债务的增加、债权的取得、利息收支、买方信贷、卖方信贷、外汇买卖、证券发行与流通等等。

国际资本流动按照资本跨国界流动的方向,可以分为资本流入和资本流出。

资本流入是指外国资本流入本国,即本国资本输入。主要表现为:①外国在本国的资产增加;②外国对本国负债减少;③本国对外国的债务增加;④本国在外国的资产减少。这种流动的结果是外国在本国资产的增加和外国对本国负债的减少。

资本流出,指本国支出外汇,是本国资本流到外国,即本国资本输出。主要表现为:①外国在本国的资产减少;②外国对本国债务增加;③本国对外国的债务减少;④本国在外国的资产增加。这种资本流出的结果是外国在本国的资产的减少和外国在本国的负债的增加。对一个国家或地区来讲,总存在资本流动,只不过是流入与流出的比例不同而已。一般来说,发达国家主要是资本流出国,发展中国家主要是资本流入国。当今世界里,国际资本倾向于在发达国家之间对流,同时,新兴市场国家和金砖四国的兴起,国际资本的流动呈现新的特点。

二、国际资本流动的主要方式及特点

国际资本流动的分类有很多种方法,通常以资本跨国流动时间的长短期限,考察长期资本流动与短期资本流动两种分类的主要方式,并对其资本流动具体方式的特点进行分析。

(一) 短期国际资本流动

1. 短期国际资本流动的主要方式

短期资本流动是指期限在 1 年或 1 年以内即期支付的资本流动。它主要包括如下四类主要形式:

(1) 贸易资本流动。是指由国际贸易引起的货币资金在国际间的融通和结算,是最为传统的国际资本流动形式。国际贸易活动的进行必然伴随着国际结算,引起资本从一国或地区流向另一国或地区。各国出口贸易资金的结算,导致出口国或代收国的资本流入;各国进口贸易资金的结算,则导致进口国或代付国的资本流出。随着经济开放程度的提高和国际经济活动的多样化,贸易资本在国际流动资本中的比重已经大为降低。

(2) 银行资本流动。银行资本流动,是指各国外汇专业银行之间由于调拨资金而引起的资本国际转移。各国外汇专业银行在经营外汇业务过程中,由于外汇业务或谋取利润的需要,经常不断地进行套汇、套利、掉期、外汇头寸的抛补和调拨、短期外汇资金的拆进拆出、国际间银行同业往来的收付和结算等,都要产生频繁的国际短期资本流动。

（3）保值性资本流动。又称为"资本外逃"（Capital Flight），是指短期资本的持有者为了使资本不遭受损失而在国与国之间调动资本所引起的资本国际转移。保值性资本流动产生的原因主要有国内政治动荡、经济状况恶化、加强外汇管制和颁布新的税法、国际收支发生持续性的逆差，从而导致资本外逃到币值相对稳定的国家，以期保值，免遭损失。

（4）投机性资本流动。是指投机者利用国际金融市场上利率差别或汇率差别来谋取利润所引起的资本国际流动。具体形式主要有：对暂时性汇率变动的投机；对永久性汇率变动的投机；与贸易有关的投机性资本流动；对各国利率差别做出反应的资本流动。由于金融开放与金融创新，国际间投机资本的规模越来越庞大，投机活动也越来越盛行。

2. 短期国际资本流动的特点

短期国际资本流动，是国际资本流动中数量巨大、形势复杂的一种，它具有以下四个特点。

（1）复杂性。它包括两个方面的内容。一是形式复杂多样，如上所述的贸易、银行、保值性、投机性等资本流动，二是资本流动借用的工具复杂多样，既可包括货币现金和银行活期存款，也包括货币市场上的其他各种信用工具，如各种短期证券和票据等。

（2）政策性。即指各国政府的系列经济政策如利率、汇率政策对短期国际资本流动的影响很大。某个国家利率相对提高，国际资本就会往该国流动；反之，国际资本会流出该国。此外，如果一个国家没有外汇管制或外汇管制较松，也容易发生短期国际资本流动。

（3）投机性。在浮动汇率制下，短期国际资本流动具有很强的投机性。尤其短期资本中的"热钱"，更具有投机色彩。投机性是短期国际资本流动的一个最显著的特点。

（4）市场性。即游资真正遵循"市场原则"，哪里利润高就往哪里流动。就是没有行情，也会人为制造利多利空的消息，哄抬或打压某国或某区域的货币，造成区域或全球范围内劣币（汇率贬值的货币）追逐良币（汇率升高或坚挺的货币）的资本流动现象。

（二）长期国际资本流动

1. 长期国际资本流动的主要方式

长期国际资本流动是指使用期限在 1 年以上，或者规定使用期限的资本流动。它主要包括三种类型：国际直接投资、国际证券投资和国际贷款。

（1）国际直接投资（International Direct Investment）：它是指一个国家的企业或个人对另一国企业部门进行的投资。直接投资可以取得某一企业的全部或部分管理和控制权，或直接投资新建企业。按照 IMF 的定义，通过国际直接投资而形成的直接投资企业是"直接投资者进行投资的公司型或非公司型企业，直接投资者是其他经济体的居民，拥有（公司型企业）的 10% 或 10% 以上的流通股或投票权，或拥有（非公司型企业）相应的股权或投票权。"其特点是指投资者能够控制企业的有关设施，并参与企业的管理决策。直接投资往往和生产要素的跨国界流动联系在一起，这些生产要素包括生产设备、技术和专利、管理人员等。因而国际直接投资是改变资源分配的真实资本的流动。

国际直接投资一般有 5 种方式：①在国外创办新企业，包括创办独资企业、设立跨国公司分支机构及子公司；②与东道国或其他国家共同投资，合作建立合营企业；③投资者直接收购现有的外国企业；④购买外国企业股票，达到一定比例以上的股权；⑤以投资者在国外企业投资所获利润作为资本,对该企业进行再投资。

(2) 国际证券投资(International Portfolio Investment)。也称为间接投资,是指通过在国际债券市场上购买外国政府、银行或工商企业发行的中长期债券,或在国际股票市场上购买外国公司股票而进行的对外投资。证券投资与直接投资存在区别,主要表现在:证券投资者只能获取债券、股票回报的股息和红利,对所投资企业无实际控制和管理权。而直接投资者则持有足够的股权来承担被投资企业的盈亏,并享有部分或全部管理控制权。

(3) 国际贷款(International Loans)。是指一国政府、国际金融组织或国际银行对非居民(包括外国政府、银行、企业等)所进行的期限为1年以上的放款活动。主要包括政府贷款、国际金融机构贷款、国际银行贷款。

2. 长期国际资本流动的特点

(1) 国际直接投资的特点。

第一,投资者以其所投资的资本大小取得所投资企业部分或全部管理控制权,方便企业贯彻经营策略与管理措施。

第二,投资者可一揽子提供资金、技术和管理经验,同时获取被投资国的市场、人力和资源。

第三,对被投资国来说,直接投资可带来较先进的技术和管理经验,可带来不同形态的资本,如果被投资国能够正确对待、运用直接投资的话,将会很大程度上推动该国经济的发展。

第四,对被投资国来说,直接投资是重要的利用外资的渠道,但不构成它的对外债务,因为直接投资企业只是在能够取得纯利润的情况下,才有按企业章程对外国投资者支付和汇出利润的义务,且外国投资者应得的利润亦可作为再投资的资金来源。

(2) 国际证券投资的特点。国际证券投资与国际直接投资有着根本的不同,主要表现为:

第一,证券投资涉及的是金融资本的国际转移;直接投资涉及的主要是实物资本的国际转移。

第二,证券投资的目的在于凭股票或债券等获得股息、红利与债息,对企业一般没有直接的管理控制权;而直接投资的目的在于获得经营利润,且对企业有直接的管理控制权。

第三,证券投资必须有健全的国际证券市场,证券可随时买卖与转让;直接投资则要求有完善优良的投资环境,不涉及证券在市场上买卖。

第四,证券投资涉及债权债务关系,即证券市场的筹资方发行债券便构成外债;而直接投资的接受方吸引的资金并不构成外债。

(3) 国际银行信贷主要有以下几个特点。

第一,不限定资金用途。国际银行信贷是非限制性贷款,除了出口信贷有资金使用方面的限制以外,借款人在贷款资金的使用上比较自由,一般不受贷款银行的限制,可以任意使用所借款项,因此国际银行信贷也被称为自由外汇贷款。比如国际银行间的同业借款,很多时候就是用来赚取利差收益的。

第二,贷款金额大,借款人可选用各种货币。在国际金融市场上时常存在大量的闲置资金可供借用，只要借款人有相应的偿还能力，就可以按照自身的需要大量筹措资金。国际银行信贷，特别是银行同业间贷款、银团贷款、项目融资等金额都比较大，属于典型的银行资金批发业务。比如双边贷款单笔金额多为几千万美元，银团贷款单笔金额在5亿～10亿美元，甚至更高。在国际银行信贷中借款人可根据不同货币汇率和利率的变动情况，选择适当的币种向国际银行进行借款，以避免外汇风险和利率风险。

第三，借款期限短。国际银行信贷通常以短期和中期贷款为主，一般不超过10年，相对于政府贷款和国际金融机构贷款长达数十年的情况而言，借贷期限较短。

第四，贷款方式灵活，手续简便。比如国际银行发放的短期贷款主要看借款人的信用，借款人无须提供抵押担保品，借贷双方一般也不需要签订贷款协议，通过电话和电传就可达成交易。但国际银行的中长期信贷借贷双方则必须签订信贷协议。

第五，贷款成本高。除了出口信贷是协定利率，有补贴优惠外，其他贷款利率是按国际金融市场利率计算的，利率水平总体而言，由国际金融市场上的信贷供求状况决定。国际银行贷款利率分为两种，一种是固定利率，另一种是浮动利率，随国际金融市场上的利率变动而浮动。浮动利率一般都以LIBOR为基础，若中长期贷款还要加上一个0.25%～0.75%的附加利率。因此，国际银行信贷利率比带有援助性质的政府贷款、国际金融机构贷款的利率都高，而且其他方面费用也比较高，这就加大了贷款的成本。

教学活动2　国际资本流动的经济效应

【活动设计】

1. 教师准备国际资本流动案例；
2. 教师讲解国际资本流动的经济效应；
3. 组织学生讨论分析国际资本流动对我国经济的影响。

【案例导入】

外媒：中国"热钱"流入希腊房地产

据《日经中文网》报道，海外资金正在流向作为欧洲债务危机震源地的南欧国家希腊的房地产市场。这是由于投资在一定金额以上即可获得居留许可的制度。

中国在基础设施领域对希腊展开了积极投资，而在购买希腊房地产的外国人中，中国人也超过了4成。可见两国经济联系的密切程度。中国资金的流入对提振降至危机前约一半的希腊房地产行情、刺激经济的效果正受到期待。

陷入债务危机的希腊在2010年以后处于欧元区等金融支援之下。作为交换，希腊政府被要求采取削减养老金和公务员收入等紧缩措施，这导致国民和企业的存款流向国外。而提振经济所需的资金依赖来自海外的投资。

正因为如此，对希腊投资被认为在具有相似制度的欧洲各国之中是门槛最低的。居留许可以连续持有房产为条件,能够进行更新。希腊加入了无需边境审查即可往来的欧洲《申根协定》。因此,也可以自由到欧盟(EU)的大部分国家旅行。据希腊政府统计,利用这一制度、在2017年9月之前购买房地产的外国人达到2014人,投资额和相关收入超过10亿欧元。包括家属在内的居留许可的发放数量也逐渐增加,2016年达到1567人,比2014年增加8成。

按国别观察截至2017年9月的情况可以发现,中国投资者为850人,按居留许可计算为2091人。分别都占到整体的4成以上,居于首位。在希腊,最大港口比雷埃夫斯港被中国国有海运企业收购,2017年6月中国国有的国家电网收购了希腊国营电力企业旗下的送配电子公司的24%股权。此外,民营投资公司复星集团也将参与雅典机场旧址的大规模重新开发。以基础设施为中心,两国的联系不断加强,房地产也不例外。

资料来源:凤凰网财经,2017.11.21。

【基础知识】

一、中长期国际资本流动的经济效应

(一) 积极效应

1. 对流入国的积极效应

中长期资本流入有利于欠发达国家的资本形成,促进经济长期发展。资本形成不足是阻碍这些国家经济发展的主要问题,贫穷则是造成资本形成恶性循环的关键因素。收入水平低,人民的购买力低下,对投资的吸引力就小,容易出现投资信心不足;同时,收入水平限制了储蓄能力,影响了储蓄向投资的转化,导致资本缺乏。而收入水平之所以低,是因为生产效率低;生产效率低在很大程度上是因为生产中资本投入少;资本投入少则是因为储蓄能力小,而且投资动机不足。于是,资本形成的同时还受到来自需求和供给两方面的掣肘,陷入了自我压抑的怪圈。

从这层意义上讲,引进外资是促进欠发达国家资本形成的有效途径。一方面,外资注入可以补充欠发达国家的资本供给,为其发展本国经济、增加出口贸易和提高国民收入创造有利条件。另一方面,有效利用引进的外资,可以拉动对本国人力资源与自然资源的需求,在提高资源利用效率的基础上提高生产能力,从而实现国民收入增长,逐渐摆脱贫困约束。具体而言,对外直接投资(FDI)的投资决策由外国投资企业做出,即使并不完全符合本国发展,但中长期资本流入有助于平抑国内经济周期的波动。由于获得非居民的FDI、银行贷款或证券投资资本,国内微观主体的金融活动范围就超出了本国市场的界限。这使得国内企业和消费者可以在本国经济衰退时借助资本输入而继续从事投资和消费活动,在经济增长时再对外进行清偿。通过这种方式,国际资本流入就在很大程度上发挥了平抑流入国经济周期的作用,从而为本国经济体系提供了更大的稳定性。

与此同时,国内投资者也在一定程度上享受到了在国际范围内进行多样化投资的好处,降低了因为国内经济波动而不得不面对的风险程度。而相对提高的收益水平,很可能刺激国内储蓄和投资活动的高涨，使资本流入国的产生效应进一步放大。

2. 对流出国的积极效应

在多数富裕的发达国家，市场成熟度越高，利润平均化作用越明显，寻找高收益投资项目的难度也就越大。国际资本流动为流出国原来闲置的资金开辟了更广阔的用武之地，并以此完成了从低效益资金向高效益资金的转变。如此既满足了资本自身追逐利润的天性，也符合资本输出国经济扩张的国家利益。

另外，流入国国民收入的提高必然带动进口增加，如果新增进口的大部分订单落入资本流出国的手上，则意味着流出国的出口将会扩大。在外贸乘数的作用下，这就会引起该国国民收入水平提高，于是储蓄增加，投资增加，收入水平可能进一步提高。由此可见，在一定条件下，资本输出甚至可以推动本国收入水平进入一个螺旋上升的良性循环。虽然当期的资本外流对国内投资水平具有一定的挤出效应，但是从长远来看，未必导致国内消费与投资的减少。

（二）消极效应

1. 国际资本流动中的外汇风险

汇率变动是资本跨国流动不可避免的问题。从宏观上看，汇率变动可能因为恶化贸易条件或者引起旅游业波动而改变一国的资本流动状况，也可能因为货币当局调整外汇储备规模和结构而影响资本流向和数量，从而对国民收入、国内就业及经济发展等宏观因素不利。从微观上看，汇率波动超出预期水平，会加大企业成本与收益核算的难度，从而影响企业涉外业务，也就影响到私人资本的跨国流动；如果汇率变动加大了企业对外的债务负担，造成企业不能按时偿还到期外债，就会影响进一步的国际资本流入，并最终影响到相关企业的经营战略。

2. 国际资本流动中的利率风险

利率变动使借贷双方都面临遭受损失的可能性，而且期限越长。相应的利率风险程度可能就越高。以银行贷款为例，如果是固定利率，则市场利率上升时，贷款银行面对的利率风险提高；而市场利率下降时，借款人面对的利率风险提高。如果是浮动利率，则市场利率上升对贷款银行有利，而市场利率下降对借款人有利。

3. 国际资本流动可能危害流入国的银行体系

发展中国家的金融体系大多以间接融资为主，所以流入的国际资本中有相当部分会首先进入这些国家的银行体系。20世纪90年代私人资本大规模进入发展中国家，严重冲击了本来就不那么完善的银行体系，为后来的金融危机埋下了祸根。

如果国际资本是以国内银行对外负债的形式流入，就会直接扩大国内商业银行的资产负债规模。当中央银行从这些商业银行处购入外汇资产时，若不考虑采取冲销性货币政策，就将通过信贷扩张而增加本国流通中的货币数量，提高通货膨胀压力。

国际资本流入不仅影响商业银行的资产规模，也会改变银行的资产负债结构。银行对外债务增加如果只造成国外资产增加，即发放对外贷款或投资于外国证券，则扩张效果会比较小。

4. 国际资本流动可能给资本流出国带来国际债务危机

事实上，无论是外汇风险和利率风险，还是对资本流入国银行体系的冲击，大多是从流入国角度看待国际资本流动的消极影响。而如果从资本流出国的角度出发,中长期国际资本流动潜在的危险主要就是违约。由于资金的使用与偿还之间存在着明显的时间差异,所以中长期国际资本流动内在即蕴涵了发生资金偿还困难的可能性,习惯上我们把这种情形称作国际债务危机。历史上最著名的国际债务危机,是发生在20世纪80年代的拉美债务危机。

通常认为,导致20世纪80年代国际债务危机的原因主要有三点。第一,20世纪70年代初以来外债规模越来越大,累积数额过于庞大,同时债务结构发生了实质性改变。第二,债务国往往采取了不适当的国内经济政策,使得借入的国际资本使用效率低下,未能实现预期目标。第三,遭遇了不正常的外部条件,即发达国家严重的经济衰退,以及世界范围的高利率经济环境等。显然,这些也是发展中国家今后参与国际资本流动应当引以为戒的教训。

二、短期国际资本流动的经济效应

(一) 积极效应

1. 国际资本流动有助于国际金融市场发展

首先,国际资本流动加速了全球经济和金融一体化进程。特别是国际投机资本在世界各主要金融市场的套汇、套利活动,使国际金融交易中的汇率差异和利率差异明显缩小,呈现出价格一体化趋势。其次,国际资本流动极大地增加了国际金融市场的流动性。利用现代化的通信和交易手段,国际资本可以迅速地从一国流向另一国,从而满足国际金融市场的资金需求,同时降低国际金融交易成本。虽然大部分短期国际资本带有投机性质,容易冲击市场运行。但也必须看到,投机资本进入,承担并分散了国际金融市场上的价格风险,在为避险需求者提供流动性的同时,更有可能减少市场价格的波动程度,提高国际金融市场的效率和稳定性。

2. 国际资本流动有利于促进国际贸易发展

应收账款融资、国际保理、信用证融资等短期贸易融资方式,既有利于出口商资本周转,也为进口商解决了支付困难,从而直接推动了国际贸易的扩大。同时,出口信贷等中长期贸易融资方式也为扩大贸易产品范围拓宽了思路。更重要的是,为国际贸易提供融资服务,锻炼培养了发展中国家的金融机构,为其进入国际金融大舞台做好了技术和声誉上的准备。

3. 国际资本流动为跨国公司短期资产负债管理创造了便捷条件

跨国公司短期投融资活动较大程度上依赖于国际金融市场,特别是其中的欧洲货币市场。因此可以认为,国际资本流动间接地拓宽了跨国公司财务主管的视野,有利于提高短期资产负债管理效率。

4. 国际资本流动有利于解决国际收支不平衡问题

国际收支不平衡的国家,因国际金融市场的发展而得到了弥补国际收支赤字,或者充分利用国内盈余资金的便捷方式。据世界银行统计,广大非产油的发展中国家、中等发达国家甚至发达国家的暂时性国际收支逆差,绝大部分是通过在国际金融市场筹集短期资金来弥补的；而石油输出国、日本等长期国际收支巨额顺差国家，也是在国际金融市场发展中提高了国内资本的利用效率。

(二) 消极效应

短期国际资本流动对发展中国家证券市场的影响。巨额国际资本，一方面可能带动股票市场以外的其他金融资产价格波动；另一方面可能通过证券价格波动影响到金融机构的收益和资本金。结果，短期国际资本对股票市场的冲击就有可能酿成整个金融体系的灾难。国际投机资本的高流动性和高投机性，意味着只要某国经济走势有了些许朝不利方向发展的苗头，即使毫无事实依据的谣言或是预言，也会使巨额国际资本加速外逃，导致该国宏观经济迅速恶化，严重时还会引发货币危机和金融危机。危害的具体表现通常有：①影响当事国的外债清偿能力，降低国家信用等级；②导致市场信心崩溃，从而引起更多的资本撤出，使当事国金融市场陷入极度混乱；③造成国际收支失衡；④导致当事国货币价值巨幅波动，面对极大的贬值压力。

20 世纪 90 年代以来，国际短期资本流动不仅严重冲击着发展中国家尚未成熟的金融市场，也给一些发达国家的汇率制度带来麻烦，更是频繁地引起国际货币危机和金融危机。一般认为，国际货币危机是与对汇率波动采取某种限制的汇率制度相联系的，主要发生在固定汇率制下，表现为外汇市场上单方向的持续操作迫使该国最终放弃固定汇率制度，导致外汇市场出现剧烈动荡的带有危机性质的事件。广义的货币危机，也指汇率变动在短期内超过一定幅度（比如 15%~20%）的情况。不难发现，国际货币危机发生在外汇市场上，而汇率的过度波动往往会诱发国内股票市场和银行体系的全面金融危机；从另一个角度来看，国内政治经济因素所导致的金融融危机也有可能触发货币危机。

【课堂讨论】
国际资本流动对我国经济的影响。

| 任务二 |
| 国际融资实务 |

【任务要求】

教师要结合案例讲解国际融资的含义、特点、类型和主要融资方式。

学生要掌握国际融资的基本常识，并通过实训和案例学会国际融资的处理方法和处理过程。

教学活动1　认识国际融资

【活动设计】

1. 教师准备国际融资的相关案例；
2. 教师讲解国际融资的含义、特点和类型。

【案例导入】

信托融资成本上升至13% 部分房企寻求海外融资渠道

银监会举行的2018年全国银行业监督管理工作会议中提出，今年将继续防控金融风险，将在降低企业负债率，严格控制高负债企业融资的同时，控制居民杠杆率的过快增长，继续遏制房地产泡沫化。

去年12月银监会下发的《关于规范银信类业务的通知》明确提及，商业银行和信托公司开展银信类业务，不得将信托资金违规投向房地产、地方政府融资平台、股票市场、产能过剩等限制或禁止领域。在各类融资渠道受限的情况下，信托已经成为房企的主要融资渠道，但信托公司所做的土地款和开发贷，其资金也是通过银行来募集，如今银信合作受到严管，房企的融资渠道几乎全被堵死了。据相关媒体的不完全统计，进入2018年以来，碧桂园、龙湖、泰禾、华南城、富力等房企纷纷发布公告称拟发行或已完成发行美元债务。其中，碧桂园于1月10日发布公告，拟发行2023年到期2.5亿美元优先票据及2025年到期6亿美元优先票据，利率分别为4.750%和5.125%。泰禾也发布公告称，将在境外公开发行美元债券，募集资金不超过10亿美元。首次发行的4.25亿美元债券，利率已经确定：3年期票面年息为7.875%，5年期票面年息为8.125%。此外，华南城的2.5亿美元7.25%的3年期优先票据发行完成。

资料来源：华夏时报，2018.02.12。

【基础知识】

国际融资是以国际金融市场作为平台进行跨越国界的资金融通活动。本章介绍了国际短期资金市场业务、国际中长期资金市场业务、出口信贷业务、国际债券融资业务、政府贷款业务及国际项目融资的相关问题。

一、国际融资的概念和特点

（一）国际融资的概念

融资即融通资金，是指资金在持有者之间的借贷或买卖，以调剂余缺。若资金融通跨越国境，涉及其他国家的资金持有者（即非居民），就是国际融资。建立在一定信用关系基础上的融资行为，总会产生资金的借贷关系，由国际融资产生的国际借贷关系是借贷资金国际运动的表现形式和结果。因此，国际融资一般包括以下内涵：

1. 国际融资是采用货币资金形态或实物资金形态的国际资金转移

国际融资的具体组织形式多种多样，其中大多数采取货币资金形态，即无论是供资者提供贷款，还是筹资者还本付息，均采取货币资金形态。但也有某些融资方式，如国际租赁，则采取实物资金形态。

2. 国际融资是在国际金融市场上进行的

国际金融市场是国际借贷关系产生和国际借贷资金运动的渠道和中介。在国际金融市场上，资金供给者和资金需求者通过间接或直接方式，从事资金借贷或证券买卖活动，以达到获利或规避风险的目的。

3. 国际融资是涉及非居民的融资活动

国际融资是在居民与非居民间或者在非居民相互间进行的融资活动，其当事人主要有：资金供给者（通常是债权人）、资金需求者（通常是债务人）和金融中介机构。具体包括：①一国政府与别国政府之间；②一国政府与别国银行之间；③国际金融组织与一国政府、企业或银行之间；④一国企业、银行与别国的企业、银行之间等。

（二）国际融资的特点

与国内融资相比，国际融资除具有借贷的还本付息相同点外，但更具有以下几个特点。

1. 国际融资主客体的复杂性

国际融资的主体是指融资双方的当事人，包括筹资人和供资人，其当事人的构成比较复杂，大体可归纳为以下 4 类：①居民金融机构；②居民非金融机构；③非居民金融机构；④非居民非金融机构。国际融资的借贷双方中至少有一方应属非居民的金融机构或非居民的非金融机构。

国际融资的客体是指国际融资中所使用的货币，它可以是筹资人所在国货币，可以是供资人所在国货币或第三国货币，但都必须是可兑换货币。国际融资中经常使用的是一些国际通用货币，如美元、日元、英镑等，近年来，特别提款权（SDR）、欧元（EUR）也大量用于国际融资。融资当事人使用何种货币是一个很复杂的问题，通常必须根据各种货币汇率的变化和发展趋势，结合融资条件等因素综合考虑，才能做出决策。

2. 国际融资的风险性

国际融资与国内融资相比，其风险较大。国际融资除存在通常信贷交易中的商业风险外，也存在偿债能力风险，即债务人经营管理不善，出现亏损，到期无力偿付贷款或延期偿付。国际融资还面临着它所特有的国家风险、外汇风险。国家风险主要由贷款人承担，而外汇风险既可由贷款人承担，也可由借款人承担，更可由借款人和贷款人共同承担。

3. 国际融资的被管制性

国际融资通常是分属不同国家的资金持有者之间跨国境的资金融通和转移，是国际资本流动的一个组成部分。国际融资当事人所在的国家政府，从本国政治、经济利益出发，为了平衡本国的国际收支，贯彻执行本国的货币政策，以及审慎管理本国金融机构尤其是银行金融机构,无不对本国居民(包括金融机构和非金融机构)对外从事融资行为施加种种干预和管制。主权国家对国际融资的管制一般是授权本国中央银行,对国际融资的主体、客体和融资信贷条件,实行法律的、行政性的各种限制性措施。我国对国际融资管理,重点是对利用国外借款的管理,目前实施的管理措施包括国家授权制定、计划与审批制度、登记管理制度、税收制度等。

二、国际融资的类型

(一) 按是否通过金融中介分为直接融资和间接融资

直接融资是指资金供给者(贷款人)与筹资者(借款人)直接协商或者通过经纪人进行的资金融通。前者直接融资的具体形式有最后贷款人和最后借款人之间的货币借贷、预付货款或赊购商品等。这类直接融资的局限性较大,它受融资双方资财数量、资信、时间、地点、范围等的限制。后者直接融资的具体形式如由证券公司作为经纪人包销筹资人发行的证券,经纪人依靠其雄厚的资金实力,协调资金供应者与资金需求者之间的关系,在一定程度上克服了前者直接融资的局限性。

间接融资是指通过金融中介进行的资金融通。金融中介指银行、保险公司和投资公司等机构。金融中介主要通过吸收存款、保险金或信托投资金等来汇集资金,同时又通过发放贷款或购买原始有价证券等方式将其所汇集的资金转移到资金短缺的筹资者手中。金融中介(尤其是银行)在现代市场经济中处于调节社会资金运动的主要环节,是聚集和分配资金的枢纽。它能够有效地克服直接融资时借贷双方在资金数量、借贷时间、范围、期限上不易取得一致和不易了解借款者资信等局限,从而大大地拓宽融资的空间。但随着金融创新的发展,直接融资的局限性大幅减少,融资比重在迅速增加。

(二) 按融资目的分为国际贸易融资、项目融资和一般融资

国际贸易融资是指与国际贸易有直接联系的融资,是国际融资中一种最古老的类型。国际贸易融资是为促进进出口贸易的一种金融支持,它可分为短期贸易融资和中长期贸易融资。短期贸易融资是为了解决进出口商短期(期限在1年以下)的资金需要;中长期贸易融资指期限在1年以上的资金融通,最典型的中长期贸易融资是出口信贷。

项目融资是指为特定的工程项目(如大型的采矿、能源开发、交通运输等)建设融通资金。项目融资一般具有以下特点:①中长期融资、资金需要量大、风险也大;②融通的资金专款专用;③对债务人的追索主要是对项目的资产或项目的潜在现金流量的追索;④项目发起人对项目贷款人提供某种担保。

一般融资往往是指克服资金短缺、调剂外汇资金,或弥补国际收支逆差、维持货币汇率等方面的融资

(三) 按融通资金的来源分为国际商业银行融资、国际金融机构融资、政府融资和国际租赁融资

国际商业银行融资是指融入资金来自国际商业银行。该融资一般不指定贷款用途,也不与商品采购或指定工程项目相联系,借款人可以自主使用,但利率较高,多使用浮动利率。

国际金融机构融资是指融入资金来自国际金融机构，如国际货币基金组织、世界银行、国际开发协会、亚洲开发银行等。

政府融资是指融入资金来自贷款国政府的财政预算，即使用本国财政预算资金向另一国政府提供长期优惠贷款，其中主要是发达国家向发展中国家政府提供的贷款。政府贷款如被限定用于购买贷款国的资本货物，则可划归为贸易融资；如用于资助借款国的经济建设项目，则可划归项目融资。

国际租赁融资是指融入资金来自国际租赁公司，由它向承租人提供融资性租赁。

教学活动2　国际融资的主要方式

【活动设计】

1. 教师准备国际融资的相关案例；
2. 教师讲解国际融资主要方式；
3. 组织学生分析案例，讨论国际融资的主要风险。

【案例导入】

约旦拒绝世界银行太阳能项目融资

目前，世界银行、亚洲开发银行等国际金融机构已参与到中国自2014年起的新一轮PPP事业中。一方面为中国PPP项目顺利落地提供成本较低的资金，有利于拓宽PPP的融资渠道；另一方面则是为中国PPP制度建设、规范运作提供诸多经验和借鉴。

根据《国家发改委、财政部关于我国利用世界银行和亚洲开发银行贷款2017—2019年备选项目规划的请示》，世行"基础设施等重点行业领域PPP项目示范"上提供贷款4.5亿美元，选择基础设施等重点行业领域，依托中小城市，完善制度、标准和规范，推进PPP示范创新和能力提升等。2016年，世行已谈判"政府和社会资本合作（PPP）促进项目"，贷款额为2亿美元，主要内容为"PPP政策与制度研究，中央和地方政府机构及民营等社会主体能力提升，行业标准及技术规范体系完善，PPP项目辅导及开发支持等"。亚行"公共服务领域促进示范PPPⅡ"，贷款额1.5亿美元，用于养老等公共服务领域PPP示范。已有部分PPP项目实际参与。比如，亚行为湖北宜昌养老服务PPP示范项目提供5 000万美元贷款，包括PPP项目开发能力、制度规范完善、项目融资支持。此外，亚行为云南楚雄州城市基础设施建设项目（主要包括市政道路工程、河道治理工程、环卫设施配置和能力建设等四个方面）提供1.5亿美元贷款。

资料来源：北极星环保网，2018.02.02，作者：薛涛。

【基础知识】

一、短期融资方式

信贷是借贷资本运动和资金融通的一种形式。从事对外贸易的进出口商，在商品的采购、打包、仓储、储运的每个阶段，以及在与商品进出口相关的制单、签订合同、申请开证、承兑、议付等每一贸易环节中，都能从不同的渠道，得到资金融通的便利，以加速其商品流通，减少其资金积压，促进进出口贸易的完成。这种与进出口贸易资金融通有关的对外贸易信贷形式繁多，名目各异，很难一一列举，但根据发放信贷资金对象（授信人）的不同与接受信贷资金对象（受信人）的不同，对外贸易短期融资大致有以下几种形式。

（一）商业信用

在进口商与出口商之间互相提供的信贷属于对外贸易商业信用，如赊销和预付款等。当进口商在收到货物单据的一段时间后才支付货物，这就是出口商对进口商提供了商业信用；当进口商在收到货物单据以前就付出全部或一部分货款，这就是进口商对出口商提供了商业信用。

【知识链接】

短期商业票据

按其面值的货币来分，短期商业票据可分为欧洲短期商业票据和本国短期商业票据。前者是发行者避开本国政府的管辖，又企图利用欧洲美元市场的丰富财源而发行的非本国货币或在外国发行的本国货币的票据；后者则是公司在本国内发行的本币票据。

短期商业票据，无论是本币，还是欧洲货币，都是一种很有前途的金融工具，可供筹资者和投资者选择。

短期商业票据具有以下特点：①期限短。美国为 1~183 天，英国为 7~364 天。②发行金额大。美国一般在几千万美元以上，每张为 50 万美元或 100 万美元。英镑一般在 5 000 万英镑以上。③发行者必须是资信好的超大型公司，甚至政府。④票据可以转让。发行时以低于票面值的价格售出，由票据交易经纪商代办发行，售价和票面值之间的差额就是收益。

（二）银行信用

如果进口商与出口商中一方信贷资金的获得是由银行或其他金融机构提供的，就构成对外贸易银行信用。例如，对出口商提供以准备出口或发往国外的货物为保证的贷款，银行贴现出口商向进口商签发的汇票，或凭出口商对进口商的债权给予贷款，均属于对外贸易银行信用。

必须指出，对外贸易信贷虽可以划分为银行信用与商业信用，但二者又密切联系，不可截然分割。例如，银行对出口商提供信用加强了出口商对进口商提供信用的能力，这样，一方面，银行信用就与商业信用交织在一起；另一方面，银行对进口商也提供银行信用。对进口商和出口商提供信用的银行不限于本国银行，外国银行也对进口商和出口商提供信用。

银行短期信贷是指借贷期限不超过 1 年的借贷活动。短期信贷按当事人来分，可分为银行对银行的信贷和银行对非银行（如公司、企业、政府机构等）的信贷。

短期信贷的特点是：①期限短。大多数贷款的期限为 1 天、7 天、30 天、90 天，少数为半年，最长期限不超过 1 年。②手续简便。短期信贷活动主要凭借款人的信用来进行，借款人无须缴纳抵押品，借贷双方一般也不用贷款协议，通过电话或电传就能达成交易，所以手续十分简便。③批发性质。短期信贷的金额都比较大，通常为 100 万美元、1 000 万美元以上的交易。④灵活方便。短期信贷的借款期限、币种、借贷地点及贷款用途都有自行选择的余地。期限一般由借款人自己决定，可长可短；借款币种可根据支付需要、成本高低自由选择；短期信贷不限定用途，借款人可用于各种用途。⑤信贷利率随行就市。短期信贷利率受供求关系和借款人资信高低的影响，随时浮动。目前各国政府筹措的贷款的利率一般都是以伦敦银行同业拆放利率为基础再加半厘所以采用固定利率，并实行利息先付的方法，也称为贴现法。

例如，借款人向某欧洲银行借款 12 万美元，期限为 1 个月，年利率为 10%。该贷款行先从贷款额中扣除利息额：USD 120 000 元 × 10% × 1/12 = USD 1 000 元，则贷款行实际付给借款人的金额为：USD 120 000 元 − USD 1 000 元 = USD 119 000 元。贷款到期时，借款人应偿还贷款行的金额为 12 万美元。这种利息先付的做法加重了借款人的实际负担，使其实际借款利率提高为：

USD 1 000/USD 119 000 ÷ 1/12 × 100% = 10.08%

（三）短期证券信用——国库券

国库券是政府的一种短期债务，也是短期资金市场上一种重要的信用工具。

【知识链接】

美国政府国库券

美国是国库券市场最发达的国家。美国财政部是通过招标的方式按一定的折扣出售国库券的。国库券的购价与其面值或平价之间的差额，即为投资者的收益。国库券的起售点为 1 万美元，往上按 5 000 美元累加。美国国库券是以记账的方式发行的，投资者对国库券的所有权被记入在财政部开立的账户上，财政部仅开证明购买的收据。

美国国库券的发行有 3 种类型：

（1）定期发行的国库券。这种国库券有 91 天、182 天和 365 天的，这主要是用来替换即将到期的国库券，有些是为了弥补政府经常项目的逆差。

（2）不定期发行的国库券。20 世纪 70 年代中期前，美国财政部不定期地发行一种预期税券。1974 年以来，开始发放"现金管理券"，取代预期税券。这种管理券的期限比较灵活,短的2天,长的半年,平均约为50天,目的是为了弥补财政部在税收低谷时期的暂时性资金短缺。

(3) 用拍卖方式发行国库券。美国财政部每周都要发行3个月期和6个月期的国库券。发行通常是在星期二公布,同时决定发行的数量。拍卖日通常是在公布发行后的第一个星期一,交割和付款日则在公布发行后的第一个星期四。根据拍卖的要求,投标必须在拍卖当天下午1:30(纽约时间)以前递交给代财政部办理此项业务的联邦储备银行或其分行。投标可分为竞争性投标和非竞争性投标。进行竞争性投标时,投资者要声明欲购的数量和所支付的价格,它通常是由那些与国库券市场关系密切的大投资者所垄断,在认购总额中占有最大的份额。在非竞争性投标中,投资者列明欲购数量并同意按中标的竞争性投标的平均价格成交。个人和小投资者通常只进行这种投标,其在中标总额中所占份额较小,一般不到全部拍卖的15%。

国库券的投资特点是:①安全性高。由于它是财政部的债券,因此普遍被认为没有违约风险。②变现性强。由于国库券是一种质量非常可靠、稳定的票据,所以投资者就有以低廉的交易成本迅速将其变成现金的能力。③起购点低。④投资收益免税。与其他货币市场票据不同的是,投资国库券所得收入可以免税。

(四) 国际保理业务

国际保理业务是指出口商以商业信用形式出口商品,在货物装船后立即将发票、汇票、提单等有关单据卖断保理公司,收进全部或一部分货款,从而取得资金融通的业务。它是一项新兴的国际金融业务。该业务在有的国家(如美国)由银行办理,在有些国家(如日本)则由专门经营该业务的财务保理公司办理。

【知识链接】

保理业务的程序

出口商以赊销方式出卖商品,为能将其应收款项售与保理组织,取得资金融通的便利,一般都与该组织签有协议,规定双方必须遵守的条款与应负的责任。协议有效期一般为1年。但近年来不再规定明确的有效期,保理组织与出口商半年会谈一次,调整协议中一些过时的不适宜的条款。协议签订后,承购应收账款业务通过下列具体程序进行:

(1) 出口商在以商业信用卖出商品的交易磋商过程中,首先将进口商的名称及有关贸易情况报告给本国保理组织。

(2) 出口方的保理组织将上列资料整理后通知进口方的保理组织。

(3) 进口方的保理组织对进口商的资信进行调查,并将调查结果及可以向进口商提供赊销金额的具体建议通知出口方的保理组织。

(4) 如进口商资信可靠,向其提供赊销金额建议的数字也积极可靠,出口方的保理组织即将调查结果告知出口商,并对出口商与进口商的交易加以确认。

(5) 出口商装运后,把有关单据售与出口方的保理组织,并在单据上注明应收账款转让给出口方的保理组织,要求后者支付货款(有时出口商制单两份,一份直接寄送进口商,一份交出口方保理组织),后者将有关单据寄送进口方的保理组织。

(6) 出口商将有关单据售与出口方保理组织时,后者按汇票(或发票)金额扣除利息和承购费用后,立即或按双方商定的日期将货款支付给出口商。

(7) 进口方的保理组织负责向进口商催收货款,并向出口方保理组织进行划付。

中国银行是国内最早开办保理业务的银行。1988 年,中国银行在国内首家推出国际保理业务,与国外保理公司及国际保理组织密切合作,积累了相当丰富的业务经验,在世界各地为广大客户提供全面的保理服务。1999 年,中国银行在国内率先推出国内保理产品。目前所提供的业务品种主要包括:国际双保理项下出口保理;国际双保理项下进口保理;国际双保理项下出口商业发票贴现;国内综合保理;国内商业发票以预支的方式提供专访所需营运资金,加速资金周转。

二、中长期融资方式

(一) 中长期贷款

中长期贷款一般指期限在 1 年以上的贷款。中期信贷的期限过去多为 1~5 年,现在有延长的趋势。长期信贷的期限一般为 10~30 年,有的长达 50 年。借贷者大多数是世界各国私营或国营企业、社会团体、政府机构或国际组织,债权人主要是商业银行。

1. 中长期贷款的特点

(1) 资金使用比较自由,不受贷款银行的限制。该项贷款在贷款资金的用途上,不受贷款行的任何限制,故有自由外汇贷款之称。

(2) 资金供应充分,借取方便。该项贷款借款手续较为简便。每笔贷款金额较大,独家银行贷款每笔额度为几千万美元,银团贷款每笔额度为 5 亿~10 亿美元。

(3) 贷款利率较高,期限相对较短。政府贷款和国际金融机构贷款都有援助性质。而中长期贷款利率受市场供求因素影响,随行就市,故利率水平较高;政府贷款期限平均在 30 年左右,国际开发协会的贷款有的长达 50 年,所以相对来说中长期贷款期限较短。

2. 银行中长期贷款的条件

银行中长期贷款的条件,是指在中长期贷款协议中规定的借贷双方的权利与义务,主要包括贷款货币的选择、贷款利息与费用、贷款期限与偿还 2 个方面。

(1) 贷款货币的选择。在中长期贷款中,正确地选择使用的币种直接影响着借贷双方尤其是借款人的经济利益。中长期贷款采用的货币都是可兑换货币,可分为 3 种情况:一是采用借款国的货币;二是采用贷款国的货币;三是采用第三国货币。而货币按照其在一定时期内具有升值趋势还是具有贬值趋势，分为硬币和软币。往往借款人想从软币汇率下跌中得到好处，愿用软币；而贷款人为了避免贷款所使用的货币在货币汇率下跌时蒙受损失，就要抬高软币贷款的利率。因此在国际市场上，一般软币借债的利率较高，硬币借债利率较低。所以借款者在选择国际借贷币种时，不能单纯地考虑各种货币的软硬情况，而应把汇率和利率两者结合起来，统盘考虑，权衡利弊，作出正确选择。

（2）贷款利息与费用。由于中长期贷款期限较长，利率的趋势较难预测，借款人和贷款人都不愿承担利率变化的风险，故通常采用浮动利率，即每3个月或半年，根据市场利率的变化进行一次调整。双方确定利率时，大多以伦敦市场银行间同业3个月或半年的拆放利率为基础，再加一定的加息率为计算标准。附加利率，根据贷款金额的大小、贷款期限的长短、市场资金的供求、贷款所用货币的风险、借款人的资信高低而有所不同，高的可达1%~2%，低的仅为0.25%~0.75%。期限相对较短的贷款，在整个贷款期内采用一个附加利率；而期限较长的贷款，在整个贷款期内则采用分段计算的附加利率。比如，一笔7年期的贷款，前3年和后4年分别规定两个不同的附加利率，一般是后几年的附加利率稍高于前几年。贷款利息在每一计息期（3个月或6个月）的期末支付一次；1年以360天为基础，按实际贷款天数计算利息。计算公式为：

贷款利息 = 贷款额 × 利率 × 实际贷款天数/360

借款人除了要按期支付利息外，还要支付各项费用。费用依据信贷资金供求情况、信贷期限、信贷金额而有所不同。通常贷款期限越长，提供贷款的金额越大，则费用越高。主要费用有管理费、代理费、承担费、杂费。

（3）贷款期限与偿还。中长期贷款的期限，中期一般为3~5年，长期为5~10年或10年以上。西方贷款期限的概念与我国不同。如在西方国家，若规定贷款期限为5年，则指借款人要在5年期内分次（一般每半年一次）等额偿还本金，到5年期满时已经陆续付清了贷款本金。

偿还贷款的方式有3种：一是到期一次偿还。这种方式适用于贷款金额不大、贷款期限较短的中长期贷款。二是分次等额偿还。这种方式适用于贷款金额较大、贷款期限较长的贷款。在整个贷款期内，划定一个宽限期，在宽限期内无须还本，只要按规定时间付息即可。宽限期满后，分次还本付息（一般半年一次），每次还本金额相等。三是逐年分次等额偿还。这种方式与第二种方式相似，不同点只是没有宽限期。这三种偿还方式中，对借款人来说，以第一种最为有利，第三种最为不利，负担最重。

3. 银行中长期贷款的方式

（1）独家银行贷款（Sole Bank Loan）。也称双边中期贷款，它是一国贷款银行对另一国银行、政府、公司企业提供的贷款。每笔贷款金额为几千万美元，最多为1亿美元。贷款期限为3~5年，贷款利率为市场利率，用款比较自由。贷款手续比较简便，且无各种限制。

（2）银团贷款（Syndicated Loan）。也称集团贷款或辛迪加贷款，是指多家商业银行组成一个集团，由一家或几家银行牵头联合向借款人共同提供巨额资金的一种贷款方式。银团贷款金额大，一般都是数千万美元到几亿美元，且专款专用，贷款的对象大部分为各国政府机构（包括中央银行）或跨国公司。

(二) 出口信贷

1. 出口信贷的概念及特点

出口信贷是出口国政府为了鼓励本国商品出口，加强本国商品的国际竞争能力，所采取的对本国出口商给予利息补贴并提供信贷担保的中长期贷款方式。

出口信贷具有以下主要特点：①它是一种与本国出口密切联系的贷款。②是一种具有官方资助性质的政策性贷款。③贷款利率低于市场利率，利差由出口国政府补贴。④出口信贷与信贷保险结合。出口信贷金额较大，期限较长，因而存在一定风险。西方发达国家一般都设有国家信贷保险机构，对出口信贷予以担保，风险由国家承担。

2. 出口信贷的业务类型。主要有卖方信贷、买方信贷、混合信贷、福费廷、信用安排限额以及签订存款协议向对方银行存款等。下面着重介绍前四种出口信贷的形式。

（1）卖方信贷

在大型设备和成套设备贸易中，出口国银行为了便于出口商以赊销或延期付款方式出口设备，向出口商提供的中长期贷款，叫卖方信贷。

卖方信贷有利于卖方扩大或加速商品销售，买方则可获得进口所需融资由出口商筹措的便利。但由于卖方负担的贷款利息、费用以及信贷风险的补偿已计算在货价之内，故延期付款式的货价一般高出现汇支付的3%~4%，有的甚至高出8%~10%。

（2）买方信贷

为促成设备出口交易，出口商的出口信贷机构或银行向进口商或进口方的银行提供的中长期贷款，称为买方信贷。买方信贷的优势：有利于买方信贷能够提供更多的资金；有利于进出口双方洽谈贸易、组织业务；可使出口商避免货款被拖欠以至于不能收回的风险；可使进口商避免卖方信贷项下进口价格由货价、利息及费用构成，难以比较货价的弊端，争取更有利的信贷条件；还有利于银行减轻信贷风险。因此，买方信贷方式应用最为普遍。

（3）混合贷款

混合贷款（Mixed Credit）是指由外国政府或商业银行联合起来向借款国提供的贷款，用于购买贷款国的资本商品和劳务。因此，这项贷款实际上是出口买方信贷的一种发展形式。

从我国与其他国家签订的政府混合贷款协议的情况看，政府混合贷款大致可分为两种类型：一般混合贷款和平行混合贷款。一般混合贷款，是指外国政府和银行联合为某一项目贷款，但政府不出面签订贷款协议，而是利用两国银行间已有的买方信贷协议的额度和形式，在贷款条件上给予优惠。这种方式的特点是，资金来源不同，用款的渠道和方式相同。平行混合贷款，是指外国政府和信贷机构分别为某一项目提供政府贷款和买方信贷。首先由双方政府以议定书的形式，根据项目原则确定贷款的金额和比例；然后再由双方有关银行分别签订政府的金融协议和买方信贷协议，按这个协议规定分别用款。这种方式的特点是，项目的资金来源不同，用款的渠道和方式也不同。因为很难保证同步用款，所以需要在合同生效条款中另加限制性条款，即该合同须在有关政府贷款协议和买方信贷协议均生效后才能生效。

混合贷款的一般做法与进口买方信贷业务基本相同，但混合贷款因其特殊性质，又不同于买方信贷业务。

(4) 福费廷业务

所谓福费廷（Forfeiting）业务，简单地说是一种没有追索权的贴现业务。也就是出口商开列以进口商为付款人的中长期汇票，经一流的银行担保和进口商承兑后，出售给出口地银行，取得扣除贴息和其他费用后的金额。如果进口商到期不履行付款义务，贴现银行不得向汇票的出票人（出口商）行使追索权。因此，福费廷业务是一种类似贴现，但又比贴现复杂得多的融资业务。它的关系人有出口商、福费廷银行和进口商。

【知识链接】

福费廷业务的主要内容和程序

第一步，出口商与进口商在洽谈贸易时，若使用福费廷，应事先与其所在地银行约定，以便做好各项信贷安排。

第二步，出口商与进口商签订贸易合同，言明使用福费廷，出口商向进口商索取货款而签发的远期汇票要取得进口商往来银行的担保。进口商往来银行对远期汇票的担保方式有两种，一种是银行在汇票上签章，保证到期付款；另一种是由银行出具保函，保证对汇票付款。

第三步，进口商延期支付货款的票据有两种方式：一是由出口商向其签发远期汇票，经进口商承兑后退还出口商以便贴现；二是由进口商开具本票寄交出口商，以便贴现。

第四步，担保银行要经出口商所在地银行认可，如后者认为前者资信不高，进口商要另行更换担保行。担保行确定后，进出口双方才签订贸易合同。

第五步，出口商发运货物后，将全套货运单据通过银行寄送进口商，以换取经进口商承兑的附有银行担保的承兑汇票或本票。

第六步，出口商取得经进口商承兑的并经有关银行担保的远期汇票或本票后，按照与买进这项票据的福费廷银行的约定，卖断票据，取得现款。

(三) 国际债券

国际债券是一国政府、金融机构、工商企业或国际组织为筹措和融通资金，在国外金融市场上发行的，以外国货币为面值货币的债券。国际债券的重要特征，是发行者和投资者属于不同的国家、筹集的资金来源于国外金融市场。

按照发行债券所用的货币和发行地点的不同，国际债券分为外国债券和欧洲债券两种。外国债券指在某个国家的债券市场上由外国借款人发行的债券，这种债券的面值货币是债券市场所在国家的货币。欧洲债券是指由借款人在其本国以外的资本市场上发行，不以发行所在国的货币为面值的国际债券。

1. 国际债券发行的条件

确定国际债券的发行额、偿还年限、利率、利息的计算方法、发行价格等，统称发行条件。债券发行条件是否有利，对于发行者的筹资成本、发行效果、未来销路等都有很大影响。

（1）发行额。发行额应根据发行者的资金需要、发行市场的具体情况、发行者的信誉水平、债券的种类、承购者的销售能力等因素作出决定。一次发行额少则百万美元、千万美元，多则几亿美元、几百亿美元。有的债券市场明文规定一次发行的最高限额。债券发行额必须适当，过少会影响发行者的资金利用，过多则会恶化发行条件，造成销售困难，不利于以后筹资。

（2）偿还年限。根据发行者使用资金需要，同时考虑不同市场传统做法与当时的法令规定，以及投资者的选择与利率等各种因素来确定债券的偿还年限。目前，由于通货膨胀和经济不稳定影响了债券价格，主要国际债券市场发行债券的期限有缩短的趋势。偿还年限一般为 5~20 年。

（3）利率。债券利率的高低随发行市场、发行日期、发行时的国际金融形势和发行者的信誉等情况而变化，一般较难预测。利率对于发行者来说越低越好，对债券购买者来说越高越有吸引力。发行者应与承购公司协商，在不影响销售的情况下争取尽可能低的利率。如果债券持有者的实际收益低于银行存款利率，或低于投放于其他证券所获得的收益，债券便难以销售。所以债券利率的最后确定取决于当时的银行存款利率和资金市场的行情。

债券分固定利率与浮动利率两种计息方式。固定利率即到偿还期为止，每融资半年或 1 年，按发行时规定的利率支付利息。浮动利率下，每融资半年则在现行的伦敦银行业同业拆放利率的基础上再加一定利差，所加利差的多少取决于筹资者的信誉和发行时的市场情况以及发行金额的大小。多数浮动利率的规定有一最低利率。

（4）发行价格。债券的发行价格是以债券的出售价格与票面金额的百分比来表示的。票面金额 1 000 美元的债券以 1 000 美元价格出售，则发行价格是 100%；以 990 美元的价格出售是 99%；以 1 010 美元的价格出售是 101%。以 100% 的票面价格出售叫等价发行，以低于票面价格出售叫低价发行，以超过票面的价格出售叫超价发行。发行价格与利率互相配合来调整债券购买人的实际收益，以与当时的市场利率保持一致。例如，利率定得偏高时，可相应提高发行价格；利率定得偏低时，可适当降低发行价格。在国际债券市场上，固定利率债券经常实行超价或低价发行，而浮动利率债券通常实行等价发行。

2. 国际债券的发行费用

国际债券筹资者除定期向债券持有人支付利息外，尚需负担一定的发行费用。发行费用一般包括最初费用和期中费用两种。

最初费用主要包括：承购手续费，约占债券发行额的 2%~2.5%；偿还承购债券的银行所支付的实际费用、印刷费、律师费、上市费。

期中费用包括：债券管理费，一般为 3 000~5 000 美元；付息手续费，一般为所付利息的 0.25%；还本手续费，一般为偿还金额的 0.125%。此外，还有注销债券和息票的手续费、财务代理人的杂费以及计划外提供服务所花去的费用。

3. 国际债券的偿还方式

国际债券的偿还方式分为：期中偿还、期满偿还和任意偿还。期中偿还又分为定期偿还、任意偿还和买入注销；期满偿还下有抽签偿还与买入注销两种方式；任意偿还下有全额偿还及部分偿还两种方式。

（四）国际融资租赁

融资租赁，系指当事人双方约定，一方根据他方对标的物的特定要求和对供货人的选择，出资向供货方购买该物，并在一定期限内转移标的物的使用、收益权于他方，他方给付租金的行为。

依据不同的标准对现代国际租赁可以作不同的分类。依据租赁的功能和法律性质，可将国际租赁分为国际营业性租赁和国际融资性租赁。

依据融资租赁关系中是否含有第三人贷款内容，可将国际融资租赁分为杠杆租赁和单一投资者租赁；依据融资租赁中资金的来源和租赁的结构，可将国际融资租赁分为直接租赁、回租租赁和转租赁；依据融资租赁是否含有补偿贸易内容和租金的形式，可将国际融资租赁分为租金性租赁和综合性租赁。目前国际经济实践中较为常见的几种国际融资租赁类型有以下几种。

1. 杠杆租赁

杠杆租赁，又称为"信贷租赁""衡平租赁"，是指出租人以全部购买价款的较小比例出资为基础，以待购买的租赁设备作为抵押向银行等金融机构取得购买价款的其余大部分贷款，购买设备租赁给承租人，并由承租人以部分租金分期偿还贷款的融资租赁方式。杠杆租赁是与单一投资者租赁对应而存在的概念，后者仅指出出租人独立出资购买租赁设备，并将其租赁于承租人的融资租赁方式。杠杆租赁关系中直接含有贷款融资的内容，可以有效降低出租人的经营成本，特别适合于大型设备资产的融资租赁。目前国际实践中对于飞机、船舶、钻井平台、卫星系统、输油管道的融资租赁多采用杠杆租赁方式进行。

2. 售后回租

售后回租，又称"回租租赁"，是指设备所有人先将其拥有的设备售卖于出租人，以获得融资便利，然后再作为承租人将设备回租使用，并按期向出租人支付租金的融资租赁方式。售后回租具有明显的节税作用和融资作用，它反映了当事人对法律规则的重视和运用。

3. 综合租赁

综合租赁，是指将融资租赁业务的基本形式与补偿贸易、来料加工、产品包销等贸易形式相结合的一种国际交易方式。它不仅具有融资租赁的功能，而且具有促进和发展多种贸易形式的作用。但此类交易方式往往受到交易产品范围的限制。

4. 转租赁

转租赁，是指转租人根据最终承租人对租赁物的选择，从原始出租人那里租入租赁物后，再转租给最终承租人的一种租赁方式。中国人民银行（2003 第 4 号令《金融租赁公司管理办法》）将转租赁定义为"以同一物件为标的物的多次融资租赁业务"；同时指出，"在转租赁业务中，上一租赁合同的承租人同时又是下一合同中的出租人，称为转租人。转租人以收取租金价差为目的，从其他出租人处租赁物件再转租给第三人。租赁物品的所有权归第一出租人"。

任务三 金融危机

【任务要求】

教师要结合案例讲解国际资本流动与金融危机的关系，金融危机的成因、类型、危害及对策。

学生要掌握金融危机的含义、类型及危害，能够运用所学知识分析国际金融危机的成因、危害及对策。

教学活动1 认识金融危机

【活动设计】

1. 教师组织搜集金融危机的相关案例；
2. 教师讲解金融危机的成因、类型，国际资本流动与金融危机的关系；
3. 组织学生讨论国际资本流动与2008年国际金融危机的关系。

【案例导入】

金融危机会卷土重来吗？

上周全球股市的大幅调整、恐慌情绪的迅速蔓延，让全市场的投资者们不禁暗自思忖。一周的下跌抹去了过去两个月的涨幅，再联系此前美债、美元向下调整已经酝酿多时，作为全球经济领导者和风向标的美国，资本市场的颓废表现让人们模糊地看到了经济轮回的影子，股市的大幅回调成为一个激发因素，全球投资者都在思考：金融危机会不会卷土重来？

美国经济主导国地位弱化，其他国家或地区经济体增长势头更为强劲；"美国优先"原则下美国退出某些领域国际事务，国际政治格局悄然变化。首先，金融危机后10年间，美国经济总量全球占比降至21.56%，逐步从占全球1/4向1/5过渡。其次，美国经济增速弱于全球，金融危机后落后幅度加大。其三，近年来全球主要经济体均进入了金融危机后的复苏阶段，其他经济体增长表现强于美国。其四，随着全球经济格局的悄然变化，政治格局变化也较为显著，"美国优先"原则下美国退出了某些国际政治领域。最后，经济和政治的多元化发展，在当前全球经济正经历复苏的进程中，为全球经济提供了更多样的经济增长动力，全球经济抵御风险的能力增加，经济的波动性也将呈现弱化的特征。

资料来源：华尔街见闻，2018.02.13。

【基础知识】

国际资本流动在逐利动机下迅速发展的过程中，实现了资源在更大范围内的合理配置。对于资金匮乏的发展中国家，通过外资注入可以提高经济发展水平、促进国内金融市场成长，但国际资本流动也会对相关国家，尤其是发展中国家产生负面影响，特别是短期投机资本更被视为引发金融危机的原因之一。

一、金融危机的定义和分类

《新帕尔格雷夫经济学大辞典》将金融危机定义为"全部或部分金融指标——短期利率、资产（证券、房地产、土地）价格、商业破产数和金融机构倒闭数——的急剧、短暂的和超周期的恶化"。根据 IMF 在《世界经济展望1998》中的分类，金融危机大致可以分为以下四大类。

（一）货币危机（Currency Crisis）

又称国际收支危机（Balance of Payments Crisis），它的含义有广义与狭义两种。从广义来看，一国货币的汇率变动在短期内超过一定幅度（有的学者认为该幅度为15%～20%），就可以称为货币危机。就其狭义来说，货币危机是与对汇率波动采取某种限制的汇率制度相联系的，主要发生于固定汇率制下，它是指市场参与者对一国固定汇率失去信心的情况下，通过外汇市场进行抛售等操作导致该国固定汇率制度崩溃、外汇市场持续动荡的带有危机性质的事件。货币危机与金融危机（Financial Crisis）在某些研究者的分析中不加区分，但人们一般认为，这两者是存在区别的。前者主要发生在外汇市场上，体现为汇率的变动；而后者的范围更广，还包括发生在股票市场和银行体系等国内金融市场上的价格波动以及金融机构的经营困难与破产等。货币危机可以诱发金融危机，而由国内因素引起的一国金融危机常常也会导致该国货币危机的发生。

（二）银行业危机（Banking Crisis）

银行危机是指银行过度涉足（或贷款给企业）从事高风险行业（如房地产、股票），从而导致资产负债严重失衡，呆账负担过重而使资本运营呆滞从而破产倒闭的危机。银行危机根据不同的判断标准可以划分为不同的类型：按危机的性质可分为银行体系危机和单个银行危机；按危机的起因可分为内生性银行危机和外生性银行危机；按危机的程度可分为以流动性紧张为特征的银行危机和以丧失清偿力为特征的银行危机，在大多数发展中国家，银行危机的爆发往往是以前一种形式出现的。

（三）债务危机（Foreign Debt Crisis）

一国内的支付系统严重混乱，不能按期偿付所欠外债，既包括主权债，也包括私人债等。衡量一个国家外债清偿能力有多个指标，其中最主要的是外债清偿率指标，即一个国家在一年中外债的还本付息额占当年或上一年出口收汇额的比率。一般情况下，这一指标应保持在20%以下，超过20%就说明外债负担过高。发展中国家的债务危机起源于20世纪70年代，80年代初爆发。

(四) 系统性金融危机 (Systematic Financial Crisis)

可以称为"全面金融危机",是指主要的金融领域都出现严重混乱,如货币危机、银行业危机、外债危机的同时或相继发生。

二、国际资本流动与金融危机

(一) 80—90年代的国际资本流动的特点

纵观20世纪80年代的债务危机和90年代的金融危机,一个明显的事实是,80年代的债务危机与资本引进国大量利用外国银行商业贷款有关,而90年代的东南亚金融危机就不仅与金融机构的贷款有关,而且更与证券市场上外资的流动有关。根据世界银行的资料,1996年发展中国家的私人资本净流入达到了2400亿美元(如果包括韩国,则为2650亿美元),比1990年增加了近六倍,比1978—1982年商业银行贷款高峰期几乎多四倍。90年代国际资本向发展中国家的流动出现了如下一些特点。

第一,私人资本的相对重要性提高。现在流向发展中国家的私人资本是官方资本的五倍,而仅仅在6年以前的1992年,官方资本的流入还大于私人资本。

第二,发展中国家成为全球私人资本流动越来越重要的目的地。在1990年,发展中国家得到私人直接投资还只占15%,但到了1997年,这一比例几乎达到了40%。而证券投资比重的提高速度更快,其在全球证券投资中的比重从大约2%上升到了近30%。

第三,流向发展中国家的私人资本构成也发生了重大的变化。传统的商业银行贷款原来占私人资本流量的65%,现在已大大下降;私人直接投资已占最大的比重(约45%);而证券投资(包括债券和股票)从微不足道的份额急剧上升到超过三分之一。

90年代以来,虽然商业银行贷款的比例明显下降,但是证券投资却有一些新兴资本在市场上急剧增加,使国际资本的流动更加快速方便。资本国际流动的加剧对发展中国家提出的一个严重挑战就是剧烈的波动性。当然,资本的流动有多种形式,而每种形式所产生的波动性并不完全一样。一般说来,证券投资的流动性最大。如果一个国家的债券市场和股票市场是完全开放的,那么,国际投资者的证券投资就可能大进大出,导致短时期内资本的急剧波动。如果没有较完善的宏观经济政策和较健全的银行金融体制,这种资本的大进大出就会通过影响资本市场而影响经济的运行。经济的脆弱性在这种情况下最易暴露,相对脆弱的经济也最易受到冲击。对外商业借款的流动性要弱一些,其中长期借款的流动性又比短期要弱。由于商业借款一般期限都较短,因此,如果一国大量借入外债,而到期后不能继续得到贷款,其经济由于资本的大量流出也会受到较严重的影响。相对而言,私人直接投资可能产生的波动最小,因为直接投资一般年限较长,资金不容易突然抽走。

(二) 80年代的债务危机

20世纪80年代的债务危机是与发生危机的国家大量借入商业银行贷款有关的。但是从形成机制来说,主要是由于这些国家的政府(以及贷款的银行)过高地估计了本国未来经济增长的潜力,从而过高地估计了还款的能力。它们大量利用国外商业贷款进行公共投资,造成财政大量严重的赤字。然而,一旦经济的发展不如预期的那样理想,就会导致货币大幅度贬值、通货膨胀加剧、还款能力急剧下降，最终形成危机。这里的关键是，商业银行的贷款期限比较短，在经济比较好、或者说各方都一致看好经济发展时，国际大银行就愿意不断地贷款，因此这些国家就可以不断地通过借新款还旧款来"滚动"发展。但是一旦经济中出现某些不稳定因素，特别是政府的财政赤字使市场参与者失去信心，外汇储备不足以偿付到期的外债时，汇率就必然大幅度下跌。这时，银行到期再也不愿意贷新款了。本来短缺的外汇资金这时反而大规模地流出，使危机爆发。

【知识链接】

希腊主权债务危机

2009年10月20日，希腊政府宣布当年财政赤字占国内生产总值的比例将超过12%，远高于欧盟允许的3%上限。随后，全球三大评级公司相继下调希腊主权评级。2009年12月8日惠誉宣布，将希腊主权信用评级由"A⁻"降为"BBB⁺"，前景展望为负面，这是希腊主权信用级别在过去10年中首次跌落到A级以下；2009年12月16日标准普尔宣布，将希腊的长期主权信用下调一档由"A⁻"降为"BBB⁺"。另一大信用评价机构穆迪投资者服务机构也将希腊的债务评级由A1降至A2并维持负面前景评价。希腊债务危机由此暴露出来。此后，希腊的主权债务危机不断加剧，2010年4月28日，标准普尔将希腊的长期主权信用评级从"BBB⁺"下调至"BB⁺"，评级前景为负面；2011年3月29日，由"BB⁺"下调至"BB⁻"；2011年5月9日，又从"BB⁻"降至"B"，假若希腊的紧急援助计划继续延期，私人投资者将承受风险。此次评级下调使得希腊成为欧洲地区评级最低的国家。

希腊主权债务危机的原因是多方面的。首先，希腊的经济实力薄弱，受世界金融危机的冲击较大。由于经济基础比较薄弱，特别是工业制造业比较落后，希腊主要以海运、旅游和侨汇这三大外需型产业作为自己获取外汇收入的支柱产业，而在金融危机期间，所受冲击最为严重的恰恰是这些产业。

其次，衍生工具的使用掩盖了其债务危机。根据《马斯特里赫特条约》规定，欧洲经济货币同盟成员国必须符合两个关键标准，即预算赤字不能超过国内生产总值的3%、负债率低于国内生产总值的60%。然而要加入欧盟的希腊看到自己和这两项标准相去甚远，便求助于美国投资银行高盛。高盛为希腊设计出一套"货币掉期交易"方式为希腊政府掩饰了一笔高达10亿欧元的公共债务，使其预算赤字在账面上仅为GDP的1.5%，帮助希腊达到《马约》规定的标准，使其在2001年顺利加入欧元区。之后，高盛还牵线希腊与15家银行达成货币掉期协议，帮助希腊长期掩盖真实赤字状况，使得希腊10年来一再低报预算赤字数目。然而，事实上希腊自2001年加入欧元区至今，仅有2006年的财政赤字小于GDP的3%。

在希腊爆发主权债务危机之后，对其救援的问题也凸显出欧元区在运行方面的不足。欧元区实施统一的货币政策而缺乏统一的财政政策。由于没有独立的货币政策，希腊政府的经济调控几乎完全依赖于财政政策，本次金融危机爆发以来，希腊政府扩大财政开支以刺激经济，结果赤字更加严重。而同时背靠欧盟这个强大的经济体，各成员国的融资成本相对较低，助推了各个国家不审慎的财政支出行为；另一方面也导致了各国之间分化的出现，总的来说值得反思的是，依赖外债，借入资金购买政府债券赚取利差。这种财政运作方式在经济繁荣时期也许有效，而一旦遭遇经济萧条则难以为继。一方面，流动性紧缩导致欧元区资金供给不足和拆借利率的上升，另一方面，金融危机导致政府债券收益率的下降和债务息差的缩小。

（三）90年代东南亚金融危机

东南亚发生的金融危机却没有20世纪80年代拉美国家的那些症状。从各项指标来看，危机前宏观经济的基本面都是比较健康的。第一，实际经济增长率高。直到危机前的1996年，东盟四国（泰国、马来西亚、印尼和菲律宾）和亚洲四小龙（中国台湾、中国香港、韩国和新加坡）的实际经济增长率大都保持在5%到8%，均高于世界大约平均4%的增长率。第二，通货膨胀率低。这些国家和地区以消费物价衡量的通货膨胀率在1996年都低于10%。第三，除了菲律宾有持续的政府预算赤字外，其他各国家和地区都保持着良好的政府收支记录，政府财政一直有盈余。第四，唯一不利的指标就是大多数国家和地区都有经常项目逆差。其中东盟四国自80年代末以来持续出现逆差，逆差占国内生产总值的比例从3%到10%不等；在危机发生前的1996年都在5%上下。

如果说东南亚各国家和地区在危机爆发前宏观经济状况基本上是良好的，那么，危机又是如何发生的呢？从催生这场危机的机制来看，似乎仍与金融中介有关。从大量的报道中我们知道，东南亚这些国家和地区的银行和非银行金融机构大量地借入短期商业借款，然后在国内作长期的投资，而投资的方向主要又都是房地产和股票市场，从而形成泡沫经济；一旦泡沫破灭，危机也就来临了。

（四）美国次贷危机及全球金融危机

长期以来，美国金融机构盲目地向次级信用购房者发放抵押贷款。随着利率上涨和房价下降，次贷违约率不断上升，最终导致2007年夏季次贷危机的爆发。这场危机导致过度投资次贷金融衍生品的公司和机构纷纷倒闭，并在全球范围引发了严重的信贷紧缩。

美国次贷危机最终引发了波及全球的金融危机。随着虚拟经济的灾难向实体经济扩散，世界各国经济增速放缓，失业率激增，一些国家开始出现严重的经济衰退。2007—2009年环球金融危机，又称世界金融危机、次贷危机、信用危机。

最初，受影响的公司只限于那些直接涉足建屋及次级贷款业务的公司如北岩银行及美国国家金融服务公司。一些从事按揭证券化的金融机构，例如贝尔斯登，就成为了牺牲品。2008年7月11日，全美最大的受押公司瓦解。印地麦克银行的资产在他们被紧缩信贷下的压力压垮后被联邦人员查封，由于房屋价格的不断下滑以及房屋回赎权丧失率的上升。当天,金融市场急剧下跌,由于投资者想知道政府是否将试图救助抵押放贷者房利美和房地美。2008年9月7日,虽然联邦政府接管了房利美和房地美,但危机仍然继续加剧。

然后,危机开始影响到那些与房地产无关的普通信贷,而且进而影响到那些与抵押贷款没有直接关系的大型金融机构。在这些机构拥有的资产里,大多都是从那些与房屋按揭关联的收益所取得的。对于这些以信用贷款为主要标的的证券,或称信用衍生性商品,原本是用来确保这些金融机构免于倒闭的风险。然而由于次级房屋信贷危机的发生,使得受到这些信用衍生性商品冲击的成员增加了,包括雷曼兄弟、美国国际集团、美林证券和HBOS。而其他的公司开始面临了压力,包括美国最大的存款及借贷公司华盛顿互惠银行,并影响到大型投资银行摩根史坦利和高盛证券。

2008年10月7日,冰岛金融监督管理局宣布接管冰岛国家银行。在同一日,俄罗斯总统宣示了一项对于俄罗斯国内银行360亿美元的纾困案。一些国家宣布了增加或更新的存款保证金额度;欧盟协议增加存款保障金额度为每一位欧盟存户至少5万欧元,部分欧盟国家宣布提高存款保障金的上限:荷兰、西班牙和比利时政府宣布他们给予每一位存户存款保障金上限至10万欧元。而英国政府在10月8日星期三早上宣布,将提供250亿英镑购买"第一层机构"(等于政府入股买下优先股,简称"PIBS")的纾困案给下列金融机构,包括:艾比银行、巴克莱银行、HBOS、汇丰、Lloyds TSB、全国房产协会、苏格兰皇家银行集团和渣打银行。10月8日,欧洲央行、英格兰银行、美国联邦储备系统、加拿大央行、瑞典银行和瑞士银行于国际标准时间11:00时共同宣布调降基准利率0.5%,而中国人民银行也随后跟进调降基准利率。在10月8日当天全球股市均呈现重挫,其中日本跌幅更达到9%,俄罗斯股市盘中暂停交易,而印尼股市在早盘大跌之后也停止交易。在美国,受到联准会调降利率影响,股市停止下跌。同一天美国联准会再提供378亿美元借贷给AIG集团,援助AIG集团的总金额达到850亿美元。

【知识链接】

美国次贷危机

2007年4月以来,美国在全世界范围内引爆了一场严重冲击金融信用的新一轮金融危机,即次贷危机。次贷危机是"次级贷款危机"(Subprime Loan Crisis)的简称,也经常被称为"次贷风暴"(Subprime Loan Turmoil)。但无论哪一种名称,都是2007年和2008年公众和媒体点击频率最高的名词之一。那么究竟"何谓次贷危机""次贷危机爆发的根源是什么""次贷危机对中国经济的影响程度如何"?要回答这些问题,首先要了解一下美国的抵押贷款市场。

美国抵押贷款市场可以分为"优惠级"和"次级","优惠级"与"次级"是以借款人的信用条件作为划分标准和界限的。根据信用的高低,金融机构对借款人区别对待,从而形成了两个层次的市场。如果借款人信用较低,则申请不到优惠级贷款,只能在次级市场上寻求贷款。虽然两个层级的市场服务对象均为贷款购房者,但次级市场的贷款利率通常比优惠级抵押贷款高 2%~3%。

次级贷款对放贷机构来讲是一项高回报业务,但是,由于次级贷款对借款人的信用要求较优惠级贷款低,因此次级房贷机构面临的风险也更大。这种风险随着利率的上升会逐步升级,因为在利率不断走高的情况下,贷款客户的还款负担逐渐走到极限,特别是信用等级差的借款人因还不起贷款而违约的概率自然就会上升,因而在次级贷款市场上出现大量违约客户,他们不再支付贷款,造成金融机构坏账激增,再加上金融机构之间也存在打包销售等再贷款业务,所以即使危机初期受到冲击的金融机构数量不多,连锁反应也会自下向上引爆波及大批金融机构的次贷危机,而这也正是此次美国次贷危机爆发的根源。如果把时间的焦距稍微拉长,回想一下 21 世纪初始美国遭遇的几件大事,可能会更加清楚次贷危机爆发的背景。自网络股泡沫带来的股市繁荣在 2000 年前后破灭之后,撼动整个世界的"9·11"事件,又使美国经济从 2001 年开始进入了一个低迷的下滑阶段。为了刺激总需求增长,帮助美国经济走出衰退,美联储在很短的时间内将美国的货币政策工具,即联邦基金利率,从 6.5% 调低至 1%。而正是这种创造历史新低的利率水平,直接促进了美国房地产市场尤其是次级房贷市场从 2001 年到 2005 年步入空前繁荣期。

而引发危机的导火索,却往往是在蕴涵着风险的繁荣阶段积累下来的。实际上,在 2004 年中后期,美联储的联邦公开市场委员会(FOMC)认为,针对当时的通货膨胀水平,利率水平偏低,因此美联储自 2004 年下半年就开始了一轮上调利率、紧缩银根的货币政策,而美国的住房抵押贷款利率也相应开始上升,这就为次贷危机的爆发埋下了伏笔。

教学活动 2 金融危机爆发的原因及传导机制

【活动设计】

1. 教师组织搜集金融危机传导机制的相关案例;
2. 教师讲解金融危机爆发的主要原因及传导机制;
3. 组织学生讨论几次影响较大的金融危机的爆发原因。

【案例导入】

金融危机到经济衰退的传导:基础渠道和信心

从全球性金融危机到全球性经济危机的一个基本路线是:美国房地产市场衰退引发次

贷危机，美国次贷危机导致美国经济衰退；美国金融危机传染欧洲金融业，欧洲因金融危机和美国衰退影响而进入经济危机；美欧经济与金融危机导致日本及其他发达市场、新兴市场也陷入经济与金融危机。全球经济在过去10年里形成了一个庞大的相互交织的系统，各国所处的分工链条和所走的发展道路差异巨大，因此金融危机发生以来，各国经济走向衰退的基础也千差万别。这与1997年的亚洲金融危机、2000年的网络泡沫危机有显著不同。

在这次危机中，金融危机到经济衰退的传导渠道又有了新的发展。新的传导渠道是过去20年来经济金融化、经济金融全球化、各国生产分工专业化空前发展的新产物。从全球范围来看，此次金融危机对全球经济衰退产生连锁冲击的基本路线是：次贷危机导致美国内需不振，经济步入衰退→全球金融危机和美国经济衰退导致欧洲经济进入衰退→日本经济受美欧经济衰退的影响进入衰退→发达经济体集体衰退使得新兴经济体经济增长大幅减缓。美国经济陷入一段较长时期的衰退，将把全球经济拖入"L型"低迷发展状态，这与第二次世界大战以来两次石油危机、日本经济危机、亚洲金融危机和互联网泡沫危机对全球经济的影响有着显著的区别。

资料来源：《中国金融》，作者：朱民，王家强。

【基础知识】

一、金融危机爆发的原因

对20世纪90年代以来爆发的几次影响较大的金融危机来看，对一国金融、经济和社会发展造成的破坏程度愈来愈重，通常是从货币危机开始，并逐步演化为金融危机，金融危机再扩展到实体经济领域，导致一国经济运行的混乱和经济发展的倒退。金融危机甚至动摇一国政局，引起政党更替和人们对政府的信心危机。虽然每一次危机的爆发都有其各自的特征、原因和影响程度，但在其错综复杂的因素中也包含着诸多共同之处。

（一）国际经济发展不平衡

随着经济全球化和金融一体化趋势的增强，现代的金融危机基本上表现为在国际经济失衡的条件下，国际资本在利益驱动下冲击扭曲的国家货币体系导致区域性金融危机爆发，因而从本质上说，金融危机的性质和成因都发生了变化。

在区域经济一体化和经济全球化的背景下，一个国家宏观政策的影响力可能是区域性的也可能是全球性的。从国际经济失衡导致金融危机的形成路径可以看出，国际经济失衡通过国际收支表现出来，国际收支失衡的调整又通过国际货币体系来进行，如果具备了完善和有效的国际货币体系，则完全可以避免国际经济强制性和破坏性调整，也就是说可以避免金融危机的发生，然而现实的国际货币体系是受到大国操纵的，因而国际经济失衡会被进一步扭曲和放大。

（二）金融体系内在的脆弱性

金融体系的脆弱性加剧了金融危机的影响。随着金融开放和放松管制，金融业务的扩展与资本市场的开放使得金融业尤其是银行面临更大的风险。在利率上升和经济萧条的情况下，盲目贷款加大了银行和公司的脆弱性；同时，在汇率处于压力之下时，政府也陷入了困境，不管是用紧缩银根来维持汇率，还是使货币贬值，都无法直接或间接地阻止银行及其客户财务状况的继续恶化。

金融体系内在的脆弱性抵挡不住投机资本的攻击，无法应对金融风险。许多新兴市场国家在金融自由化改革过程中，过快推进金融自由化，盲目开放资本账户，而国内又缺乏完善的金融监管体系和有效的危机防范机制，结果导致巨额的国际资本自由流动，这极易造成新兴市场国家的经济泡沫，形成虚假繁荣，其结果是严重误导这些国家的财政货币政策，使其金融的脆弱性不断加大，最终酿成金融危机。

（三）现行国际金融体系的缺陷

由于现行国际金融体系是以美国为主导的，而美国又无视一些国家多次提出的加强监管的建议，因此，整个国际层面也缺乏有效的金融监管。金融监管机制滞后，金融创新过度掩盖了巨大风险。在监管滞后的整体氛围下，金融机构的贪婪性迅速膨胀。资产证券化所创造的金融衍生产品本来可以起到分散风险、提高银行等金融机构效率的作用，但是，资产证券化一旦过度，就加长了金融交易的链条，使美国金融衍生品越变越复杂，金融市场也就变得越来越缺乏透明度，其中蕴含着巨大风险。1998年，全球衍生品名义价值（即衍生品对应的基础资产的金额）存量为80.3万亿美元，总市值（即衍生品交易的实际市场价值）为3.23万亿美元。而到2007年年末，全球衍生品名义价值为630万亿美元，为同年全球GDP总量的11.81倍，其中以金融资产为基础的金融衍生品占全球全部衍生品的95%以上。

（四）全球经济金融化和虚拟化

进入21世纪后，全球金融格局又出现了一系列的新变化，其中最重要的变化之一就是全球经济金融化的趋势越来越明显，表现在：金融资产膨胀迅速，全球经济虚拟化大大加深，国际金融的发展远远快于经济全球化的发展。金融全球化让世界在享受全球化带来的红利的同时，也带来了相应的风险。由于金融自由化和经济全球化已发展到相当高的程度，当今世界各地都处在不同程度的金融开放之中，大笔"热钱"在全球各地迅速流动，各种令人眼花缭乱的金融衍生品将全球金融机构盘根错节地联系在一起。

从世界经济的发展历程来看，实体经济与虚拟经济的协调和匹配至关重要。当虚拟经济和实体经济匹配良好时，虚拟经济为实体经济发展提供融资渠道，转移市场运作风险，从而有效保障实体经济的发展。然而，当虚拟经济过度膨胀时，泡沫一旦破灭，就会影响实体经济发展。综观此次金融危机，其实就是全球经济过度金融化导致虚拟经济膨胀，虚拟经济和实体经济严重失调的结果。

随着全球金融动荡的加剧，世界各国都不同程度地出现了流动性短缺、股市大跌、汇率震荡、出口下降、失业率上升等现象。

二、金融危机的传导

金融危机在几个国家和地区相继发生并不一定是金融危机接触性传导的结果。金融危机的国际传导过程，是由投机者、本国公众、外国公众、本国政府、外国政府和国际组织等多方参与者参加的多方非对称信息的动态博弈过程。危机的形成和传导必然导致博弈各方的实力对比、利益格局和所获信息的变化，而这些变化又将导致博弈均衡的变化，从而导致危机的迅速传播和扩散。现代金融危机的蔓延表现了各种传导机制综合作用的结果，它包括贸易溢出效应、金融溢出效应、季风效应和传染效应。但在不同危机中，每个传导机制起作用的程度有所不同。

（一）贸易溢出效应

贸易溢出效应是指一国投机性冲击造成的货币危机恶化了另一个（或几个）与其贸易关系密切的国家的宏观基本面，从而可能导致另一个（或几个）国家遭受投机性冲击压力。它通过国际贸易渠道实现，一般分为直接双边型的贸易渠道和间接多边形的贸易渠道。其中，直接双边型的贸易渠道指两国为直接的贸易伙伴关系，因此高度相关；间接多边形的贸易渠道指高度相关的竞争同一国际市场的贸易联系。贸易溢出效应主要是通过价格效应和收入效应实现的，即一国货币危机造成的货币贬值一方面提高了其相对于贸易伙伴国的出口价格竞争力，另一方面通过影响国内经济（国民收入减少）而减少了向其贸易伙伴国的进口。

（二）金融溢出效应

在金融全球化的今天，金融危机可通过资本市场渠道传导到经济基本面良好的国家，使之发生金融危机，即金融溢出效应。一国发生货币危机可能导致其市场流动性不足，从而使得金融中介为规避风险开始清算其在其他市场上的资产，这导致了另一个与其有密切金融关系的市场资金流动性不足，进而引发另一个国家大规模的资本抽逃行为。针对溢出渠道的不同，金融溢出效应可以表现为直接投资型的金融溢出效应和间接投资型的金融溢出效应。前者指由于国家之间联系紧密，一国金融危机的爆发导致另一个与其有密切金融联系的国家受到投资冲击；后者指虽然两国并无直接金融投资联系，但均通过第三国联系在一起，一国金融危机通过第三国传导开来，导致本身与危机国无直接金融投资关系的国家遭受投机冲击压力。亚洲金融危机存在明显的金融溢出效应。

（三）季风效应

ManSon 在 1998 年将共同的冲击产生的传导称为季风效应，即一国对一次经济冲击所做的调整可能迫使与之有紧密联系的国家采取类似的政策，包括主要因工业化国家经济政策的变化以及主要商品价格的变化等全球性的原因，从而导致新兴市场经济的货币危机或资本的流进流出。

20 世纪 90 年代，经济全球化加剧了季风效应，世界各国在产业上的联动性增强，各国经济波动趋于同步，金融市场价格的超调性质又加快了资产价格波动的全球性扩散，从而导致经济更加不安全，这就要求各国创新对策，防止灾难发生。而随着经济全球化应运而生的国际投机资本通过杠杆效应，使得任何单个国家甚至国际组织都处于相对弱势，导致一个国家或地区的金融危机迅速蔓延至全球，加剧了季风效应对金融病毒的传导性。

（四）净传染效应

在最新的研究金融危机传导的文献中，尤其是亚洲金融危机后，更多的学者从传染的角度关注金融危机传导问题，人们普遍认为净传染效应对现代金融危机传导有比较好的解释力。

净传染是传导的特殊形式,当传导的强度足够大时,市场传导机制会发生结构性变化,从而使特定国家的冲击演变为区域性或全球性的冲击,传导就转变为传染。在净传染模型中,它强调由于一国发生危机后,投资者对其他类似国家的心理预期变化和信心危机造成的投资者情绪的改变,由此造成的货币危机在国际传导。一国发生的货币危机可能通过国际贸易的渠道的传导而恶化另一国的宏观经济基本面,最终在另一国又引发一场货币危机,这样在一国受到货币冲击后就会使得国际金融市场的投资者产生在与之密切联系的另一国也会发生货币冲击的预期,于是在另一国的经济形势还未真正开始恶化的时候,由于市场预期的作用,投资者已开始纷纷抽走资金,最终酿成货币危机。

任务四 我国利用外资与对外投资

【任务要求】

教师要结合案例讲解我国利用外资的主要方式和对外投资的情况。

学生要掌握国际投融资的方式和作用,能够结合实际案例分析选择合适的投融资方式。

教学活动1 我国利用外资

【活动设计】

1. 教师组织我国利用外资的相关案例;
2. 教师讲解我国利用外资的方式和特点。

【案例导入】

2017年中国利用外资同比增7.9%,投资环境持续优化

2017年,全国新设立外商投资企业35 652家,同比增长27.8%;实际使用外资8 775.6亿元人民币,同比增长7.9%,实现平稳增长。2017年全年,吸收外资主要呈现以下特点:

外商投资环境持续优化。2017年我国吸收外资形势较为严峻。党中央、国务院高度重视,作出一系列重大部署,彰显了中国坚持对外开放、积极利用外资的坚强决心。国务院先后印发了两份重要文件,推出42条措施。各部门和各地方加大工作力度,出台配套政策细则,确保放宽准入、财税支持、权益保护等具体措施落实到位,积极营造优良的营商环境,优化招商引资方式,提升服务质量和水平,有效提振了外国投资者信心。

2017年,全年利用外资规模创历史新高;与2012年相比,高技术产业吸收外资占比提高了14.5个百分点。外资企业以占全国不足3%的数量,创造了近一半的对外贸易、1/4的规模以上工业企业利润、1/5的税收收入,为促进国内实体经济发展、推进供给侧结构性改革发挥了重要作用。当前,世界经济和跨国投资虽有回暖迹象,但增长依然缓慢,不稳定不确定因素较多,2018年吸收外资面临较大外部压力。商务部将进一步拓展开放的范围和层次,进一步加大改革力度,进一步优化区域开放布局,进一步营造优良营商环境,最大限度赋予自贸试验区改革自主权,全力推进各项工作。

资料来源:新浪财经,2018.01.17,责任编辑:马龙。

【基础知识】

一、中国利用外资的特点

1. 发展速度快,规模不断扩大

从1980年我国第一家中外合资企业开办以来,中国把利用外资作为对外基本国策。随着投资环境不断改善,我国外资流入经历了1979—1984年的试探起步阶段、1985—1991年的成长阶段、1992—2001年的快速发展阶段,从2002年起,进入了稳步发展的阶段。2008年,我国全年实际利用外资金额达923.95亿美元,同比增长23.58%,连续17年居发展中国家首位,实际利用外资金额累计达8 000多亿美元。2013年,我国设立外商投资企业22 773家,同比下降8.63%;但全年实际利用外资金额1 175.86亿美元,同比增长5.25%。2017年,全国新设立外商投资企业35 652家,同比增长27.8%,实际使用外资8 775.6亿元人民币,同比增长7.9%。

2. 利用外资结构发生变化

我国过去主要是利用亚太地区的外资,20世纪90年代后发达国家跨国公司投资不断增加,利用外商直接投资是实际利用外资的主要形式。从区域结构看,我国东部地区目前仍是吸纳外资的主要区域,但近年来流入中西部地区的外资有所增加。2017年中部地区实际使用外资561.3亿元,同比增长22.5%,增速领跑全国;西部地区新设立外商投资企业同比增长43.2%。外资产业结构持续优化,高技术产业实际吸收外资同比增长61.7%,占比达28.6%,较2016年底提高了9.5个百分点。高技术制造业实际使用外资665.9亿元,同比增长11.3%。其中,电子及通信设备制造业、计算机及办公设备制造业、医疗仪器设备及仪器仪表制造业同比增长7.9%、71.1%和28%。高技术服务业实际使用外资1 846.5亿元,同比增长93.2%。其中,信息服务、科技成果转化服务、环境监测及治理服务同比分别增长162%、41%和133.3%。

3. 逐步开放国内证券市场

在我国资本与金融项目尚未完全开放的情况下,我国正在尝试逐步开放国内证券市场,使资本流入进一步增加。2003年我国正式实施合格境外机构投资者制度(QFII)。通过QFII制度,管理层可以在引进外资的同时,对外资进入进行必要的限制和引导,使与我国的经济发展和证券市场发展相适应,控制外来资本对我国经济独立性的影响,抑制境外投机性游资对我国经济的冲击,并将对国际收支中资本与金融项目的放开积累经验。

二、我国利用外资的主要方式

(一) 外国贷款

我国利用外国贷款属于期限在一年以上的长期资金借贷活动,往往数量大、期限长。一国以向外借款的方式引进外资可以有这样几种途径,即政府贷款、国际金融机构贷款和国际商业贷款,具体内容如前文,此处不再赘述。

(二) 外商直接投资

外国投资者以现金、技术设备、专利或产权等形式直接投资于我国企业,成为我国最主要的利用外资方式。具体形式有以下几类:

1. 中外合资经营企业

中外合资经营企业亦称股权式合营企业,是由外国公司与中国的公司在中国境内共同投资创建的企业。合资经营企业在中国境内必须取得独立的法人地位,公司股份中外国公司必须占有一定的比例。外国投资者除了可以用现金入股外,也可以用机器设备、专有技术或商标及专卖权等作价出资。我方则主要提供地皮、厂房、动力、原材料、辅助设备和劳动力等。合资各方共同投资、共同经营、按各自的出资比例共担风险、共负盈亏。

2. 中外合作经营企业

中外合作经营企业亦称契约式合营企业,是由外国公司与中国公司在中国境内共同投资或提供合作条件举办的企业。它与中外合资经营企业最大的不同在于在中国境内可以不建立具有法人地位的合营实体。中外各方的投资一般不折算成出资比例,利润也不按出资比例分配,各方的权利义务,包括投资或者提供合作条件、利润或者产品的分配、风险或者亏损的分担、经营管理的方式和合同终止时财产的归属等事项,都在双方签订的合同中确定。创建中外合作经营企业一般由外国合作者提供全部或大部分资金,中方提供土地、厂房、可利用的设备、设施,有的也提供一定量的资金。

3. 外商独资企业

外商独资企业即外商独资经营企业,是指由外国公司依照中国的有关法律在中国境内设立的、全部资本由外国投资者提供的企业。外商独资企业的产销经营权完全由外国投资者自行决定,实行独自投资、独立经营、自负盈亏,其收入按我国企业所得税法纳税。根据外资企业法的规定,设立外资企业必须有利于我国国民经济的发展。

4. BOT 投资方式

BOT 是英文 Build—Operation—Transfer 的简称,即"建设—经营—移交"。建设是指政府同私营部门(在我国表现为外商投资)的项目公司签订合同,由项目公司投资和建设基础设施项目;经营是指项目公司在协议期内拥有这项设施的所有权、运营权,并有义务对这项设施进行维护,并通过收取使用费或服务费回收投资并取得合理的利润;移交是指协议期满后,这项设施的所有权无偿移交给政府。BOT 方式主要用于发展收费公路、发电厂、铁路、废水处理设施和城市地铁等基础设施项目。

【知识链接】

广西来宾电厂 BOT 投资方式

广西来宾电厂 B 厂是我国利用 BOT 投资方式进行融资建设的电力项目，该项目采用了规范的国际通行规则进行招标和建设。该项目总投资 6.16 亿美元，其中总投资的 5% 由法国电力国际和通用电气·阿尔斯通公司分别按 60% 和 40% 的比例出资作为项目公司的注册资本，其余的 75% 总投资通过有限追索的项目融资方式筹措。双方于 1996 年 11 月 11 日草签了特许权协议。之后在获得国家计委的批准下，广西壮族自治区政府与法国电力联合体（法国电力国际公司/通用电气·阿尔斯通）成立的项目公司正式签订了特许权协议。

协议的内容包括：电力购买协议、燃料供应协议、V-兑换担保等。该协议承诺：如果中国的 BOT 政策发生变化而给投资方造成损失的，政府予以资金补偿。项目特许期为 18 年，其中建设期为 3 年，运营期为 15 年。特许期满，项目公司将电厂无偿移交给广西政府。在建设期和运营期内，项目公司将向广西政府分别提交履约保证金 3 000 万美元，同时项目公司还将承担特许期满电厂移交给广西政府后 12 个月的质量保证义务。

广西电力公司每年负责向项目公司购买 35 亿千瓦时的最低输出电量，并送入广西电网。同时，由广西建设燃料有限责任公司负责向项目公司供应发电所需燃煤。广西来宾 B 电厂是我国第一个经国家计委批准的 BOT 融资方式规范化试点项目，为之后我国利用 BOT 方式进行基础设施建设提供了经验。

（三）国际证券融资

国际证券融资是外商间接投资的方式，我国利用国际证券融资起步较晚，直到 20 世纪 90 年代后才扩大规模、增加种类。目前国际证券融资的形式有以下几种：

1. 发行国际债券

通过银行、信托投资公司等金融机构在国际资本市场发行以外币标明面值的债券，包括外国债券和欧洲债券，来筹措中长期外汇资金。采用这种方式，虽然有利率较高，发行手续繁多的缺点，但筹资金额大、期限长，并且可以自由运用。

2. 发行人民币特种股票

人民币特种股票即 B 股是指以人民币为面值、以外币认购和交易、专供境外法人和自然人以外汇进行买卖的股票。这样融资的好处在于利用外资且不增加外债，提高发行企业在国外的知名度，改进企业经营管理水平，以增强企业的国际竞争能力。此外，有利于促进我国证券市场同国际证券市场的接轨，并加快国内证券市场的规范化建设。

3. 境外发行股票上市

这是指我国境内企业直接到境外发行股票并上市交易，以筹集资金的一种方式。目前我国内地企业在香港发行上市的 H 股即属此类，此后，我国又相继发行 N 股、L 股等在纽约和伦敦直接上市的股票，以筹集外资。

（四）补偿贸易

补偿贸易是指外国投资者向我国企业或组织提供机器、设备、技术知识、专利、各种服务、培训人员等作为贷款，由我方以投资项目的产品或商定的其他产品偿还投资的一种贸易方式。补偿贸易主要有返销和回购方式。采用补偿贸易，对于引进方来说，是一种利用外资的方式，而对出口方来说，则是一种资本输出的方式。

（五）进口信贷

进口信贷是出口国政府为支持和扩大本国出口和加强国际竞争，以利息补贴和信贷担保的形式，鼓励本国银行对本国出口商或外国进口商（或其银行）提供条件优惠的一种中长期融资方式。目前，不少国家大型成套设备出口和大型工程项目的投资都普遍采用这种信贷方式。由出口国的出口信贷机构对进口方提供贷款，可以直接贷给我国的进口企业，也可以贷给我国的银行，由我国银行再转发。出口信贷机构可以得到政府的贴息或信用担保，因此出口信贷的利率较低，但只限于购买贷款国的出口商品。

（六）国际租赁业务

国际租赁是指一国租赁公司将某种物品在一定时期内出租给另一国企业或组织使用，在租期内，出租人保留租赁物所有权，承租人则通过向出租人定期支付租金获得租赁物的使用权。利用租赁方式引进外资的方式在我国南方沿海地区比较发达，我国租赁市场上最常见的租赁经营方式主要有金融租赁、营运租赁、杠杆租赁、回租租赁等。

教学活动2　我国对外投资

【活动设计】

1. 教师组织我国对外投资的相关案例；
2. 教师讲解我国对外投资的特点和方式；
3. 组织学生讨论我国对外投资存在的主要问题。

【案例导入】

2018年中国对外投资"开门红"，1月同比增长近40%

中国商务部13日发布的最新数据显示，1月中国非金融类对外直接投资额为108亿美元，同比增长39.7%，连续三个月正增长。1月中国对外投资"开门红"，与上年同期基数偏低有关。因官方严厉遏制非理性对外投资倾向，2017年1月中国对外投资额仅为77.3亿美元。

分国别看，"一带一路"沿线国家是中国企业对外投资热点。1月，中国企业对"一带一路"沿线的46个国家有新增投资，合计投资额12.3亿美元，同比增长50%，主要投向新加坡、马来西亚、老挝、越南、印度尼西亚、巴基斯坦和斯里兰卡等国家。分行业看，2018年伊始中国企业对海外矿产投资猛增。据商务部数据，1月中企对外投资流向采矿业37.5亿美元，几乎是去年同期的9倍。

与此同时，中国企业海外承包工程新签一批大项目，合同额在5 000万美元以上的项目37个，合计93.3亿美元，占新签合同总额近八成。其中，工业建设项目合同额接近去年同期的6倍，国际产能合作进一步增强。考虑到2017年全年基数均偏低，且对外投资"水分"已基本挤完，2018年中国对外投资将恢复高增长。不过，与速度和规模相比，官方目前更注重对外投资质量。近半年来，中国频繁出手规范企业海外投资，包括针对恶意分拆、不正当竞争、威胁或损害国家利益和国家安全、违规提供融资等违法违规行为加大惩戒力度，对3亿美元以上对外投资进行重点督查等。

资料来源：中国新闻网，2018.02.13。

【基础知识】

随着中资企业不断发展壮大，无论是央企还是民企，对外投资都呈加速态势，多行业的海外并购频频刷新行业纪录。从2002年提出"走出去"战略以来，我国的对外直接投资持续快速增长，2013年中国境外投资规模突破1 000亿美元，2016年对外直接投资达到了1 961.5亿美元，并首次超过了引进外资额度，成为资本净流出国。党的"十八大"之后，双向投资布局不断深化，党的"十九大"报告再次指出要以"一带一路"建设为重点，坚持"引进来"与"走出去"并重。提出"创新对外投资方式，促进国际产能合作，形成面向全球的贸易、投融资、生产、服务网络，加快培育国际经济合作和竞争新优势"。

一、我国对外投资的特点

（一）对外投资呈现降幅逐步收窄的特点

改革开放以来，我国对外投资经历了起步、发展、调整阶段，自1999年开始进入了新的较快发展阶段。2008年，中国境内投资者共对全球112个国家和地区的1 500多家境外企业进行了直接投资，当年累计实现非金融类对外直接投资406.5亿美元。2013年，我国境内投资者共对全球156个国家和地区的5 090家境外企业进行了直接投资，累计实现非金融类直接投资901.7亿美元，同比增长16.8%。2017年，我国共对全球174个国家和地区的6236家境外企业新增非金融类直接投资，累计实现投资1 200.8亿美元，同比下降29.4%。2017年11月、12月我国非金融类对外直接投资同比分别增长34.9%和49%，连续两个月实现正增长，带动2017年全年对外投资降幅进一步收窄。2017年，我国对外投资额较2016年出现较大幅度下滑，但质量和效益稳步提升，对外投资日趋理性。

（二）地区和行业分布日趋广泛

总体来看，中国对外投资的区域分布呈现出多元化的趋势，海外企业的分布格局与中国对外贸易的市场结构有着一定的联系。从投资领域来看，由初期的进出口贸易、航运和餐饮等少数领域拓展到加工制造、资源利用、工程承包、农业合作和研究开发等国家鼓励的领域，投资领域不断拓宽，实现了重点与一般相结合。2017年全年，我国企业对"一带一路"沿线的59个国家有新增投资,合计143.6亿美元,占同期总额的12%,比上年同期增加3.5个百分点。

(三) 投资方式日趋多样化,经营层次逐步提高

中国企业海外直接投资的投资方式越来越多样化,有的以现汇出资,有的以从国外获得的贷款出资,有的以国内机械设备等实物出资,还有的以国内的技术专利或专有技术出资。从中国海外投资企业所有权看,越来越多的企业开始采取跨国并购及股权置换等方式对外投资,中国企业到境外收购销售网络、特许经营权、建立研发中心的投资也日益增多。

此外,我国境外资源开发也取得积极进展,境外加工贸易业务发展迅速,并且经营主体队伍迅速壮大,大型企业作用明显,其中一些大的企业已具备了跨国公司雏形。

(四) 逐步开放境外证券投资

2006年,中国人民银行公告,允许符合条件的银行、基金公司、保险机构可采取各自的方式,按照规定集合境内资金或购汇进行相关境外理财投资。我国正式实施合格境内机构投资者QDII(Qualified Domestic Institutional Investors)投资境外市场制度。这项政策的推出,标志着我国开始放松资本和金融账户下的外汇管制,向实现资本项下人民币的可兑换迈出了重要的一步。

二、我国对外投资的方式

(一) 对外直接投资

对外直接投资,英文全称是Outward Foreign Direct Investment,简称OFDI。是指我国国内投资者以现金、实物、无形资产等方式在国外及港澳台地区设立、购买境外企业,并以控制该企业的经营管理权为核心的经济活动。

跨国并购已成为中国企业对外投资的主要方式。2013年,中国企业并购案例数量为1 232起,同比增长24.3%。中国企业海外并购额增长30%,达到384.95亿美元,连续3年创造历史纪录。2017年中国并购活动交易价值从2016年的历史最高点回落11%至6 710亿美元,基本相当于2015年的水平。其中,中国企业海外投资、外商入境投资,以及财务投资三个类别的并购活动交易金额都有所下降,但国内战略投资交易价值增幅达14%。此外,单笔10亿美元以上的超大型海外并购案例数量从2016年的103宗下降至2017年的89宗,主要表现在中国企业海外并购方面。政府的政策指引对海外并购交易产生了明确的导向作用。相关政策促使中国企业出境投资的方向从被动性资产和炫耀性资产转移至战略性投资。在海外并购交易方面,高科技、工业和消费品依旧是海外投资最活跃的领域。

【知识链接】

2016年度中国对外直接投资统计公报

商务部、国家统计局、国家外汇管理局联合发布《2016年度中国对外直接投资统计公报》,2016年中国对外直接投资主要呈现以下特点:一是对外投资流量蝉联全球第二,占比首次超过一成,连续两年实现双向直接投资项下资本净输出。2016年,在全球外国直接投资流出

流量1.45万亿美元，较上年下降2%的背景下，中国对外直接投资流量创下1 961.5亿美元的历史新高，同比增长34.7%，在全球占比达到13.5%。二是存量全球排名前进2位跃居第六，年末境外企业资产总额超过5万亿美元。截至2016年年底，中国2.44万家境内投资者在国（境）外设立对外直接投资企业3.72万家，分布在全球190个国家（地区）；中国对外直接投资累计净额（存量）达13 573.9亿美元，在全球占比提升至5.2%，位居第六。三是对外投资并购活跃，数量金额创历史之最。2016年，中国企业共实施对外投资并购765起，涉及74个国家（地区），实际交易金额1 353.3亿美元，其中直接投资865亿美元，占63.9%；境外融资488.3亿美元，占36.1%。并购领域涉及制造业、信息传输/软件和信息技术服务业、交通运输/仓储和邮政业等18个行业大类。四是国家和地区高度集中，对美欧投资快速增长。2016年，流向中国香港、美国、开曼群岛、英属维尔京群岛的投资共计1 570.2亿美元，占当年流量总额的80.1%。对美国直接投资169.81亿美元，同比增长111.5%；对欧盟投资99.94亿美元，同比增长82.4%。投资存量的八成以上（84.2%）分布在发展中经济体，在发达经济体的存量占比为14.1%，另有1.7%的存量在转型经济体。五是投资覆盖国民经济各行业，租赁和商务服务业、制造业、信息传输/软件和信息服务业等领域的投资快速增长。2016年底，中国对外直接投资覆盖了国民经济各个行业类别，租赁和商务服务业、制造业、信息传输/软件和信息服务业同比分别增长了81.4%、45.3%和173.6%；5个行业的投资存量超过千亿美元，分别是租赁和商务服务业、金融业、批发零售业、采矿业和制造业，5个行业的合计占比达79.7%。六是近六成投资形成境外企业股权，债务工具规模创历史极值。2016年对外直接投资流量中，新增股权投资1 141.3亿美元，同比增长18%，占当年流量的58.2%；收益再投资306.6亿美元，占15.6%；债务工具投资513.6亿美元，是上年的4.6倍，占26.2%。七是八成以上非金融类投资来自地方企业，上海、广东和天津位列前三。2016年，地方企业对外非金融类直接投资流量达1 505.1亿美元，同比增长60.8%，占全国非金融类对外直接投资流量的83%，上海、广东和天津位列前三。截至2016年年底，地方企业对外非金融类直接投资存量达5 240.5亿美元，在全国占比达44.4%，较上年增加7.7个百分点。八是境外企业对东道国税收和就业贡献明显，对外投资双赢效果显著。2016年我国境外企业向投资所在国缴纳的各种税金总额近300亿美元，年末境外企业雇佣外方员工134.3万人，较上年末增加11.8万人。

资料来源：商务部对外投资和经济合作司，2017.10.09。

(二) 对外证券投资

对外证券投资是指企业以购买股票、债券等有价证券方式向其他企业、以期获取收益或其他长远权利的投资行为,属于间接投资。对外证券投资又可分为股票投资和债券投资两种形式。

2007年8月20日,国家外汇管理局批准我国境内个人直接对外证券投资业务试点,居民个人可在试点地区通过相关渠道,以自有外汇或人民币购汇直接对外证券投资。开展境内个人直接投资境外证券市场试点,有助于促进个人境外投资有序进行。

2016年1月29日,国家外汇管理局首次公布的对外证券投资资产数据显示,2015年6月末,我国对外证券投资资产(不含储备资产)2 868亿美元。其中,股权类投资1 778亿美元,债券类投资1 091亿美元。2017年6月末,我国对外证券投资资产(不含储备资产)4 206亿美元。其中,股权类投资2 551亿美元,债券类投资1 655亿美元。投资前五位的国家和地区是美国、中国香港、开曼群岛、英属维尔京群岛和英国,投资金额分别为1 383亿美元、1 223亿美元、260亿美元、205亿美元和165亿美元。

1. 股票投资

股票投资是指投资者购买股份公司的股票,成为其股东的投资行为。企业进行股票投资的主要目的有两种:一是通过投资获得较高的现金股利和股票升值收益,并不关心发行股票公司的生产经营状况,此时,投资与企业的长远反而没有直接的联系,投机的成分较强;二是通过股票投资成为被投资公司的长期股东,希望介入该公司的生产经营活动,甚至希望取得对该公司的控股地位,最终兼并该公司,此时的投资更多是从企业的长远发展考虑进行的,更接近于真正的投资行为,也更符合生产经营型企业本身应有的经营原则。

(1) 沪港通。2014年4月10日,中国证券监督管理委员会和香港证券及期货事务监察委员会发布《中国证券监督管理委员会 香港证券及期货事务监察委员会 联合公告》,决定原则批准上海证券交易所(以下简称上交所)、香港联合交易所有限公司(以下简称联交所)、中国证券登记结算有限责任公司(以下简称中国结算)、香港中央结算有限公司(以下简称香港结算)开展沪港股票市场交易互联互通机制试点(以下简称沪港通)。

沪港通,即沪港股票市场交易互联互通机制,指两地投资者委托上交所会员或者联交所参与者,通过上交所或者联交所在对方所在地设立的证券交易服务公司,买卖规定范围内的对方交易所上市股票。沪港通包括沪股通和港股通两部分。

沪股通,是指投资者委托联交所参与者,通过联交所证券交易服务公司,向上交所进行申报,买卖规定范围内的上交所上市股票。

港股通,是指投资者委托上交所会员,通过上交所证券交易服务公司,向联交所进行申报,买卖规定范围内的联交所上市股票。

中国结算、香港结算相互成为对方的结算参与人,为沪港通提供相应的结算服务。

根据证监会的有关公告,目前除合格境内机构投资者(QDII)、"沪港通"机制外,证监会未批准任何境内外机构开展为境内投资者参与境外证券交易提供服务的业务。因此,证券市场的投资人要投资境外证券的,应当按照现行法律法规,通过购买QDII基金产品份额、参与"沪港通"交易等合法渠道投资境外证券市场,从而避免上当受骗,造成不必要的财产损失。

(2) 深港通。深港通,是深港股票市场交易互联互通机制的简称,指深圳证券交易所和香港联合交易所有限公司建立技术连接,使内地和香港投资者可以通过当地证券公司或经纪商买卖规定范围内的对方交易所上市的股票。

2014年9月5日,证监会明确表示,在"沪港通"试点取得经验的基础上,证监会支持深港两地交易所进一步加强合作,深化合作的方式和内容,共同促进两地资本市场的发展。经过两年多的筹备,深港通终于落地,中国证监会与香港证监会发布联合公告于2016年12月5日正式启动深港通。中国证监会、香港证监会已订立监管合作安排和程序,及时妥善处理运行过程中出现的重大或突发事件。

深股通的股票范围是市值60亿元人民币及以上的深证成份指数和深证中小创新指数的成份股,以及深圳证券交易所上市的A+H股公司股票。与沪股通标的偏重大型蓝筹股相比,深股通标的充分展现了深圳证券交易所新兴行业集中、成长特征鲜明的市场特色。

深港通下的港股通的股票范围是恒生综合大型股指数的成份股、恒生综合中型股指数的成份股、市值50亿元港币及以上的恒生综合小型股指数的成份股,以及香港联合交易所上市的A+H股公司股票。

2. 债券投资

是指企业用现金购买由政府、企业、银行和其他金融机构发行的债券的一种投资行为。企业进行债券投资的目的是希望获得较高的利息收益,同时也关心债务人按时还本付息。

(三) 构建国际产能合作新平台

中国提出的国际产能合作并不是将国内落后产能通过贸易输送到其他国家,而是立足于合作,是中国的优势产业以直接投资的形式落户需求国,帮助其优化基础设施,以中国的优势产能弥补其发展短板,提高其发展水平。国际产能合作符合经济发展的基本规律,国际产能合作与"一带一路"建设相辅相成。国际产能合作的基础是各国产业优势互补,以建立产能合作机制为保障,开展产能合作项目为目标,建设产能合作示范基地等多种发展模式为依托,构建国际产能合作新平台。2015年5月16日,国务院发布《关于推进国际产能和装备制造合作的指导意见》,对国际产能合作进行了全面阐述,指出在推进国内装备、产能对外合作的同时,加强能源、化工等重点领域的对外投资。国际产能合作已经成为我国对外直接投资的重大举措,这种以项目合作为主的对外直接投资与西方对外直接投资存在两方面重大区别:一是政府作为项目合作的重要推动力,政府出力、企业受益;二是以共赢目标,不是单一企业的利润驱动,而是以长远发展战略为指导,通过灵活多样的合作方式推进项目落地。

【知识链接】

"一带一路"倡议

2013年9月7日,习近平主席在哈萨克斯坦纳扎尔巴耶夫大学发表重要演讲。他在演讲中说:"为了使我们欧亚各国经济联系更加紧密、相互合作更加深入、发展空间更加广阔,我们可以用创新的合作模式，共同建设'丝绸之路经济带'。这是一项造福沿途各国人民的大事业。"2013年10月2日至3日，习近平以中国国家主席的身份对印度尼西亚进行国事访问。期间，他在印度尼西亚国会发表重要演讲。在演讲中，他说："东南亚地区自古以来就是'海上丝绸之路'的重要枢纽，中国愿同东盟国家加强海上合作，使用好中国政府设立的中国—东盟海上合作基金，发展好海洋合作伙伴关系，共同建设21世纪'海上丝绸之路'"。在这次演讲中，习近平主席首次提出"一路"。"一带一路"倡议是"丝绸之路经济带"和"21世纪海上丝绸之路"合并后的简称。

"一带一路"倡议对世界有效治理和建立公平、公正、合理的新秩序贡献中国智慧、中国主张、中国方案。"一带一路"秉承共商、共建、共享原则。合作重点是"五通"，即政策沟通，设施联通，贸易畅通，资金融通，民心相通。推进"一带一路"建设必须处理好六个关系：处理好我国利益和沿线国家利益的关系；处理好政府、市场、社会的关系；处理好经贸合作和人文交流的关系；处理好对外开放和维护国家安全的关系；处理好务实推进和舆论引导的关系；处理好国家总体目标和地方具体目标的关系。推进"一带一路"建设要努力打造利益共同体、责任共同体、命运共同体。推进"一带一路"建设要大力弘扬丝路精神。丝路精神的基本内涵是：和平合作，开放包容，互学互鉴，互利共赢。

"一带一路"倡议对促进全球经济的振兴、促进世界和平稳定产生积极深远影响。"一带一路"倡议涉及的沿线国家总人口约44亿，经济总量约21万亿美元，分别占全球的63%和29%。倡议提出近4年来，全球100多个国家和国际组织积极支持和参与"一带一路"建设，联合国大会、联合国安理会等重要决议也纳入"一带一路"建设内容。近4年来"一带一路"的贸易畅通不断提升。我国同"一带一路"参与国大力推动贸易和投资便利化，不断改善营商环境。2014年至2016年，我国同"一带一路"沿线国贸易总额超过3万亿美元。我国对"一带一路"沿线国家投资累计超过500亿美元。我国企业已经在20多个国家建设56个经贸合作区，为有关国家创造近11亿美元税收和18万个就业岗位。

资料来源：人民论坛网-人民论坛，2017.08.25，作者：曲青山。

【综合实训】

一、基础知识测试

（一）单选题

1. 以下属于长期资本流动的是（　　）。
   A. 贸易资本流动　　　　　　　　B. 银行资本流动
   C. 国际直接投资　　　　　　　　D. 保值性资本流动

2. 为特定的工程项目（如大型的采矿、能源开发、运输交通等）建设融通资金的是（　　）。
   A. 国际贸易融资　　　　　　　　B. 项目融资
   C. 一般融资　　　　　　　　　　D. 政府融资

3. 以下属于短期融资方式的是（　　）。
   A. 出口信贷　　　　　　　　　　B. 国际保理业务
   C. 银团贷款　　　　　　　　　　D. 买方信贷

4. 由外国政府或商业银行联合起来向借款国提供的贷款，用于购买贷款国的资本商品和劳务的是（　　）。
   A. 买方信贷　　　　　　　　　　B. 卖方信贷
   C. 银团贷款　　　　　　　　　　D. 混合贷款

5. 所谓（　　）业务，简单地说是一种没有追索权的贴现业务。
   A. 福费廷　　　　　　　　　　　B. 国际保理业务
   C. 银团贷款　　　　　　　　　　D. 国际商业贷款

6. 借款人在其本国以外的资本市场上发行，不以发行所在国的货币为面值的国际债券是（　　）。
   A. 外国债券　　　　　　　　　　B. 欧洲债券
   C. 扬基债券　　　　　　　　　　D. 熊猫债券

7. 将融资租赁业务的基本形式与补偿贸易、来料加工、产品包销等贸易形式相结合的一种国际交易方式是（　　）。
   A. 杠杆租赁　　　　　　　　　　B. 售后回租
   C. 综合租赁　　　　　　　　　　D. 转租赁

8. 设备所有人先将其拥有的设备售卖于出租人，以获得融资便利，然后再作为承租人将设备回租使用，并按期向出租人支付租金的融资租赁方式是（　　）。
   A. 杠杆租赁　　　　　　　　　　B. 售后回租
   C. 综合租赁　　　　　　　　　　D. 转租赁

9. （　　）可以称为"全面金融危机"。
   A. 货币危机　　　　　　　　　　B. 银行业危机
   C. 债务危机　　　　　　　　　　D. 系统性金融危机

10. 2007年次贷危机首先爆发于（　　）。

A. 美国　　　　　　　　　　　B. 德国

C. 日本　　　　　　　　　　　D. 希腊

（二）多选题

1. 资本流入表现为（　　）。

A. 外国在本国的资产增加　　　B. 外国对本国负债减少

C. 本国对外国的债务增加　　　D. 本国在外国的资产减少

E. 外国在本国的资产减少

2. 短期资本流动主要方式有（　　）。

A. 贸易资本流动　　　　　　　B. 银行资本流动

C. 国际直接投资　　　　　　　D. 保值性资本流动

E. 投机性资本流动

3. 国际直接投资的方式有（　　）。

A. 在国外创办新企业　　　　　B. 建立合营企业

C. 收购现有的外国企业　　　　D. 购买外国企业股票达到一定比例以上

E. 利润再投资

4. 国际银行信贷的特点有（　　）。

A. 不限定资金用途

B. 贷款金额大，借款人可选用各种货币

C. 借款期限短

D. 贷款方式灵活，手续简便

E. 贷款成本高

5. 国际短期资本流动的经济效应有（　　）。

A. 有助于国际金融市场发展

B. 促进国际贸易发展

C. 为跨国公司短期资产负债管理创造了便捷条件

D. 有利于解决国际收支不平衡问题

E. 可能带来国际债务危机

6. 国际融资按融通资金的来源分为（　　）。

A. 项目融资　　　　　　　　　B. 国际商业银行融资

C. 国际金融机构融资　　　　　D. 政府融资

E. 国际租赁融资

7. 依据融资租赁中资金的来源和租赁的结构，可将国际融资租赁分为（　　）。

A. 杠杆租赁　　　　　　　　　B. 直接租赁

C. 回租租赁　　　　　　　　　D. 转租赁

E. 综合性租赁

8. 根据IMF在《世界经济展望1998》中的分类，金融危机大致可以分为（　　）。

A. 货币危机　　　　　　　　　B. 银行业危机

C. 债务危机 D. 信用危机
E. 系统性金融危机

9. 现代金融危机的蔓延表现了各种传导机制综合作用的结果，它包括（　　）。
A. 蝴蝶效应 B. 贸易溢出效应
C. 金融溢出效应 D. 季风效应
E. 净传染效应

10. 我国利用外资的主要方式有（　　）。
A. 外国贷款 B. 外商直接投资
C. 国际证券融资 D. 补偿贸易
E. 进口信贷

（三）判断题

1. 本国对外国债务增加意味着资本流入。（　　）
2. 国际证券投资是短期资本流动。（　　）
3. 按照IMF的定义，直接投资者是其他经济体的居民，拥有（公司型企业）的10%或10%以上的流通股或投票权。（　　）
4. 利润再投资不属于直接投资。（　　）
5. 国际银行信贷设定资金用途。（　　）
6. 中长期资本流入有利于欠发达国家的资本形成。（　　）
7. 项目融资是指与国际贸易有直接联系的融资，是国际融资中一种最古老的类型。（　　）
8. 福费廷是指出口商以商业信用形式出口商品，在货物装船后立即将发票、汇票、提单等有关单据卖断保理公司，收进全部或一部分贷款，从而取得资金融通的业务。（　　）
9. 出口信贷是出口国政府为了鼓励本国商品出口，加强本国商品的国际竞争能力，所采取的对本国出口商给予利息补贴并提供信贷担保的中长期贷款方式。（　　）
10. ManSon在1998年将共同的冲击产生的传导称为季风效应。（　　）

（四）问答题

1. 简述短期资本流动的类型。
2. 简述国际短期融资的主要方式。
3. 简述金融危机的传导机制。
4. 金融危机有哪些类型？
5. 我国利用外资的主要方式有哪些？

二、实务题

实训目的：掌握国际融资的具体方式。

实训要求：分析国际直接融资和国际间接融资的实际业务和情况，熟练地做各种国际信贷业务。

实训资料

材料一 还要去国外抢购"made in China"的马桶盖？那是因为你不知道有"三同"产品——与出口产品"同线、同标、同质"的产品！其实，要找这类产品并不难，今年中国加工贸易博览会首次引入"三同"产品概念，一批被重点推介的"三同"认证企业携精品参展，成为2017年加博会的最大看点。享誉欧美的电子教育玩具品牌伟易达作为"三同"明星企业，在展会上备受关注，为不同年龄段婴幼儿量身定制的创意新品有趣又益智，留住了众多采购商的脚步。"我们的电教玩具有24种语言，销往全球84个国家，尤其在美国、德国、法国及英国占有龙头地位。"展位负责人介绍。伴随着"二孩政策"等的市场利好，伟易达希望借加博会开拓国内市场。"我们开发了适合中国宝宝特点的玩具，中国市场上产品的生产标准及检测标准均与国外标准一致，均通过了最严格的安全标准，让中国妈妈能买到和出口产品一样品质的安全又益智的玩具。"该负责人说。什么是"三同"产品？2014年9月，李克强总理在视察质检工作时提出要求，质检部门要促进企业出口、内销产品在同一生产线、按相同的标准生产，使内外销产品达到同样的质量水准。

材料二 值得关注的是，今年国际买家大多数来自"一带一路"新兴市场。加博会组委会有关负责人认为，之所以出现这种情况，因为"一带一路"沿线国家有旺盛的市场需求。以广东为例，2016年广东对"一带一路"国家累计进出口1.3万亿元，同比增长6.5%，占全省进出口的20.7%。过去加工贸易企业主要给欧美传统市场生产贴牌产品，而现在这些企业有了自主品牌，通过这些国际买家进入"一带一路"新兴市场，跟过去以代工为主的出口走的是截然不同的道路，对于提升我国加工贸易企业在全球价值链中的地位将产生巨大的促进作用。

问题讨论：
1. 中国传统的加工贸易发生了什么变化？
2. "一带一路"给中国企业带来了哪些影响？

项目五 Project 5
外汇交易的基本知识

知识目标：掌握外汇市场的概念和分类，学习国内外外汇市场的基本情况；理解外汇交易的基本概念和主要类型；掌握外汇交易平台的操作以及外汇交易盈亏的计算方法。

能力目标：通过本项目的学习，使学生能对外汇交易的基本知识有所了解。需要综合运用所学专业知识，掌握外汇交易的基本操作能力，熟悉交易操作过程。

任务一 认识外汇市场

【任务要求】

教师要结合案例讲解外汇市场的概念及分类、外汇市场的特点、外汇市场的主要参与者及其参与其中的目的。

学生通过本任务的学习能对外汇市场的有基本的理解，对外汇市场的交易产生兴趣。

教学活动1　外汇市场及其分类

【活动设计】

1. 教师组织外汇市场相关案例；
2. 教师讲解外汇市场的概念、特点及分类；
3. 组织学生讨论居民或个人投资者参与外汇市场的渠道有哪些？

【案例导入】

1994年6月美联储对外汇市场进行干预，《纽约时报》记者Thomas Friedman报道如下："每天全球货币市场交易额为1万亿美元，上个月以美联储为首的世界17个最大的中央银行开始干预外汇市场，试图支撑美元汇率。它们拼命地掏口袋，拿出了50亿美元投入市场，希望使美元价值上升，但丝毫没能撼动美元。这是因为这些中央银行就像动物园的饲养员，试图用一粒葡萄干当午餐使一只饥肠辘辘的大猩猩安静下来。"

【基础知识】

国际外汇市场是被公认的当今世界上最大的金融市场，日成交额达到5.3万亿美元。由于不同的国家使用不同的货币，为满足国际间的经济往来，就要进行各种货币的兑换、买卖以及国际贸易的结算支付等。外汇市场对国际贸易、国际金融市场都有举足轻重的作用。

一、外汇市场的概念

外汇市场，是指经营外币和以外币计价的票据等有价证券买卖的市场。是金融市场的主要组成部分。狭义的外汇市场就是由经营外汇业务的金融机构所组成、在国际间从事外汇买卖、调节外汇供求的交易场所。广义外汇市场还包括企业和个人客户与银行之间的各类外汇交易，以及发生在期货交易所的外汇期货和外汇期权交易等。

二、外汇市场的特点

外汇市场作为国际金融市场重要的组成部分，具有以下特点：
1. 外汇市场交易的对象为货币
外汇市场主要的交易对象为自由兑换的外汇，而外汇市场中最常交易或较"流动"的货币为那些有稳定政府统治，有信誉的中央政府及低通货膨胀率的国家的货币。现今，超过85%的每日交易货币，包括：美元、日元、欧元、英镑、瑞士法郎、加拿大元以及澳元。目前，美元仍为全球主导货币（见表5-1）。

表 5-1　　　　　　　　　世界主要货币日均交易量（按交易工具分类）

货币	总量	即期交易	直接远期	外汇掉期	货币互换	外汇期权
美元	4 652	1 691	588	2 030	50	293
欧元	1 786	754	178	766	18	70
日元	1 231	612	123	332	11	153
人民币	120	34	28	40	1	17

数据来源：BIS《全球外汇市场交易量统计（按交易工具、货币和对手方分类）》

人民币离岸外汇交易量激增，虽已成为全球第九大外汇交易货币，但与其他主要货币相比，交易量仍然较小。由表5-1可知，从即期、外汇掉期和货币互换交易量合计看，美元、欧元、日元分别约是人民币的50倍、20倍和12倍；从直接远期交易量看，美元、欧元、日元分别约是人民币的21倍、6倍和4倍；从外汇期权交易量看，美元、欧元、日元分别约是人民币的17倍、4倍和9倍。

2. 外汇市场更多是无形的市场

西方工业国家的金融业基本上有两套系统，即集中买卖的中央操作和没有统一固定场所的行商网络。股票买卖是通过交易所进行的，像纽约证券交易所、伦敦证券交易所、东京证券交易所，集中买卖的金融商品，其报价、交易时间和交收程序都有统一的规定，并成立了同业协会，制定了同业守则。投资者则通过经纪公司买卖所需的商品，这就是"有市有场"。而外汇买卖则是通过没有统一操作市场的行商网络进行的，它不像股票交易有集中统一的地点。但是，外汇交易的网络却是全球性的，并且形成了没有组织的组织，市场是由大家认同的方式和先进的信息系统所联系，交易商也不具有任何组织的会员资格，但必须获得同行业的信任和认可。这种没有统一场地的外汇交易市场被称之为"有市无场"。全球外汇市场每天平均上万亿美元的交易。如此庞大的巨额资金，就是在这种既无集中的场所又无中央清算系统的管制，以及没有政府的监督下完成清算和转移。

3. 外汇市场是连续的交易市场

由于全球各金融中心的地理位置不同，亚洲市场、欧洲市场、美洲市场因时间差的关系，连成了一个全天24小时连续作业的全球外汇市场。从时间上看，世界外汇市场24小时昼夜运转不停。从我国凌晨四时起，新西兰、惠灵顿、澳大利亚悉尼相继开市，八时日本东京开市，十时香港、新加坡开市，下午三时起巴黎、法兰克福、伦敦又相继开市，晚上九时纽约开市，凌晨四时纽约收市而惠灵顿、悉尼又相继开市（见表5-2），周而复始。只有星期六、星期日以及各国的重大节日，外汇市场才会关闭。这种连续作业，为投资者提供了没有时间和空间障碍的理想投资场所，投资者可以寻找最佳时机进行交易。比如，投资者若在上午纽约市场上买进日元，晚间香港市场开市后日元上扬，投资者在香港市场卖出，不管投资者本人在哪里，他都可以参与任何市场，任何时间的买卖。

表 5-2　　　　　　　　　世界主要外汇市场交易时间表

外汇市场	交易时间	外汇市场	交易时间
惠灵顿	04:00—13:00	法兰克福	15:00—23:00
悉尼	06:00—15:00	伦敦	15:30—23:30
东京	08:00—15:30	纽约	20:20—04:00
香港	09:00—16:00		

三、外汇市场的分类

1. 根据有无固定场所，外汇市场可分为有形市场和无形市场

有形市场（Visible Market），即有形的外汇市场，指有固定的交易场所，如设立外汇交易所，作为交易所会员的买卖各方，在每个营业日规定的时间内进场交易。

无形市场（Invisible Market），无形的外汇市场没有固定的交易场所，也没有一定的开盘、收盘时间，由分散在不同地点、从事外汇交易的银行和经纪人等采用通过电话、电报、电传、电讯的方式进行交易。

2. 根据外汇交易主体的不同，外汇市场可分为银行间市场和客户市场

银行间市场（Inter-Bank Market），是指外汇银行同业的外汇交易场所，通常有最小成交金额的限制，交易规模一般较大，所以也称批发外汇市场。

客户市场（Customer Market），是指外汇银行与客户之间的外汇交易场所，其特点是无最小成交金额的限制，且交易金额可大可小，所以也称零售外汇市场。

3. 根据经营范围的不同，外汇市场可分为国内市场和国际市场

国内市场的外汇交易仅限于国内银行彼此之间或国内银行与国内居民之间，不允许国外银行或其他机构参与，当地中央银行的管制较严，在市场上使用的货币亦仅限于本币与少数几种外币。国际市场的特点是各国银行或企业按规定均可参与外汇交易，而且交易的货币种类较多，交易规模较大，市场网络的辐射面较广。

四、外汇市场的功能

1. 国际清算

因为外汇就是作为国际间经济往来的支付手段和清算手段的，所以清算是外汇市场的最基本功能。

2. 实现购买力的国际转移

不同的货币对不同的国家形成购买力，将本国货币兑换成外币，就使购买力从国内转移到对国外商品的购买力。而这种兑换就是在外汇市场上进行的。同时，由于发达的通讯工具已将外汇市场在世界范围内联成一个整体，使得货币兑换和资金汇付能够在极短时间内完成，购买力的这种转移变得迅速和方便。

3. 提供资金融通

外汇市场向国际间的交易者提供了资金融通的便利。外汇的存贷款业务集中了各国的社会闲置资金，从而能够调剂余缺，加快资本周转。外汇市场为国际贸易的顺利提供了保

证,当进口商没有足够的现款提货时,出口商可以向进口商开出汇票,允许延期付款,同时以贴现票据的方式将汇票出售,拿回货款。外汇市场便利的资金融通功能也促进了国际借贷和国际投资活动的顺利进行。美国发行的国库券和政府债券中很大部分是由外国官方机构和企业购买并持有的,这种证券投资在脱离外汇市场的情况下是不可想象的。

4. 提供外汇保值和投机的机制

在以外汇计价成交的国际间的经济交易中主要以外汇计价,因此交易双方都面临着外汇汇率波动的风险。由于市场参与者对外汇风险的判断和偏好的不同,有的参与者愿意宁可花费一定的成本来转移风险,而有的参与者则愿意承担风险以实现获取预期投机利润收益。由此产生了外汇保值和外汇投机两种不同的交易行为。在金本位和固定汇率制下,外汇汇率基本上是平稳的,因而就不会形成外汇保值和投机的需要及可能。而浮动汇率下,汇率的急剧波动,产生了保值和投机的交易需求,使外汇市场的功能得到了进一步的发展,外汇市场的存在既为套期保值者提供了规避外汇风险的场所,又为投机者提供了承担风险、获取利润的机会。

【课堂讨论】
居民或个人投资者参与外汇市场的渠道有哪些?

教学活动 2 外汇市场的主要参与者

【活动设计】

1. 教师组织外汇市场相关案例;
2. 教师讲解外汇市场的主要参与者及其交易目的;
3. 组织学生讨论各经济主体参与外汇市场对外汇市场会产生什么样的作用?

本教学活动学习外汇市场的主要参与者,教师通过案例导入和基本知识的讲解,让学生感受经济主体参与外汇市场的动机,引导学生进行课堂讨论,训练学生思考问题的能力,通过单元实训,提高学生的动手能力。

【案例导入】

银行间外汇市场的参与者

全球范围内,每个国家银行间外汇市场的参与者大致都是相同的,可分为交易商、其他金融机构以及非金融机构,包括商业银行、投行、中央银行、基金公司和经纪商,银行间的大部分外汇交易是由10至15家大型商业银行控制的(主要任务是向市场客户提供流动性支持)。在细节上我国市场略有不同,中国的银行间外汇市场参与者就以银行为主,做市商银行为市场的主力机构,市场份额约为八成左右,其他参与者为经过国家外汇管理局批准经营外汇业务的非银行金融机构,总体上包括商业银行、政策性银行、外资银行、境外银行、财务公司等。中国人民银行作为央行,也是中国银行间外汇市场的重要参与者,央行可以根据货币政策的要求,在外汇市场内买卖外汇,调节外汇供求,平抑外汇市场价格。2015年9月30日,中国央行公告称,境外央行类机构可以进入中国银行间外汇市场,开展包括即期、远期、掉期和期权在内的各品种外汇交易,无额度限制。这也是中国外汇管制进一步放松、进一步走向国际化的重要一步。

根据国家外汇管理局信息,截至2016年9月21日,中国银行间外汇市场有做市商34家。截至2016年4月29日,银行间外汇市场有人民币外汇即期会员540家、远期会员136家、掉期会员136家、货币掉期会员111家、期权会员72家、外汇拆借会员320家、外币对会员151家。

而国际外汇市场上,交易商的市场份额持续下降,以自动化交易机构、对冲基金等为主的其他金融机构已占有相对多数市场份额,与交易商一道共同成为国际外汇市场的主要参与者,此类机构在我国现阶段外汇市场仍缺失,目前我国银行间外汇市场交易主体单一,以银行为主体,非银行类机构很少。

资料来源:搜狐财经,2018.01.12,作者:Esther。

【基础知识】

一、外汇市场的参与者

外汇市场主要由以下机构或个人所组成:

1. 进出口商和其他外汇供需者。进出口商从事进出口贸易活动,是外汇市场上外汇的主要和实际的需求者与供给者。出口商出口商品后需要把收入的外汇卖出,而进口商进口商品则需要买进对外支付的外汇,这些都要通过外汇市场的外汇交易来进行。其他外汇供求者系指运费、旅费、留学费、汇款、外国有价证券买卖、外债本息收付、政府及民间私人借贷以及其他原因引起的外汇供给者和需求者,包括有劳务外汇收入者、有国外投资收益者、接受国外援助者、收到侨汇者、接受国外贷款者、对本国进行直接投资的外国企业和在国外发行有价证券者。

2. 外汇银行(Foreign Exchange Banks)。外汇银行也称外汇指定银行,是指经过本国中央银行批准,可以经营外汇业务的商业银行或其他金融机构。外汇银行可分为三种类型:①专营或兼营外汇业务的本国商业银行;②在本国经营的外国商业银行分行;③经营外汇买卖业务的本国其他金融机构,比如信托投资公司、财务公司等。外汇银行是外汇市场上最重要的参加者,它的外汇交易构成外汇市场的重要部分。

3. 外汇经纪人(Foreign Exchange Broker)。外汇经纪人是指介于外汇银行之间、外汇银行和外汇其他参加者之间进行联系、接洽外汇买卖的经纪人公司或个人。在整个外汇市场上,经纪人起着沟通、中介的作用。外汇经纪人作为外汇买卖双方的中间联络人,本身并不承担外汇盈亏风险,他们熟悉外汇供求情况和市场行情,有现成的外汇业务网络,而且具有丰富的外汇买卖经验,因此,一般客户愿意委托他们代理外汇买卖业务。在西方国家,外汇经纪人一般需经过所在国家中央银行的批准才能取得经营业务的资格。有的国家还规定外汇买卖必须通过经纪人和外汇银行进行,可见,外汇经纪人在外汇交易中的作用是十分重要的。

4. 外汇交易商(Exchange Dealer)。外汇交易商是指经营票据买卖业务、买卖外国汇票的公司或个人,多数是信托公司、银行的兼营机构或票据贴现公司。他们利用自己的资金,根据外汇市场上的行市,赚取买卖中的差价。外汇交易商可以自己直接买卖外汇,也可以通过经纪人交易。

5. 外汇投机者(Exchange Speculator)。外汇投机者在外汇市场上兴风作浪,预测汇价的涨跌,以买空或卖空的形式,根据汇价的变动低买高卖,赚取差价。这些人往往是活跃外汇交易的重要力量,但过度投机常会带来汇价的大起大落。

6. 中央银行(Central Bank)。中央银行在外汇市场上一般不进行直接的、经常性的买卖,它们主要通过经纪人和商业银行进行交易,目的是防止国际上对本国货币的过度需求或过度抛售,以维护本国货币的汇价稳定,并执行本国的货币政策。在实际过程中,外汇市场上的投机者经常希望有汇价波动,或者进行投机以造成汇价波动,而中央银行总是希望保持汇价的相对稳定,因此这两股力量在外汇市场上的此消彼涨往往是影响汇价的重要因素。

【课堂讨论】
　　各经济主体参与外汇市场的目的各不相同,会进行形式各样的外汇交易,这对外汇市场产生什么样的作用?

二、外汇市场参与者的层次

外汇市场上各个参加者相互依赖,共同生存,形成了外汇市场的运转。

外汇市场主要参加者可分为四层,即中央银行,经纪人,外汇银行,以及外汇交易者、进出口商、外汇投资保值者、跨国公司等直接的外汇需求者与供给者。

中央银行由经纪人或外汇银行代理买卖外汇。所以整个外汇市场像座金字塔,在金字塔的底层有大量的进出口商、投机者、保值者、跨国公司、居民户、旅游者等,他们通过经纪人间接或者直接与银行发生外汇买卖关系,而各家外汇银行和各个经纪人在同一城市或同一国内保持着密切的联系,于是就形成了一个全国性的外汇市场,那些外汇业务繁多的金融城市也就成了外汇交易的中心。

教学活动3　世界主要的外汇市场

【活动设计】
　　1. 教师组织世界主要外汇市场的相关案例;

2. 教师讲解世界主要外汇市场的概况和特点；
3. 组织学生讨论伦敦为什么会成为全球外汇交易中心？

【案例导入】

伦敦和纽约的外汇交易量激增，受全球经济增长驱动

全球经济的增长以及市场对于利率路径的揣测，推动了全球最大交易中心的外汇交易量激增。

英国央行外汇委员会周四公布的数据显示，英国2017年10月份的平均外汇成交量达到2.297万亿美元/天，比去年同期增长7%。而纽约联邦储备银行的一份报告则显示，北美的平均每天成交量增长了7.1%，达9 443亿美元。

在这1年的增长期间，美联储因为预计强劲的劳动力市场将推动通胀达标，从而实施了三次加息。而且还遇上美国GDP连续两个季度增长超过3%，是2014年以来最强劲的表现。

"世界各地肯定有不少的资源分配调整和投资，所以外汇也会跟随这样的趋势"，纽约Jefferies的销售和交易董事总经理Brad Bechtel表示。"资金继续流入各种资产市场——债券、股票、新兴市场、G-10，随便你说。外汇也是追随，所以我认为这是主要的驱动因素。"

资料来源：彭博社，2018.01.26。

【基础知识】

目前，世界上大约有30多个国际外汇市场，其中最重要的有伦敦、纽约、欧洲大陆外汇交易市场、新加坡、香港等，它们各具特色，并分别位于不同的国家和地区，相互联系，形成全球统一的外汇市场。

一、伦敦外汇市场

伦敦外汇市场是无形外汇市场，完全通过电话电报或网络完成交易，有250多家外汇指定银行（包括英国的商人银行，清算银行和外国银行设在伦敦的分行），90多家外汇经纪商，其中有些经纪商还在香港和新加坡设有分支机构。

伦敦外汇市场的交易包括即期外汇交易和远期外汇交易。汇率报价采用间接报价法，交易币种众多，最多达80多种。外汇套汇业务活跃，欧洲货币的产生后，与外汇买卖有着密切联系。尽管英镑作为国际贸易支付手段和国际储备货币的地位已被美元代替，但由于伦敦外汇市场交易类型齐全，交易结构完备，设有十分现代化的电讯网络设备，加上伦敦横跨欧亚美洲三个时区，得天独厚，使伦敦外汇市场的交易规模长期以来居世界各大外汇市场之首，其外汇交易额占全世界外汇交易额的三分之一。

【课堂讨论】
伦敦为什么会成为全球外汇交易中心？

二、纽约外汇市场

第二次世界大战后,随着美国经济实力的增强和对外贸易、资本输出的迅速发展,美元取代英镑成为关键货币,加之美国实行的外汇开放政策,纽约国际金融市场的地位不断提高,交易量占国际外汇交易量的18%,仅次于伦敦,是世界最重要的外汇市场之一。

纽约外汇市场是最复杂的,也最具特色的外汇市场,具体表现为:

1. 由于美国对经营外汇业务不加限制,政府不专门指定外汇专业银行,因此,几乎所有的美国银行和金融机构都可以经营外汇业务。目前,纽约外汇市场主要包括180多家美国商业银行,200多家外国银行在纽约的分支机构、代理行以及代表处。

2. 纽约外汇市场交易活跃,但和进出口贸易相关的外汇交易量较小,因为在美国的进出口中大多数以美元计价结算。在纽约外汇市场上,外汇交易的相当部分和金融期货市场密切相关。

3. 纽约是世界美元交易的清算中心。世界各地的美元买卖,包括欧洲货币市场和亚洲美元市场的交易,最终都必须在美国,特别是纽约商业银行的账户上收付、划拨和结算,全球90%以上的美元交易最后都通过纽约的银行间清算系统进行结算。纽约外汇市场的大商业银行,通过在海外分支机构及其广泛的国际联系,承担着国际结算和资本流动的主要结算任务。

4. 联邦储备银行执行中央银行的职能,同许多国家银行订有互惠信贷,可以在一定限度内借入各种货币,干预外汇市场,维持美元汇率的稳定。

三、东京外汇市场

日本历史上曾是实行外汇严格管制的国家,外汇交易受到多方限制,外汇市场的产生和发展都较其他发达的资本主义国家缓慢。20世纪50年代后,日本逐渐放松了外汇管制,日元成为可兑换货币,原则上不再实行外汇管制,外汇交易也逐步实行自由化;进入20世纪80年代,日本政府采取了一系列金融自由化措施;1985年交易货币、交易种类多样化的飞速发展,使东京外汇市场达到了与纽约外汇市场并列的自由程度,成为国际性的外汇交易市场。东京外汇市场也是一个无形市场,外国银行可以直接进行外汇交易的,但仅限于经政府批准和与外国签订通汇合同的银行。因此,东京外汇市场的交易规模与范围尚有一定的局限性。实际上,作为日本中央银行的日本银行,也是外汇市场的参与者。

四、欧洲大陆外汇交易市场

欧洲大陆外汇交易市场由法兰克福市场、苏黎世市场、巴黎市场、和一些欧元区成员国的小规模的市场组成。主要是德国的法兰克福市场和苏黎世市场。

法兰克福是德国中央银行——德国联邦银行所在地。由于德国经济实力雄厚,且长期以来实行自由兑换制度,法兰克福在欧洲市场上仅次于伦敦。欧元诞生后,作为欧洲银行所在地的法兰克福成为欧元发行和交易的主要场所，2001年法兰克福取代东京成为世界第三大外汇交易市场。

苏黎世市场是世界著名的国际金融中心，瑞士法郎是世界上最稳定的货币之一。在欧洲支付同盟时期，瑞士法郎是当时唯一可以将货币自由兑换成美元的货币，这就使苏黎世外汇市场在国际外汇交易中一直处于比较重要的地位。苏黎世外汇市场的参与主体主要有：瑞士银行、瑞士信贷银行、瑞士联合银行、经营国际金融业务的银行、外国银行分支机构、国际清算银行、瑞士国家银行。苏黎世外汇市场也是无形市场，而且不通过外汇经纪人或外汇中间商，这与伦敦、纽约外汇市场不同。外汇买卖的对象大部分是美元，市场汇率也以美元对瑞士法郎的汇率为主要汇率，其他货币对瑞士法郎的汇率是通过其他外汇市场对美元的汇率套算出来的。苏黎世外汇市场可以进行现汇交易和期货交易，同时也兼做套汇业务。

五、新加坡外汇市场

20世纪70年代随着新加坡成为一个新型国际金融市场，新加坡外汇市场也发展起来了。新加坡外汇市场地理位置好，时区差距优越，衔接亚欧澳，上午可与香港、东京、悉尼进行交易，下午可与伦敦、苏黎世、法兰克福等欧洲市场进行交易，中午还可同中东的巴林、晚上同纽约进行交易，使其成为亚太地区乃至全球的重要外汇市场。1978年6月，新加坡取消了外汇管制，促进了新加坡外汇市场的进一步发展。

新加坡外汇市场由经营外汇业务的本国银行、经批准可经营外汇业务的外国银行和外汇经纪人组成，其中外资银行的资产、存放款业务和净收益都远远超过本国银行。新加坡外汇市场是无型市场，外汇经纪人在外汇交易中起着重要作用，大部分交易都由他们办理，并通过他们的国际联络网把新加坡和世界各个金融中心联系起来。在市场上交易的币种不受限制，但以美元为主，约占交易额的85%。大部分交易都是即期交易，掉期交易及远期交易合计约占交易额的1/3。汇率均以美元报价，非美元货币间的汇率通过套算求得。

六、香港外汇市场

香港外汇市场是20世纪70年代以后发展起来的亚太地区的重要国际性外汇市场。20世纪70年代以来亚洲美元市场的兴起，使香港金融业务获得了新的发展，1973年，香港取消了外汇管制，国际资本大量流入，经营外汇业务的金融机构不断增加，外汇市场越来越活跃，2002年以成交额计是全球第七大外汇市场。

香港外汇市场和伦敦、纽约外汇市场一样是一个无形市场。20世纪70年代以后，美元逐步取代英镑成为市场上交易的主要外币。香港外汇市场上的交易可以划分为两大类：一类是港币和外币的兑换，其中以和美元的兑换为主。因为香港的进出口贸易多以美元计价结算，对美元的供求远远高于其他外币。加之港币在国际支付中使用不多，即使人们需要其他外币，一般也要先以港币换取美元，再以美元兑换所需外币。另一类是美元兑换其他外币的交易。

教学活动 4　中国的外汇市场

【活动设计】

1. 教师组织中国外汇市场的相关案例；
2. 教师讲解中国外汇市场的发展历史和现状、交易机制和交易品种等；
3. 组织学生讨论中国外汇市场的发展前景。

【案例导入】

2017 年国内外汇市场人民币对外汇交易累计 24 万亿美元

改革开放 40 年来，我国外汇市场从无到有、从小到大，初步建立了适应社会主义市场经济的市场体系，在宏观调控、资源配置、汇率形成和风险管理中发挥着重要作用。2017 年，国内外汇市场人民币对外汇交易累计 24 万亿美元。

为进一步支持金融机构服务实体经济防范外汇风险，国家外汇管理局近日发布《国家外汇管理局关于完善远期结售汇业务有关外汇管理问题的通知》。远期结售汇业务是目前国内外汇市场最基础和主要的衍生产品，《通知》从丰富交易机制的关键环节入手，继 2016 年放开远期结汇差额交割后，允许远期售汇到期交割方式根据实际需求选择全额或差额结算，至此远期结售汇在市场定价、交割结算、风险管理等方面完全实现了市场化。《通知》自发布之日起实施。未来，外汇局将继续深化外汇市场发展和开放，为贸易和投资自由化便利化提供外汇市场支持与保障。

资料来源：证券时报网，2018.02.13。

【基础知识】

近年来，伴随着人民币汇率形成机制的改革，中国外汇市场建设与发展不断加快，外汇市场的交易品种日益丰富、交易主体不断扩大、交易机制趋于完善，进一步夯实和提升了外汇市场服务实体经济、配置金融资源的基础和能力。外汇市场建设是人民币汇率形成机制改革的基础，人民币汇率形成机制改革又是推动外汇市场发展的重要力量。

一、中国外汇市场发展历史

计划经济时期，中国实行统收统支、高度集中的外汇管理体制，不存在外汇市场。1979 年以后，为促进对外开放、扩大对外贸易，实行外汇留成与上缴制度，由此产生了外汇调剂市场和汇率双轨制。1980 年 10 月开始办理外汇调剂业务。1985 年 11 月，各地先后设立了外汇调剂中心。外汇调剂市场汇率随市场供求状况浮动，但调剂价格基本上是一地一价。

1994年，中国成功地进行了外汇体制改革，实行银行结售汇制度。同年中国外汇交易中心在上海成立，标志着全国统一的外汇交易网络的形成，并实现了汇率由双轨制向单一汇率制度的并轨和新的结售汇制度及经常项目下有条件的可兑换。到1996年底，中国外汇交易中心系统共在全国连通37个中心城市，接纳会员396家。2014年中国外汇交易中心交易额为361.3亿元，同比增长27%，2015年中国外汇交易中心全年交易额达到704.3亿元，同比增长高达95%。

1993年底，中国人民银行开始允许国内银行开展面向个人的实盘外汇买卖业务。至1999年，随着股票市场的规范，买卖股票的盈利空间大幅缩小，部分投资者开始进入外汇市场，国内外汇实盘买卖逐渐成为一种新兴的投资方式，进入快速发展阶段。外汇买卖已经成为除股票之外最大的投资市场。

与国内股票市场相比，外汇市场要规范和成熟得多，外汇市场每天的交易量大约是国内股票市场交易量的1 000倍，所以尽管在交易规则上不完全符合国际惯例，国内银行开办的个人实盘外汇买卖业务还是吸引了越来越多的参与者。

2005年，为保证人民币汇率形成机制改革的顺利进行，外汇市场建设和理顺外汇供求关系等配套制度建设进一步加快，包括增加外汇市场交易主体和品种，改进外汇交易机制和汇价管理体系，提高企业经常项目外汇账户限额和因私购汇指导性限额，大幅简化居民个人购付汇凭证和手续等。在一系列政策措施的支持下，中国外汇市场的深度、广度明显提高，人民币汇率灵活浮动的市场基础已基本形成。

外汇保证金虽然在全球范围内属于个人理财产品中的顶级产品，但由于国内还没有建立完善规范体系，1992—1993年期货市场盲目发展的过程中，多家香港外汇经纪商未经批准即到中国大陆开展外汇期货交易业务。并吸引了大量国内企业、个人的参与。由于国内绝大多数参与者并不了解外汇市场，盲目的参与导致了大量客户亏损，其中包括大量的国有企业。随后，1994年8月中国银监会等四部委联合发文，全面取缔外汇期货交易（保证金）。此后，管理部门对境内外汇保证金交易一直持否定和严厉打击态度。不过在此期间的1993年底，中国银监会开始允许国内银行开展面向个人的实盘外汇买卖业务。随着外汇保证金交易的取缔，外汇实盘交易成了个人投资者想要进行外汇投资的唯一途径。到了2003年，伴随美国外汇经纪商逐渐步入正轨，并接受监管，许多外汇经纪商不断将触角伸向中国，这也不断刺激了中国银行业。但根据现行的监管政策，任何机构提供的外汇保证金交易都是违法的，任何机构和个人参与这种交易也都是违法的。

二、外汇市场发展现状

随着改革开放和国际经济交往的扩大，中国外汇市场发展迅速。2017年中国外汇市场累计成交162.27万亿元人民币（等值24.08万亿美元），较"汇改前明显增长"。2017年，我国银行间外汇市场共成交182万亿元人民币，同比增长46.5%。其中，外汇即期市场成交43.7万亿元，汇率衍生品市场成交94.2万亿元，外币拆借市场成交44.0万亿元。

1. 银行间外汇市场，是指经外汇局批准可以经营外汇业务的境内金融机构和非金融企业之间通过中国外汇交易中心进行的人民币对外币或外币对外币交易的市场。

（1）外汇交易主体。中国银行间外汇市场的参与主体以境内银行业金融机构为主，同时包括非银行金融机构和非金融企业，已形成多元化的主体层次，外汇供求逐步显现出多样化特征。截至 2017 年年末，银行间外汇市场共有会员 645 家，境外机构共 81 家，其中"债券通"香港结算行 20 家。247 家境外机构投资者通过"债券通"进入银行间债券市场，分别来自 19 个国家和地区，类型涵盖商业银行、基金公司、资产管理公司、证券公司、保险公司及基金和资管产品等，交易券种以国债、政策性金融债、同业存单为主，交易活跃度不断提升，后发优势逐步显现。

（2）交易机制。目前，银行间外汇市场交易方式包括竞价交易和询价交易两种，其中询价交易占主导地位。竞价交易也称撮合交易，是指银行间外汇市场采用电子竞价交易系统组织交易，会员通过现场或远程交易终端自主报价，交易系统按"价格优先、时间优先"做合成交。询价交易是指银行间外汇市场交易主体以双边授信为基础，通过自主双边询价、双边清算进行的即期外汇交易。中国人民银行《关于加快发展外汇市场有关问题的通知》中规定，在银行间市场引入询价交易方式，银行间外汇市场参与主体可在原有集中授信、集中竞价方式的基础上，自主选择双边授信、双边清算的询价交易方式，改变了汇改前竞价交易的单一模式，大幅度提升了交易的灵活性。

（3）交易品种。目前，中国银行间外汇市场已涵盖了国际外汇市场的基础产品体系。包括即期、远期、外汇掉期和货币掉期以及外汇期权等人民币外汇产品。银行间外汇市场是银行同业之间的外汇交易市场，实行会员管理，参与者包括外汇指定银行、具有交易资格的非银行金融机构和非金融企业。交易中心受中国人民银行和国家外汇管理局委托，为银行间外汇市场提供统一、高效的电子交易系统，该系统提供集中竞价与双边询价两种交易模式，支持人民币对九个外币（美元、欧元、日元、港币、英镑、林吉特、俄罗斯卢布、澳大利亚元和加拿大元）的即期，人民币对七个外币（美元、欧元、日元、港币、英镑、澳大利亚元和加拿大元）的远期、掉期，人民币对五个外币（美元、欧元、日元、港币、英镑）的货币掉期和期权交易，以及九组外币对（欧元/美元、澳元/美元、英镑/美元、美元/日元、美元/加元、美元/瑞士法郎、美元/港元、欧元/日元、美元/新加坡元）的即期、远期和掉期交易，同时还包括交易分析、数据直通处理和即时通讯工具等辅助功能。

2. 银行对客户市场，是指外汇指定银行向企业和个人买卖外汇及其衍生产品的市场。目前，银行对客户除可以办理现汇和现钞的买卖以外，也可以开展远期结售汇业务、外汇掉期、货币掉期和外汇期权业务。在经营币种上，国家鼓励外汇指定银行在柜台加挂人民币兑各种货币汇价。

【课堂讨论】
中国外汇市场的发展前景。

【知识链接】

银行间外汇市场开展人民币对七种货币直接交易

经中国人民银行授权，自2016年12月12日起银行间外汇市场开展人民币对匈牙利福林、人民币对波兰兹罗提、人民币对丹麦克朗、人民币对墨西哥比索、人民币对土耳其里拉、人民币对挪威克朗、人民币对瑞典克朗七种货币直接交易。公告称，为促进中国与上述七国之间的双边贸易和投资，便利人民币和上述七国货币在贸易投资结算中的使用，满足经济主体降低汇兑成本的需要，开展人民币对上述货币直接交易。

银行间外汇市场将开展人民币对上述货币即期、远期和掉期询价交易。具备银行间人民币外汇市场会员资格的机构均可在银行间外汇市场开展人民币对上述货币直接交易。

银行间外汇市场人民币对上述货币交易实行直接交易做市商制度，直接交易做市商承担相应义务，连续提供人民币对上述货币直接交易的买、卖双向报价，为市场提供流动性。

资料来源：金融时报，2016.12.10，记者：刘泉江。

【单元实训】

外汇市场全天24小时均可进行交易，然而对于中国的投资者而言，最佳的交易时间段是什么？

问题1：世界主要外汇市场分为哪三大板块？各自的开盘时段是什么？

问题2：各地外汇市场的主要特点是什么？

问题3：选择交易时间应注意哪些因素？

提示：由于时区的差异，选择适合中国投资者的交易时间。不仅要考虑一天的具体时段，也应考虑一周中，周几适合交易。另外，还有那些特别时间需要注意。

任务二 了解外汇交易

【任务要求】

教师要结合实例讲解外汇交易的类型及特点，直盘交易与交叉盘交易、实盘交易与虚盘交易，外汇交易盈亏的影响因素以及外汇交易盈亏的计算。

学生要掌握外汇交易的类型、特点，能够区分直盘交易与交叉盘交易、实盘交易与虚盘交易，能够分析影响外汇交易盈亏的因素，具备计算盈亏的能力。

教学活动 1　外汇交易的类型及特点

【活动设计】

1. 教师组织相关外汇交易案例；
2. 教师讲解外汇交易的类型和特点；
3. 学生分析案例，正确区分直盘交易与交叉盘交易、实盘交易与虚盘交易。

【案例导入】

外汇保证金交易违法！监管排查非法互联网外汇交易

今年以来，国内已有多家外汇交易平台卷款跑路。6月，一个名为 IGOFX 的外汇交易平台突然崩盘，其中国区总代理卷款跑路。据媒体报道，近 40 万名投资者约 300 亿元人民币"被骗"。9月，一家名为"万象国际外汇（MIXG）"的资金盘也发生类似问题，投资者损失金额达到数十亿元，该平台自称是澳大利亚注册公司，受澳洲证券投资委员会（ASIC）监管。另一家自称受英国金融行为监管局监管的外汇交易经纪商"恒星外汇"也在近期出现卷款跑路的现象。

据《财经》记者了解，目前在网络上活跃的外汇交易平台主要有两类，第一类是直接对接国际外汇交易市场，由国外监管部门批准的境外经纪商代理交易。第二类则是以境外正规经纪商为噱头，以直接参与国际市场交易为诱饵，承诺高额回报，以传销或集资方式进行金融诈骗。

这种被业内人士俗称为"炒外汇"的外汇保证金交易，在 20 世纪 80 年代末传入境内，并于 90 年代初在深圳、北京等地出现过一阵"炒外汇"的热潮。所以早在 1994 年，证监会、外汇局、工商总局和公安部就曾联合发布通知，将未经监管部门批准，机构擅自开展外汇期货和外汇按金交易以及机构和个人委托未经批准的机构参与此类交易，明确列为违法行为。以期货咨询及培训为名，私自在境内非法经营外汇期货和外汇按金交易的，也属违法行为。

截至目前，国务院有关部门只批准了银行和少数非银行金融机构对客户开展外汇现货实盘买卖。目前并无任何机构持有国务院有关部门同意开展外汇期货和外汇按金交易的许可。近年来，监管机构也多次发文重申这一点。2008 年，外汇局批复明确，未依法取得行业监管部门的批准或备案同意，任何单位和个人不得擅自经营外汇按金交易。银监会也发文规定，在相关管理办法正式发布前，银行业金融机构不得开办或变相开办外汇保证金交易业务。

资料来源：财经网，2017.12.29，作者：韩笑。

【基础知识】

外汇交易的种类随着外汇交易的性质变化日趋多样化，按照不同的划分标准也有不同的外汇交易类型。

一、按照报价方法不同，分为直盘交易和交叉盘交易

直盘交易是指外汇交易报价中的基准货币或报价货币中有一个是美元；交叉盘交易是指不论基准货币还是报价货币都不是美元。

在表示某种汇率时，基本货币在前，目标货币在后，中间以"/"分隔，表示一个单位基本货币可以兑换多少目标货币。涉及美元的汇率的报价方式有两种。以美元为基本货币的报价方式称为"直接报价"，比如 USD/JPY。以美元为目标货币的称为"间接报价"，比如 EUR/USD。

二、按照是否透支资金，可分为实盘外汇交易和虚盘外汇交易

（一）实盘外汇交易

实盘外汇交易是指拥有外汇存款或外币现钞的私人客户，通过柜面服务人员或其他电子金融服务方式，在可自由兑换的外币之间进行不可透支的现汇交易。所谓"实盘"即投资者必须持有足额的要卖出外币，才能进行交易，较国际上流行的外汇保证金交易缺少保证金交易的卖空机制和融资杠杆机制，因此也称为实盘交易。

外汇已经成为全球投资领域内的一种新型的资产形式。个人实盘外汇买卖的是外汇，是外汇与外汇的交易。在我国不能使用人民币来进行交易，因为人民币目前尚不能自由兑换成外币。在我国凡持有有效身份证、拥有完全民事行为能力的境内居民个人、均可进行个人实盘外汇交易。但外汇买卖更适合于手中有外币现钞或现汇的客户，尤其适合有正当外汇来源，并有经常性外币兑换需要的客户。

目前，我国绝大部分中资银行都开办了外汇买卖业务，可供外汇实盘交易的币种，基本上包括美元、欧元、英镑、日元、瑞士法郎、加拿大元、澳大利亚元、港元等。这些币种都是可自由兑换的。外汇实盘交易不提供涉及不可自由兑换的外汇（或外币）的交易。

在中国现行的外汇管理制度下，外币分为现汇和现钞两种。现汇主要是指以支票、汇款、托收等国际结算方式取得并形成的银行存款。现钞通常指外币的钞票和硬币或以钞票、硬币存入银行所生成的存款。外币现钞只能运送到国外才能起到支付作用，而运送现钞银行需承担运费、保费、利息等费用，所以银行一般要在个人外汇买卖价格上予以一定的区别。目前有些商业银行为了吸引客户，不再对现汇现钞的价格加以区分。

外汇实盘交易采取的是 T+0 的清算方式。客户在完成一笔交易之后，银行电脑系统立即自动完成资金交割。也就是说，如果行情动荡，投资者可以在一天内抓住多次获利机会。

目前国内的商业银行为外汇实盘交易提供了多种交易方式。客户可以通过银行柜台、

银行营业厅内的个人理财终端、电话和互联网进行外汇实盘交易。不同的交易方式有不同的交易时间。如果客户选择柜台交易或使用个人理财终端进行交易，交易时间仅限于银行正常工作日的工作时间，多为周一至周五的 9：00 至 17：00，公休日、法定节假日及国际市场休市均无法进行交易。其他交易方式的交易时间与国际汇市同步，通常为 24 小时全天候交易，从周一凌晨国际市场开市一直持续到周六凌晨国际市场休市。

外汇实盘交易的交易成本体现在买卖点差里。银行根据国际外汇市场行情，按照国际惯例报出买价和卖价。银行针对不同币种的汇率设置了不同的买卖点差，以 EUR/USD 为例，买卖点差一般为 30 点。根据国际市场惯例，银行对大额交易实行一定的点数优惠，即通过缩小银行买入价格和卖出价格之间的价差，为进行大额交易的客户降低交易成本。

【知识链接】

外汇实盘交易汇总

	中国银行	中国工商银行	建设银行	交通银行
特点	除周六、日、休市和其他非交易日，国际外汇市场全天候交易，白天、晚间均可投资，星期一早8点至星期六凌晨3点为交易时间（每日凌晨3点至4点除外）	客户既可进行即时交易，也可进行获利、止损以及双向委托交易，事先锁定收益或损失	个人外汇买卖业务采取实盘、即期交易方式	交易方式包括即时交易、挂盘交易、委托交易等多种交易方式，实现电话交易、柜台交易、自助交易、网上交易等多种交易渠道
交易方式	柜台交易、电话交易、自助终端和网上交易多种交易方式	T+0 交易，每日交易次数不限，投资更为灵活	委托交易分为获利挂单、止损挂单、双向挂单和追加挂单四种形式	交易方式包括即时交易、挂盘交易、委托交易等多种交易方式，实现电话交易、柜台交易、自助交易、网上交易等多种交易渠道
交易币种	美元、欧元、英镑、澳元、港币、瑞士法郎、日元、加拿大元、新加坡元，可做直接盘交易与交叉盘交易	美元、欧元、英镑、澳元、港币、瑞士法郎、日元、加拿大元、新加坡元，可做直接盘交易与交叉盘交易	美元、日元、港币、英镑、欧元、瑞士法郎、加拿大元、澳大利亚元和新加坡元，各币种可以直接进行共36种货币对之间交易	美元、日元、港元、英镑、欧元、瑞士法郎、加拿大元、澳大利亚元
开户与服务	在中国银行开立活期一本通或定期一本通存折并存入一定数量的外币现汇或现钞，以及持有外币现钞的客户均可在中国银行开办外汇宝业务的网点进行交易	营业网点 电话银行 网上银行 自助终端	客户可持活期存折、定期一本通、定期存单、现金或19位储蓄卡，到经办个人外汇买卖业务的柜台进行柜台交易，也可利用19位储蓄卡在我行自助终端上进行交易，或在签约后通过电话银行、网上银行、手机银行进行交易	客户持有外币现金或在交行有外币活期储蓄存款，与交行签署《交通银行个人外汇买卖（实盘）交易守则》后，即可进行外汇宝交易

(二) 虚盘外汇交易

"虚盘"是相对于"实盘"而言的。虚盘外汇交易又称外汇保证金交易、按金交易、合约现货外汇交易,是指投资者和专业从事外汇买卖的金融公司(银行、交易商或经纪商),签订委托买卖外汇的合同,缴付一定比率(一般不超过10%)的交易保证金,便可按一定融资倍数进行的外汇交易。因此,这种合约形式的买卖只是对某种外汇的某个价格做出书面或口头的承诺,然后等待价格出现上升或下跌时,再做买卖的结算,从变化的价差中获取利润,当然也承担了亏损的风险。由于这种投资所需的资金可多可少,所以,近年来吸引了许多投资者的参与。

与个人外汇实盘交易相比外汇虚盘交易有以下特点:

1. 以合约形式买卖外汇。外汇合约的金额以固定的数目作为一个单位来进行,通常叫做1手合约。0.1手为1个迷你合约。

2. 以小博大。客户实际交易金额是其交付保证金的几十倍或上百倍。各机构在这方面有所不同,有10倍至100倍,甚至高达500倍的杠杆率,投资者可根据自身承受风险的能力选择不同的杠杆率,毕竟扩大资金倍数获得高收益的同时,也承担着高风险。当客户买卖亏损达到保证金一定比率时,要及时追加保证金,否则银行将强制平仓。

3. 双向操作。投资者可以做多也可以做空,即先以低价买入,等待汇价上升再高价卖出,或者先高价卖出,等待汇价跌落再低价买入。

4. 财息兼收。在外汇保证金交易中,投资者不仅能获得汇率变化的价差收益,还可获得利息收入。但只有买高息外币才有利息收益,卖高息外币不但没有利息收入,还必须支付利息。由于各国的利息经常调整,因此,不同时期不同货币的利息的收支是不同的,投资者应以从事外币交易的交易商公布的利息收取标准为依据。

计息方法是以投资者的合约金额计算。直接标价法的外币,如日元、瑞士法郎等的计算公式为:

合约金额×(1/入市价)×利率×(天数/360)×合约数

间接标价法的外币,如欧元、英镑、澳元等的计算公式为:

合约金额×入市价×利率×(天数/360)×合约数

【课堂讨论】
虚盘外汇交易在放大投资者的交易资金的同时,还放大了什么?

三、按照外汇交易的性质,主要可分为外币现钞交易、即期外汇交易、远期外汇交易、套汇交易、套利交易、掉期交易、外汇期货和外汇期权等

(一) 现钞交易

现钞交易是银行、旅游者以及由于其他各种目的需要外汇现钞者之间进行的买卖,包括现金、外汇旅行支票、汇款单等。

外汇现钞业务分为批发现钞交易和零售现钞交易。零售现钞交易是由银行、个人、公司客户之间外币现钞或旅行支票的买卖。其交易规模较小,但每天交易总额也很大。批发

现钞交易是指银行之间外币现钞和旅行支票的买卖。其每天交易额巨大,绝大部分外汇交易发生在银行同业间外汇市场。在外币现钞交易中,零售的买卖价差(4%~5%)一般大于批发的买卖价差(2%)。外币现钞交易相对于其他外汇交易具有金额小、汇率一天一定和买卖差价大的特点。

(二) 即期外汇交易

即期外汇交易(Spot Exchange Transaction),又称现汇交易,指买卖双方在外汇买卖成交后,在两个营业日内办理交割(Delivery)的外汇业务。其对应的汇率为即期汇率或现汇汇率,通常所说的汇率,如无特殊说明,一般指即期汇率。

(三) 远期外汇交易

远期外汇交易(Forward Exchange Transaction)又称期汇业务,是一种买卖外汇双方先签订外汇交易合同,约定交易外汇的数量、汇率和未来交割的时间,到未来约定的交割日进行交割的外汇交易。远期交割的期限一般为1个月、3个月、6个月或1年。

(四) 套汇交易

套汇是指利用不同的外汇市场、不同的货币种类、不同的交割时间以及一些货币汇率和利率上的差异,进行从低价买进高价卖出,从中赚取利润的外汇买卖。套汇一般分为地点套汇、时间套汇和利息套汇三种形式。

(五) 套利交易

套利(Arbitrage)是利用两个国家外汇市场的利率差异,把短期资金从低利率市场调到高利率的市场,从而赚取利息收入。包括非抵补套利和抵补套利两种形式。抵补套利是指在把资金调往高利率货币套利时,在外汇市场上卖出远期高利率货币的本利和,即在套利的同时做远期交易,以规避汇率风险的套利活动。非抵补套利是指在套利的同时,不利用远期做反方向交易轧平头寸。

(六) 掉期交易

掉期外汇交易从广义上属于套汇交易的一种,也叫时间套汇。它是指同时买入或卖出同种货币、同等金额而期限不同的外汇,以规避汇率风险或套取汇率、利率差额的外汇交易。掉期外汇交易按参加者不同可分为两种:①纯粹的掉期交易,指交易只涉及两方;②分散的掉期交易,指交易涉及三个参加者,即银行与一方进行即期交易的同时与另一方进行远期交易。按照交割期限不同又可分为:①即期对即期(Spot Against Spot);②即期对远期(Spot Against Forward);③远期对远期(Forward Against Forward)。

(七) 外汇期货交易

外汇期货交易是指在固定的交易场所以公开叫价的方式进行外汇期货合约买卖的外汇交易。它是金融期货中最早出现的品种。自1972年5月芝加哥商业交易所(CEM)的国际货币市场分部推出第一张外汇期货合约以来,随着国际贸易的发展和世界经济一体化进程的加快,外汇期货交易一直保持着旺盛的发展势头。它不仅为广大投资者和金融机构等经济主体提供了规避汇率风险的有效套期保值工具,也为套利者和投机者提供了新的获利手段。

(八) 外汇期权交易

外汇期权交易亦称选择权,是指期权合约的买方在支付一定费用后,可以获得在约定的时间内按规定的价格买卖约定数量的某种货币的权利或放弃这种买卖权利的一种交易。

【知识链接】

远期外汇综合协议与远期利率协议

远期外汇综合协议是指双方约定买方在结算日按照合同中规定的结算日直接远期汇率用第二货币向卖方买入一定名义金额的原货币，然后在到期日再按合同中规定的到期日直接远期汇率把一定名义金额的原货币出售给卖方的协议。即：从未来某个时点起算的远期外汇协议，即当前约定未来某个时点的远期汇率，其实质是远期的远期。

远期利率协议（Forward Rate Agreement FRA）是指交易双方约定在未来某一日期，交换协议期间内一定名义本金基础上分别以合同利率和参考利率计算的利息的金融合约。签订该协议的双方同意，交易将以某个预先确定时间的短期利息支付。用以锁定利率和对冲风险暴露为目的的衍生工具之一。其中，远期利率协议的买方支付以合同利率计算的利息，卖方支付以参考利率计算的利息。

远期利率协议交易具有以下几个特点：一是具有极大的灵活性。作为一种场外交易工具，远期利率协议的合同条款可以根据客户的要求"量身定做"，以满足个性化需求；二是并不进行资金的实际借贷，尽管名义本金额可能很大，但由于只是对以名义本金计算的利息的差额进行支付，因此实际结算量可能很小；三是在结算日前不必事先支付任何费用，只在结算日发生一次利息差额的支付。

金融机构使用远期利率协议（FRA）可以对未来期限的利率进行锁定，即对参考利率未来变动进行保值。其主要功能是：①通过固定将来实际交付的利率而避免了利率变动的风险；②利率用利差结算，资金流动量小，为银行提供了一种管理利率风险而又无需改变资产负债结构的有效工具；③远期利率协议具有简便、灵活、不须支付保证金等优点。

远期外汇综合协议与远期利率协议的最大区别在于：前者的保值或投机目标是两种货币间的利率差以及由此决定的远期差价，后者的目标则是一国利率的绝对水平。

资料来源：360百科。

教学活动2　外汇交易盈亏的计算

【活动设计】

1. 教师讲解影响外汇交易盈亏的因素，实盘交易和虚盘交易的计算方法；

2. 学生计算实盘交易和虚盘交易的盈亏;
3. 组织学生讨论分析影响外汇交易盈亏的因素。

【案例导入】

炒外汇收入要交税吗？

炒外汇收入要交税吗？答案是不需要的。外汇收入不需要缴纳个人所得税。但这也要分情况来看待，如果交易者是炒的实盘外汇，通过货币兑换、外汇储蓄等方式赚取的利息，那么换算成人民币存入账户的话是需要缴纳个人所得税的。当然交易者如果不需要换算存入人民币账户，那么也就无需交税。另外一种情况，如果交易者是通过外汇保证金交易赚取的收入，那么是不需要缴税的。因为进行外汇保证金交易的话，交易者的资金存放在国外银行账户，交易行为也发生在国外，属于国外收入，所以无需交税。

资料来源：搜狐财经，2018.01.15。

【基础知识】

尽管外汇交易平台能够自动为交易者计算盈亏，但我们也应该了解外汇交易赢亏计算的基本原理。

一、影响外汇交易盈亏的因素

(一) 机会成本

任何投资都会有机会成本。机会成本，是指做一个选择后所丧失的不做该选择而可能获得的最大利益。简单地讲，任何决策，必须作出一定的选择，被舍弃掉的选项中的最高价值者即是这次决策的机会成本，即不做外汇交易，而把资金另外安排所可能赚取得收益。这个另外安排的投资方式必须是非常稳妥的，几乎可以认为无风险的投资，这种几乎无风险的投资我们一般可以是银行存款。比如美元一年的存款利率是3%，那么我们在其他市场投资或者说进行外汇交易的时候，如果一年的收益率小于3%，这仍然应该被看作亏损，达到3%才刚好达到了平手，毕竟我们在进行外汇交易的时候付出了风险，所以只有得到更大的收益才能算是物有所值。

(二) 汇率的变化

投资者从汇率的波动中盈利。盈利或亏损的多少是按点数来计算的，所谓点数实际上就是汇率涨/跌的变动数量。外汇汇率都是用五位数来表示的，最后一位数称为点，变动1点就称涨/跌1点。在直盘交易中，间接标价法里的每种货币的每一点所代表的价值都等于10美元，而直接标价货币的每一点所代表的美元数额则有所不同，但大致也等同于10美元（可以根据后面的公式进行计算）。在合约现货外汇买卖中，赚的点数越多盈利也就越多，赔的点数越少亏损也就越少。

(三) 利息的支出与收益

买高息外币会得到一定的利息（如港元的年利率为6%，当交易者购买港元后，银行将支付交易者6%的年利率，而银行或经纪商贷给交易者这笔钱的利息为5%，那么两者相减后，交易者还将有1%的利息回报），但卖高息外币就要支付一定的利息。如果是短线的交易，例如当天买卖或者在一二天内结束交易，就不必考虑利息的支出与收益；但对中、长线投资者来说，利息问题却是一个不可忽视的环节。例如，投资者在1.7000价位时先卖出1手欧元，一个月以后，欧元的价格还在这一位置，但若按卖欧元要支付8%的年利，则每月的利息支付就高达667美元，这是一笔不少的支出。但也不能把眼光只盯住利息收入而忽视外币走势，一般是把外汇汇率的走势放在第一位，而把利息的收入或支出放在第二位，毕竟汇率的波动幅度比利率要大得多。

(四) 点差成本的支出

投资者买卖外汇要通过银行或经纪商进行，而银行或经纪商一般是要收取点差的。比如，他们告诉交易者买卖1手欧元的点差为3点，即意味着他们会在买价的基础上加3个点来卖出，以作为经纪的酬劳。银行或经纪商收取的点差是按投资者买卖合约的数量来计算的，而不是按盈利或亏损的多少而计算的。因此，投资者也要把这一部分支出计算到成本中去。

【课堂讨论】
如果你进行外汇交易投资，你最关注哪一个影响外汇盈亏的因素，为什么？

二、实盘交易的盈亏计算

实盘外汇买卖的盈亏计算与股票基本一致，是1∶1的实际买卖。

例如，某投资者在1.1900价位用10万美元买入欧元，后平仓于1.2100，盈利200点，盈利金额为：100 000美元/1.1900 × 1.2100 − 100 000美元 = 1 680.67美元；如果平仓价位在1.1800产生亏损，则亏损金额为：100 000美元/1.1900 × 1.1800 − 100 000 = −840.34美元，即亏损了840.34美元。计算公式为：本金/买入汇率 × 卖出汇率 − 本金 = 盈亏金额。

三、外汇保证金的盈亏计算

外汇保证金交易是一种合约交易，所以它的盈亏计算方式与实盘有很大的差异。这里采用放大比例为100倍的杠杆交易进行说明，100倍放大比例是海外保证金交易最常见的比例，而风险大小并不取决于倍数，只取决于投资者所采用的仓位的大小。

(一) 做多

例如，某投资者在1.1900价位做多欧元，仓位为1个标准单（占用保证金1 000美元），后平仓于1.2100，盈利200点，欧元每点价值10美元。盈利金额为：(1.2100 − 1.1900) × 10 = 2 000美元。

如果亏损，上述头寸平仓于1.1850，那么亏损金额为：（1.1850 − 1.1900）×10×1 = −500美元。

计算公式为：每点价值×（平仓价 − 入场价）×仓位 = 盈亏金额

（二）做空

例如，某投资者在1.1900价位做空欧元，仓位为1个标准单（占用保证金1 000美元），后平仓于1.1800，盈利100点，欧元每点价值10美元。盈利金额为：（1.1900 − 1.1800）×10×1 = 1 000美元。

如果亏损，上述头寸平仓于1.1950，那么亏损金额为：（1.1900 − 1.1950）×10×1 = −500美元。

计算公式为：每点价值×（入场价 − 平仓价）×仓位 = 盈亏金额

需要注意的是，不同货币的每点价值也有所差异，比如欧元、英镑、澳元等货币标准单每点价值都是10美元，而日元、瑞郎、加元的标准单每点价值均不到10美元，交叉盘的每点价值也分别不同。

在保证金交易的盈亏计算中，如果持仓过夜，还应考虑到各个货币的隔夜利息差异。就某个货币对而言，做空低息货币/高息货币，可以得到隔夜利息，做多低息货币/高息货币需要付出隔夜利息；做多高息货币/低息货币可以得到隔夜利息，做空高息货币/低息货币需要付出隔夜利息。隔夜利息是会经常变动的，主要由资金在国际市场上的信贷需求和各货币的自身利率决定。如果是短线的投资，利息支出与收益很少，利息支出对盈利或者亏损影响很小。但对于中、长线投资者来说，利息问题却是一个不可忽视的主要因素。

【单元实训】

1. 目前我国参与股票投资的人众多，但多数处于亏损状态，通过对外汇交易的学习，你更倾向于哪种投资方式。

问题1：外汇投资的优势？

问题2：外汇投资与股票投资的差异？

提示：从交易时段、交易规模、参与者、投资方式等角度分析。

2. 某投资者进行外汇实盘交易，在1.2200价位做空欧元10万，由于后平仓于1.1900，计算其盈亏（不考虑手续费）。

提示：利用实盘交易盈亏的计算方法。

3. 假设某人以1.6432的价位卖了一手标准合约的英镑（每手10万），保证金比例为1%，当天英镑下跌，于1.6135平仓，计算该投资者盈亏。如果他于1.6660平仓，结果又如何？

提示：利用虚盘交易盈亏的计算方法。

任务三
外汇交易流程和操作

【任务要求】

教师要讲解外汇交易流程、外汇交易平台、外汇交易指令。

学生要了解和掌握外汇市场实盘交易方式，熟悉汇率的报价形式，了解外汇市场讯息的查询方式和渠道，正确开展外汇保证金模拟交易，能够通过外汇交易平台进行外汇交易下单操作等。

教学活动 1　选择外汇交易（开户）银行

【活动设计】

1. 教师讲解不同银行的开户规则，培养全面评价外汇交易成本的能力；
2. 组织学生讨论分析如何选择交易开户的银行。

【案例导入】

外汇交易开户常见问题

全球有两个国家对外汇交易商的客户资金安全有着严格的监管，有专门的管理法律。这两个国家分别是美国和英国。所以，希望大家一定要找在这两个国家接受监管的交易商来开户。他们的政府监管机构分别是：

美国监管机构：

美国联邦期货业协会，简称 NFA，官方网址：www.nfa.futures.org

联邦商品期货交易委员会，简称 CFTC，官方网址：www.cftc.gov

英国监管机构：

英国金融服务授权机构，简称 FSA，官方网址：www.fsa.gov.uk

以上政府监管机构对客户资金账户安全的防范是非常严格的：首先，客户资金和交易商公司营运资金账户是分离存放于银行。因而，交易商无法挪用客户资金，甚至就算交易商公司出现财政问题，客户资金也不会受到影响。其次，还要有一家保险公司来为这家托管银行进行信用保险，由保险公司来赔偿客户损失。因而，最坏的情况——银行也破产的情况下，也有保险公司赔偿客户的资金。最后，各交易商的客户投诉和处理结果，都会通告并永远纪录在案，大家在相应官方网址都可以查询到。

资料来源：http://www.xixiaobei.com/shetuan/58420.html

【基础知识】

目前,绝大部分银行都开办有外汇买卖业务。外汇交易基本遵从选择外汇交易(开户)银行、开户、利用外汇交易平台操作等流程。

选择好的开户银行对投资者进行个人外汇买卖有很大的作用。主要考虑以下几个方面:

1. 手续费用。各开办个人外汇买卖业务的银行机构均是以国际金融市场价作为中间价,以此为参考进行"贱买贵卖"赚差价。即银行在买入时在中间价基础上减去一定费用,在卖出时再加上一定费用。这个费用被业内人士称为"点子","点子"越低,对投资者而言越经济。

2. 外汇交易币种。银行所提供的外汇交易币种越多,投资者选择的余地就越大,盈利和减少风险的机会也就自然增多。每个交易日约有22至23个小时的汇市,银行的营业时间越长,客户把握的机会也就越多。

3. 汇市行情瞬息万变,开户银行是否能与国际大通讯社信息系统联网,自动显示即时更新的外汇牌价则显得十分重要。如交通银行的"外汇宝"报价是与路透社的报价同步变化,而且覆盖东京、伦敦、纽约等全球主要外汇市场,对于喜欢捕捉机遇的投资者而言,是个不错的选择。由于大多数客户是采用电话委托交易方式,电话线路是否及时畅通、通讯故障是否能及时排除、有关银行卡、存折是否能方便交易,也是选择银行时必须要考虑的。

4. 外汇交易平台的稳定性。每个交易商公司都有自己的交易平台软件,平台的稳定性很重要。如果老出现连不上服务器或服务器经常不响应等,会影响外汇交易的操作。可通过交易商提供的交易软件申请个模拟账户,考察交易平台的稳定性。

5. 配套服务。一些银行开办了"外汇买卖预留订单"业务,客户不必时刻盯着汇率变化,只要通知银行一个期望成交的"心理价位",待汇率变化到此位置,银行就会自动交易兑现。还有的银行通过电话授权转账业务,能将买卖收入及时转到投资者的外币储蓄存折上或者银行卡上,从而使投资者的买卖收入及时生息。

【知识链接】

国内不正当外汇代理公司的一些特点

1. 接受人民币汇款。人民币是不可自由兑换货币,境外正规交易商不会接受人民币汇款的。

2. 用个人账户接收资金来开户,入金账号为私人账户。这一点绝对不可取,正规交易商是绝对不会用私人账户接受入金汇款的。

3. 接受第三方汇款。由于正规交易商受到当地监管部门的监管,为防止洗黑钱及资金转移,是不接受第三方汇款的。

4. 交易商不受监管。这一点要分两部分来说,不受监管不仅指没有受到监管部门监管的交易商,也包括一些本身监管力度就非常松散的国家或地区的外汇交易商。

5. 资金没有汇往境外。一方面，既然是国外正规交易商，那么只应接受投资者本人汇款，肯定是直接汇往交易商账户才可以；另一方面，如果代理公司说先将资金汇往其在国内或香港某银行，再行汇入境外交易商账户，那么投资者资金就有被挪用的风险存在。

6. 香港外汇保证金公司，称能做1:100的杠杆。注意：香港法律规定当地外汇保证金杠杆是不能超过1:20的。

资料来源：http://www.xixiaobei.com/shetuan/58420.html

教学活动2 开户

【活动设计】

1. 教师讲解外汇交易开户的流程；
2. 学生实训操作外汇交易开户，熟悉交易开户的流程。

【案例导入】

虚盘外汇交易愈燃愈炽　监管震怒喊停

2006年3月，银监会发布有关禁止非法外汇交易的公告。公告指出，未经中国银监会许可，任何外国机构不得在中华人民共和国境内宣传、推介外汇交易业务，不得通过互联网向中华人民共和国境内自然人提供外汇交易服务。事实上，境内出境炒汇管制政策在1994年就已经出台。

不过现在看来，当时"安分"下来的只是国内银行等实盘交易商，境外外汇交易商一直暗流涌动。

杜在广州就充当着链条中经纪人的角色。1993年开始接触股市的他，在2005年选择进入汇市，成为福汇亚洲在国内的众多个体介绍商之一。通过杜的介绍，记者了解到，总部设在香港的福汇亚洲在上海、广州等多个城市都设立了办事处。广州业务是在一个名叫基技科技（深圳）有限公司的平台上操作的，主要以"威力学堂"的名义开展外汇交易教育培训工作，目前办公地点设在中信广场。

一般来说，社会先说服客户下载安装实时行情软件和模拟实习软件，并在3周模拟交易成功后"建议"客户开户交易，客户可以直接在中信广场办事处开户。社会给客户提供两种开户形式，美国式迷你账户或者香港式账户，前者杠杆放大200倍，后者则放大20倍。

开立美国式迷你户口时，最少投入资本金300美元（约2 400元人民币），而福汇亚洲方面的专家会建议投资者，初次投资外汇保证金交易，资本金最好不少于1 000美元。杜会这样告诉客户，英镑/美元每日波动空间都超过100点，欧元/美元每日有平均超过70点的波幅。迷你户口杠杆能放大200倍，1手基本合约是投资50美元，相当于运作实盘 10 000 美元的买卖，1 手单每赚 1 点的价值约等于 1 美元，收益诱人。

资料来源：http：//forex.hexun.com/2006 - 03 - 27/100604497.html，作者：徐永。

【基础知识】

个人外汇买卖业务需到开办相关业务的银行开户，开户的主要方式和流程大体相同，只是在有关细节上有所差异。具体如下：

一、柜台交易

该交易是客户在银行柜台办理外汇买卖业务的交易方式，其具体步骤如下：

1. 客户在银行营业网点柜台前领取《个人外汇买卖业务申请书》。填写姓名、年龄、有效身份证号码、地址、户名、账号、存单号、买卖外币的币种、金额、认可的汇率等内容。

2. 正确填写各项数据，连同本人身份证件、外币现金、存折或存单交柜台经办员审核清点。

3. 柜台经办审核清点无误，据此填写《外汇买卖证实书》，并交给客户确认，成交后，以该证书上的汇率为准，客户签字后即视为成交，成交后该笔交易不得撤销。

4. 经复核员复核无误后，经办员将确认书、身份证件、客户的存折或现金交给客户。

二、电话交易

该交易是客户在银行规定的交易时间内，使用音频电话，按照规定的操作方法自行按键操作，通过银行的个人外汇买卖电话交易系统，进行个人外汇买卖的交易方式。其具体步骤如下：

1. 客户需先持有身份证明到银行开立个人外汇买卖电话交易专用账户。仔细阅读电话委托交易规程和操作说明，将填写好的电话交易申请表或委托书、身份证件、开户外币资金、存折交柜台，提交设定电话委托的专用密码。

2. 按照各个银行的交易规程和电话语音提示进行交易操作。

3. 电话交易完成后，客户可以通过电话或传真查询证实。成交后该笔交易不再撤销。

三、自助终端交易

该交易是客户通过银行提供的自助终端机进行个人外汇买卖的交易方式。其具体步骤如下：

1. 持有身份证件到银行网点提出申请。填好有关申请表并签署协议。开立账户并存入一定金额的外币。自行输入密码后，自助交易账户就开通了。

2. 客户借助银行网点的自助终端设备，输入正确的密码，按照交易终端的提示，点触屏幕菜单或输入数字，可以完成查询汇率牌价和行情走势。完成即时交易，打印成交对账单，补登存折等业务。

四、网上交易

该交易是客户借助个人计算机，登陆各银行的网站，按照界面提示进行外汇买卖交易。其具体步骤如下：

1. 到银行开立账户并申请开通网上交易。
2. 利用计算机和互联网登录网上银行进行个人外汇即时买卖或委托交易。

五、手机交易

客户购买移动或联通公司的 STK 卡后，在银行完成签约等手续，即可通过目前市场上常见型号的手机进行个人外汇买卖交易及查询。

教学活动3 外汇交易平台的操作

【活动设计】

1. 教师讲解外汇交易平台的操作方法；
2. 学生实训联系操作外汇交易平台，锻炼实际操盘能力。

【案例导入】

2017年十大外汇交易平台排名

到目前为止，国内的外汇平台也已经超过1 000家，在众多外汇平台中，投资者如何选择一个正规的外汇平台呢？

1. 福汇FXCM。FXCM福汇是目前国内最大的外汇交易平台，进入国内较早。福汇受英国FCA监管，同时已经上市，资金比较有保障，总的来说，是相当专业的。开户难度：较为繁琐；最低入金：100美元/信用卡50美元；杠杆：最高1:400倍；出入金：提供最方便的银联出入金方式。入金免费，出金每月前两次免除手续费；点差：不同货币对点差不同，欧美最低1.3点。

2. FOREX嘉盛。FOREX嘉盛可以说是目前全球第二大外汇交易商，美国上市集团，资金安全没有问题。是目前全球最受欢迎的外汇交易商之一。开户难度：中等；最低入金：100美元；杠杆：最高1:400倍；出入金：提供银联出入金的方式，简单快捷；点差：欧美点差1.6左右。

3. BFS牛汇。BFS牛汇作为刚刚进入国内的外汇交易平台，短短几年凭借其独特的投资理念和专业的服务精神，被业内称为黑马外汇平台。入金门槛低，高杠杆，深受小资金投资者的喜爱。开户难度：简单；最低入金：5 美元；杠杆：1 000 倍；出入金：支持银联出入金，以及信用卡、电汇、网上银行等，操作简单、无手续费；点差：牛汇账户欧美点差最低 1.4 左右。

4. OANDA。OANDA 中文名字是万达，成立于 1995 年，是国内领先的互联网交易货币公司，也是外币兑换当地货币服务和货币信息服务领域的全球领导商。开户难度：中等；最低入金：1 美元；杠杆：最高 1:50 倍；出入金：支持网上银行转账和信用卡，但信用卡只支持台湾、澳门和香港，出金时间是 3~5 天，含手续费；点差：最低点差在 1.4~3 点之间。

5. 兴业投资 HY INVESTMENT。兴业投资总部设于伦敦，拥有提供零售投资者金融产品交易和服务的牌照，由英国金融服务管理局（FCA）授权和监管。历史比较悠久，集团创立于 20 世纪 70 年代，距今 40 余年。开户难度：中等；最低入金：20 美元；杠杆：最高 1:200 倍；出入金：支持借记卡、移动支付、双币卡和银行汇款，处理时间 3 到 7 个工作日，收取手续费较高；点差：主要货币欧美 2.0 个点。

6. AETOS 艾拓思。AETOS 艾拓思是澳大利亚的金融服务商，总部位于澳大利亚，受澳大利亚（ASIC）监管，资金得到了保证。开户难度：中等；最低入金：250 美元；杠杆：最高 1:400 倍；出入金：电汇、银行卡和信用卡等多种支付方式，电汇出金一般 1 到 5 个工作日，另外收取 25 美元的行政费用；点差：主要欧美点差 2~3 个点。

7. GKFX 捷凯金融。GKFX 捷凯金融集团的总部位于英国伦敦并受到英国金融行为监管局 FCA 监管，保证了资金的安全性。开户难度：中等；最低入金：没有入金要求；杠杆：最高 1:400 倍；出入金：GKFX 提供银行电汇、邮政汇款、网银汇款、信用卡汇款等入金方式，2~3 个工作日即可交易；点差：主要欧美点差 1.8 个点。

8. SAXO 盛宝金融。盛宝金融总部位于丹麦，主要做的是网上投资，外汇是其业务核心，总的来说，在国内也是比较知名的。开户难度：中等；最低入金：10 000 美元；杠杆：最高 1:200 倍；出入金：支持银联和电汇，电汇出金低于 1 000 美元收 20 美元的手续费；银联出金收取 2% 的手续费；点差：主要欧美点差 1.5 个点。

9. KVB 昆仑国际。KVB 昆仑国际总部位于新西兰，主要受新西兰和澳洲监管。从资金安全上来看，这个平台是安全的，但是 KVB 合作银行有限，从银行取得的成交较高，这也就导致客户交易成本的上扬。开户难度：简单；最低入金：500 美元；杠杆：最高 1:200 倍；出入金：支持银联和电汇出金，出金一般 1~3 个工作日，出金单笔 40 万元人民币内收取 50 元的手续费，高于 40 万元人民币收取 100 元；点差：欧美点差 3 个点。

10. FXDD（FX Direct Dealer）。FXDD 是世界领先的在线外汇交易平台，是专业外汇交易商。开户难度：中等；最低入金：迷你 500 美元，标准 2 000 美元；杠杆：最高 1:200 倍；出入金：取款金额不受限制，当月第一次取款不收费，第二次取款支付电汇费用 40 美元，同时还需支付十几美元的总转费用；点差：最低点差 2.5 个点。

通过以上介绍不难看出，这些平台都是相对正规的，投资者在平台选择的时候一定要根据自身情况选择适合自己的平台，尤其是刚刚进入外汇市场的新手投资者。一定多方面了解以及多加模拟练习，新手入市是尽量多选门槛比较低的平台，从小开始做起，牛汇、捷凯金融都是不错的选择。

资料来源：搜狐财经，2017.09.26。

【基础知识】

俄罗斯专业金融软件公司 MetaQuotes 出品的多语金融交易平台 MT4 具有强大的图表分析功能以及灵活性和良好的扩展性，使它渐渐成为国内外汇投资者十分青睐的看盘及模拟交易工具，MT 最强大的功能在于其可以自行编制符合个人交易理念的图表分析指标，以及可以实现无人值守的外汇全自动交易。

一、下载

因为 MT4 可以在软件上添加服务器，所以电脑里下载安装一个 MT4，就可以使用多个外汇交易商的服务器了。这里下载的服务器是俄罗斯 Alpari 公司的，可以看外汇和贵金属现货、美元指数、道琼斯工业指数股票、美国股指和商品期货等行情，并且注册的模拟账户如果保持活动，一直有效，不用每个月重新申请。如果对这个服务器不满意，可以参照说明添加更换其他交易商的服务器。官方网站为 http://www.alpari.cn/download-mt4.asp 下载。MT4 要求操作系统在 WIN98 以上，显示器最低要求为 1024×768。

二、安装

双击下载的安装文件，即可进行安装，安装过程第一个界面是选择语言，请选择中文（中国），然后点下一步按照提示安装就可以了。当然如果这里选择的语言不正确，也可以在登陆平台后再进行修改。软件可以覆盖安装在原有的版本上，并且保有原有设置。如果需要同时运行几个账户，则必须安装在不同的文件目录内。

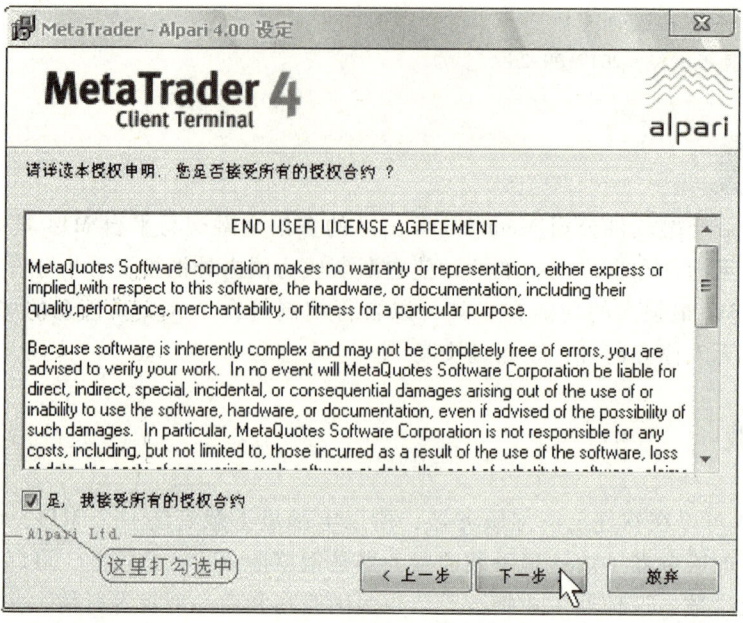

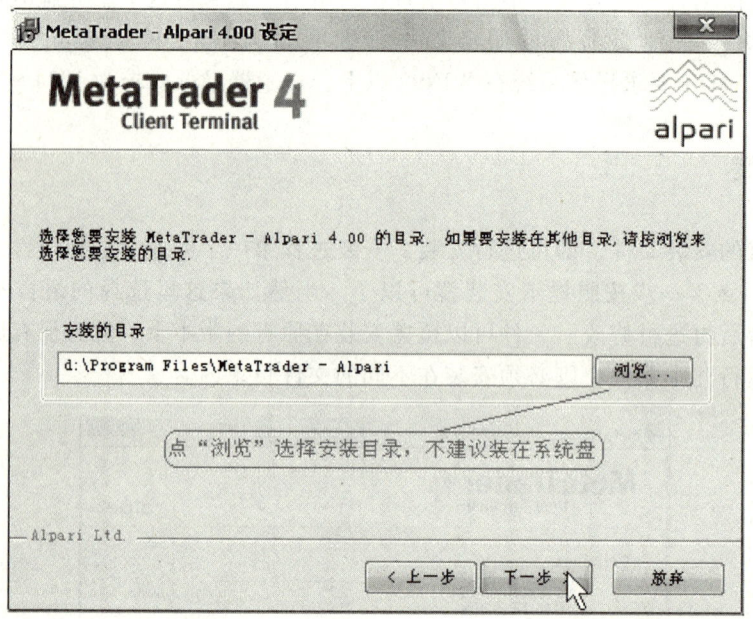

三、申请账号

1. 申请模拟账号：安装完毕，双击程序图标启动软件。初次登陆软件时，系统默认弹出"开新模拟账号"窗口，只有在申请完毕模拟账号后，系统才能连接服务器显示行情。当然，以后也可以随时从"文件"菜单中点"开新模拟账号"选项或者在导航器窗口账户项上点右键选"开新模拟账户"开设一个新的模拟账户。MT 软件注册的账号会有两个密码，一个是交易密码（Password），一个是查询密码（Investor）。交易密码登陆具有交易的全部权限，查询密码登陆只能查看，不能交易。两者不要混淆。如果进入后界面显示的是英文，那么可以点击左上角菜单的第二项 View→Languages，弹出窗口中选择 Chinese（Simplified），即简体中文，然后关闭软件重新启动即可换为中文。

表中各项可以不填真实的个人信息，填完后，你必须选中"我接受订阅你们的新闻简报"，然后才能点"下一步"按钮继续进行注册。

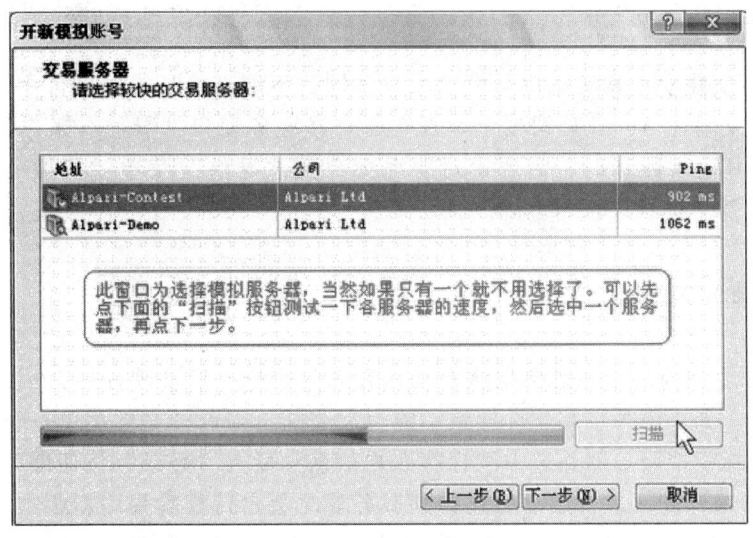

在此选中一个连接的服务器，列表中会列出有效服务器的地址、名称和 Ping 的时间。Ping 的时间最短的服务器最好。

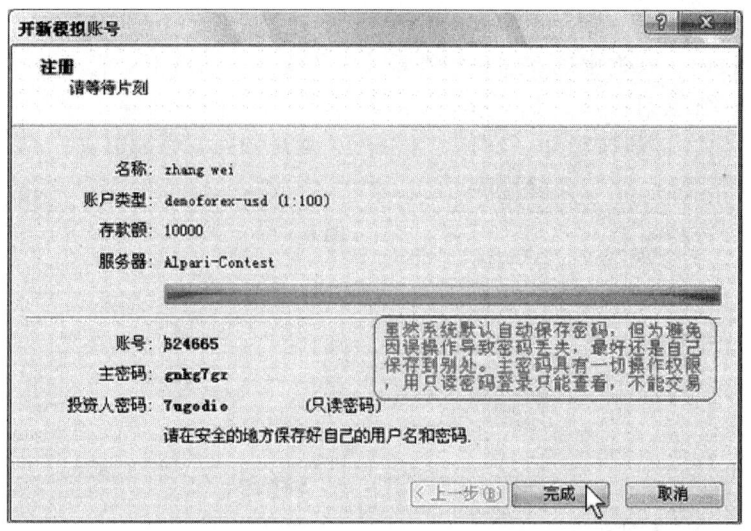

如果注册成功，将会出现打开一个包含所开立账户数据的窗口："账号"——账号的数值，"主密码"——访问密码，"投资人密码"——只读密码。注册后，新账户将会出现在"导航—账户"窗口中。终端栏的"邮箱"里（如下图）也会出现有关注册的消息标题，双击标题可以看到注册的账号密码等信息，账号和密码最好保存到记事本里，以免重装软件后因忘记密码不得不重新注册模拟账户。

2. 开设真实账户：真实账户与模拟账户不同，不能直接从终端软件中开立。账号和密码只能通过交易商 Alpari 公司授予。真实账户在服务窗口"导航—账户"窗口有一个特殊标识。使用真实账户时，需要通过服务窗口的"导航"菜单"导航—账户—登入"或主菜单"文件—登录"进行登陆。

四、登录

1. 模拟账号注册后，系统会默认自动保存账号密码。启动软件后会用此账号密码自动连接服务器。如果因为重装软件导致不能自动登陆，则点"文件菜单—登录"，输入账号和密码、选择模拟服务器并选中"保存账户信息"后点"登录"按钮即可。

2. 在线升级：MT4 软件启动后连接到服务器时会自行检验程序新版本。如果发现新版本，"自动更新"窗口会自动弹出，客户端开始下载更新。下载更新这些文件，按"开始"按钮即可。在窗口中能够查看更新进程和下载进度。下载更新完成后，新版本将会自动安装并重启。有时自动升级到最后一步无法完成，则需要重新去下载最新版本，也可以选择不升级，把弹出的升级窗口直接关掉即可，一般不影响使用。但有些高版本下编译的自定义指标和智能交易不能在低版本 MT4 上运行（出现死机或无反映状态），这点要注意。如何获知正在使用的 MT4 版本信息：点击主菜单"帮助—关于"，版本信息显示在弹出窗口的左小角。

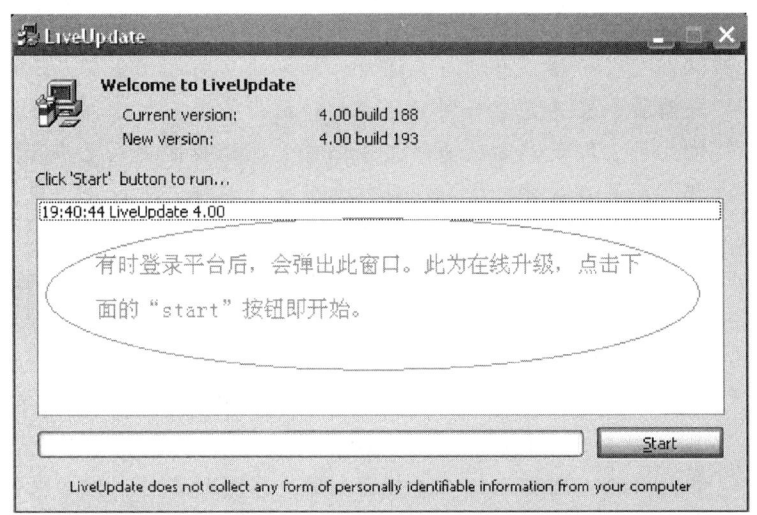

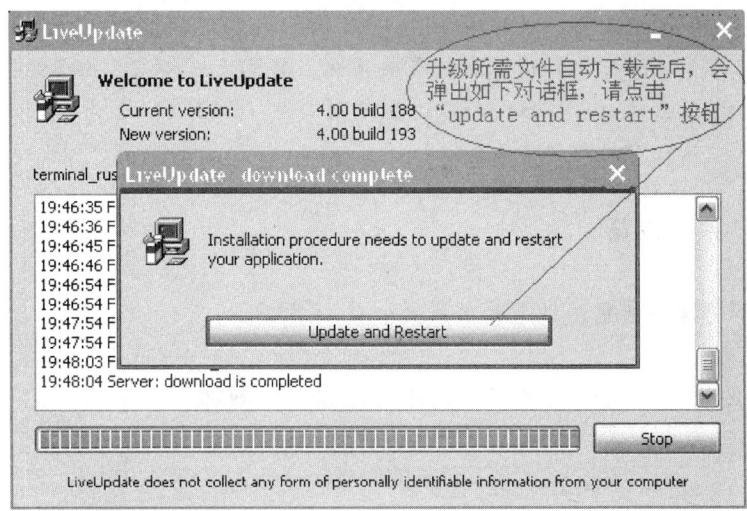

【知识链接】

外汇交易系统

（一）路透社交易系统（Reuter Dealing System）

路透社向商业订户和新闻机构提供了种类繁多的咨询服务，客户来自全球 160 多家大小交易所和 82 个国家的 3 700 多名订户。该社还有 1 700 多名文字和摄影记者组成的消息网，消息通过卫星和电脑传送到世界各地的 199 700 多个终端机上。路透社终端机的操作简单方便，其主要设备包括控制器、键盘和打印机等，即相当于一套带打印机和显示器交易机联网后，交易员只需启动机器，通过键盘输入自己的终端密码，即可与对方银行联系。全世界参加路透社交易系统的数千家银行，每家银行都有一个指定的代码,如中国银行总行的代码为 BCDD。交易员若想与某银行进行交易,在键盘上输入对方银行的代号,接通后即可询问交易价格,并可与其还价。双方的交易过程全部显示在终端机的荧光屏上,交易完毕后即可通过打印机打印出来。这种由终端机打印出来的文件,即是双方交易的文字记录,也是最重要的交易依据。路透终端提供的服务主要包括:即时信息服务、即时汇率行情、趋势分析、技术图表分析和从事外汇交易等。

(二)德励财经资讯系统(Telerate System)

德励财经终端原隶属于美国道·琼斯公司,现隶属于 Money Line 公司,是一家专门的财经资讯公司,它的专家系统,包括了全世界各大交易中心,数千家外汇银行,经纪商,证券公司,研究机构。该系统 24 小时为用户提供外汇、证券、期货、商品等方面的价格行情,还有市场评论、图标分析、走势预测等文字性的资料,信息内容广泛,多达 6 000 多项。而且,德励财经公司专门租用了通讯卫星,以保证信息传送的速度和质量。

除此之外,美联社交易系统、彭博资讯终端、美国的银行间清算支付系统(CHIPS)和环球金融电讯网(SWIFT)也为全球众多外汇交易从业者提供相关服务。

五、用户界面概览

(一)用户终端界面包括以下几个部分:

1. 主窗口标题

软件的标题栏显示当前的账号,软件名称和当前激活的图表窗口的标题及其分析周期。

```
511469: MetaTrader - 模拟账户 - USDJPY,H1
```

2. 主菜单

主菜单包含用户终端能操作的所有指令和功能。主菜单包含以下几个模块:"文件""显视""插入""图表""工具""窗口""帮助"。更加详细的信息请查看"菜单一览"部分。

```
文件(F)  显示(V)  插入(I)  图表(C)  工具(T)  窗口(W)  帮助(H)
```

3. 工具栏

终端软件包含四种类型的工具栏:"常用""图表""画线"和"时段"。这些工具栏与主菜单中的一些指令和功能相同,然而,这些工具栏是可以灵活调整,这些功能在操作过程中会频繁使用。所有的工具栏都是浮动窗口,能够放置在终端工作区的任何地方。通常情况下，工具栏放置在主菜单的下面。主菜单命令"显示—工具栏"能够显示/隐藏工具栏。工具栏按钮的增加和减少，可以使用各自工具栏右键菜单中的"定制"命令来操作。在激活的图表窗口，与分析对象结合的控制操作可以被执行。将鼠标指针放在工具栏按钮上会出现此按钮的功能提示，因为工具栏的功能会在菜单里都有介绍，在此不再赘述。

4．"市场报价"窗口

"市场报价"窗口、"数据窗口""导航"和"终端"都是服务性窗口。这些窗口都是浮动窗口，它们能够以其最有用的展现方式移动到屏幕的任何地方。打开/关闭"市场报价"窗口能够使用快捷键 Ctrl + M，或使用主菜单命令"显示—市场报价"，或按"常用工具栏"中的 按钮。

在这个窗口中显示客户终端从服务器接收到报价的所有金融品种。在客户终端安装后，这个列表中包含了一套初始的品种名称。终端下次运行的时候，上次程序退出时的品种列表被恢复显示。

在"市场报价"窗口区域按鼠标右键，则显示出右键菜单。"显示所有商品"命令可以显示所有可提供的品种列表。在抬头"买价""卖价""日期"中显示的报价开始从这些品种接收过来。为了最小化访问流量,可以将报价窗口中没用的品种使用右键菜单中的"隐藏"或"Delete"键删除。这样就仅仅只接收保留在列表窗口中的品种的报价。"隐藏全部"命令将删掉除了有开仓头寸以外的所有品种。"商品列表"命令可以打开"商品"窗口,这个窗口列出了所有可以提供的品种。在这个窗口中,品种按照不同的类型:"Forex"(外汇)、"CFDs"(差价合约)、"Futures"(期货)、"Stocks"(股票)、"Indexes"(指数)进行了分组。"显示商品"命令可以增加所需要的品种,"隐藏商品"命令能够从报价窗口删除品种。"自定商品组合"可以将设置好的报价窗口保存为文件,以后可直接调入。

5. "图表窗口"命令

"图表窗口"命令能够打开选中品种的图表窗口。"新定单"命令调用定单控制窗口。"弹出报价"命令或按 F10 键则能够在屏幕上弹出另外一个报价窗口,这个窗口中列出的品种和"市场报价"窗口中列出的品种一样,并可以在右键菜单设置属性。

"即时图"标签能够显示选中品种的每笔价位图。

6. "数据窗口"

当把鼠标指针放在图表中的 K 线上,"数据窗口"便显示此 K 线的价位(开高低收价)、时间和图表中的技术指标数值。"数据窗口"是一个信息窗口,不能进行任何其他的操作。在这个窗口中,可以快速得到需要的信息,甚至可以拷贝出窗口内的信息用作其他用途,拷贝操作需要执行"复制"命令,这个命令只在"数据窗口"的右键菜单中提供。

7. "导航"窗口

导航窗口列出的功能用树状结构显示，包括"账户""技术指标""智能交易系统""自定义指标""脚本"，导航窗口能够帮助快速的管理这些对象。"导航"允许快速访问不同的终端功能。这个窗口可以使用快捷键 Ctrl + N 打开，或者使用主菜单中的"视图—导航"命令打开；或者按"标准工具条"中的 按钮。

（1）"账户"列出已开的账户。在右键帮助菜单可以打开一个新的模拟账户或删除一个旧账户。为了获准进入一个账户，需要执行"登入"命令或者鼠标双击所选账户的名称。"删除"命令可以删除一个账户，"开新模拟账户"命令可以打开一个新的账户。

（2）"技术指标"组列出了基本的技术分析指标。在选中的技术指标上通过双击鼠标左键或使用右键菜单中的"附加到图表"命令能够在图表上加上该技术分析指标。除此以外，还可以用鼠标将选中的技术指标拖拽到任何一个图表中。

（3）"智能交易系统"列出能提供的所有智能交易系统。右键菜单"创建智能交易系统"能够开始创建一个新的智能交易系统。"修改"用来修改已有的智能交易系统，"删除"用来删除智能交易系统。在选中的智能交易系统上通过双击鼠标左键或使用右键菜单中的"附加到图表"命令能够在图表上加上该智能交易系统。还可以用鼠标将选中的智能交易系统拖拽到任何一个图表中。如果这个智能交易系统的按钮是灰色，则表示这个智能交易系统不能使用。

（4）"自定义指标"列出所有提供的用户自定义指标。

（5）"脚本"中列出所提供的脚本。

"自定义指标"和"脚本"的控制和"智能交易系统"的控制类似。

注意：更加详细的信息可以阅读"智能交易系统，自定义指标和脚本"部分。

在"导航"窗口，除了上面描述的"常规"标签以外，还有"收藏夹"标签。这可以快速访问经常使用的对象。例如，在这个标签内可以仅仅放置需要的账号、技术指标、脚本和智能交易。这样就能够加快交易员的工作速度，尤其在需要高效操作的时候。为了移动所需的对象到"收藏夹"，需要运行右键菜单中的"添加到收藏夹"命令。如果在收藏夹中的一些对象不再需要，您可能使用右键菜单中的"从收藏夹删除"命令从标签中删除。

注意：在"收藏夹"中的所有对象能够没有任何限制地执行它们的功能。

8. "终端"窗口

"终端"——是一个多功能窗口，它能够控制交易活动（交易），查看新闻（新闻）和账户历史（账户历史），设置预警（警报），同时也可以使用 Internet 邮箱（邮箱）和系统日志（日志）。这个窗口可以使用主菜单命令"视图—终端"打开，或使用快捷键 Ctrl + T，或按"标准"工具条中的 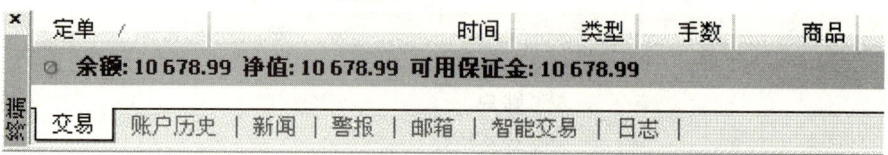 按钮。

（1）"交易"标签。

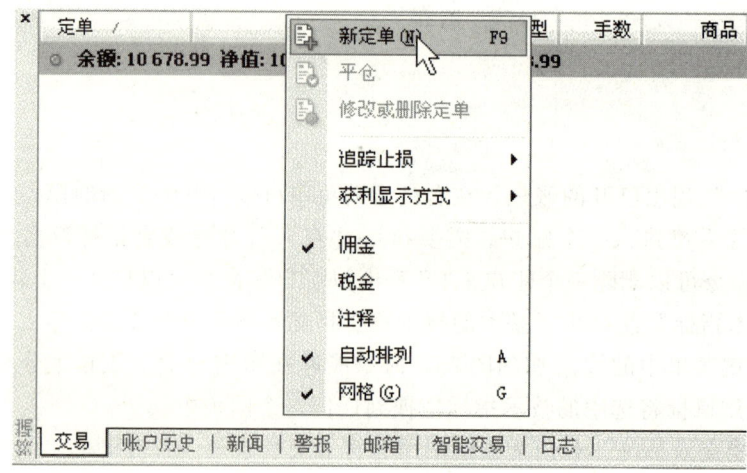

"交易"包含当前账户状态信息、开仓记录和被列出的定单情况。在其右键菜单中可以提供一下命令：

新定单——一张新定单，在定单管理窗口显示此命令；

平仓——平掉所选中已成交定单；

修改或删除定单——修改或删除挂单或者已成交定单的"止损"和"获利"；

追踪止损——设置所选中定单的追踪止损点数，命令"无"指屏蔽此功能，"删除所有"命令用来禁止所有的移动止损；

获利显示方式——设置已成交定单中获利是显示盈亏点数还是盈亏金额，盈亏金额又可以用基础货币或者交易后的货币计算；

佣金——显示/隐藏"佣金"栏，现在交易商的利润一般体现在交易点差中，不收取佣金，有时交易商会代介绍经纪人收取客户的交易佣金；

税金——显示/隐藏"税金"栏，外汇交易中不涉及税金；

注释——显示/隐藏"注释"栏，注释为在定单窗口注释框所输入的内容；

自动排列——通过改变窗口的尺寸自动排列栏目的尺寸；

网格——显示/隐藏分隔栏目的网格。

当使用键盘进行交易操作时，快捷键 Ctrl + F9 能够切换到"终端—交易"窗口。
(2)"账户历史"标签。

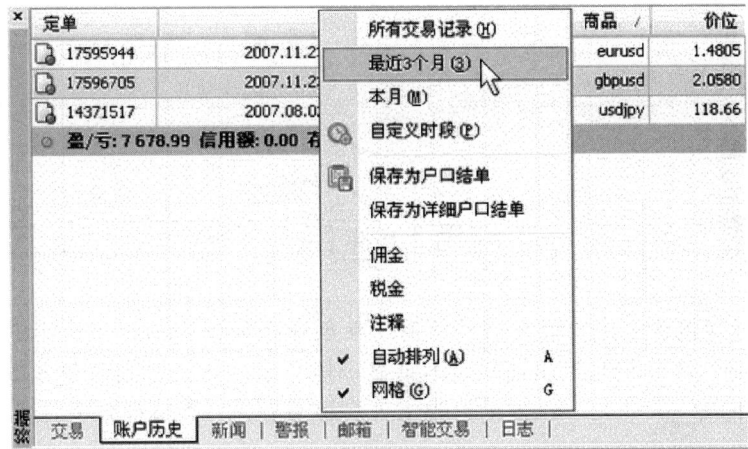

"账户历史"包含所选时间段的账户历史信息。其右键菜单可以提供以下的命令：

所有交易记录——显示从账户开始交易起的所有交易明细；

最近3个月——显示最近3个月的历史交易记录；

本月——显示自本月1日起的历史交易记录；

自定义时段——可以选择其他周期或设置任意起止时间；

保存为户口结单——把账户历史交易明细用 HTML 格式的文件存在硬盘中。

保存为详细户口结单——把包括账户历史交易明细和交易总结以及资金曲线图用 HTML 格式的文件存在硬盘中。

(3)"新闻"标签。

"新闻"标签内含有引入的新闻。在其右键菜单中可以提供一下命令：

显示——查看选择的新闻内容。也可以通过鼠标双击标题来阅读内文；

复制——拷贝标题信息到剪贴板；

类别——显示/隐藏"范畴"栏。

(4)"警报"标签。

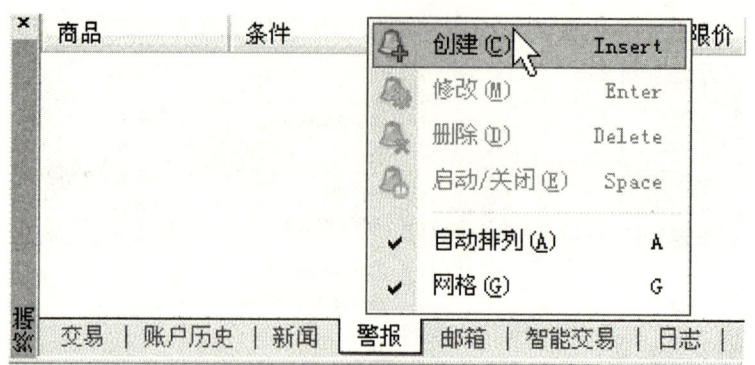

"警报"标签包含创建的报警信号信息。在创建报警信号后,当指定的事件执行时,客户终端可能通过声音信号发出通知而不是显示器显示。其右键菜单包含以下一些命令:创建一个新的报警——创造一个新的警报事件;报警方式:当事件发生时执行的动作。其中 Sound 为播放声音文件,File 为启动一个文件,Email 为填写主题和内容后发送邮件,这需要在程序选项中设置邮件系统的参数。商品:所要设置报警的金融品种。条件:选择("Time =","Bid <","Bid >","Ask <","Ask >")其中之一。价位:条件的值。执行:事件发生时所要执行的文件。维持:报警重复的时间周期。最多重复次数:报警重复的最多次数。

修改——修改报警;也可以直接双击鼠标左键打开警报编辑器窗口;

删除——删除报警;

启动/关闭——允许/禁止报警。

(5)"邮箱"标签。

"电邮"标签用于操作内部邮箱。这个标签中包含了终端接收到的所有邮件。通过在选中标题上双击鼠标左键可以查看被选中邮件的内容,或者通过右键菜单"显示"命令。

创建——通过这个标签发信给系统管理员和技术支持部门,模拟账户不能使用。

显示——显示所选中邮件的内容。

删除——删除所选中邮件。

(6)"智能交易"标签。

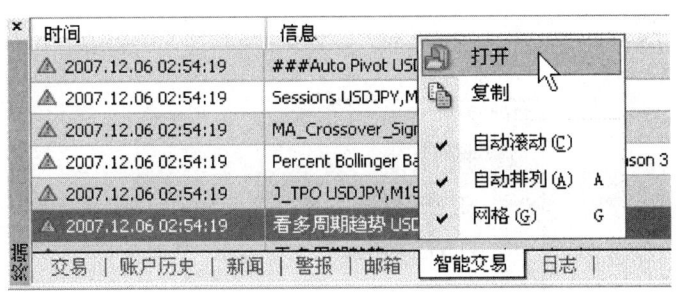

"智能交易"标签是专属于记录智能系统事件的日志,在窗口中仅仅显示最新的信息。为了核查以前的信息,需要运行"打开"菜单命令,然后选择需要的文件。

打开——打开历史日志文件,查看以前的日志内容;

复制——拷贝日志信息到剪贴板;

自动滚动——日志自动滚动,保持第一行显示最新信息。

(7)"日志"标签。

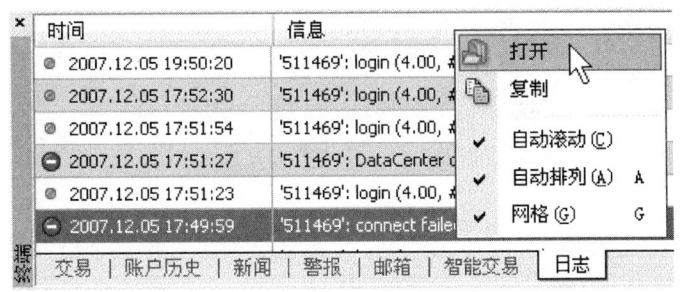

"日志"标签中包括了终端的开始、终端操作事件、所有交易操作的工作。在窗口中仅仅显示最新的信息。为了核查以前的信息,需要运行"打开"菜单命令,然后选择需要的文件。

打开——打开历史日志文件,查看以前的日志内容;

复制——拷贝日志信息到剪贴板。

9. 图表窗口

报价图表是数据分析的基础。除了动态的报价以外,图表包含不同类型的分析方法:画线分析、技术分析、用户自定义指标、文字标签和图形对象。更加详细的信息请查看"图表操作"部分。

10. 状态栏

终端上的状态栏显示额外的信息。状态栏中有一个指示器显示连接服务器的状态,同时显示当前的"模板和图表夹"的名字以及指令提示和报价数值。

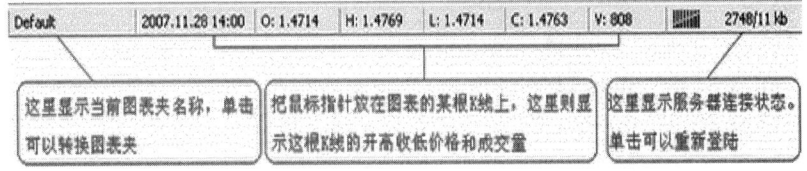

（二）菜单一览

1. "文件"菜单

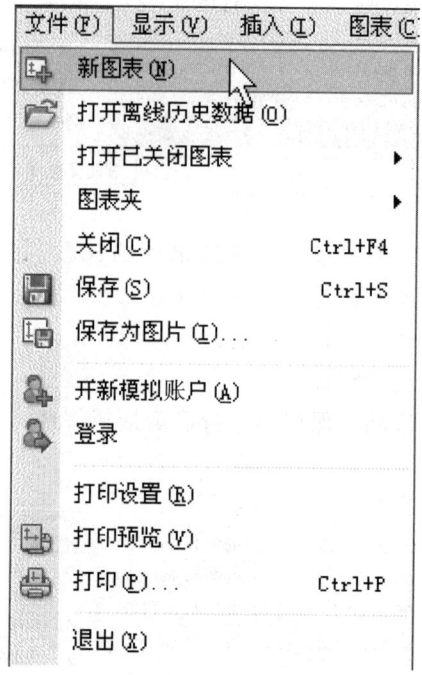

新图表——打开金融品种的图表窗口。此指令会列出可提供金融品种的列表。可以从列表中选中一个金融品种打开一个新的图表窗口。您也可以使用"常用按钮"中 操作。

打开历史离线数据——打开离线的图表。这个指令能够选择所需的存放历史数据的文件。这种模式下，最新的报价没有保存在历史文件中。

打开已关闭图表——恢复被删除的图表。如果菜单"工具—选项—图表"选中了"保存删除的图表便于再次打开"，则删除的图表被保存了；还可以对这里的图表做永久性删除。

图表夹——打开图表夹管理菜单。也可以使用"常用按钮"中的操作。更加详细的信息请查看"模板和图表夹"部分。

关闭——关闭图表。

保存——将历史数据保存为扩展名为"CSV""PRN"和"HTM"的文本文件。

保存为图片——把图表保存为"BMP"或"GIF"格式。

开新模拟账户——开立一个新的模拟账户。也可以通过窗口"导航器—账户—右键开新模拟账户"运行或按"Insert"键。

登录——认证身份。也可以通过窗口"导航器—账户—选中某个账号—右键登入"运行。

打印设置——打印参数简要设置。

打印预览——图表预览。也可以使用"常用按钮"中的 操作。

打印——打印图表。如果在"打印设置"中的"属性"选择了"彩色打印",那么能够打印彩色图表,而不是黑白图表。同样也可以使用"常用按钮"中的 操作,也可以使用按快捷键"Ctrl + P"或在主菜单选择"文件—打印"操作。

退出——退出用户端软件。

2. "显视"菜单

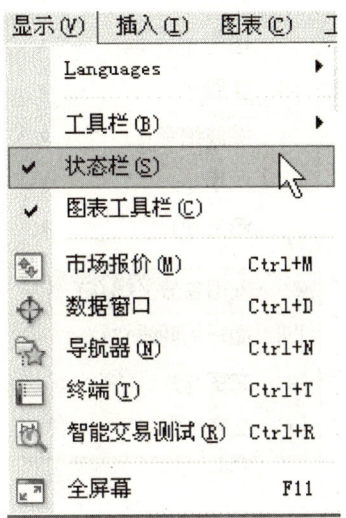

Languages——"语言",通过子菜单控制用户端显示的语言。当程序重启后语言转换才能生效。

工具栏——通过子菜单来决定显示的工具栏。"定制"指令能够让用户自定义工具栏。

状态栏——打开/关闭终端窗口下面的状态栏。

图表工具栏——打开/关闭在图表工作区下面的状态栏(标签),这里显示打开的图表对应的金融品种名称。

市场参考报价——显示/隐藏服务窗口"市场报价"。也可以使用快捷键"Ctrl + M"或"常用按钮"中的 操作。

数据窗口——显示/隐藏"数据窗口"。也可以使用快捷键"Ctrl + D"或"常用按钮"中的 操作。

导航器——显示/隐藏"导航"窗口。也可以使用快捷键"Ctrl + N"或"常用按钮"中的 操作。

终端——显示/隐藏"终端"窗口。也可以使用快捷键"Ctrl + T"或"常用按钮"中的 操作。

全屏幕——打开/关闭全屏幕模式。在全屏模式下工具栏,状态栏和所有服务窗口都将关闭,屏幕中只显示用户终端主窗口标题、主菜单、图表工作区和图表窗口的标签。在重复操作此指令，则屏幕回到原来的状态。也可以使用快捷键"F11"或"常用按钮"中的▣操作。

3．"插入"菜单

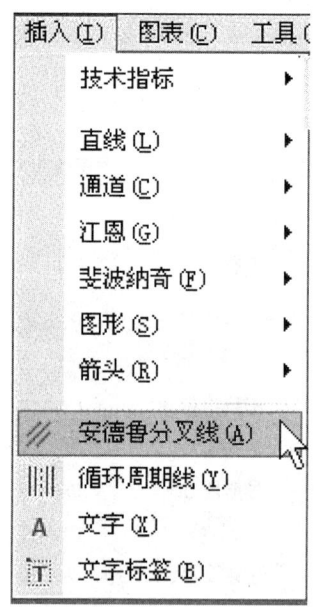

技术指标——为图形窗口添加技术指标，也可以使用"常用"工具条中的▣操作，或者点击导航窗口的"技术指标""自定义指标"来操作。

画线工具——为图形窗口添加直线、通道、江恩、斐波纳奇、安德鲁分叉线、循环周期线等分析。还可以添加图形对象——图形、箭头、文字给图形窗口做标注，图形：使用几何体（矩形、三角形、椭圆形）在报价图表中标明不同的区域；箭头：使用符号（箭头、测试和停止符号）在报价图表中突出标明重要的事件；文字——文字用于在图表中进行注释，它会随着图表而滚动；文字标签——文字标签被附加在另一窗口，不存在于图表中。图表滚动时，文字标签将不会移动。也可以通过画线工具栏按钮来操作，更加详细的信息请查看"图表操作——画线分析"部分。

4．"图表"菜单

技术指标列表——显示当前图表使用的技术指标，并可以修改指标参数和删除指标。也可以使用快捷键"Ctrl + I"或图表中的右键菜单来操作。

对象——显示和删除当前图表中的对象元素（图形、文字、箭头），也可以使用快捷键"Ctrl + B"或图表中的右键菜单来操作。

柱状图——显示柱状图，也叫竹线图或美国线。也可以使用快捷键"Alt + 1"或"图表"工具栏中的▣操作。

阴阳烛——显示日本蜡烛图，也就是我们所说的K线。也可以使用快捷键"Alt + 2"或"图表"工具栏中的▣操作。

折线图——显示用收盘价连接在一起的曲线。也可以使用快捷键"Alt＋3"或"图表"工具栏中的 操作。

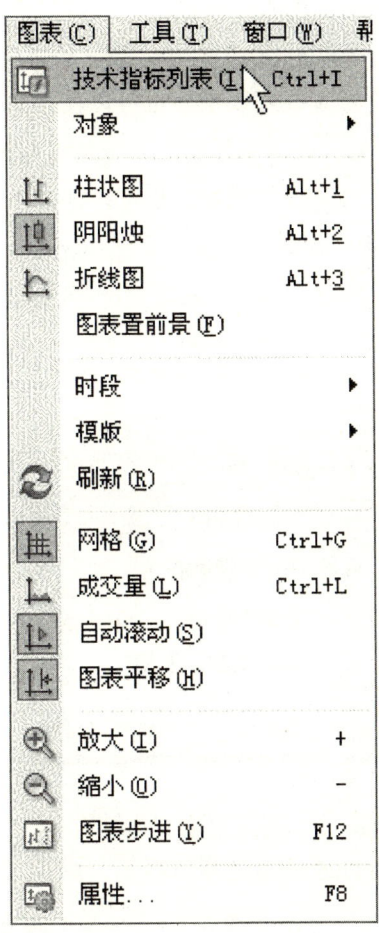

图表置前景——如果这个功能被激活，那么所有分析对象放置在图表的后面而不是遮住 K 线。

时段——图表的时间周期。

模版——显示和管理可使用的模板；"保存模板"指令能够将当前激活的图表窗口保存为模板，"删除模板"——删除以前保存的模板；"加载模板"——直接调入某个已经保存的模板应用于当前图表。也可以使用图表中的右键菜单来操作。

刷新——重新更新当前图表要使用的历史价格数据。也可以在图表窗口的右键菜单使用同样的指令操作。

网格——显示/隐藏图表窗口的网格。也可以在图表窗口的右键菜单使用同样的指令操作或使用快捷键"Ctrl＋G"操作。

成交量——显示/隐藏图表中的成交量。也可以在图表窗口的右键菜单使用同样的指令操作或使用快捷键"Ctrl＋L"操作；或"图表"工具栏中的 操作。

自动滚动——在新的价位到来时,启动/关闭图表自动向左滚动。也可以使用"图表"工具栏中的 ![] 操作。

图表平移——从窗口右边移动图表,图表中右边留出空白区域。也可以使用"图表"工具栏中的 ![] 操作。

放大——放大显示图表中的 K 线等线型。也可以使用" + "键或"图表"工具栏中的 ![] 操作;或者按住鼠标左键,沿着水平轴向右移动光标指针。

缩小——缩小显示图表中的 K 线等线型。也可以使用" - "键或"图表"工具栏中的 ![] 操作;或者按住鼠标左键,沿着水平轴向左移动光标指针。

图表步进——观察历史图形时,每次向左移动一格(1 根 K 线)图表,也可以按 F12 进行同样的操作。

属性——显示图表属性窗口。也可以按热键 F8 或图表中右键菜单进行同样的操作。

5. "工具"菜单

新定单——显示新定单的窗口。新定单窗口也可以在"市场报价"窗口通过右键菜单,或在"终端"——交易窗口通过右键菜单显示;或在"市场报价"窗口的金融品种上双击鼠标左键;或按热键 F9;或在"常用"工具条上选择 ![] ;或在图表中右键菜单打开。

历史数据中心——显示历史数据控制窗口。扩展名为"HST"的存档文件包含了显示在图表中的金融品种的数据,能够进行编辑。这个窗口也能通过热键 F2 显示。

全局变量——在激活的图表窗口中显示智能交易系统的全局变量窗口。

MQ 语言编辑器——为用户自编程序编辑启动 MetaEditor IDE。也可以通过热键 F4 完成同样操作。

选项——显示用户软件终端的选项窗口,在这个窗口中用户可以自定义连接、交易过程、图表、智能交易系统等的参数。详细信息请查阅后面"软件选项设置"部分。

6. "窗口"菜单

新窗口——打开新的金融品种的图表窗口。同样可以按"标准"工具条中的按钮 ![] 完成同样的操作。

层叠——设置图表为层叠。

平铺——设置图表为平铺。
纵列——设置图表为纵列。
排列图标——在最小化窗口排列图标。
在这个菜单的底线列出所有打开的图表窗口。当前激活的窗口被选中。

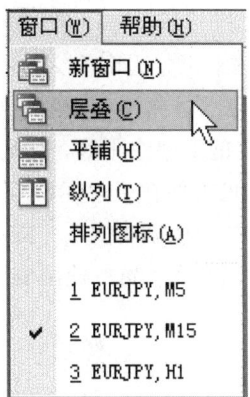

7. "帮助"菜单

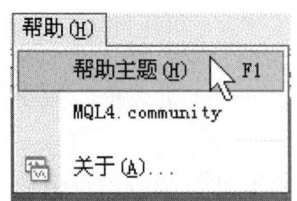

帮助主题——显示帮助主题,有中文,按钮 F1 执行同样的操作。
MQL4. community——连接打开 http：//www. mql4. com/？source = terminal 网页。
关于——打开关于这个程序的信息窗口。

教学活动 4　熟悉外汇交易指令

【活动设计】

本教学活动学习外汇交易指令,教师通过讲解,让学生通过外汇交易平台的熟悉,掌握外汇交易指令的应用,重点掌握开仓、挂单、止盈止损和平仓,通过外汇模拟交易,感受外汇交易给投资者带来的账面盈亏变化,体验外汇交易的市场压力,理解外汇保证金交易的风险。

【案例导入】

"我始终无法忘记 2001 年的'9·11'事件。那天我正坐在家里的办公室盯着最近几天交易的 4 种不同的货币头寸。突然,它们向我持有头寸的反方向火箭般蹿升。如果那天我使用自动交易系统的话，肯定会亏得一塌糊涂。见势不妙，我就手动平掉了那4个头寸，这才算是保住了一些盈利。"——摘自《外汇交易的10堂必修课》

【基础知识】

目前的外汇实盘交易指令，总的来说分为市价交易和委托交易两种。市价交易，即按照银行当前的报价即刻成交；委托交易，俗称挂盘交易，即投资者可以先将交易指令传给银行，当银行报价到达投资者希望成交的汇率水平时，银行电脑系统就立即根据投资者的委托指令成交。委托交易指令给客户带来的方便在于，客户无需每时每刻紧盯外汇市场变化，节省了大量时间。但是客户使用委托交易指令也需要慎重，特别是在建仓的委托交易指令没有跟随止损的委托交易指令时。外汇市场瞬息万变，贸然使用委托交易指令可能会带来很大风险。

一、开仓

开仓是交易的第一步，是根据市价单或挂单指令所作出的。

1. 市价单

市价单是以市场当前价格成交的定单。买入是以交易商作为卖方的叫价（卖出价）成交的，卖出是交易商作为买方的出价（买入价）成交的。市价单中可以同时设置止损和获利定单。

定单可通过定单控制窗口"新定单"发出执行指令。此窗口可以使用主菜单中"工具—新定单"指令打开，也可以使用"常用"工具条中的 按钮打开；或使用热键F9；或在"市场报价"窗口和"终端—交易"窗口中使用右键菜单的"新定单"命令；也可以在"市场报价"窗口中鼠标双击金融品种的名称。作为市价单必须在打开的新定单窗口中交易类型框里选择"即时成交"（默认即是）。

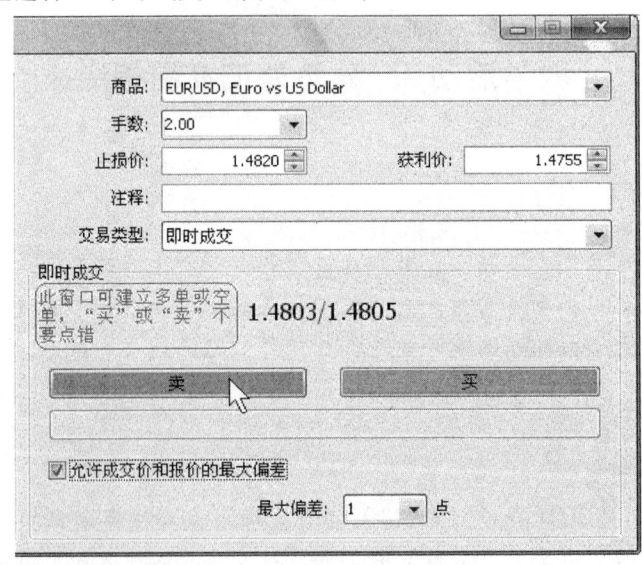

新定单窗口上必需设定：

商品——选择所要交易的金融品种，默认显示当前图表对应的品种或者在市场报价窗口所选中的品种；

手数——选择下单的数量，也可以手工输入；

止损价——设定止损价格，默认是零，表示不设，如果输入数值后想改回零，可用Delete键或Backspace键修改；

获利价——设定止赢价格，默认是零，表示不设，如果输入数值后想改回零，可用Delete键或Backspace键修改；

注释——填写注释内容，注解的大小不可超过25个字符；

卖/买——选择下单方向建立多仓或空仓；

允许成交价和报价的最大偏差——不选或选择零表示不允许滑点成交，有时市场变化太快，允许滑点更便于能够成交。

定单设定好以后，点击买或卖按钮后，即弹出成交信息窗口，点击确定关闭窗口。成交后的定单将显示在"终端—交易"窗口，图表上也将显示开仓部位的下单价格水平。有时在按下"卖"或"买"按钮后若遇价格波动剧烈，可能"重新报价"窗口会出现，要求对新价格进行确认。

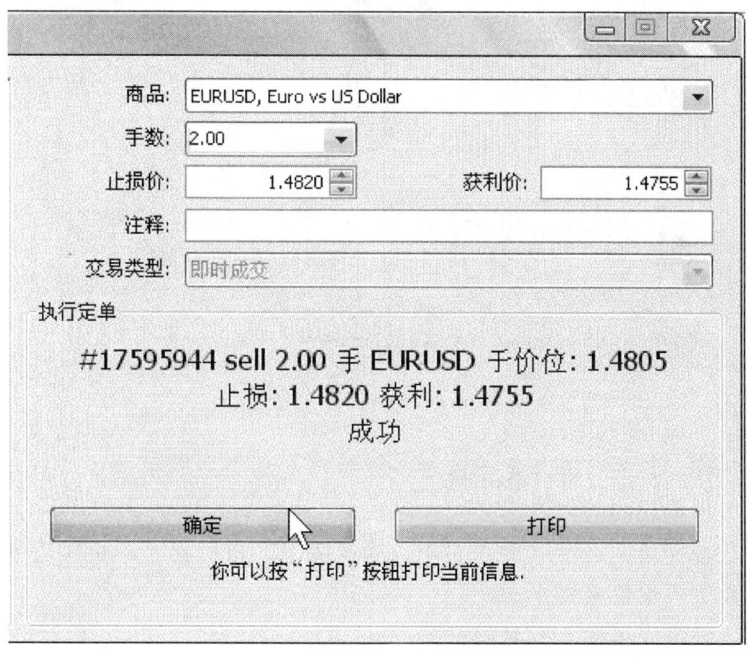

如果设定的止损和获利定单水平太接近当前市场价格，"市价单"将显示出"无效价格"的信息。必须修改止损和止赢到当前价格的一定距离（一般是5点）以外，并重新请求执行市价单。

2. 挂单

挂单交易是在未来的价格等于设定的价格水平时才以市价成交，挂单同时也可以设置止损和获利价。挂单交易包括四种类型：

限价买单（Buy Limit）——设置在未来某个低于当前市场价格水平的位置买入，属于逆势建仓；

止损买单（Buy Stop）——设置在未来某个高于当前市场价格水平的位置买入，属于顺势追涨；

限价卖单（Sell Limit）——设置在未来某个高于当前市场价格水平的位置卖出，属于逆势建仓；

止损卖单（Sell Stop）——设置在未来某个低于当前市场价格水平的位置卖出，属于顺势杀跌。

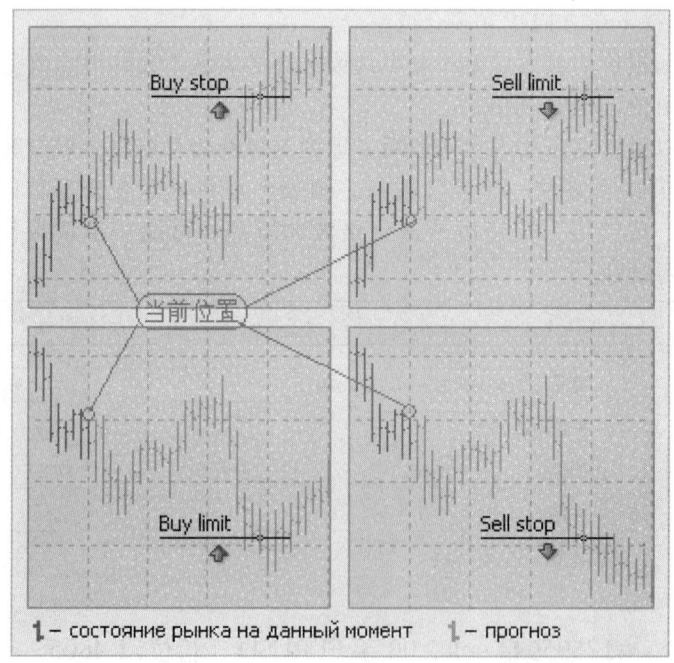

和市价单一样，首先打开新定单窗口，然后在交易类型框里选择"挂单交易"。此挂单窗口除了和市价单相同的以外，必须设定：

类型——选择挂单的类型（限价买单，止损买单，限价卖单，止损卖单）；

价位——设定下单价格水平；

到期日——设定定单的有效时间；

下单——发送执行定单命令。

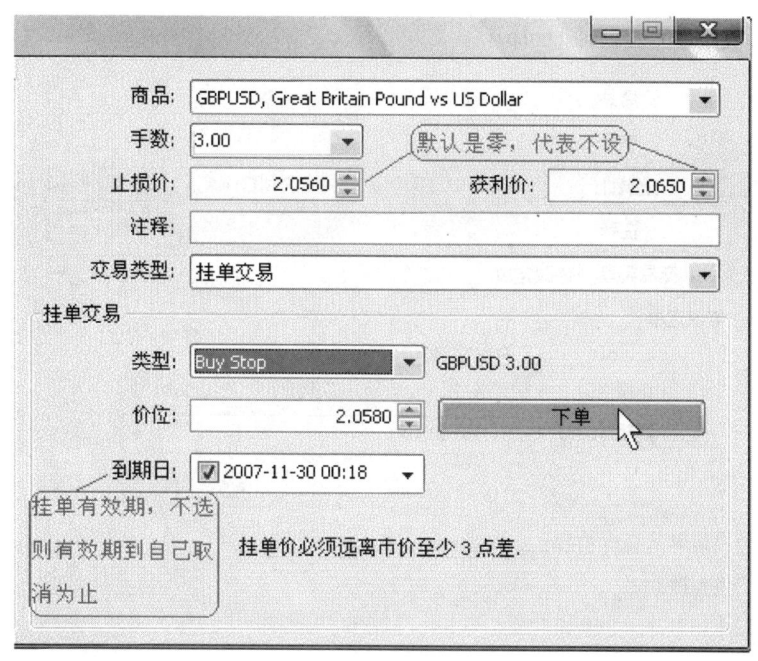

点击"下单"按钮后,挂单将显示在"终端—交易"窗口里。并可以双击或通过右键菜单进行修改或删除。当挂单在市价达到预设价格成交建仓后,在"终端—交易"窗口中的挂单记录会被删除,开仓记录将显示。在"终端—账户历史"窗口中仍可以看到完整的挂单记录。

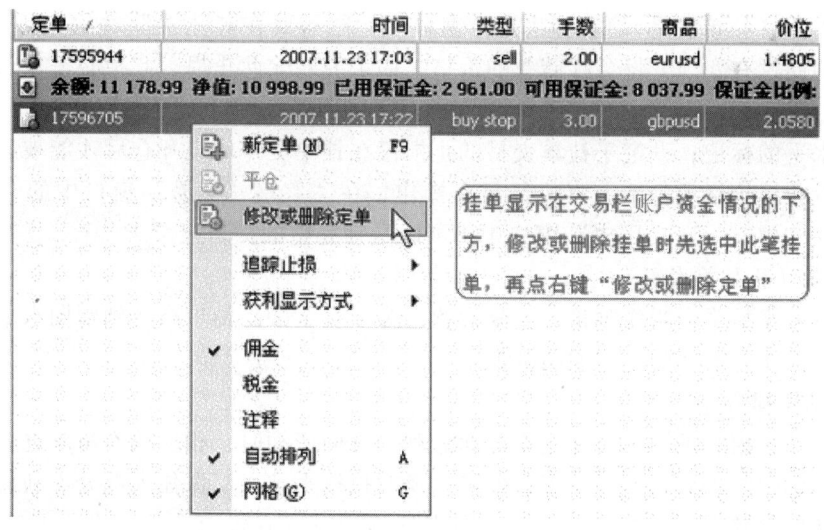

若想修改挂单价或止损获利价,则需先更改原设定数值,这时"修改"按钮才激活,点"修改"按钮即可完成;若想删除挂单,则直接点"删除"按钮。

3. 止损

止损设置用于在金融品种价格开始向无盈利方向运行时使亏损最小化。该设置常常不是与开仓就是与挂单交易结合，开仓后也可以为定单添加止损。若要添加止损或修改，则需要使用"终端—交易"窗口的右键菜单"修改或删除定单"命令，或用鼠标左键双击需要修改头寸（挂单交易）。在弹出定单窗口后，您需要在"止损"栏输入需要的价格。一旦定单的此栏有变动，将会存储新的价格。如果要删除此止损，此栏必需显示零。在每项操作执行完成后，应按下"修改定单"按钮。在设定止损价之后，在图表窗口会显示定单价格水平的标记；设定于挂单交易的止损仅在挂单交易成交开仓后才能被激活。当市价达到预设止损价格后，系统将执行平仓操作，在"终端—交易"窗口中的开仓记录会被删除，在"终端—账户历史"窗口中仍可以看到完整的交易记录。

4. 止赢（获利价设置）

止赢有的交易平台叫作限价，止赢设置是为了在金融品种价格达到预期水平之后进行获利了结。操作与上面的止损说明类似。

5. 追踪止损

也叫移动止损，是为了当开仓头寸向盈利的方向变动时，相应地不断跟进止损位，一旦遇价格回调到跟进后的止损位置，便可以及时执行平仓，以保住大部分盈利成果。此工具对下述情况尤其有用：价格向单一方向剧烈移动时（在没有深幅回调下具有明显的趋势）；以及没有可能密切监视市场变化的情况下。

设定追踪止损需执行"终端—交易"窗口的右健菜单"追踪止损"命令，选定一个期望的追踪点数。从追踪止损设置的那一刻起，终端每接收一次报价都会核算头寸的盈利并跟进止损位置。每次自动修改止损设置都会在日志中做出记录。取消追踪止损，需要选中"终端—交易"窗口的右健菜单"追踪止损"中的参数"无"；若终止所有自动追踪止损功能，则需要选中"终端—交易"窗口的右健菜单"追踪止损"中的参数"全删"命令。

注意：自动移动止损功能仅在客户端有效，不像止损和止赢在服务器。因此，若终端退出后，自动追踪止损功能将不再有效。

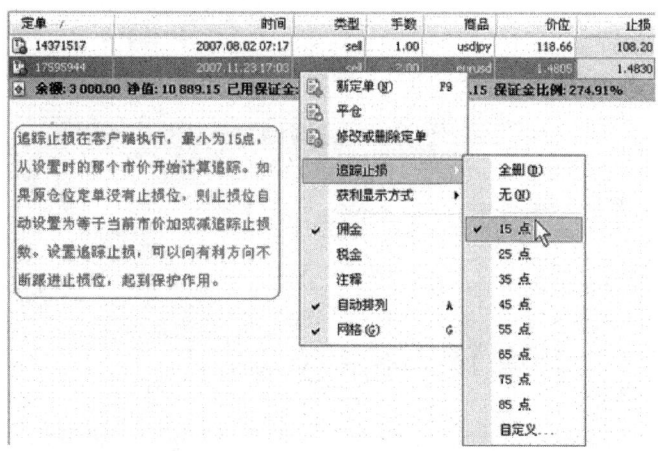

6. 锁仓

也叫锁单、对冲，是新开仓一个与现有开仓定单方向相反的头寸，以锁住盈亏。解锁时，平掉其中那个对预期不利的定单即可。锁单的好处是享受交易商提供的不占用保证金的政策，其他并无实际用途。

【课堂讨论】

进行个人外汇买卖一定要设置止盈、止损点吗？

二、平仓

平仓是交易的第二步，平仓以后才构成完整的交易。平仓有三种情况，分别是主动平仓、挂单平仓、强制平仓。

1. 主动平仓：是自己根据对行情的判断认为平仓的时机成熟而手工市价平仓。在已开仓定单上点右键"平仓"或直接双击已开仓定单，打开平仓窗口，点"平仓"按钮即可完成以市价平仓。

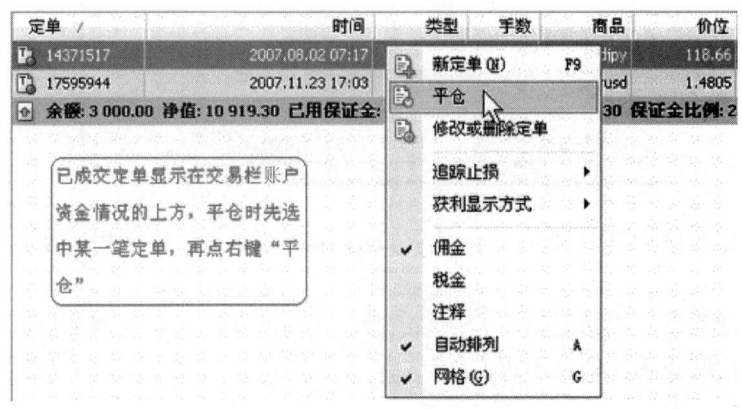

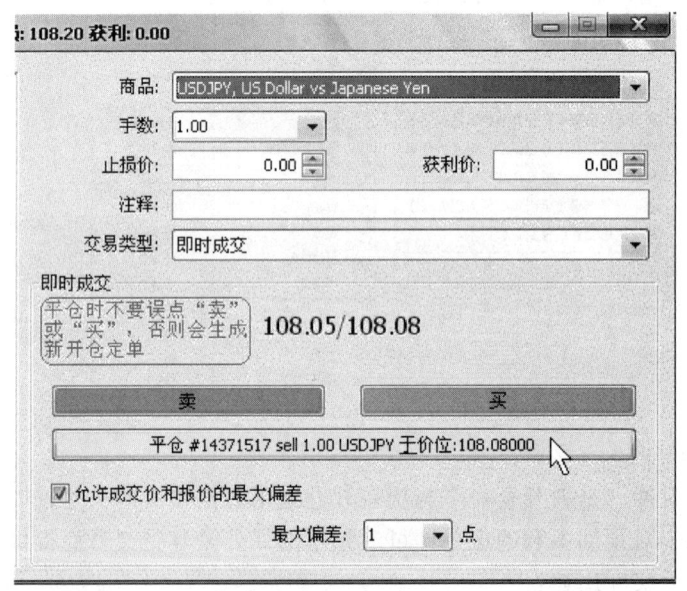

2. 挂单平仓：是在已开仓定单设置了止赢和止损价格的前提下，当市价达到所设置的价格时，系统会自动平仓。挂单指令是在服务器端执行，无需人工干预。

3. 强制平仓：当因为浮动亏损而导致账户净值低于平台规定的最低维持保证金水平时，系统会自动强制平掉所有仓位。要注意的是，如果遇市场价格剧烈波动，可能会跳过强制平仓点平掉，而导致实际亏损金额高于理论数值。

【单元实训】

1. 考察我国各银行外汇交易开户情况。

问题1：各银行个人外汇买卖业务的营业时间是什么时候？

问题2：各银行个人外汇买卖业务开户情况的主要差异？

问题3：各银行主要交易的币种是什么？

问题4：各银行在个人外汇买卖业务方面有什么配套服务或特色？

提示：走访各家银行的营业网点，或查阅各银行的官方网站做比较分析。

2. 如何使用止损交易？

问题1：一定要设置止损吗？

问题2：设置止损点的依据有哪些？

问题3：设置止损的方法有哪些？

提示：投资者个人习惯不同，可在下订单时或成交后设置止损，也可设置追踪止损。

3. 外汇虚盘交易实训。

问题1：虚盘交易的概念与特点？

问题2：虚盘交易的基本流程、分析方法及相关术语？

问题3：外汇虚盘交易盈亏的计算方法？

提示：进入外汇模拟交易系统，了解虚盘合约的设置并进行交易，完整记录此次交易的过程并进行收益率分析。

【综合实训】

一、基础知识测试

（一）单选题

1. 外汇成交后，在未来约定的某一天进行交割所采用的汇率是（　　）。

　　A. 浮动汇率　　　　　　　　B. 远期汇率

　　C. 市场汇率　　　　　　　　D. 买入汇率

2. 下列外汇市场的参与者不包括（　　）。

　　A. 中国银行　　　　　　　　B. 索罗斯基金

　　C. 无涉外业务的国内公司　　D. 国家外汇管理局宁波市分局

3. 对于经营外汇实务的银行来说，贱买贵卖是其经营原则，买卖之间的差额一般为1‰~5‰，是银行经营经营外汇实务的利润。那么下列哪些因素使得买卖差价的幅度越小（　　）。

　　A. 外汇市场越稳定　　　　　B. 交易额越小

　　C. 越不常用的货币　　　　　D. 外汇市场位置相对于货币发行国越远

4. 被公认为全球一天外汇交易开始的外汇市场的（　　）。

　　A. 纽约　　　　　　　　　　B. 东京

C. 惠灵顿　　　　　　　　　　D. 伦敦

5. 在有形市场中，规模最大外汇交易市场的是（　　）。
A. 伦敦　　　　　　　　　　B. 纽约
C. 新加坡　　　　　　　　　D. 法兰克福

6. 期权合同的购买者在期权交易中最大的损失是（　　）。
A. 不能收回的保险费　　　　B. 远期汇率与协定汇率差距
C. 现行市场汇率与协定汇率的差距　　D. 利率波动所遭受的损失

（二）多选题

1. 外汇市场有以下哪些作用（　　）。
A. 调节外汇供求　　　　　　B. 形成外汇价格体系
C. 便利资金的国际转移　　　D. 提供外汇资金融通
E. 防范外汇风险

2. 外汇市场上的参与者有（　　）。
A. 外汇银行　　　　　　　　B. 进出口商
C. 外汇经纪人　　　　　　　D. 中央银行
E. 外汇投机者

3. 从银行买卖外汇的角度，汇率可分（　　）。
A. 买入价　　　　　　　　　B. 现钞价
C. 基准价　　　　　　　　　D. 卖出价
E. 折算价

4. 根据外汇买卖后资金交割的时间，汇率可以分（　　）。
A. 浮动汇率　　　　　　　　B. 远期汇率
C. 掉期汇率　　　　　　　　D. 即期汇率
E. 基本汇率

5. 下列属于外汇零售市场的业务有（　　）。
A. A 公司向中国银行购买 100 万美元用于进口商品
B. 某人到哈佛大学留学，向中国银行购买 20 000 美元的外汇
C. B 公司到美国投资，向花旗银行购买 5 000 万美元外汇
D. 中国银行上海分行由于美元头寸太多，出售 1 亿美元给花旗银行上海分行
E. 李先生到中国银行将美国寄来的 1 万美元稿费兑换成人民币

（三）判断题

1. 外汇市场是由客户、外汇银行、外汇经纪人、外汇监管机构组成。（　　）
2. 伦敦外汇市场上外汇牌价中前面较低的价格是买入价。（　　）
3. 因为现钞需要更多的成本（运输成本、保管成本、管理成本等）。因此，一般银行买入现钞价比买入现汇价低。（　　）
4. 由于世界贸易的发展，银行与企业之间的外汇交易频繁，因此，外汇的零售市场构成了外汇市场交易的主要部分。（　　）
5. 一般认为，伦敦外汇市场开市是一天外汇交易的开始。（　　）

6. 伦敦、纽约、东京、法兰克福等外汇有形市场仍然是外汇交易的主要市场。
（　　）
7. 中央银行既是外汇市场的参与者，又是外汇市场的主要操纵者。　（　　）

（四）问答题

1. 外汇市场有哪些主体构成？
2. 简述外汇实盘与外汇虚盘交易的区别。

二、实务题

1. 比较国内开展个人外汇实盘业务的各家银行的以下情况。
（1）开办时间、交易币种、开户手续、交易步骤、开户金额、单笔交易最低金额、点差、交易方式、交易时间、自动刷新时间等。
（2）各家银行开展个人实盘外汇买卖中有哪些特色服务？有哪些方面的优惠？
2. 个人虚盘外汇买卖交易的操作。
（1）个人虚盘外汇买卖交易的操作步骤。
（2）进行模拟操作（10万美元，10倍交易杠杆）。
（3）计算盈亏。
（4）写出实训报告。

项目六 Project 6
外汇交易实务

知识目标：掌握即期外汇交易、远期外汇交易、套汇交易、掉期交易及套利交易等传统交易特点、交易机制和方法。熟练掌握金融衍生产品的含义、种类和交易特征，了解各种外汇交易的业务流程和适用环境。

能力目标：通过本项目的学习，使学生能够熟练操作各种交易形式。

任务一 传统外汇交易

【任务要求】

教师要结合案例讲解各种传统的外汇交易方式，各种外汇交易的特点、操作技巧和适用经济环境，组织学生讨论各种外汇交易的异同。

学生要具备传统外汇交易的实际操作能力，理解外汇交易的适用环境，能够结合具体的经济和金融现象选择合适的交易形式达到避险或投机获利的目的。

教学活动 1　即期外汇交易

【活动设计】

1. 教师组织相关实务操作案例；
2. 教师讲解即期外汇交易的含义、种类、交易程序及报价等相关基础知识；
3. 教师讲解套算汇率的方法；
4. 学生模拟即期外汇交易的操作流程并练习套算汇率。

【案例导入】

内地将推询价点击成交功能，支持美元对人币即期 T+2 交易

中国外汇交易中心于 2018 年 2 月 5 日在新一代外汇交易平台 CFETS FX2017 推出询价点击成交（Bilateral ESP）交易功能，交易品种方面支持美元对人民币即期 T+2 交易。

交易机制方面，即期做市机构将有双边授信关系的交易对手分组，带量报出可成交价格，交易对手点击报价或提交订单，与做市机构达成交易。该功能上线后，即期询价交易模式将支持意向性报价（RFQ）和点击成交（ESP）两种交易功能。

交易金额方面，最小交易金额为 1 万美元，单笔成交量为 1 万美元的整数倍。双边剩余授信额度超过 100 万美元时，参与机构才可查看即期做市机构报价。价格波幅限制、交易时间、交易确认和清算方式等沿用外汇即期询价交易相关安排。

资料来源：阿思达克财经网，2018.01.25。

【基础知识】

即期外汇交易是外汇市场上最传统、最基本的外汇业务，主要是为了满足机构和个人因从事国际贸易、国际投资等国际经济活动而产生的外汇兑换需求。

一、即期外汇交易的含义

即期外汇交易（Spot Exchange Transaction），也称现汇交易，是指交易双方在外汇买卖成交后的两个营业日内办理交割的外汇业务。营业日是指两个清算国银行全都开门营业的日期。即期外汇交易的成交日是指双方达成买卖外汇的协议日，而双方进行款项划拨的日期称为交割日或起息日。不同外汇市场规定的即期交易的交割日是不同的。一般而言，零售外汇市场上居民和旅客的外币现钞、旅行支票及其他小额外汇交易，在当日成交和交割。银行同业间的外汇买卖，在两个营业日内收付。由于外汇交易涉及的金额较大，而汇率又在不停地波动，所以，在所有的外汇交易市场上，都有其固定的标准交割日，以免出

现分歧和经济纠纷。

即期外汇交易的交割日一般以下三种情况：

1. 当日交割（Value Today），即交割日为成交日的当天。

2. 次日交割（Value Tomorrow，简称 Value Tom），即交割日为成交日后的第一个工作日，这在东京和新加坡等远东市场上使用。

3. 标准日交割（Value Spot），即交割日为成交日后的第二个营业日。目前，国际外汇市场普遍应用的是标准日交割。

不同外汇市场的交割习惯有所不同，遵循"价值对抵"的原则。如伦敦、纽约、苏黎世等欧美外汇市场的惯例是标准日交割；东京外汇市场是次日交割；香港外汇市场对港币与美元的兑换当日交割，对日元、新加坡元、马来西亚林吉特和澳大利亚元次日交割，对其他币种则是标准日交割。如果交割日恰逢两个结算国中某国银行（美国银行除外）的节假日，则交割日期顺延。当交易涉及美元的时候，如果两天之中的头一天在美国是银行的假日，但在另一国不是，这一天也算作营业日。这样在对美元进行的即期交易中，交割日的确定可能出现四种情况，例如，某交易者以美元买入即期欧元，星期一成交，可能会出现以下四种情况：

（1）星期二、星期三两国银行都营业，交割日为星期三；

（2）星期二是德国银行的假日，交割日推迟到星期四；

（3）星期二是美国银行的假日，交割日不受影响，仍为星期三；

（4）星期二已确定为营业日，星期三在美国或德国任何一国的银行是假日，交割日都要顺延到星期四。

二、即期外汇交易的应用

即期外汇交易是外汇市场上最普遍的交易形式，约占全部外汇交易量的 2/3。即期外汇交易是通过银行间账户往来划拨资金完成的。

（一）外汇零售市场的即期交易

零售市场的即期交易即外汇银行与客户之间的即期外汇业务，主要有汇款业务、出口收汇、进口付汇、外汇投资和投机。

1. 汇款业务

汇款业务又分为汇出汇款业务和汇入汇款业务。

汇出汇款是汇出行接受汇款人的委托向外国支付一定金额外币的行为。汇入汇款是外汇银行（汇入行）接受汇款人委托向收款人解付一定外币的行为。

汇款有电汇、信汇和票汇三种方式。

（1）电汇（Telegraphic Transfer，T/T）。电汇是汇款人按即期汇率向当地外汇银行交付本国货币后，由该行以电报、电传或 SWIFT（全球银行金融电信协会）等电信手段向汇入行发出付款委托，指示和授权汇入行解付一定金额给收款人的一种汇款方式。电汇的凭证就是外汇银行开出的具有密押的电汇汇款委托书。

电汇的费用较高，包括手续费和电报费，这种结算方式使得银行不能占用客户的资金,客户汇款的成本高,但结算安全及时,可加速收款人(出口商)资本周转,能减少其外汇风险。此外,商业银行为了平衡外汇买卖头寸,投机者为了进行外汇投机,也大多使用电汇,因此,电汇汇率已成为外汇市场的基本汇率,是制定其他汇率的基础。

(2) 信汇(Mail Transfer,M/T)。是指汇款人向当地银行交付本国货币,由银行开具付款委托书,用航邮交寄国外分行或代理行,办理付出外汇业务。采用信汇方式,由于邮程需要的时间比电汇长,银行有机会利用这笔资金,所以信汇汇率低于电汇汇率,其差额相当于邮程利息。

信汇凭证是信汇付款委托书,其内容与电报委托书内容相同,只是汇出行在信汇委托书上不加注密押,而以负责人签字代替。

(3) 票汇(Demand Draft,D/D)。票汇是指汇出行应汇款人的申请,开立以汇入行为付款人的汇票,列明收款人姓名和所在国家及城市名称、汇款金额等交给汇款人,由汇款人寄给收款人或自行携带出国,由收款人凭票取款的一种汇款方式。票汇成本低于电汇和信汇,有利于汇款者,但结算速度慢。

2. 出口收汇

出口收汇是指在信用证结算方式下,出口商根据信用证发货并取得全套单据后交银行议付货款,收回一定金额的货款的行为。

3. 进口付汇

进口付汇是在信用证结算方式下,开证行取得全套单据后向进口商提示,要求进口商根据信用证的规定支付一定金额的本币赎取全套单据的行为。实际上是进口商用本币向开证行买入了一笔外汇,开证行卖出外汇的即期外汇业务。

4. 外汇投资和投机

外汇投资和投机是指企业或个人以外汇作为投资或投机工具,客户在外汇银行开立账户并存入一定的保证金之后,买卖相同或数倍于保证金的外汇的交易活动。

(二) 银行间外汇市场的即期交易

与外汇零售市场的即期外汇交易侧重点不同,银行间的外汇交易主要是外汇银行为了平衡外汇头寸和谋取投机利润。外汇银行在同业市场上相互交易,及时抛出多头,补进空头,防范外汇风险。同时,也可以利用国际间的资金流动和汇率涨跌进行外汇投机活动。

三、即期外汇交易的程序

即期外汇交易是按照一定的固定程序进行的,需要通过询价、报价、成交(或放弃)、证实及交割五个步骤完成。由于成交金额比较大,以 100 万美元为 1 个交易单位,而且交易时间通常不超过半分钟,因此在交易时习惯用一些简洁的术语。

(一) 询价

即期交易首先是询价,通常要自报家门。询价的内容要简洁、完整,需报清所询货币价格的交易类型、交易币种和交易金额,并可按惯例使用缩写。以缩写 SP 或 SPOT 来表示即期交易(有时也可省略)。交易金额通常以百万元为单位,以 Million 表示,可缩写为 MIO 或 M,甚至可以省略。询价时不要透露买卖意图以防止对方抬高或压低价格。

（二）报价

报价方在接到询价方询问后，一般会以最快的速度进行报价（Quotation）。报价速度的快慢和买卖价差的大小是反映一个交易员报价水平和市场经验是否丰富的重要标志，报价是否合理关系到外汇买卖能否成交。由于交易双方对汇价的大致水平都比较清楚，因此报价时通常只需报出汇率的小数。例如，美元兑港元的汇率为 7.7750/7.7760，报价方只需报价 50/60。报价时遵循"一言为定"的原则，如果询价方愿意接受报价，报价方不得翻悔或变更。

（三）成交（或放弃）

报价方报价后，询价方应对报价迅速作出反应：或者成交（Done），或者放弃（Nothing），而不应与报价方讨价还价。按惯例，即期交易要求询价方在数秒内作出是否成交的决定，否则就会给报价方带来汇率风险。如果询价方略有迟疑，报价方通常会说"UR RISK"表示刚才的报价已经取消。询价方还想交易的话必须再次询价，可用"ANY CH"（ANY CHANGE 的缩写）询问新的报价。

询价方对报价满意并想成交时，可以用 Buy、I Buy、I Take、Mine 等术语来表达买入的意愿，可以用 Sell、I Sell、I Give、Yours 等术语来表达卖出的意愿。

如果询价方对报价不满意，可以用"SORINTH!"（SORRY NOTHING 的缩写）、"NTH THERE!"等行话表示放弃。

交易币种、交易金额、汇率水平等细节内容在成交后便都已经确定，对交易双方具有约束力，任何一方无权擅自对交易细节进行修改或否认。

（四）证实

在成交之后，交易双方必须就交易的币种、金额、汇率、起息日及银行账户等细节给予确认证实（Confirmation）。

（五）交割

交易双方在指定的起息日分别按交易要求，把卖出的货币划入对方指定的账户上。

【操作实例】

BANK A： SP CHF 5
BANK B： 76 80
BANK A： MINE
BANK B： 5 MIO AGR
　　　　　　TO CON AT 0.9780 I SELL 5 MIO
　　　　　　USD AG CHF VAL 10 JULY 2011
　　　　　　MY CHF TO B BANK NY FOR OUR ACOUNT
BANK A：OK AGR MY USD TO A BANK
　　　　　　THANKS BYE

四、即期外汇交易的报价及即期汇率套算

(一) 即期外汇交易报价

报价银行在报出即期外汇交易价格时一向采用双向报价法,即同时报出银行买价与卖价(这里的买价与卖价是对于银行来说的),有直接标价法和间接标价法两种报价。

1. 直接标价法下,银行报出的外汇交易价格是买价在前,卖价在后。例如,8月9日,香港某银行报出美元兑港元的价格为:USD1 = HKD7.7750 ~ 7.7760,其中前面的数字(7.7750)表示报价银行买入美元(外汇)付出港元的价格,后面的数字(7.7760)表示报价银行卖出美元收取港元(本币)的价格。

2. 间接标价法下,银行报出的即期外汇交易价格是卖价在前、买价在后。例如,8月9日,纽约外汇市场美元兑日元的价格是:USD1 = JPY90.50 ~ 90.80,前面一个数字(90.50)是美国银行卖出日元(外汇)的价格,后面一个数字(90.80)是美国银行买入日元的价格(即银行付出1美元买入90.80日元)。

(二) 即期汇率套算

由银行间汇率标价方法所决定,如果即期外汇交易涉及美元,则即期汇率一目了然。如果外汇银行是对美元以外的两种货币进行交易,则要通过套算求出这两种货币之间的即期汇率。汇率套算不仅存在于银行间即期外汇交易,也是国际交易中建立两种无直接联系的货币的汇率关系的基本方法。

【操作实例】

如果外汇牌价显示 USD/JPY = 110.30/50;GBP/USD = 1.5220/30;EUR/USD = 1.2255/65;GBP/CNY = 10.2653/63。套算 GBP/JPY;GBP/EUR;USD/CNY 的汇率。

(1) 利用 USD/JPY 和 GBP/USD 的汇率套算 GBP/JPY 的汇率,即
GBP/JPY = 1.5220 × 110.30/1.5230 × 110.50 = 167.88/168.29

(2) 利用 GBP/USD 和 EUR/USD 的汇率套算 GBP/EUR 的汇率,

先计算 USD/EUR 的汇率,$USD/EUR = \frac{1}{1.2265} / \frac{1}{1.2255}$,

则 $GBP/EUR = 1.5220 \times \frac{1.5220}{1.2265} / 1.5230 \times \frac{1}{1.2255} = 1.2409/28$

(3) 利用 GBP/USD 和 GBP/CNY 的汇率套算 USD/CNY 的汇率,

则 $USD/CNY = \frac{10.2653}{1.5230} / \frac{10.2663}{1.5220} = 6.7402/53$

教学活动 2 远期外汇交易

【活动设计】

1. 教师组织教学和学生实训的相关案例;
2. 教师讲解远期外汇交易的含义、特点、类型等基础知识;
3. 教师讲解远期汇率的报价、决定因素及远期汇率的计算方法;
4. 结合教学案例讲解远期外汇交易的操作及作用;
5. 学生实训,利用远期外汇交易套期保值或投机。

【案例导入】

多数据凸显外汇市场供求趋平衡

2017 年我国跨境资金流动形势明显好转,外汇市场供求正趋向基本平衡。

外汇收支情况的核心数据之一——银行结售汇在去年呈现逆差大幅收窄的情形。外汇局数据显示,2017 年,按美元计价,银行结汇同比增长 14%,售汇下降 1%,结售汇逆差 1 116 亿美元,同比下降 67%。

银行结售汇在逆差明显回落的同时,也呈现出月份间逆顺差交替波动的特点。分季度看,2017 年前两个季度,银行结售汇逆差分别为 409 亿和 530 亿美元,三季度逆差收窄至 190 亿美元,四季度转为顺差 12 亿美元。从月度数据看,9 月、10 月和 12 月结售汇均呈现顺差。近几个月银行结售汇差额确实有所波动,但总体规模都不大,反映了不同月份实体经济、金融活动的微弱差异,不改变外汇供求总体趋向平衡的判断。

银行远期结售汇逆差总体收窄,也映射了外汇收支状况逐渐向好。2017 年,银行对客户远期结汇签约额同比增长 111%,远期售汇签约额增长 12%,远期结售汇签约逆差 260 亿美元,较 2016 年下降 69%。这说明 2017 年人民币汇率预期总体更加稳定。

资料来源:经济参考报,2018.01.09。

【基础知识】

远期外汇交易的出现,为从事国际经济交易的主体开辟了绝佳的避险渠道,目前远期外汇交易已经成为国际上最常用的避免外汇风险的方法之一。

一、远期外汇交易的含义

(一)远期外汇交易的概念

远期外汇交易(Forward Exchange Transaction)又称期汇交易,是预约买卖外汇的交易,是买卖双方先行签订合同,约定买卖外汇的币种、数额、汇率和交割时间,在约定的交割日,双方按照合同规定的条件办理收付交割的外汇交易。外汇市场的远期交易期限,一般按月计算,有1个月、2个月、3个月、6个月或1年,有的长达3年、5年,甚至出现了长达10年的远期外汇交易,最常见的是3个月期限的远期外汇交易。

(二) 远期外汇交易的特点

远期外汇交易具有以下几个特点:

1. 买卖双方签订外汇交易合同时,无需立即支付外汇或本国货币,而是延至将来某个时间。

2. 买卖的规模一般都较大。

3. 买卖的目的主要是为了保值。

4. 外汇银行与客户签订的合同必须由外汇经纪人担保。

二、远期外汇交易的类型

根据远期外汇交易交割日不同,可以分为固定交割日期的远期外汇交易和不固定交割日期的远期外汇交易。固定和选择交割日的远期外汇交易只是具体交割日不同,但它们的交易双方都签订了远期合同,规定了到期日即合同终止日,双方都负有履行合同的义务。

1. 固定交割日期的远期外汇交易(Fixed Forward Transaction),又称为定期远期外汇交易,是指买卖双方在成交的同时确定了未来交割的日期,就是成交日顺延相应远期的月数。如果交割日为银行休假日,则向后延至下一个营业日,如果交割日是月末最后一天又恰逢休假日,则交割日提前一天。它是最典型、最早的远期外汇交易。

2. 不固定交割日期的远期外汇交易又称为择期远期外汇交易(Optional Forward Transaction),是指买卖双方在订约时,事先确定交易规模和汇率,但不固定具体交割日而是规定一个期间,在约定的期限内,银行给予客户交割日选择权的远期外汇交易。确定交割期间有两种方法,一是完全择期,即客户可以选择自成交后的第三个营业日起至到期日止的任何一个营业日作为交割日;二是部分择期,即把交割日期固定在某个月份。由于进出口贸易的双方有时不能确定其具体用汇结算的日期,就需要与银行签订择期交易合同以规避外汇风险。

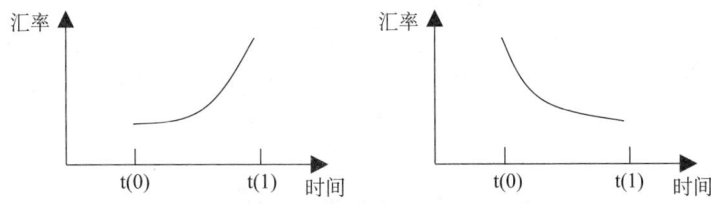

图 6-1 择期外汇业务中远期汇率的确定

如图 6-1 所示,当远期外汇升水时,银行按最接近择期期限开始时的汇率,也就是 t(0)时刻最低的汇率作为买入汇率,按照最接近择期期限结束时的汇率,也就是 t(1)时刻最高的汇率作为卖出汇率。

当远期外汇贴水时，银行按最接近择期期限结束时的汇率，也就是 t（1）时刻最低的汇率作为买入汇率，按照最接近择期期限开始时的汇率，也就是 t（0）时刻最高的汇率作为卖出汇率。

三、远期汇率的报价方法

远期汇率报价指的是在既定的汇率标价下，如何报出远期外汇价格。远期汇率的报价方法主要有两种：一是直接报价（Outright Rate），即外汇银行直接报出远期外汇的实际汇率，瑞士和日本等国家采用这种方法；二是远期差价报价法，又称掉期率（Swap Rate）或点数汇率（Points Rate）报价方法，是外汇银行不直接报出远期汇率，而只报出即期汇率和各期的远期差价，然后再根据即期汇率和远期差价来计算远期汇率。美国、英国等大多数国家均采用这种方法。

（一）直接报价法

直接标出远期外汇的实际汇率，是直接将各种不同交割期限的远期买入价、卖出价完整地标示出来。

某日苏黎世外汇市场美元兑瑞士法郎的汇率为：

	USD/CHF
即期汇率	0.9392/0.9400
1 个月远期汇率	0.9410/0.9415
2 个月远期汇率	0.9420/0.9430
3 个月远期汇率	0.9435/0.9450
6 个月远期汇率	0.9445/0.9465

这种方法通常用于银行对客户的报价上。在银行同业交易中，瑞士、日本等国也采用这种方法。该种方法一目了然，但也有其缺陷，如改动比较麻烦等。因此在银行同业间往往采用另一种方法，即远期差价报价法。

（二）远期差价报价法

远期差价报价法，又称掉期率或点数报价法，是在银行间外汇市场上远期汇率的一种报价方法，即外汇银行只报出远期差价数，然后再根据即期汇率和远期差价来计算远期汇率。

用远期差价或掉期率来表示远期汇率的方法简明扼要。因为虽然在即期汇率变动的同时，远期汇率也进行着相应变动，但通常远期差价比较稳定，用远期差价或掉期率报价比直接报价方便快捷。

1. 远期差价的表示方法及远期汇率的计算

某一时点上远期汇率与即期汇率的汇率差称为掉期率或远期价差，这种远期价差又可分为升水和贴水两种。升水（Premium）表示远期汇率比即期汇率高，或期汇比现汇贵；贴水（Discount）表示远期汇率比即期汇率低，或期汇比现汇贱。还有一种情况叫平价（At Par），表示远期汇率与即期汇率相同。

由于汇率的标价方法不同，计算远期汇率的方法也不同。在直接标价法下，当远期外汇升水时，远期汇率等于即期汇率加上升水数；当远期外汇贴水时，远期汇率等于即期汇率减去贴水数；平价时，汇率不变。例如在苏黎世外汇市场上，1美元＝0.9064/0.9070瑞士法郎，3个月美元升水10～20生丁，则3个月美元的远期汇率为1美元＝0.9074/0.9090瑞士法郎（0.9064＋0.0010/0.9070＋0.0020）。在间接标价法下，当远期外汇升水时，远期汇率等于即期汇率减去升水数；当远期外汇贴水时，远期汇率等于即期汇率加上贴水数；平价则汇率不变。例如在伦敦外汇市场上，1英镑＝1.5025/1.5035美元，3个月远期美元升水25～10美分，则3个月远期美元的汇率为1英镑＝1.5000/1.5025美元（1.5025－0.0025/1.5035－0.0010）。

2. 掉期率报价方法及远期汇率计算

掉期率报价即以点数来表示，所谓点数，就是以汇率数字中小数点后第4位为基本，以外汇银行给出两个大小不等的点数作为掉期率的远期汇率的表示方法。

以点数表示的掉期率法比升贴水的远期差价表示方法更简便。在直接标价法下，当点数的排列是前小后大时，表示外汇升水，远期汇率等于即期汇率加上升水点数；当点数的排列是前大后小时，表示外汇贴水，远期汇率等于即期汇率减去贴水点数。在间接标价法下，当点数的排列是前小后大时，表示外汇贴水，远期汇率等于即期汇率加上贴水点数；当点数的排列是前大后小时，表示外汇升水，远期汇率等于即期汇率减去升水点数。根据点数的大小排列顺序，远期汇率的计算还可以进一步简化为"前小后大往上加，前大后小往下减"。需要注意的是银行公布升贴水点数时，根据风险与收益的关系，外汇买卖成交后交割的期限越远，风险越大，银行的兑换收益也就要求越高。因此，远期外汇的买卖差价总是大于即期外汇的买卖差价。并且无论是什么标价方法，计算出来的远期汇率都是前面的数字小于后面的数字。

【操作实例】

某日伦敦外汇市场英镑兑美元的汇率为：
即期汇率　　　1.3822/32
3个月掉期率　　30/45
计算英镑兑美元3个月的远期汇率。

（1）判断升水、贴水：间接标价法，点数排列"小/大"，美元（外汇）贴水。

（2）3个月的远期汇率为：

```
    1.3852        1.3832
+   0.0030    +   0.0045
    1.3852        1.3877
```

四、远期汇率的决定和计算

在远期外汇交易中，外汇银行对某种货币远期汇率的升贴水报价是有一定依据的。有三个基本因素决定远期汇率：即期汇率、买卖货币的利率差和远期期限的长短。

远期汇率与两种货币的利率的关系极为密切，在其他条件不变的情况下，一种货币对另一种货币是升水还是贴水,升水或贴水的具体数字以及升水或贴水的年率,受两种货币之间的利息率水平与即期汇率的直接影响。除了利率因素外,远期实际汇率还可能受到国际外汇市场投机活动、某些重大的政治事件及国际形势突变的影响,造成远期汇率中的升(贴)水数不同于根据利率平价理论计算出来的数字。

（一）利息水平决定远期外汇是升水还是贴水

依据利率平价理论,在其他条件不变的情况下,利率低的国家的货币远期汇率会升水,利率高的国家的货币远期汇率会贴水。

远期汇率、即期汇率和利息率三者之间的关系是:

1. 其他条件不变,两种货币之间利率水平较低的货币,其远期汇率为升水,利率较高的货币为贴水。

2. 远期汇率和即期汇率的差异,取决于两种货币的利率差异,并大致和利率的差异保持平衡。

（二）远期汇率升水（贴水）数

远期汇率升水、贴水的具体数字可从两种货币的利率差异与即期汇率的关系中推导计算。在此推算中得到的是近似的远期汇率,没有考虑存贷差价、外汇交易差价和交易费用,但可作为远期汇率决定的重要依据。计算公式为:

升（贴）水数 = 即期汇率 × 两地利率差 × 月数/12

【操作实例】

假如美元3个月存款利率为年率5%,欧元3个月的存款利率为年率10%,欧元兑美元的即期汇率 EUR1 = USD 1.2250。计算欧元兑美元3个月的远期汇率。

1. 利用公式计算欧元3个月的贴水数

欧元贴水数 = 1.2250 × （10% − 5%） × 3/12 = 0.0153

2. 利用贴水数和即期汇率计算远期汇率

3个月 EUR/USD = 1.2255 − 0.0153 = 1.2102

（三）升水（贴水）的年率

升水（贴水）的年率也可从即期汇率与升水（贴水）的具体数字中推导计算,方便对同一变动趋势货币进行比较。计算公式为:

$$升（贴）水年率 = \frac{升（贴）水数}{即期汇率} \times \frac{12}{月数} \times 100\%$$

五、远期外汇交易的应用

（一）利用远期外汇交易保值避险

汇率的变动是经常的,在国际贸易中,进出口商从签订贸易合同到执行合同、收付货款通常需要经过一段时间。为了避免汇率变动造成预期的外汇资产或负债的损失,进出口商可以应用远期外汇交易避险保值。

1. 进口商进口付汇的保值交易

进口商担心付款日所付外汇的汇率上升,可以事先签订远期外汇合约,以约定价格买进一笔将要支付的远期外汇,以固定成本。

【操作实例】

英国一进口商从美国进口货物,货款 1 000 万美元,双方约定 3 个月后付款。当日外汇市场的即期汇率为 GBP/USD 1.3820/10,3 个月的远期差价为 20/10。如果付款日市场即期汇率为 GBP/USD 1.3750/60,该进口商如果不做远期交易避险会受到什么影响?

(1) 该进口商签订 3 个月后购入 1 000 万美元的远期合约,其付汇成本为

1 000 万 ÷ 1.3800 = 724.64 万 GBP

(2) 该进口商不签订远期合约,在付款日买进 1 000 万 USD,则需要支付

1 000 万 ÷ 1.3750 = 727.27 万 GBP

因此,该进口商不做远期交易会多支付 2.63 万 GBP。

2. 出口商出口收汇的保值交易

如果出口商需要未来收汇,汇率变动会导致其收益增加或减少,所以出口商可以签订远期合约规避汇率变动风险,锁定未来收益。

【操作实例】

日本一出口商向美国某进口商输出价值 1 000 万美元的商品,贸易合同规定 60 天付款。签订贸易合同时外汇市场的即期汇率为 USD/JPY 120.00/50,2 个月远期汇率为 USD/JPY 118.00/60。如果收款日市场即期汇率为 USD/JPY 110.00/80,该出口商不做远期交易。

(1) 该出口商签订 2 个月后出售 1 000 万美元的远期合约,收款日可以兑换 1 000 万 × 118.00 = 118 000 万日元。

(2) 如果该出口商不签订远期合约,收款日可以兑换 1 000 万 × 110.00 = 110 000 万日元。

如果出口商不应用远期外汇交易则会因为美元贬值而少收入 8 000 万日元。

(二) 外汇银行利用远期外汇交易平衡其外汇头寸

进出口商进行远期外汇交易避险保值的同时,就将外汇风险转移给了外汇银行。外汇银行与客户进行交易后,经常会出现期汇和现汇的超买或超卖,这些敞口头寸就处于汇率变动的风险之中。为避免外汇风险,对不同期限、不同货币的敞口头寸要进行抛补,以平衡外汇头寸。在实际业务处理中,银行在卖出远期外汇的同时,往往要买进相同数额相同币种的即期外汇。即在出现头寸不平衡时,应该先买入或卖出相同数额、相同币种的现汇来抵补期汇头寸平衡的外汇风险,然后再抛补这笔期汇。

【操作实例】

香港某银行发生美元超卖,3 个月美元期汇头寸为空头 100 万美元。

Spot: USD/HKD 7.7300/10

3Mon: USD/HKD 7.7600/20

该银行应该立即补进100万美元,如果银行未补进,到期时市场汇率为:

Spot:USD/HKD 7.7750/60

3Mon:USD/HKD 7.7780/20

银行会损失100万×(7.7760-7.7620)=1.4万HKD

(三) 利用远期外汇交易投机获利

外汇投机,是指根据对汇率变动的预期,有意持有外汇的多头或空头,利用汇率涨跌获取利润的行为。进行远期外汇交易投机时,并不需要持有大量资金,因为签订远期合约只需要缴纳少量的保证金,可以起到"以小博大"的功能。期汇投机克服了现汇投机的缺点:第一,投机者只要预期正确,既可赚牛市也可赚熊市;第二,不用长期占用资金。

利用远期外汇交易进行投机有"买空"和"卖空"两种形式。

1. 买空(Buy Long)

买空是投机者基于外汇汇率将要上升的预期,而在市场上买进远期外汇的投机活动。在现汇市场上,如果投机者预期某种货币汇率将要上涨,则可买进该货币的远期,过一段时间后,如果预期正确,该货币汇率果然上升,投机者便将交割来的货币在现汇市场卖出,从而获取利润。如果预期不正确则投机者会遭受损失。

【操作实例】

纽约外汇市场上3个月的远期汇率为USD/CHF 0.9884/94,某投机者预测瑞士法郎将升值,于是在纽约市场买入3个月远期100万瑞士法郎。3个月后的现汇汇率为USD/CHF 0.9800/10。计算该投资者的盈亏情况。

投机者买入3个月远期100万瑞士法郎,到期日需要支付100万÷0.9884=101.17万USD。

随后投机者在现汇市场上卖出100万CHF,收入100万÷0.9810=101.94万USD。

投机者获利101.94万-101.17万=0.77万USD

2. 卖空(Sell Short)

卖空是投机者基于对外汇汇率将要下跌的预测而在市场上卖出远期外汇的一种投机活动。远期合约到期时,如果即期汇率低于合约约定汇率,投机者可以在现汇市场上以较低的即期汇率买入外汇用于交割,从而获得利润。如果到期时市场即期汇率高于合约约定汇率,则投机者会遭受损失。

【操作实例】

法兰克福外汇市场上3个月的远期汇率为GBP/EUR 1.2204/14,一投机商预测英镑兑欧元可能贬值,卖出100万英镑的3个月期汇。交割日市场的现汇汇率为GBP/EUR 1.3340/50,计算该投资者的盈亏情况。

投机者在交割日现汇市场买入100万GBP,支付100万×1.3350=133.50万EUR。

随后,投机者执行远期合约,卖出3个月期汇100万GBP,交割后可以收入100万×1.2204=122.04万EUR。

由于预测不准确,投机者遭受损失133.50万-122.04万=11.46万EUR。

【知识链接】

无本金交割远期外汇交易

无本金交割远期外汇交易（Non-Deliverable Forward-NDF）是一种离岸金融衍生产品，主要用于实行外汇管制国家的货币，人民币无本金交割远期常用于衡量海外市场对人民币升值或贬值的预期。无本金交割远期外汇交易由银行充当中介机构，供求双方基于对汇率看法（或目的）的不同，签订非交割远期交易合约，该合约确定远期汇率，合约到期时只需将该汇率与实际汇率差额进行交割清算，结算的货币是自由兑换货币（一般为美元），无需对 NDF 的本金（受限制货币）进行交割。NDF 的期限一般在数月至数年之间，主要交易品种是 1 年期和 1 年以下的品种，超过 1 年的合约一般交易不够活跃。

无本金交割远期合约在离岸场外市场（Offshore OTC Market）交易，所以又常被称为海外无本金交割远期。NDF 市场起源于 20 世纪 90 年代，它为中国、印度、越南等新兴市场国家的货币提供了套期保值功能，几乎所有的 NDF 合约都以美元结算。人民币、越南盾、韩元、印度卢比、菲律宾比索等亚洲新兴市场国家货币都存在 NDF 市场，与这些国家存在贸易往来或设有分支机构的公司可以通过 NDF 交易进行套期保值，以此规避汇率风险。NDF 市场的另一功能是可用于分析这些国家汇率的未来走势的预期。NDF，主要用于实行外汇管制国家的货币，目前亚洲地区的人民币、韩元、新台币等货币的非交割远期交易相当活跃。

在交易时，交易双方确定交易的名义金额、远期汇价、到期日。在到期日前两天，确定该货币的即期汇价，在到期日，交易双方根据确定的即期汇价和交易伊始时的远期汇价的差额计算出损益，由亏损方以可兑换货币如美元交付给收益方。

其做法是交易双方在签订买卖契约时"不需交付资金凭证或保证金"合约到期时亦不需交割本金"只需就双方议定的汇率与到期时即期汇率间的差额"从事清算并收付的一种交易工具。

NDO（无本金交割远期外汇选择权），操作逻辑与 NDF 的概念一致，只是从远期外汇的概念延伸到选择权交易而已。

NDF 市场是一个离岸市场，对于中国政府来说，可以从中参考人民币升值的压力，对人民币币值并没有实质影响。人民币 NDF 市场是存在于中国境外的银行与客户间的远期市场，主要的目的是帮未来有人民币支出或人民币收入的客户对冲风险。但是到期时，只计算差价，不真正交割。结算货币是美元。由于中国实行资本项目管制，对冲基金能够流入中国内地直接炒作人民币的，只是极少一部分。

资料来源：百度百科。

教学活动 3　套汇交易

【活动设计】

1. 教师组织教学和学生实训的相关案例；
2. 教师讲解套汇交易的含义、类型等基础知识；
3. 教师结合教学案例讲解套汇交易方法；
4. 学生通过实训案例练习套汇方法。

【案例导入】

余永定："人民币国际化"助长了套利套汇

CNH（香港离岸人民币）汇率是由套利和套汇两种方向相反的作用力的合力所决定的。作为分析的出发点，假设在初始期，大陆利息率高于香港 0.5 个百分点、香港利息率为 0；CNH 和 CNY 的即期汇率都是 6.4；CNH 和 CNY 远期市场年升值预期是 0。在上述条件下，投资者从事套利活动是稳赚不赔。设投资者借入 1 年期的美元，在 CNH 市场卖美元、买人民币并将人民币存入大陆银行，同时买入 1 年期的美元远期合同。1 年后，投资者手中的 1 美元就变成了 6.432 元人民币。根据远期合同按 6.4 的汇率，可换回 1.005 美元，偿还银行借款后，投资者得到 0.5% 的收益。在其他情况给定的条件下，套利活动的发生将导致香港外汇市场上对 CNH 需求的增加、CNH 升值（美元对人民币贬值）。由于假设初始期 CNH 远期升值预期为零，即期 CNH 的升值意味着 CNH 即期汇率已高于其远期汇率。套利活动的出现必然使 CNH 汇率上升。假设由于中央银行的干预，CNY 汇率始终保持在 6.4 的水平上。这样，CNH 汇率就将高于 CNY 汇率。汇差的出现必然导致套汇活动的出现。套汇者在 CNH 市场用 6.368 元人民币购买 1 美元，再在 CNY 市场用此 1 美元购买 6.4 元人民币，获利 0.032 元人民币，盈利率 0.5%。套汇者在 CNH 市场卖人民币、买美元将导致 CNH 的贬值。

可见，CNH 汇率同时受到两种压力：套利使 CNH 对美元升值，套汇使 CNH 对美元贬值。由于人民币升值预期和大陆与香港之间的正利差，以大陆为对象的套利活动应该在很早的时候即已发生。只要香港和大陆之间存在套利活动，CNH 汇率就必然高于 CNY。事实上，在正式的 CNH 市场出现之前，香港人民币汇率就高于 CNY 汇率。理论上，在全球金融一体化下，对于任何货币来说，只有一个汇率市场、一种汇率，套汇机会转瞬即逝。但由于对过境资本流动的限制和央行对国内外汇市场的不断干预，人民币始终有两个不同汇率。它们分别由 CNY 和 CNH 外汇市场决定。CNY 和 CNH 汇差的存在导致了大陆和香港之间的套汇活动。当 CNH 汇率高于 CNY，即香港人民币比大陆更贵的时候，人民币从大陆流向香港，而美元从香港流向大陆。

资料来源：21 世纪经济报道，节选自《国际经济评论》。

【基础知识】

外汇市场上大量的外汇交易会导致某一种或某几种外汇的汇率在不同的外汇市场上出现短暂的差异。这样，套汇者利用贱买贵卖，就可以在外汇汇率低的市场上买进，而在汇率高的市场上抛出，从而套取投机利润。套汇交易具有强烈的投机性。

一、套汇交易的概念

套汇交易（Arbitrage）是利用同一时刻不同外汇市场上的汇率差异，在汇率低的市场大量买进某种外汇，再在汇率高的市场卖出，以套取投机利润的外汇交易。

当今社会，网络技术高度发达，信息传递迅速，资金调拨通畅，同一种货币在不同外汇交易中心的汇率是非常接近的，可供套汇的时间也是转瞬即逝。当人们在货币价格低的市场买进该种货币时，对该货币的需求上升，因而该货币的价格就会上升，反之亦然。这样，不同外汇市场上的汇率差异很快就会消失，套汇将无利可图。因此，套汇者能否抓住宝贵的时机进行套汇，取决于套汇者的业务水平、工作经验以及反应的灵敏程度。从事套汇业务的大多数是资金雄厚的大银行和设有专门的外汇交易部的大公司。它们往往能够在很短的时间内动用大笔资金，尽管有时汇率在不同的市场上差异很小，但由于买卖的外汇数量很大，也可以获得相当丰厚的利润。

二、套汇交易的类型

套汇交易按其方式可分为地点套汇、时间套汇和利息套汇。地点套汇是利用不同外汇市场上汇率的差异从价格低的市场买进，在价格高的市场卖出的套汇活动。时间套汇是利用不同外汇的交割期限所造成的汇率差异而进行的套汇活动，实际上就是掉期交易。利息套汇又叫套利交易。这里主要讨论地点套汇，地点套汇按交易方式划分，可分为直接套汇和间接套汇。

（一）直接套汇

直接套汇（Direct Arbitrage）又被称为两角套汇或两地套汇，是指套汇投机者利用两个不同地点的外汇市场上的汇率差异，贱买贵卖，赚取汇率差额的一种外汇交易。也就是在价格低的市场买进，在价格高的市场抛出。

根据套汇交易者的目的，又可将直接套汇分为积极的直接套汇和消极的直接套汇。积极套汇者完全是以赚取利润为目的，消极的直接套汇是指套汇者以资金的国际间转移为主要目的，而恰好两地间的汇率不平衡，顺便赚取利润的直接套汇。例如母公司向子公司拨款与借款，银行间资金调拨等，若两地间汇率有差异，则可以顺便套汇。

【操作实例】

1. 积极的直接套汇

某日同一时间,伦敦外汇市场 GBP/USD = 1.4240/65,纽约外汇市场 GBP/USD = 1.4200/20,套汇者进行 100 万英镑的套汇交易,其获利情况如何?(不考虑交易费用)

比较后可知,英镑在伦敦市场贵,在纽约市场贱,因此投机者可以同时在伦敦市场卖出英镑,在纽约市场买进英镑,贱买贵卖获取利润。

套汇者在伦敦外汇市场卖出 100 万英镑,获得 100 万 × 1.4240 = 142.4 万美元。在纽约市场买入 100 万英镑,支付 100 万 × 1.4220 = 142.2 万美元。如果不计套汇成本,套汇者就可以获得差额利润 0.2 万(142.4 万 - 142.2 万)美元。

2. 消极的直接套汇

某日,东京的一家子公司向纽约的母公司电汇资金 100 万美元。当天的即期汇率为:

东京:USD/JPY = 112.60/85;

纽约:USD/JPY = 111.45/70。

这家子公司比较后会做出如下选择,在纽约市场购入 100 万美元,支付日元 100 万 × 111.70 = 11 170 万。比直接在东京兑换 100 万美元节省成本 115 万(11 285 - 11 170)日元。子公司的这种做法体现了消极的直接套汇。

(二)间接套汇

间接套汇(Indirect Arbitrage)包括三角套汇或多角套汇,是指投资者在同一时间利用三个或三个以上不同外汇市场的汇率差异,调拨资金贱买贵卖,赚取差额利润的外汇交易。间接套汇的基本原理是:

1. 用汇积价连乘法判断有无套汇机会

(1)计算出各地汇率的中间价格。

(2)将中间价格换算成同一种标价法。

(3)将计算结果连乘,如果结果 = 1,说明三地外汇市场没有汇率差异,不存在套汇机会;如果结果 ≠ 1,说明三地外汇市场存在汇率差异,有套汇机会。

2. 贱买贵卖进行套汇交易

需要注意的是从事三角套汇,计算汇率之间的差异很重要,而且计算要十分精确,要及时掌握套汇所涉及的三个市场汇率变动情况,否则会带来投资风险。

积极的套汇交易应注意把握以下要点:

(1)套汇交易的顺利进行需要没有外汇管制、没有政府干预的市场条件,欧洲货币市场是套汇交易的理想市场。

(2)由于现代通讯技术发达,不同外汇市场之间的汇率差异日趋缩小,套汇机会稍纵即逝,套汇交易需要投入大额交易资金并拥有传递迅速的外汇信息系统及分支代理机构,才能在抵补成本的基础上获利。

(3)套汇过程必须遵循贱买贵卖的原则。套汇过程应是一个完整的循环,即套汇以初始投放货币形态结束或在货币资金初始投放市场结束。

【操作实例】

某一时间外汇市场行情如下：
伦敦：　　GBP/USD　1.4000/20
苏黎世：　GBP/CHF　1.3000/30
纽约：　　USD/CHF　0.9000/20

问题：1. 有没有套汇机会？
　　　2. 分别用 CHF100 万、GBP100 万、USD100 万套汇，各获利多少？（不考虑套汇成本）

想了解套汇能否获利，首先要用汇积价连乘法判断三个外汇市场是否存在汇率差异。

$1.4010 \times \dfrac{1}{1.3015} \times 0.9010 = 0.9699 \neq 1$，三地外汇市场存在套汇机会。

（1）用 CHF100 万进行套汇：

用伦敦和纽约市场的汇率套算 GBP/CHF 的汇率为 1.2600/46（1.4000×0.9000/1.4020×0.9020），与苏黎世市场的汇率进行比较后得知 CHF 在纽约市场贵。因此，套汇者的具体操作方法如下：

第一步：在纽约市场卖出瑞士法郎 100 万，获得美元 $100 \div 0.9020 = 110.86$ 万。

第二步：将美元 66.58 万电汇到伦敦市场卖出，获得英镑 $110.86 \div 1.4020 = 79.08$ 万。

第三步：将 41.56 万英镑电汇到苏黎世市场卖出，获得瑞士法郎 $79.08 \times 1.3000 = 102.8$ 万。

这样，套汇者用 100 万瑞士法郎套汇，获利 2.8 万瑞士法郎。

（2）用 GBP100 万进行套汇：

与上述方法相同，用苏黎世和纽约市场的汇率套算出 GBP/USD 的汇率，比较后得知 GBP 在苏黎世市场贵，在伦敦市场贱，因此，套汇者首先在苏黎世市场卖出 GBP 买入 CHF，再在纽约市场卖出 CHF 买入 USD，最后在伦敦市场卖出 USD 买入 GBP。

$100 \text{ 万} \times 1.3000 \div 0.9020 \div 1.4020 = 102.8 \text{ 万 GBP}$

这样，套汇者用 100 万英镑套汇，获利 2.8 万英镑。

（3）用 USD100 万进行套汇：

与上述方法相同，用伦敦和苏黎世市场的汇率套算出 USD/CHF 的汇率，比较后得知 USD 在伦敦市场贵，在纽约市场贱，因此，套汇者首先在伦敦市场卖出 USD 买入 GBP，再在苏黎世市场卖出 GBP 买入 CHF，最后在纽约市场卖出 CHF 买入 USD。

$100 \text{ 万} \div 1.4020 \times 1.3000 \div 0.9020 = 108.06 \text{ 万 USD}$

这样，套汇者用 100 万美元套汇，获利 8.06 万美元。

教学活动 4　掉期交易

【活动设计】

1. 教师组织教学和学生实训的相关案例;
2. 教师讲解掉期交易的含义、特点、类型等基础知识;
3. 教师讲解结合教学案例讲解掉期交易的操作方法及作用;
4. 学生通过实训掌握掉期交易的特点和操作方法。

【案例导入】

雅本化学开展人民币外汇货币掉期交易

雅本化学（300261）1月25日晚间公告，公司于2018年1月24日召开第三届董事会第十九次（临时）会议及第三届监事会第十九次（临时）会议，审议通过了《关于开展人民币外汇货币掉期交易的议案》，公司拟自该议案通过审议后1年内开展总额度不超过5 000万美元的人民币外汇货币掉期交易，在有效期内该额度可循环使用。

公司称，鉴于公司的海外业务逐步增多，公司与海外客户交易主要通过美元结算，持有的外汇资产也逐渐增加，同时公司的所属全资子公司、控股子公司有外汇收支。本次交易可以有效利用外汇资金，规避汇率波动的风险，降低汇率波动对公司利润的影响，合理降低财务费用，并考虑到外汇汇率未来走势，且公司拟从事的人民币外汇货币掉期交易的资金与公司海外业务收入规模相匹配，符合公司谨慎、稳健的风险管理原则。

资料来源：中国证券报·中证网，2018.01.25。

【基础知识】

一、掉期交易的概念

掉期交易（Swap Transaction）从广义上讲应属于套汇交易，也叫时间套汇。是指将货币相同、金额相同而方向相反，交割期限不同的两笔或两笔以上的外汇交易结合起来，即交易者在买进（或卖出）某种货币的同时，卖出（或买进）数额相同的同种货币，使资金做反方向回流，避免外汇风险。传统掉期交易同现汇交易和远期外汇交易一样，是国际市场上的一种重要交易方式。掉期率等于两笔交易所使用的汇率的差价，即买进和卖出两种不同期限的外汇所使用的汇率的差价。

在掉期交易中，掉期交易改变的不是交易者手中持有的货币数额，而是改变了交易者所持货币的期限。它的基本用途是避免外汇风险，掉期交易强调买入和卖出的同时性，即两笔交易必须同时进行，并且掉期交易绝大部分是针对同一对手进行的。

二、掉期交易的类型

（一）掉期交易按交易对象是否相同可分为纯粹的掉期交易和分散的掉期交易

1. 纯粹的掉期交易（Pure Swap Transactions）。即同时向同一对象买进或卖出不同交割日的等额外汇的交易。也就是说，交易的买和卖都发生在相同的两个交易员之间。在这一交易中，掉期率是双方直接协商的，一旦双方达成协议后，即按约定的即期汇率和远期汇率成交。

2. 分散的掉期交易（Engineered Swap Transactions）。又称为制造掉期，指包括两个交易行为，而两笔交易对象并不相同的掉期交易。例如，交易员与某一交易对手按远期汇率买入远期外汇之后，再与另一交易对手按即期汇率或按另一期限的远期汇率，卖出同一币种的即期或远期外汇。

纯粹的掉期交易只涉及两方，分散的掉期交易涉及三个参与者，外汇市场上绝大部分的掉期交易属于纯粹的掉期交易。

（二）掉期交易按交割期限可分为即期对即期掉期交易、即期对远期掉期交易和远期对远期掉期交易

1. 即期对即期掉期交易，即同时做两笔货币币种相同、金额相等、交易方向相反、交割日不同的即期外汇交易。外汇银行为了避免短期资金拆借的风险而采用这种特殊形式的掉期交易。主要有两种常见的交易安排，今日对明日的掉期和明日对后日的掉期。今日对明日的掉期，是将第一笔即期交易的交割日安排在成交后的当天，而反向交易的交割日安排在成交后的第一个营业日。明日对后日的掉期，是将第一笔即期交易的交割日安排在成交后的第一个营业日，而反向交易的交割日安排在成交后的第二个营业日。

2. 即期对远期掉期交易。这是最常见的也是应用范围较广的一种掉期交易。即买入（或卖出）某种即期外汇的同时，卖出（或买入）远期的等额同种外汇，以覆盖外汇头寸，消除外汇风险。在进出口商远期交易展期、国际投资者投资保值和外汇银行调整外汇头寸中都有广泛的应用。

【知识链接】 **关于推出外币对货币掉期、人民币对澳元货币掉期交易等业务的通知**

中汇交发〔2018〕33号

银行间外汇市场会员：

为满足市场需求，推动货币掉期业务发展，中国外汇交易中心（以下简称交易中心）将于2018年2月5日在新一代外汇交易平台CFETS FX2017推出外币对货币掉期交易、增加人民币对澳元货币掉期交易，并进一步优化货币掉期业务功能。具体安排如下。

一、推出外币对货币掉期交易

1. 交易货币对。推出澳元兑美元（AUD/USD）、欧元兑美元（EUR/USD）、英镑兑美元（GBP/USD）、美元兑港元（USD/HKD）和

美元兑日元（USD/JPY）五个货币对的外币对货币掉期交易。

2. 参与机构。兼具外币对会员及人民币外汇货币掉期会员资格的机构自动成为外币对货币掉期会员，可直接参与外币对货币掉期交易。其他具备外币买卖及衍生品业务资质的银行、非银行金融机构等可向交易中心申请成为外币对货币掉期会员。

3. 公开报价。外币对货币掉期会员可通过交易中心系统为欧元兑美元的两个标准产品（EUR Qtr A/360 兑 USD 3M LIBOR、EUR 3M EURIBOR 兑 USD 3M LIBOR）提供1至10年期的公开报价。

4. 业务规则。外币对货币掉期适用询价交易模式。本金交换形式、利息计算形式、浮动利率参考指标、报价精度、期限品种等与人民币外汇货币掉期产品相同。

5. 交易时间。与交易中心外币对市场交易时间保持一致，即每个交易日 7：00 - 23：30。

6. 收费安排。交易双方均按名义本金的 10 万分之 0.5 收取交易手续费，按当日中间价折人民币计收，按季度收取。交易终端费按现行标准收取，外汇交易系统现有用户无需额外缴纳。

二、新增人民币对澳元货币掉期交易

1. 新增澳元兑人民币（AUD/CNY）货币掉期交易。人民币外汇货币掉期交易支持的货币对增至6个。

2. 澳元端支持固定利率和浮动利率，浮动利率基准为澳元银行券拆借利率基准 BBSW。

3. 其他交易要素与现有人民币外汇货币掉期产品一致。

三、货币掉期业务功能完善

1. 增加本金交换形式。新增期初交换、期末不交换的本金交换形式。银行间货币掉期交易本金交换形式增至4种，包括：期初期末均交换本金；仅期初交换本金；仅期末交换本金；期初期末均不交换本金。

2. 支持倒起息功能。支持期初无本金交换的交易生效日早于成交日的交易模式。倒起息日期追溯不得超过该笔交易中的第一个计息周期。

3. 支持本金摊销。支持单边、双边本金摊销及自定义摊销功能。

4. 优化残段处理方式。在残段前置的基础上，增加残段后置、前置+后置两种残段处理方式。

5. 自定义计息周期。人民币端及外币端利息计算周期均支持自定选项，用户可自定义各计息周期开始及终止日期。

6. 支持计息、付息分离。计息、付息分离可实现利息计算的开始日和终止日不随节假日调整，保证每个周期利息值固定，实际利息支付日遇节假日进行调整。

资料来源：中国外汇交易中心，2018.01.24。

【操作实例】

某英国企业需要 500 万美元投资 91 天期美国政府国库券,为了避免 3 个月后美元汇率波动带来的风险,决定使用掉期交易保值。市场即期汇率 GBP/USD 1.4020/30,3 个月远期差价 10/20,3 个月后市场的即期汇率为 GBP/USD 1.4080/00。分析该企业做掉期交易防范风险的情况。

(1) 该企业做掉期交易,买入即期 500 万美元的同时卖出 3 个月远期 500 万美元,具体操作如下:

该企业买入即期美元 500 万,支付 500 万 ÷ 1.4020 = 356.63 万 GBP

该企业卖出 3 个月远期美元 500 万,到期日收回 500 万 ÷ 1.4050 = 355.87 万 GBP

掉期成本为 356.63 − 355.87 = 0.76 万 GBP

(2) 该企业不做掉期交易,到期日在市场出售汇 500 万美元,收入 500 万 ÷ 1.4100 = 354.61 万 GBP,损失 355.87 − 354.61 = 1.26 万 GBP。

以上计算结果说明,企业做掉期交易,可以将 500 万美元的外汇风险锁定在 0.76 万英镑的掉期成本上,如果不做掉期交易,当美元汇率下跌时将承受更多的损失。

3. 远期对远期掉期交易。是同时做两笔交易方向相反、交割期限不同的某种货币的远期交易。即在买进某货币较短的远期的同时,卖出该货币较长的远期;或者,买进某货币较长的远期,同时卖出该货币较短的远期。银行在承做远期对远期掉期交易时,通常会将它拆分为两个即期对远期的外汇交易来承做,而真正的远期对远期掉期在国际市场上较为少见。

【操作实例】

某银行 3 个月远期美元超买 500 万,6 个月远期美元超卖 500 万,如果银行对多头和空头分别进行抵补,需要做很多笔交易,成本较高。而利用远期对远期掉期交易,卖出 3 个月远期美元 500 万,同时买入 6 个月远期美元 500 万,则可以利用一笔掉期交易实现抵补,降低了头寸抵补的成本。

【知识链接】

全国银行间外汇市场人民币外汇货币掉期交易指引

人民币外汇货币掉期交易是指在约定期限内交换约定数量人民币与外币本金,同时定期交换两种货币利息的交易。

1. 本金交换的形式包括:①在协议生效日双方按约定汇率交换人民币与外币的本金,在协议到期日双方再以相同的汇率、相同金额进行一次本金的反向交换;②主管部门规定的其他形式。利息交换指交易双方定期向对方支付以换入货币计算的利息金额,交易双方可以按照固定利率计算利息,也可以按照浮动利率计算利息。

2. 入市流程

2.1 基本条件

具备银行间人民币外汇远期市场会员资格,经中国外汇交易中心向国家外汇管理局就开展货币掉期交易完成备案的境内机构。

2.2 入市流程

具备基本条件的机构可以向交易中心提出入市申请,流程如下:

(1) 向交易中心提出申请,提交相关材料。

(2) 交易中心初审合格后,报国家外汇管理局备案。

(3) 完成备案的机构即成为货币掉期市场会员。交易中心同时发布市场公告。

(4) 货币掉期市场会员应指派交易员参加交易中心组织的培训。交易员参加培训时须提交登记表。培训合格的交易员,交易中心将颁发资格证书。

3. 入市申请材料

具备基本条件的机构需提供下述入市申请材料:

(1) 开办人民币外汇货币掉期业务的申请。

(2) 开展人民币外汇货币掉期业务的风险内控制度。

教学活动 5　套利交易

【活动设计】

1. 教师组织教学和学生实训的相关案例;
2. 教师讲解套利交易的含义、类型等基础知识;
3. 教师结合教学案例讲解套利机会的判断及套利交易的操作方法;
4. 结合案例学生实训操作套利交易。

【案例导入】

人民币"离奇"大跌调查:国际套利资本在火中取栗

截至 2018 年 2 月 8 日 19 时,境内在岸市场人民币兑美元汇率(CNY)徘徊在 6.3196 附近,较上一个交易大跌 444 个基点,盘中跌幅超过 750 个基点,创下 2015 年 8 月 12 日以来的最大单日跌幅。受此影响,境外离岸市场人民币兑美元汇率(CNH)触及 6.3554,较上一个交易日大跌 364 个基点,盘中一度跌至 6.3774,抹平 2 月以来所有涨幅。

面对突如其来的人民币汇率大跌,上述香港银行外汇交易员一度茫然。毕竟,2 月 7 日公布的 1 月外汇储备持续增加,有助于人民币汇率上涨。这背后,是国际套利资本在火中取栗。具体而言,2 月 7 日晚美国 10 年期国债收益率一度触及本周以来新高 2.85%,而同期中国国债收益率徘徊在 3.9%,令中美利差收窄至 105 个基点,加之隔夜美元指数反弹突破 90 整数关口，因此他们先沽空离岸人民币获利。

但当他们发现隔夜境内在岸市场人民币"不为所动"导致境内外汇差一度扩大至 300 多个基点时，便转变策略通过境内外汇差套利交易，押注境内在岸人民币补跌获利。"这也是 2 月 8 日早盘境内人民币汇率（CNY）跌幅远超离岸人民币汇率（CNH）的主要原因之一。"这对人民币多头无疑是"晴空霹雳"——不少持有人民币多头的企业一见人民币大幅下跌，纷纷跟进多头平仓获利了结离场，从而触发人民币汇率更大跌幅，加之央行干预传闻四起，进一步加剧了人民币多头恐慌情绪，导致境内人民币汇率在午盘两个小时内直接下跌逾 500 个基点。

资料来源：21 世纪经济报道，2018.02.09，作者：陈植。

【基础知识】

套利是外汇市场上重要的交易活动。由于目前各国外汇市场联系十分密切，一有套利机会，大银行或大公司便会迅速投入大量资金，最终促使各国货币利差与货币远期贴水率趋于一致，使套利无利可图。套利活动使各国货币利率和汇率形成了一种有机的联系，二者互相影响和制约，推动国际金融市场的一体化。

一、套利交易的概念

套利交易（Interest Arbitrage Transaction）又称利息套汇，是指套利者利用不同国家或地区短期利率的差异，将资金从利率较低的国家或地区转移至利率较高的国家或地区，从中获取利差收益的外汇交易。套利是外汇市场上重要的交易活动，套利活动使各国货币利率和汇率形成了一种有机的联系，二者互相影响和制约，推动国际金融市场的一体化。

二、套利交易的类型

由于套利需要进行货币转换，套利者会面临汇率风险。根据套利者是否对外汇风险进行防范，套利交易可分为两种形式：非抵补套利和抵补套利。

（一）非抵补套利

非抵补套利（Uncovered Interest Arbitrage）是指套利者利用两国或两地市场的利率差异，把短期资金从利率低的市场调到利率高的市场进行投资，以谋取利差收益，但不同时进行反向操作轧平头寸的一种套利形式。非抵补套利作为一种纯粹的套利交易，要冒汇率变动的风险，因而具有投机性质。

【操作实例】

假设纽约市场美元的年利率为 5%，法兰克福市场欧元的年利率为 10%，EUR/USD 的即期汇率为 1.2340/50。美国某投资者欲将 100 万美元转到法兰克福市场投资 1 年。如果 1 年投资期满时市场即期汇率为 EUR/USD 1.2280/90，试比较该投资者进行套利和不进行套利的区别。

（1）进行套利。

投资者在即期市场上将100万美元兑换成欧元，100万÷1.2350＝80.97万EUR

将80.97万欧元在法兰克福市场投资1年，获得欧元本利和80.97×（1＋10%）＝89.07万。

将89.07万欧元的本利和兑换成美元，89.07×1.2280＝109.38万USD

（2）不套利。

1年后投资者得到的美元本利和为100万×（1＋5%）＝105万。

因此，套利比不套利多收入4.38万美元。

（二）抵补套利

抵补套利（Covered Interest Arbitrage）是指套利者把资金从低利率市场调往高利率市场的同时，在外汇市场上卖出高利率货币的远期，以避免汇率风险的一种套利形式。这实际上是将套利交易和远期交易结合起来，通过在套利活动的开始时就锁定了套利存款期届满时的汇率水平，实现不承担汇率风险的套利外汇交易。从外汇买卖的形式看，抵补套利交易是一种掉期交易。抵补套利是常见的套利行为。

根据利率平价理论，高利率货币远期贴水，低利率货币远期升水。如果不进行抵补套利，投资者可能要承受高利率货币远期贴水带来的损失，因此，套利投资者对抵补套利进行可行性分析时，所采纳的一般原则是：

第一，如果利率差大于较高利率货币的贴水年率，则应将资金从利率低的国家调往利率高的国家。其利差所得会大于高利率货币贴水带来的损失。

第二，如果利率差小于较高利率货币的贴水年率，则不应将资金从利率低的国家调往利率高的国家，因为利差所得不足以弥补高利率货币贴水带来的损失。

第三，如果利率差等于较高利率货币的贴水年率，则不存在套利机会。

抵补套利还应注意以下问题，一是套利交易需要两国或两地对资金的自由兑换和转移没有限制。二是抵补套利的机会是短暂的，投资期限一般不超过1年。因为如果市场出现不均衡，存在套利机会，就会导致大量投资者和大规模的资金进入市场，市场就会恢复均衡状态。三是理论上利差与升（贴）水年率一致时，套利交易才会停止，但事实上套利交易受手续费、佣金、通信费等交易成本的影响，会使得利差与升（贴）水年率不完全一致时，套利交易也会停止。

【操作实例】

某日纽约市场USD6个月的定期存款年利率为10%，加拿大市场CAD 6个月的定期存款年利率为5%，外汇市场上的汇率如下：

  Spot：USD/CAD 1.3000/20

  6Mon：   100/80

某投资者拥有资金CAD100万，分析有没有套利机会？如果进行抵补套利，收益是多少？实际年收益率是多少？

(1) 美元贴水年率 = $\frac{0.0090}{1.3010} \times \frac{12}{6} \times 100\% = 1.4\% < 5\%$（两国利差10% − 5%），说明有套利机会，投资者可以将资金调往美国投资。

(2) 投资者进行抵补套利，首先将100万加拿大元兑换成美元，调往美国存放6个月，并与银行签订6个月后卖出美元投资本利和的远期合约，投资期满时履行远期合约，将美元本利和兑换成加拿大元。

100万 ÷ 1.3020 × $(1 + \frac{10\%}{2})$ × 1.2900 = 104.03万 CAD

套利获得收益 104.03万 − 100万 = 4.03万 CAD

(3) 实际年收益率 = $\frac{4.03}{100} \times \frac{12}{6} \times 100\% = 8.06\%$

任务二 外汇衍生品交易

【任务要求】

教师要结合案例讲解外汇衍生品的特点、操作规则和投资技巧，组织学生进行相关实训。

学生要具备合约现货外汇交易的实际操作能力，掌握外汇期货交易、外汇期权交易和互换交易的特点、交易规则和操作方法，能够根据具体的业务情况选择合适的交易形式达到避险或投机获利的目的。

【案例导入】

扩大境内衍生品市场对外开放

国家外汇管理局2018年2月7日消息，国家外汇管理局局长潘功胜日前撰文指出，稳步推进金融市场双向开放，继续推进境内股票、债券市场开放，完善"债券通"，扩大境内商品期货等衍生品市场对外开放。

潘功胜表示，随着我国跨境资本流动趋于平衡，前期采取的宏观审慎政策已全部恢复中性。未来，我国跨境资本双向流动将成为常态，总体上仍将保持基本平衡。下一步，外汇管理部门将进一步推动对跨境资本流动的均衡管理。在管理目标上，理性看待外汇储备增减。在管理理念上，坚持政策中性原则。在外汇执法上，对违法的流出、违法的流入都要严厉打击，重点打击地下钱庄、虚假交易、操纵市场等各种形式的违法违规行为，维护外汇市场正常秩序。稳步推进金融市场双向开放。一是推动证券市场双向开放。继续推进境内股票、债券市场开放，完善"债券通"，研究"沪伦通"，支持沪港、深港股票市场交易互联互通。改革完善合格机构投资者（QFII、RQFII、QDII、RQDII 等）外汇管理制度。进一步提升市场主体在更大空间配置资产的便利性。扩大境内商品期货等衍生品市场对外开放。二是建立健全开放的、有竞争力的外汇市场。增加外汇市场深度，扩大交易主体，丰富交易工具，拓展交易范围，推动市场开放，满足不同主体的避险需求。三是加强市场主体风险教育，引导企业树立"财务中性"意识，综合运用各类外汇市场工具开展套期保值，做好汇率风险管理。

资料来源：市商网，2018.02.08。

教学活动1　合约现货外汇交易

【活动设计】

1. 教师组织教学和学生实训的相关案例；
2. 教师讲解合约现货外汇交易概念、特点等基础知识；
3. 教师结合教学案例分析合约现货外汇交易的盈亏及注意事项；
4. 学生实训掌握合约现货外汇交易的交易流程及操作方法。

【案例导入】

中行推出个人保证金外汇买卖业务

2008年2月，中国银行在深圳地区推出了个人保证金外汇买卖业务（俗称外汇"孖展"业务），为不同风险偏好的投资者提供了更多样化的外汇投资工具。

1993年12月1日，中国银行上海分行在内地首先面向客户推出个人外汇买卖业务，中行给个人外汇买卖业务起了一个响亮的名字——"外汇宝"，是个人实盘外汇买卖，为投资者搭建了外汇领域投资的桥梁。2003年该行首家推出"期权宝"，为个人投资者提供了投资外汇期权的途径。

"孖展"业务是一种"杠杆式"外汇买卖交易，又称"个人保证金外汇买卖"。客户在银行开立"孖展"交易专户后，只需存入少量美元，就可以放大10倍炒外汇，享受超低点差，还可以自由选择买涨买跌，双向交易，大大增加投资获利的机会。由于"个人保证金外汇买卖"点差仅为传统"外汇宝"的一半左右，大大降低了客户的交易成本。同时，外汇市场24小时运转，方便投资者捕捉瞬息万变的市场机会。对于同样被放大的潜在投资风险，中行还设定了提醒和强制平仓机制，将帮助客户进行有效的风险控制。

资料来源：证券时报。

【基础知识】

一、合约现货外汇交易的概念

合约现货外汇交易又称外汇保证金交易、按金交易或虚盘交易，是指投资者和专业从事外汇买卖的金融公司（银行、交易商或经纪商），签订委托买卖外汇的合同，存入一定比率（一般不超过10%）的交易保证金，便可按一定融资倍数买卖十万、几十万甚至上百万美元的外汇。因此，这种合约形式的买卖只是对某种外汇的某个价格作出书面或口头的承诺，然后等待价格出现上升或下跌时，再作买卖的结算，从变化的价差中获取利润，当然也承担亏损的风险。由于这种投资所需的资金可多可少，让小额投资者可以利用较少的资金，获得较大的交易额度，所以近年来吸引了众多投资者。外汇保证金交易最初产生于20世纪80年代的伦敦。作为一种投资工具，在欧美、日本、中国香港、中国台湾等国家和地区是合法的，交易商和交易行为受到政府的监管。

外汇投资以合约形式出现，主要的优点在于节省投资金额。以合约形式买卖外汇，投资额一般不高于合约金额的5%，而得到的利润或承担的亏损却是按整个合约的金额计算的。外汇合约的金额根据外币种类确定，每一个合约的金额分别是62 500 英镑、125 000 欧元、125 000 瑞士法郎、12 500 000 日元，每张合约的价值约为10万美元。每种货币合约的金额固定，投资者可以根据自己保证金的多少，买卖整数倍的合约。

【知识链接】

外汇保证金交易交易合约

国际通行使用"K"作为1 000美元，"千美元"来表示交易合约的总资金量，比如100K合约账户，就是100个"千美元"，即100 000 美元账户，这种100K账户，也叫做"标准账户"。还有一种10K合约账户，就是10个"千美元"，即10 000 美元账户，这种10K账户，也叫做MINI账户。另外还有一种"专业账户"是250K的，资金量为250 000美元。有些公司还设立了一些"中间"账户，介于标准和迷你账户之间，比如50K账户。

二、合约现货外汇交易的特点

1. 合约现货外汇交易的最大特点就是采取的是保证金方式，充分利用杠杆原理做到以小博大。如果保证金交易的融资比例为100倍，即最低的保证金要求是1%，投资者只要1 000美元，就可以进行高达100 000美元的交易，充分利用了以小博大的杠杆效用。

2. 合约现货外汇交易另一项最吸引人的特色是可以双向操作，就是投资者既可以看涨也可以看跌，操作十分灵活。货币的汇率在一天之内会有一定的起伏，基于双向操作的原理，投资者可以在货币汇率上升时买入获利（做多头），也可以在货币汇率下跌时卖出获利（做空头），提供了更大的盈利空间和机会。

3. 24小时和T+0的交易模式，外汇保证金交易是24小时不间断地进行交易（除周末全球休市）。T+0的模式也使得投资者的交易变得非常随意便捷。投资者可以在任何一个时间段能进入外汇市场进行买卖，可以随意改变投资策略。

4. 合约现货外汇交易没有到期日，因此投资者可以无限期持有头寸，当然投资者首先要保证账户上有足额的资金，否则当资金额度不够时，会面临强行平仓的风险。

5. 投资者进行合约现货外汇交易时可以选择的币种种类丰富，所有的可兑换货币都能成为交易品种。

三、合约现货外汇交易的盈亏

投资者如何来计算合约现货外汇买卖的盈亏呢？主要考虑三个因素。

（一）外汇汇率涨跌

采取保证金形式买卖外汇虽然投入的保证金金额小，但实际操纵的资金却十分庞大，而外汇汇价每日的波幅又很大，如果投资者判断外汇走势出现失误，很容易造成保证金全部损失。假设投资者利用1 000美元的保证金就可以买卖一个合约，当外币上升或下降时，投资者的盈利与亏损是按合约的金额即100 000美元来计算的。例如，某投资者进行外汇保证金交易，保证金比例为1%，如果投资者预期欧元将上涨，那么其实际投入1万美元（100×1%）的保证金，就可以买入合同价值为100万美元的欧元。当欧元兑美元的汇率上涨1%，那么投资者就能够获利1万元美元，实际的收益率达到了100%。但是如果欧元下跌了1%，那么投资者就会血本无归，其投入的本金将全部亏光。

合约现货外汇买卖可以双向操作，既可以在低价先买入，待价格升高后再卖出，也可以在高价位先卖，等价格跌落后再买入。外汇的价格总是在波动中攀升或下跌的。这种双向操作使得投资者不仅可以在上升的行情中获利，也可以在下跌的形势下赚钱，无论升市还是跌市都可以左右逢源。

投资者利用汇率的波动获利是合约现货外汇投资获取利润的主要途径。盈利或亏损的多少是按点数来计算的，例如某日EUR/USD 1.2040，1个点是0.0001，当汇率变为EUR/USD 1.2060时，欧元多头方便盈利20点。日元、英镑、瑞士法郎等不同货币的每一点所代表的价值也不一样，如欧元合约每个点的价值为12.5美元。在合约现货外汇买卖中，赚的点数越多盈利也就越多，赔的点数越多亏损也就越多。例如，投资者在1.2040价位时买入1个欧元合约，当欧元汇率上升到1.2140时，投资者把这个合约卖掉，即赚100点，盈利达1 250美元。当欧元汇率下降到1.1940时，该投资者就赔了100点，即赔掉1 250美元。

（二）利息的支出与收益

在合约现货外汇交易中，投资者还可能获得可观的利息收入。合约现货外汇的计息方法，不是以投资者实际的投资金额，而是以合约的金额计算。例如，投资者投入10 000美元作保证金，买了10个瑞士法郎的合约，利息的计算不是按10 000美元计算，而是按10个合约的瑞士法郎总值计算，即瑞士法郎的合约价值乘合约数量（125 000×5），因此，利息收入很可观。当然，如果瑞士法郎汇率下跌，那么投资者虽然拿了利息，也弥补不了汇率下跌带来的损失。

在外汇保证金交易中，只有买高息外币才有利息的收入，卖高息外币不仅没有利息收入，投资者还必须支付利息。由于各国的利率会经常调整，因此，不同时期不同货币的利息的支付或收取不同，投资者要以从事外币交易的交易商公布的利息收取标准为依据。

利息的计算方法有两种，一种是用于直接标价的货币，如日元、瑞士法郎等；另一种用于间接标价的货币，如欧元、英镑、澳大利亚元等。

日元、瑞士法郎的利息计算公式为：

$$利息 = 合约金额 \times \frac{1}{入市价} \times 利率 \times \frac{天数}{360} \times 合约数$$

欧元、英镑的利息计算公式为：

$$利息 = 合约金额 \times 入市价 \times 利率 \times \frac{天数}{360} \times 合约数$$

对于短线的投资者，不必考虑利息的支出与收益，因为利息支出与收益很少，对整体盈亏的影响很小。但对中长线投资者来说，利息问题却不可忽视。例如，投资者在 1.2000 价位时先卖欧元，假设一个月后欧元汇率不变，如果按卖欧元要支付 8% 的利息计算，每月的利息支付高达 500 美元。目前，有很多投资者比较关注利息的收入而忽视了货币的走势，从而都喜欢买高息外币，结果因小失大，造成更多的损失。例如，如果欧元下跌时，投资者买了欧元，即使一个合约每月收息 500 美元，但一个月欧元下跌了 100 点，投资亏损 1 250 美元，利息的收入弥补不了欧元汇率下跌带来的损失。所以，投资者首先应该关注货币汇率的走势，之后再考虑利息的收入或支出。

（三）手续费的支出

投资者买卖合约外汇要通过金融公司进行，金融公司对每一笔交易均要收取手续费，因此，投资者要把这一部分支出计入成本。金融公司收取的手续费是按投资者买卖合约的数量计算，而不考虑盈亏情况。

投资者要综合考虑以上三个因素计算合约现货外汇交易的盈亏。

日元、瑞士法郎的合约现货外汇交易盈亏计算公式为：

$$损益 = 合约金额 \times \left(\frac{1}{卖出价} - \frac{1}{买入价}\right) \times 合约数 - 手续费 +/- 利息$$

而欧元、英镑的损益计算公式为：

$$损益 = 合约金额 \times (卖出价 - 买入价) \times 合约数 - 手续费 +/- 利息$$

四、合约现货外汇交易交易时间

国际汇市是一个 24 小时连续交易的市场，一个市场的汇率波动可以迅速波及到其他市场，但每一个市场又都有其自身的不同特点。

新西兰惠灵顿外汇市场作为每天全球最早开市的外汇交易市场，交易时间约为北京时间的 04：00 - 12：00。悉尼外汇市场的交易时间约为北京时间的 6：00 - 14：00。通常汇率波动较为平静，交易品种以澳元、新西兰元和美元为主。

东京外汇市场的交易品种较为单一，主要集中在日元兑美元和日元兑欧元。日本交易时间约为北京时间的 8：00－11：00 和 12：30－16：00。

伦敦外汇市场交易货币种类众多，经常有 30 多种，其中交易规模最大的为英镑兑美元的交易，其次是英镑兑欧元、瑞士法郎和日元等。其交易时间约为北京时间 17：00 至次日 1：00。

纽约外汇市场是重要的国际外汇市场之一，其日交易量仅次于伦敦。目前占全球 90% 以上的美元交易最后都通过纽约的银行间清算系统进行结算，因此，纽约外汇市场成为美元的国际结算中心。除美元外，各主要货币的交易币种依次为欧元、英镑、瑞郎、加元、日元等。其交易时间约为北京时间 21：00 至次日 4：00。

伦敦外汇市场上，几乎所有的国际性大银行都在此设有分支机构，由于其与纽约外汇市场的交易时间衔接在一起，因此，每日的 21：00 至次日 1：00 是各主要币种波动最为活跃的阶段。

【知识链接】

双向宝（个人保证金外汇买卖业务）

一、产品名称

双向宝（Long/Short Forex 个人保证金外汇买卖业务）

二、产品说明

"双向宝"业务是指个人客户通过中国银行所提供的报价和交易平台，在事前存入与建仓货币名义金额相等的交易保证金后，实现做多与做空双向选择的外汇交易工具，包括"双向外汇宝"和"双向账户贵金属"。

三、产品特色

1. 支持多种货币：个人外汇买卖交易币种有：美元、欧元、英镑、日元、瑞士法郎、澳大利亚元、加拿大元、新加坡元和港币 9 种外币；个人账户贵金属买卖交易货币有：美元金和人民币金。

2. 支持多种交易方式：除即时交易外，提供多种委托挂单交易方式，包括获利委托、止损委托，以及"二选一"委托、追加委托、连环委托方式等，帮助投资者更好地把握国际汇市瞬息万变的行情。

3. 交易方便、安全性高：客户使用中国银行新外汇买卖客户端或网上银行即可在线进行交易，交易时间长，高效、快捷；客户登录需通过三道防线（用户名、密码加动态口令登录），安全性高。

四、适用对象

凡具有完全民事行为能力的自然人均可申请在中国银行叙作双向宝业务。

五、办理流程

1. 客户在叙做个人"双向外汇宝、账户贵金属"交易前，需到中国银行柜台开立个人"双向外汇宝、账户贵金属"交易专户。开户需持本人有效身份证件和主账户为活期一本通的长城电子借记卡,以此作为"双向外汇宝、账户贵金属"的签约账户,即资金结算账户(一个有效身份证件号码下、一张长城电子借记卡下只能开立一个交易专户),并办妥以下手续:

(1) 完成《中国银行股份有限公司客户风险偏好测试》,确认本人的风险承受度。

(2) 完整如实填写《中国银行股份有限公司"双向外汇宝、账户贵金属"业务申请表》。

(3) 与中国银行签订《交易协议》。

(4) 待银行柜员对客户资料审核无误后,通过系统为客户办理开户手续。

2. 客户完成保证金账户开户手续后需注册签约中国银行新外汇买卖客户端,绑定动态口令牌 E-TOKEN(如客户已经办理开通中国银行网上银行业务,可使用网银动态口令牌;否则可在开通保证金账户时申领);

3. 在中国银行门户网站下载客户端"中国银行新外汇买卖系统客户端软件",并参照《中国银行新外汇买卖系统客户端安装手册》安装成功后即可登录交易界面进行双向宝交易。

六、有效身份证明类型说明

1. 中国公民

16 岁以上中国公民,应出具居民身份证/临时身份证。

16 岁以下中国公民,应由监护人代理开立个人银行账户,出具监护人的有效身份证件以及账户使用人的居民身份证或户口簿(如前述证件不能有效证明监护人同账户使用人的监护关系时,需同时出具有效监护证明)。

军人、武装警察尚未申领居民身份证的,可出具军人身份证、武装警察身份证。居住在境内或境外的中国籍华侨,可出具中国护照。

2. 港澳台居民

香港、澳门特别行政区居民,应出具港澳居民往来内地通行证。台湾居民,应出具台湾居民来往大陆通行证或其他有效旅行证件。

3. 外国公民

应出具护照或外国人永久居留许可证(外国边民,应出具护照或者所在国制发的边民出入境通行证)。

资料来源:中国银行网站。

教学活动 2　外汇期货交易

【活动设计】

1. 教师组织教学和学生实训的相关案例；
2. 教师讲解外汇期货交易概念、特点、交易规则、交易流程等基础知识；
3. 教师结合教学案例讲解外汇期货交易套期保值和投机的操作原理及方法；
4. 教师组织学生讨论外汇期货交易与远期外汇交易的区别；
5. 学生实训掌握外汇期货交易的操作方法。

【案例导入】

外汇期货相对 OTC 外汇工具更具成本优势

随着场外（OTC）外汇市场监管加强以及场内外汇期货交易快速发展，外汇交易商正考虑使用外汇期货部分代替场外外汇产品（如外汇远期、掉期等工具）来管理外汇现货头寸。与此同时，全球外汇期货尤其是芝商所外汇期货交易规模不断扩大，持续增加的流动性使得外汇交易商更有信心使用外汇期货复制外汇现货头寸来管理风险。

格林威治联营公司（Greenwich Associates）发布的一份研究报告显示，运用一个专用定量模型来分析相关的场外外汇产品和与之对应的外汇期货的成本（包括开仓、持有和平仓成本），得出一个结论是交易外汇期货相对于执行场外市场外汇产品可以更好地节约成本（部分时候节约成本超过75%）。对于受巴塞尔Ⅲ协议监管的实体而言，从场外外汇市场转向外汇期货能够节约更多成本。

而单纯地节约成本并非是交易商青睐外汇期货的唯一原因，另外的原因还在于对在场外市场客户端优先排序的卖方交易商变得越发苛刻，一些买方交易商发现流动性不足致使交易越发困难，另外一些交易商发现，如果不再优先排序，可以从特定的交易对手那里获得较少的服务。因此，在期货交易环境中会增加相关的交易机会，帮助缓和卖方交易商行为转变的不良影响。

据格林威治联营公司的模型测算出的 60 天、120 天使用外汇期货和相关 OTC 市场外汇产品的成本，其中 60 天欧元兑美元期货可以节约成本高达 77%，120 天欧元兑美元期货可以节约成本 63%。

资料来源：期货日报，2018.01.10。

【基础知识】

一、金融期货

金融期货自 20 世纪 70 年代初问世以来,发展十分迅速。在国际金融市场上发挥着巨大的作用。金融期货交易的发展速度不仅远超过商品期货交易的发展速度,金融衍生产品交易量大大超过了基础金融产品的交易量,成为金融市场的主要交易产品。金融期货主要包括外汇期货、利率期货和股票指数期货。

(一) 金融期货的定义

金融期货是指以金融工具作为标的物的期货合约。金融期货交易是指交易者在交易所内通过公开竞价方式成交,承诺在未来某个特定日期或期间内,以事先约定的价格买入或卖出特定数量的某种金融商品的交易方式。金融期货交易具有期货交易的一般特征,但与商品期货相比,其合约标的物不是实物商品,而是金融商品,如外汇、债券、股票指数等。

(二) 金融期货交易的组织结构

期货市场金融期货市场的组织构成形式与商品期货市场是相似,是一个高度组织化的发达的市场,通常由三部分组成:期货交易所、期货经纪公司和结算所。

1. 期货交易所

期货交易所就是专门进行标准化期货合约买卖的场所,一般可以分为会员制和公司制两种形式。交易所成立的主要目的在于提供交易场所和交易所需设备、服务,订立交易规则,以利于会员进行正常的期货交易。

2. 期货经纪公司

期货经纪公司是指依法设立的、接受客户委托、按照客户的指令、以自己的名义为客户进行期货交易并收取业务手续费的中介组织。

3. 结算所

结算所负责买卖双方交易的清算工作,期货市场上每一笔交易都要通过结算所来结算。结算所可以是期货交易所的一部分,也可以是业务上完全独立的机构。

(三) 金融期货交易的规则

1. 合约标准化

金融期货合约 (Futures Contract) 是期货交易所统一定制的、规定在将来某一特定的时间和地点交割一定数量和规格的金融产品或金融工具的标准化合约。包括交易涉及的金融工具或金融产品的定义、合约金额、交割时间、交割地点等全都是由交易所统一规定的,只有交易价格可以通过在交易所以公开竞价的方式产生。

2. 保证金制度

芝加哥期货交易所在 1865 年推出期货产品时,开始采用"保证金制度",这是期货交易史上的一项重要的制度创新,并一直沿用至今。期货买卖不需要支付全部金额,只要按照期货合约价值的一定比例缴纳保证金,通常为 5%~10%。保证金可分为结算保证金和交易保证金。结算保证金是交易所向会员或者经纪公司向客户收取的、存入专用结算账户中为了交易结算而预先准备的资金,是未被合约占用的保证金。交易保证金则是指会员或客户在其专用结算账户中由于交易的实现已被占用的、确保合约履行的资金。

3. 价格制度

在期货交易中,交易价格是由买卖双方在交易所内通过公开竞价的方式确定的,但是交易所仍然有一些相应的价格制度,对交易价格的变动进行监督,主要有以下几个方面:

第一,交易单位,一般是以市场最小买卖单位为基础。例如,外币期货是以每份合约的标准金额为单位。

第二,最小变动单位,金融期货价格浮动有一个最小单位,任何交易商在公开竞价时不得小于价格最小变动单位额。例如在国际货币市场(IMM)中,欧元的最小价格浮动为1个点,合12.50美元。

第三,每日价格最大波动限制,即涨跌停板制度,是指在一个交易日内所允许的最大涨跌幅度,超过该涨跌幅度的报价不能成交。通过该制度使得在每一个交易日内,期货价格不会出现剧烈波动,使得交易所能够进行风险控制,保持市场平稳运行。

4. 平仓制度

在交割期到来之前,已经签约成交的期货合约可以采取对冲交易进行平仓。例如,原来的交易头寸是多头,即买入了金融期货合约,在到期前不想进行交割,则该交易者可以做多空头,卖出相同交割期限的、相同数量的金融期货合约,用以抵销原来的多头头寸。绝大多数的期货合约都是利用这样的反向操作进行平仓的。

5. 每日结算制度

在期货交易中,遵循"无负债原则",采用"每日结算制度",每日交易结束后,结算所按当日结算价计算所有合约的盈亏、交易保证金、手续费等费用,结转应收应付款项,对保证金不足的交易者发出追加保证金的通知。

(四)金融期货交易与现货交易的区别

1. 交易对象不同。金融现货交易的对象是有金融商品,如股票、债券或其他金融商品。金融期货交易的交易对象是标准化的期货合约。

2. 交易目的不同。金融现货交易的目的是为了获得相应的金融商品,投资获得利润。金融期货交易主要目的是为了套期保值,也有巨大的投机获利机会。

3. 结算方式不同。金融现货交易通常是进行现金和实物的交割。金融期货交易中,只有极少数的合约到期进行实物或现金交割,近99%的期货合约是在交割日之前通过做相反交易进行对冲了结。

4. 交易场所不同。金融现货交易对场所无限制,而期货交易是在期货交易所内完成的。

(五)金融期货交易的功能

1. 套期保值功能

由于某一特定金融资产的期货价格和现货价格受相同经济因素的影响,因此它们的变动趋势是一致的。并且当期货合约临近到期日时,现货价格与期货价格将逐渐趋同。套期保值的基本做法是:在现货市场买进或卖出某种金融资产的同时,做一笔与现货交易数量、品种相当但方向相反的期货交易,以期在未来某一时间通过期货合约的对冲,无论价格涨跌,两个市场必然一盈一亏,以盈利来弥补亏损,从而回避现货价格变动带来的风险,实现保值的目的。

套期保值的基本类型有两种:多头套期保值,即交易者先在期货市场买进期货,避免未来现货市场价格上涨而造成经济损失的一种期货交易方式;空头套期保值,即交易者先在期货市场卖出期货,当现货价格下跌时以期货市场的盈利来弥补现货市场的损失,从而达到保值目的。

2. 价格发现功能

在一个公开、公平、高效竞争的期货市场中,通过集中竞价形成期货价格的功能。期货价格具有预期性、连续性和权威性的特点,能够比较准确地反映出未来金融商品价格的变化趋势。

二、外汇期货和外汇期货交易

(一) 外汇期货交易的概念和特征

外汇期货(Foreign Currency Futures)也称货币期货,是买卖双方通过期货交易所按约定的价格,在约定的未来时间买卖某种外汇的标准化合约。外汇期货交易是指买卖双方在期货交易所内,通过公开竞价买卖标准化的外汇期货合约的一种交易。外汇期货是产生最早且最重要的一种金融期货,和其他金融期货一样,具有价格发现和规避风险的功能。

外汇期货交易具有以下主要特征:

1. 外汇期货是标准化的合约。交易币种、合约金额、交易时间、交割方式等都有统一的规定。

2. 交易双方要缴纳保证金。外汇期货交易与其他期货合约一样,是在保证金制度的基础上进行的。

3. 外汇期货交易必须在期货交易所通过经纪人进行。外汇期货交易是在有组织的交易所通过经纪人进行,并且有一定的交易程序。

4. 外汇期货交易一般不进行最后交割。外汇期货交易者在交割前一般都选择对冲平仓,最终履行合约交割的外汇期货交易不到1%,因为外汇期货交易的最主要目的是保值避险和投机获利,并不是为了满足交易者对不同货币头寸的需求。

(二) 外汇期货交易的基本规则

1. 外汇期货合约内容标准化

外汇期货与远期外汇交易最主要的区别是外汇期货合约的标准化,主要体现在以下几个方面,如表6-1所示。

表6-1 芝加哥商业交易所国际货币市场(IMM)外汇期货合约内容

币种	英镑	日元	欧元	瑞士法郎	加拿大元	澳大利亚元
标准代码	GBP	JPY	EUR	CHF	CAD	AUD
合约金额	62 500	12 500 000	125 000	125 000	100 000	100 000

续表

币 种	英镑	日元	欧元	瑞士法郎	加拿大元	澳大利亚元
最小变动价位代表价值（$）	0.0002 12.5 $	0.000001 12.5 $	0.0001 12.5 $	0.0001 12.5 $	0.0001 10 $	0.0001 10 $
每日价格波动限制代表价值（$）	400 点 2 500 $	150 点 1 875 $	200 点 2 500 $	150 点 1 875 $	100 点 1 000 $	150 点 1 500 $
交易时间	上午 7:20—下午 2:00（芝加哥时间），到期合约最后交易日交易截止时间为上午 9:16，市场在假日或假日之前将提前收盘。具体细节与交易所联系。					
币 种	英镑	日元	欧元	瑞士法郎	加拿大元	澳大利亚元
交割月份	1 月，3 月，4 月，6 月，7 月，9 月，10 月，12 月和现货月份					
交割日期	交割月份的第三个星期的星期三					
最后交易日	交割月份的第三个星期的星期三往回数的第二个营业日上午					
交割地点	由清算中心指定的货币发行国的银行					

（1）交易币种和报价。外汇交易所都规定特定的外汇期货交易币种。美国芝加哥国际货币市场（IMM）规定有英镑、欧元、加拿大元、日元、瑞士法郎、墨西哥比索、澳大利亚元等交易币种。外汇期货合约的报价采用美元报价法，如在期货交易的公开叫价中，报价方式为每英镑、每欧元的美元数。报价采取小数形式，报出小数点后 4 位数，如 EUR1＝USD1.2230。日元则报出小数点后 6 位数，如果日元期货以 4 位数报出，实际上是省略了两位数，如报价 0.7565，则实际价格为 0.007565。

（2）合约金额。各交易所对每一份货币期货合约的金额都有具体规定，每笔交易必须是合约的整数倍。

（3）最小变动价位。是指合约价格每次变动的最小幅度。在交易所内，出价和叫价只能是最小变动价位的倍数。如 IMM 规定英镑合约的最小变动价位是 0.0002（2 个点），如果英镑合约的报价是 1.5623，则英镑合约价格上涨或下跌的最小报价分别为 1.5625 和 1.5621。每份英镑合约的金额是 62 500 英镑，因此每变动 2 点的价值为 62 500×0.0002＝12.5 美元。

（4）每日价格波动限制。最高限价是一种市场保护措施，是指每日交易价格变化的最高限制，超过此限价，该种货币的期货交易将停止。如芝加哥市场日元期货交易在开市（上午 7:20—7:35）15 分钟内限价为 150 点，7:35 分以后无限价。

（5）交割月份和交割日期。交割月份是外汇期货合约规定的合约到期月份，一年中其他月份可以进行买卖，但不能交割。如果合约在到期前没有进行对冲，则必须进行交割。交割日规定为到期月份的某一天，如芝加哥国际货币市场（IMM）规定的交割日期为交割月份的第三个星期的星期三。

2. 保证金制度

外汇期货交易的买卖双方均需缴纳保证金。在外汇期货交易中，汇率变动大的货币要求缴纳的保证金多，反之则少。投机交易的保证金多，套期保值交易的保证金少。美国的外汇期货市场，有初始保证金和维持保证金之分。

初始保证金（Initial Margin）是开始签订期货合约时必须缴存的，其数量根据每份合约的金额以及该种货币的价格涨跌变化程度来确定。维持保证金（Maintenance Margin）是指保证金账户允许的最低余额。客户建立期货仓位后，如果有亏损，保证金数额会减少，不足维持保证金限额时，必须追缴保证金至初始保证金水平，否则交易所会终止其交易。维持保证金一般定为初始保证金的3/4。

3. 逐日盯市制度

外汇期货交易逐日盯市制度，也就是实行每日结算制度。交易所实行"无负债"原则，交易者的头寸每天都要按结算价格轧平。外汇期货市场根据每天的结算价对交易者的账户计算盈亏，并计入保证金账户，获利的部分（超过初始保证金）可提取，亏损时从保证金中扣除，并要及时追加保证金。外汇期货交易只要有结算价格变动，每天都有损益收付，一直到交割为止。

【操作实例】

某交易者于12月2日（星期二）买入1份欧元期货合约，成交价为EUR1 = USD1.2000，初始保证金为2 100美元，维持保证金为1 700美元。其保证金账户的盈亏情况如表6-2所示：

表6-2　　　　　　　　　　　　　交易者保证金账户盈亏情况

日期	期货价格	当日损益（$）	累计损益（$）	保证金金额（$）	补交保证金（$）
12月2日	1.2000			2 100	
12月3日	1.1976	-300	-300	1 800	
12月4日	1.1964	-150	-450	1 650	450
12月5日	1.1968	50	-400	2 150	
12月8日	1.1974	75	-325	2 225	
12月9日	1.1988	175	-150	2 400	

(三) 外汇期货交易的流程

外汇期货交易都是在期货交易所进行的，任何企业和个人都可通过外汇期货经纪人或交易商买卖外汇期货。

1. 客户要进行外汇期货交易，首先必须选定代理交易的经纪公司，开设账户并存入保证金。

2. 客户可委托经纪公司替他办理外汇期货合约的买卖。在每一笔交易之前客户要向经纪公司发出委托指令，说明他愿意买入或卖出外汇期货合约的种类、数量、成交的价格等，指令是以订单的形式发出的。

3. 经纪公司接到客户订单后，便将此指令用电话或其他通讯设备通知交易厅内的经纪人，由他执行订单。

4. 场内经纪人根据订单要求在交易所内公开竞价，成交并纪录确认交易行为。

5. 交易厅内经纪人一方面把交易结果通知经纪公司和客户，另一方面将成交的订单交给清算所，进行记录并最后结算。每个交易日末，清算所会计算出每一个清算会员的外汇头寸（买入与卖出的差额）。

> 【课堂讨论】
> 外汇期货与远期外汇交易的异同。

(四) 外汇期货交易的应用

外汇期货交易与远期交易的原理相同，都是外汇交易者进行套期保值、回避风险和投机获利的金融工具。外汇期货交易是一种"零和交易"，即交易对手的损益绝对量相等。

1. 运用外汇期货套期保值

在汇率波动的情况下，未来有外汇现金流的经营主体都希望能够规避风险，锁定收益或成本，因此，外汇期货已经成为众多经济主体进行外汇风险管理的主要金融工具。

外汇期货套期保值可分为买入套期保值和卖出套期保值。买入套期保值，又称多头套期保值，是指交易者未来需要在现货市场买入外汇，先在期货市场上买进期货合约，目的是防止汇率上升带来的风险。适用于进口商和短期负债者。卖出套期保值，又称空头套期保值，是指交易者未来需要在现货市场卖出外汇，为防止汇率下跌的风险，先在期货市场上卖出期货合约。它适用于出口商和有应收款的债权人等。

需要指出的是，外汇期货套期保值并不能百分之百地防范外汇风险。一是由于期货合约存在交易单位的限制，用其进行的保值操作也就无法做到对所有资金的完全覆盖，因此套期操作的结果可能会产生少许的盈利或损失，但即使出现损失，其数额也将是远远小于未作保值交易而可能产生的损失。二是保值交易的真正意义不是盈利而是止损，因为汇率的实际波动可能逆市场预期而行，在这种情况下，套期保值就变成以现货市场的盈利来抵补期货市场反向运作的损失。三是外汇期货合约在实际运用时，交易员还需要考虑支付期货交易的佣金和保证金的成本。

> 【操作实例】

案例1：3月5日，美国某公司从欧洲进口1 000万欧元的货物，3个月后支付货款。为防止3个月后欧元币值上涨带来成本增加的损失，该公司决定利用欧元期货套期保值。6月份交割的欧元期货价格为EUR1 = USD1.2000，市场现汇汇率为EUR/USD = 1.1980/90。6月5日，市场现汇汇率为EUR/USD = 1.2140/50，6月份交割的欧元期货价格为EUR1 = USD1.2200。试分析该公司运用期货保值的情况（每份合约价值125 000欧元）。

表6-3　　　　　　　　　　　　外汇期货买入套期保值

时间	现货市场	期货市场
3月5日	现汇汇率：EUR/USD = 1.1980/90 如果买入1 000万欧元，需要支付1 199万美元	买入8份6月份欧元期货合约，以 \$1.2000计算，价值1 200万美元
6月5日	现汇汇率：EUR/USD = 1.2140/50 买入1 000万欧元，需要支付1 215万美元	卖出8份6月份欧元期货合约，以 \$1.2200计算，价值1 220万美元
盈亏	损失16万美元	盈利20万美元

结果如图6-3所示,该美国公司,由于欧元升值,为支付1 000万欧元的货款需多支付16万美元,即在现货市场上成本增加了16万美元。但是由于该公司做了期货套期保值,在期货市场盈利了20万美元,弥补了现货市场的损失。

案例2:6月10日,美国某公司向加拿大出口价值100万加元的货物,3个月后以加元结算货款。为了防止3个月后加元币值下跌带来损失,于是该公司决定用加元期货进行保值。6月10日,现货市场汇率为USD/CAD=1.1035/50,9月份交割的加元期货价格为CAD1=USD0.9420。9月10日,现货市场汇率为USD/CAD=1.0980/90,9月份交割的加元期货价格为CAD1=USD0.9480。试分析该公司运用期货保值的情况(每份合约价值100 000加元)。

表6-4　　　　　　　　　　　外汇期货卖出套期保值

	现货市场	期货市场
3月10日	现汇汇率:USD/CAD=1.1035/50 如果卖出100万加元,收入美元90.50万 (100万÷1.1050)	卖出10份6月份到期加元期货合约,以$0.9420计算,价值94.2万美元
6月10日	现汇汇率:USD/CAD=1.0980/90 卖出100万加元,收入美元90.99万 (100万÷1.0990)	买入10分6月份到期加元期货合约,以$0.9480计算,价值94.8万美元
盈　亏	盈利0.49万美元	亏损0.6万美元

如表6-4所示,该公司由于加元升值在现货市场上盈利了0.49万美元,但由于做了期货套期保值在期货市场上亏损了0.6万美元。用现货市场的盈利弥补期货市场一部分的亏损。

2. 外汇期货投机交易

外汇期货投机交易是指交易者在预测汇率波动的基础上,通过低价买进、高价卖出的买空卖空活动赚取收益的交易。投机交易者没有具体的外汇需要保值,只是在期货市场上单项操作,期待在价格变动中获利。投机的原则为:当预期某种外币的价格会上升时,投机者就可买进该种货币的期货合约,等外币价格上涨后再卖出,也就是先贱买后贵卖,从中获利。反之,当预计某种外币价格下跌时,则卖出该种货币的期货合约,也就是先贵卖后贱买,从中获利。

外汇投机活动一方面有助涨助跌的作用,使得外汇市场价格剧烈波动;另一方面,投机使得市场价格回归理性。例如当市场价格跌到谷底时,投机者预期价格会回升,大量买进期货合约,从而使市场价格回归。

【操作实例】

案例1:3月1日,某投机者预计IMM欧元的期货价格将上涨,以EUR1=USD1.2120的价格,买入6月份交割的欧元期货合约10份。4月25日,6月份交割的欧元期货价格为EUR1=USD1.2200,该投机者将合约对冲。如果每份合约的佣金及手续费支出为100美元,分析该投机者的盈亏情况(每份合约价值125 000欧元)。

表 6-5　　　　　　　　　　　外汇期货投机交易

日　期	期货市场
3月1日	买入6月份欧元期货合约10份，EUR1 = USD1.2120
4月25日	卖出6月份欧元期货合约10份，EUR1 = USD1.2200
盈　亏	毛利润：125 000 × (1.2200 - 1.2120) × 10 = 10 000 美元 净利润：10 000 - 100 × 10 = 9 000 美元

如表6-5所示，该案例中投机者预期正确，因此获利。如果预期不正确，欧元下跌80点，则会净损失11 000 美元。

案例2：2017年10月1日，IMM市场的瑞士法郎的期货价格为：

2017年12月——CHF1 = USD0.9021

2018年3月——CHF1 = USD0.9073

2018年6月——CHF1 = USD0.9112

2018年9月——CHF1 = USD0.9180

某投机商预测12月与9月瑞士法郎期货价格之间的差价将会缩小，他买进100张12月交割的瑞士法郎合约，同时卖出100张9月份交割的瑞士法郎合约。

2017年11月15日期货价格为：

2017年12月——CHF1 = USD0.9003

2018年9月——CHF1 = USD0.9110

该投机者决定平仓，如果每份合约的佣金及手续费支出为100美元，计算他的损益。

分析：本案例中的投机商做的是跨期套利，即同时买进或卖出相同币种但不同交割月份的外汇期货合约，利用多个合约价格差的变化来赚取利润。

该投机商做多的12月份期货合约价格下跌，损失18点 (0.9021 - 0.9003)，做空的9月份期货合约价格下跌，盈利70点 (0.9180 - 0.9110)，总计盈利52点。

毛利润：52 × 0.0001 × 125 000 × 100 = 65 000 美元

净利润：65 000 - 100 × 100 × 2 = 45 000 美元

教学活动3　外汇期权交易

【活动设计】

1. 教师组织教学和学生实训的相关案例；
2. 教师讲解外汇期权交易的概念、特点、种类及交易规则等基础知识；
3. 教师组织学生讨论外汇远期交易、外汇期货交易和外汇期权交易的异同；
4. 教师结合教学案例分析外汇期权交易双方的盈亏；
5. 学生实训掌握外汇期权交易的适用情况及买卖双方的盈亏计算。

【案例导入】

人民币货币期权——对冲汇率风险的未来选择

在我们熟知"8·11"人民币汇改之后，人民币汇率波动正如监管当局预期的那样，与市场波动更加地紧密在一起。只是过程有些始料未及，几轮的快速贬值虽是市场化的必经之路，但是也让市场各方参与者们意识到，运用衍生产品对冲汇率风险敞口已经变得尤为重要。5月末，逆周期因子被引入人民币中间价形成机制，形成了"收盘汇率+一篮子货币汇率变化+逆周期因子"的人民币兑美元汇率中间价形成机制，其主要作用在于对冲市场情绪的顺周期波动，使中间价更加贴近中国经济基本面和国际汇市的变化。得益于此，人民币汇率短期波动对长期趋势的背离将得到有效限制，从而平滑地衔接汇率运行的长、短期路径，削弱长期汇率失衡和短期汇率超调的双重风险。随着中国对外交流快速扩大和深入，政府在不断完善人民币汇率制度，以推动人民币汇率市场化稳定发展。与此同时，企业和个人同样有对冲汇率风险敞口的需求。对外贸易的扩大深入使得企业越来越重视汇率风险，良好地运用衍生工具不仅能有效降低企业成本，还能尝到汇率波动的收益；而个人投资者日益增长的多元化投资配置及境外消费需求也使得汇率风险敞口问题日益加重。同时，监管当局严格控制个人年度购汇额度，也使得个人投资者期待一种更加方便灵活的风险对冲工具。人民币货币期权的推出，正是顺应市场需求，增强人民币汇率体系建设的重要一环。

资料来源：南华期货，2017.11.28，作者：张元桐。

【基础知识】

一、外汇期权的产生和概念

期权（Option）又称选择权，是由买方支付一定代价获得一种标的物买或卖的权利。最早的期权可以追溯到公元前1200年，古希腊和古腓尼基国的交易者为了运输的需要，与船主达成协议并支付一定的保证金，保证必要时有权得到一些仓位。17世纪荷兰郁金香的购买者和种植者也曾利用期权交易避免价格风险。18世纪英国、美国的农产品交易都曾使用过期权。直到20世纪80年代才有外汇期权产生，第一批外汇期权是英镑期权和德国马克期权，由美国费城股票交易所（Philadelphia Stock Exchange）于1982年承办，它是已建立的股票期权交易的变形。1984年芝加哥期货交易所推出了外汇期货合同的期权交易，到80年代后半期，各大银行开始向顾客出售外币现汇期权，使外汇期权业务成为外汇银行的一项主要业务。

外汇期权的产生有两个重要原因：国际金融市场日益剧烈的汇率波动和国际贸易的发展。随着20世纪70年代初期布雷顿森林货币体系危机的出现到最终崩溃，汇率波动越来越剧烈。同时，国际贸易也迅速增长，面对汇率变动的日益加剧，越来越多的交易商需要更有效的途径避免外汇风险。

期权不仅具有能有效避免汇率风险而且克服了远期外汇交易和期货交易的局限性，能在市场汇率向有利方向波动时获得无限大的盈利，因而颇得国际金融市场的青睐。对于那些有不确定收入或投资保值者来说，期权交易尤其具有优越性。目前，期权交易已成为一种重要的交易避险和投机工具，外汇、债券、股票、指数、黄金等都可以进行期权交易。

外汇期权（Foreign Exchange Option）又称货币期权或外币期权（Foreign Currency Option），它是一种选择权契约，期权的买方以支付期权费（保险费）为代价，享有在合同到期日或到期日之前以规定的价格购买或出售一定数额某种外汇的权利。期权的买方有权利在市场价格和协议价格之间做出选择，当市场价格对他有利时，他会放弃执行期权合约，当协议价格对他有利时，他会选择执行期权合约。而期权的卖方则有义务在买方要求履约时卖出或买进期权买方买进或卖出的该种外汇资产。

二、外汇期权的特点

1. 权责不对等。期权的买方支付期权费购入期权之后，享有是否执行合约的选择权，而期权的卖方则没有选择余地，只有履约的义务。

2. 期权费不能收回。期权费是期权交易时，买方按规定支付给卖方的费用，在期权成交时一次性付清，以弥补卖方在汇率上可能遭受的损失。因此，无论是履行合约或放弃履行合约，期权业务的买方所交付的期权费均不能收回。

3. 期权买方的损失有限。不管汇率如何变动，期权买方的损失不会超过期权费。相对应的是期权卖方在理论上的风险是无限的，收益是有限的，其收益的最大值就是期权费。

4. 外汇期权灵活性强。外汇期权具有执行合约与不执行合约的选择权，灵活性强。因此，相比较而言，采用期权业务来规避风险要比远期、期货交易更彻底。

三、外汇期权的种类

（一）按交易场所划分，有场外交易期权和交易所场内期权

场外交易期权（OTC 期权，Over The Counter Option）与远期外汇交易类似，其金额、期限和履约价格均由买卖双方根据需要自行商定，目前，具有代表性的场外交易期权市场是以伦敦和纽约为中心的银行同业外汇期权市场。

交易所场内期权（Exchange Traded Option）类似于期货交易，期权规格标准化，在交易所内集中买卖，并可在市场上转让出售。目前具有代表性的交易所场内期权市场主要集中在费城、芝加哥、伦敦等地。

通常情况下，场外交易金额比交易所场内交易金额大得多，也不仅限于几种货币，甚至还包括交叉货币的期权。场外交易在期限、交易时间等各方面都更具有弹性，因而适合于有特殊需要的客户。

（二）按照行使期权的时间是否具有灵活性划分，分为欧式期权和美式期权

欧式期权（European-Style Option）是在合约到期日才可以办理交割的期权交易，期

权的买方不能提前行使权力。

美式期权（American-Style Option）是期权买方在合同到期日或到期日之前的任何一天都可以要求卖方执行期权合约。与欧式期权相比，美式期权的买方选择执行合约的时间更具有灵活性，因此支付的期权费也更高。

（三）按照期权的性质划分，分为看涨期权和看跌期权

看涨期权（Call Option），也称买方期权或多头期权。是期权的购买者支付期权费，取得以执行价格从期权的卖方购买特定数量外汇的权利。看涨期权的买方既可以在外汇价格上涨期间保值，又可以协定低价买入，再以较高价格卖出赚取利润。

看跌期权（Put Option），也叫卖方期权或空头期权。其购买者支付期权费并取得以既定汇率出售特定数量外汇的权利，其出售者取得期权费并有义务应购买者的要求购买其出售的外汇。看跌期权的购买者是为了在外汇价格下跌期间对所持有的外汇债权进行保值，或者是以较低的市场价格买入外汇再履行期权合约，以较高的价格卖给期权卖方获得利润。

四、外汇期权交易的规则

各期权交易所的规定略有不同，但是场内期权交易都有相应的交易规则，除了期权费之外，其他条件都是基本固定的。

（一）外汇期权合约标准化

期权合约是一种标准化合约，即除了期权的价格是在市场上公开竞价形成的之外，合约的其他条款，如合约到期日、交易品种、交易金额、交易时间、交易地点等要素都是事先规定好的，是标准化的。例如芝加哥外汇期权合约的合同外汇金额与外汇期货合同中的数额保持一致，费城交易所的期权合约货币金额是芝加哥期权交易所、伦敦国际金融期货交易所期权的一半，EUR62 500、GBP31 250、JPY6 250 000等。

（二）采用美元报价法

期权汇率的标价和外汇期货一样，以美元表示，如 GBP1 = USD1.3620。

（三）协议价格

又称执行价格，是指在期权交易双方约定的期权到期日或期满前双方交割时所采用的买卖价格，相当于金融商品单价。协定价格确定后，在期权合约规定的期限内，无论价格怎样波动，只要期权的买方要求执行该期权，期权的卖方就必须以此价格履行义务。

（四）期权费

期权费又称权利金、保险费或期权价格，是指期权买方事先要向期权的卖方支付一笔费用。期权费通常按执行价格的百分比标出或直接报出每单位外汇的美元数。如执行价格为 GBP1 = USD1.5600 的看跌期权，其期权费可以是 3% 或 0.0468 美元。期权费的费率不固定，期权业务所交付的期权费反映了同期远期外汇升、贴水的水平。制约期权费费率高低的因素主要有市场现行汇率水平、期权的协议价格、期权合约的期限和汇率的预期波幅等。

（五）保证金

期权交易买方不需要交纳保证金，卖方需要交纳保证金，存入清算所的保证金账户，

随行市的涨跌在必要时需追加,以确保买方要求执行期权合约时卖方能按时履约。最低保证金为期权费加上 3/4 标的合同价值。

(六) 到 期 日

到期日(Expire Date)是指期权买方决定是否要求履行期权合约的最后日期。如果超过这一时限,买方未通知卖方要求履约,即表明买方已放弃这一权利。

同一品种的期权合约的有效期,有按周、季、年以及连续月等划分的不同时间期限。

一般来说交割时间可分为两种情况:东京时间的下午 3:00(Tokyo Cut);纽约时间的上午 10:00(New York Cut)。截止时间由双方在交易时确定,一般亚洲市场的期权交易多选用东京时间的下午 3:00 为截止时间。

【课堂讨论】
外汇期权交易、外汇期货交易及远期外汇交易的异同。

五、外汇期权的应用和损益分析

远期外汇买卖、外汇期货和外汇期权虽然都有保值和投机的作用,但外汇期权在这方面更具有优越性、灵活性,弥补了前两种交易的不足。

1. 在规避外汇风险方面有更大的灵活性。期权买方对期权合约可执行或可不执行;可买进,也可卖出;另外,还可转让。对未来是否有外汇流量不确定或无法确定发生外汇流量的具体时间的情况下,利用外汇期权进行保值更为适用。

2. 期权买方可以选择对自己有利的价格,而远期合约和期货合约则固定了未来的交割价格。当市场汇率向期权买方有利的方向运动时,买方可以不行使期权而按市场价格交易以获利;当市场汇率向其不利的方向运动时,买方又可通过行使期权而免于损失,其最大损失是支付的期权费。

未来需要支付外汇的进口商、短期债务人和预测汇率上涨的投机者会购买看涨期权,而那些未来有外汇收入的出口商、债权人和预测汇率下跌的投机者则会购买看跌期权。

【操作实例】

1. 看涨期权的盈亏分析

6 月 5 日,某美国进口商从瑞士进口商品,货款是 1 000 万瑞士法郎,3 个月后付款。为了避免瑞士法郎的汇率上升造成成本增加,于是他买进 160 份 9 月 15 日到期的瑞士法郎看涨期权(欧式期权)。协定价格为:USD1.1020/CHF,期权费:USD0.004/CHF,合同金额:CHF 62 500。9 月 15 日,市场上的即期汇率分别出现以下几种情况,试分析该进口商执行期权合约的情况及期权买卖双方的盈亏情况。(1) USD1.0980/CHF;(2) USD1.1020/CHF;(3) USD1.1060/CHF。

(1) 当市场汇率为 USD1.0980/CHF 时,市场价格低于协定价格,该进口商会放弃执行期权,选择市场低价购入货款。无论执行与否,期权费的支出都是固定成本,即 62 500 × 160 × 0.004 = 4 万美元。因此,放弃执行期权比执行期权少支付成本:1 000 万 ×

（1.1020 – 1.0980）= 4 万美元。

（2）当市场汇率为 USD1.1020/CHF 时，与协定价格相同，该进口商执行期权与否都可以，因为购汇成本相同。

（3）当市场汇率为 USD1.1060/CHF 时，市场价格高于协定价格，该进口商会执行期权，因为执行期权比放弃期权少支付成本：1 000 万 ×（1.1060 – 1.1020）= 4 万美元。

此案例中买卖双方的盈亏情况可以用图 6 – 2 来表示。

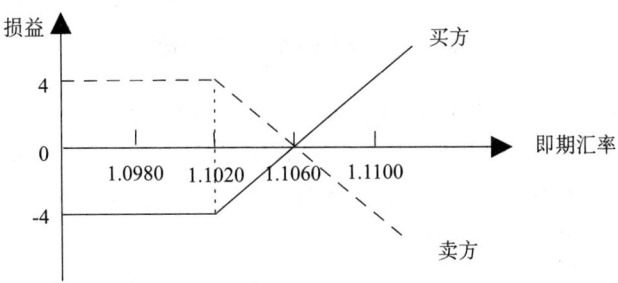

图 6 – 2　看涨期权盈亏分析图

由图 6 – 2 可知，期权买卖双方的损益是相对应的，买方的盈利就是卖方的损失，买方的损失就是卖方的盈利。当 SPOT < 1.1020 时，该进口商放弃合约，损失期权费 4 万美元。当 SPOT = 1.1020 时，市场价格与协定价格相等，该进口商执行与否均可。当 1.1020 < SPOT < 1.1060 时，该进口商执行期权，但是市场价格与协定价格的价差收益不足以抵补期权费损失。当 SPOT = 1.1060 时，该进口商执行期权，市场价格与协定价格的价差收益正好抵补期权费损失，该进口商处于盈亏平衡点。当 SPOT > 1.1060 时，该进口商执行期权，市场价格与协定价格的价差收益不仅能够抵补期权费损失而且会有更多的收益。

2. 看跌期权的盈亏分析

3 月 8 日，某美国出口商向英国出口商品，货款是 100 万英镑，3 个月后收款。为了避免英镑的汇率下跌造成损失，于是他买进 32 份 6 月 18 日到期的英镑看跌期权（欧式期权）。协定价格为：USD1.3610/GBP，期权费：USD0.02/GBP，合同金额：GBPF31 250。6 月 18 日，市场上的即期汇率分别出现以下几种情况，试分析该出口商执行期权合约的情况及期权买卖双方的盈亏情况。（1）USD1.3410/GBP；（2）USD1.3610/GBP；（3）USD1.3810/GBP。

（1）当市场汇率为 USD1.3410/GBP 时，市场价格低于协定价格，该出口商会执行期权，因为执行期权比放弃期权多收入：100 万 ×（1.3610 – 1.3410）= 2 万美元。

（2）当市场汇率为 USD1.3610/GBP 时，与协定价格相同，该出口商执行期权与否都可以，因为收益相同。

（3）当市场汇率为 USD1.3810/GBP 时，市场价格高于协定价格，该出口商会放弃执行期权，选择市场高价卖出英镑。无论执行与否，期权费的支出都是固定成本，即 31 250 × 32 × 0.02 = 2 万美元。因此，放弃执行期权比执行期权多收入：100 万 ×（1.3810 – 1.3610）= 2 万美元。

此案例中买卖双方的盈亏情况可以用图 6 – 3 来表示。

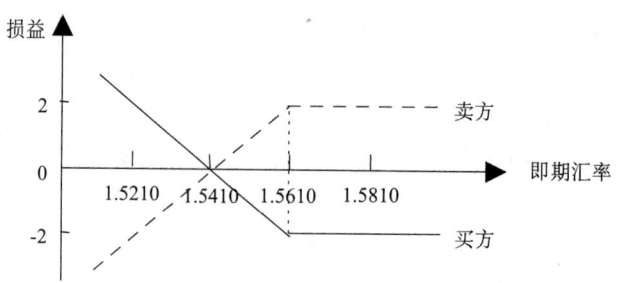

图 6-3　看跌期权盈亏分析图

由图 6-3 可知，期权买卖双方的损益是相对应的，买方的盈利就是卖方的损失，买方的损失就是卖方的盈利。当 SPOT > 1.3610 时，该出口商放弃合约，损失期权费 2 万美元。当 SPOT = 1.3610 时，市场价格与协定价格相等，该出口商执行与否均可。当 1.3410 < SPOT < 1.3610 时，该出口商执行期权，但是市场价格与协定价格的价差收益不足以抵补期权费损失。当 SPOT = 1.3410 时，该进口商执行期权，市场价格与协定价格的价差收益正好抵补期权费损失，该出口商处于盈亏平衡点。当 SPOT < 1.3410 时，该进口商执行期权，市场价格与协定价格的价差收益不仅能够抵补期权费损失而且会有更多的收益。

从上述案例期权交易的损益曲线可以看出：期权买方和卖方的收益和亏损是不对称的，即不管是看涨期权还是看跌期权，买方的收益可能很大，而亏损却是有限的；卖方正好相反，亏损可能很大，而收益却是有限的。

教学活动4　金融互换交易

【活动设计】

1. 教师组织教学和学生实训的相关案例；
2. 教师讲解金融互换交易的概念、作用等基础知识；
3. 教师组织学生讨论金融互换与掉期交易的区别；
4. 教师结合教学案例分析货币互换和利率互换的方法及作用；
5. 学生实训了解金融互换的适用情况及互换的作用。

【案例导入】

中行成功叙作首笔 FDR007 人民币利率互换交易

中国银行今天在银行间债券市场成功叙作市场第一笔参考利率为 FDR007 的人民币利率互换交易。中国外汇交易中心于 5 月 31 日起公布 DR007 利率的定盘利率 FDR007，并且同步推出参考利率为 FDR007 的人民币利率互换交易。中国外汇交易中心自 2014 年 12

月15日开始对外发布DR007利率。中国人民银行在2016年发布的《三季度货币政策执行报告》中首次提及DR007，认为DR007对培育市场基准利率有着积极作用，可降低交易对手信用风险和抵押品质量对利率定价的扰动，能够更好地反映银行体系流动性松紧情况。DR007利率已经成为目前央行关注的最重要的基准利率之一。

人民币利率互换是银行间债券市场最为活跃的利率衍生产品。作为银行间债券市场领先的做市商，中国银行一直活跃在人民币利率互换市场，并为各类投资者提供交易报价和结算代理等全方位服务。

资料来源：金融时报，2017.06.01，作者：李岚。

【基础知识】

互换是20世纪70年代以来国际金融市场上出现的一种新型金融衍生产品，被金融界誉为"金融业务链条中的集成电路"。目前，金融互换流行于各大金融市场，近几年来，我国一些金融机构也已经积极引进互换交易。金融互换已成为资产、负债管理中防范利率与汇率风险，降低资金筹措成本的最有效的金融工具之一。

一、金融互换的产生和含义

一般认为，20世纪70年代主要产生于英、美两国公司间的平行贷款是现代金融互换的雏形。事实上，早在平行贷款之前，几个主要国家的中央银行为了获得更多的国际储备，维护国际货币体系的稳定，和国际清算银行（BIS）之间进行了涉及外汇（最初是黄金）的货币互换交易，称之为互惠信贷。20世纪70年代初，跨国公司为了逃避外汇管制，创新金融工具实现融资目的，因此出现了平行贷款、背对背贷款和信用互换，它们一般不涉及本金的转移。在这三种传统互换形式的基础上发展起来的现代货币互换则既进行利息的互换，也进行本金的互换。1981年，在所罗门兄弟公司的安排下，世界银行和美国国际商用机器公司（IBM）进行了世界上第一笔货币互换。世界银行用美元支付IBM公司所发行的联邦德国马克和瑞士法郎债券的全部未来本金和利息；而IBM公司则同意用联邦德国马克和瑞士法郎支付世界银行所发行的美元债券的全部本金和利息。通过互换，世界银行用其新发行的美元债券，以理想的筹资成本，筹集了价值2.9亿美元的德国马克和瑞士法郎；IBM公司则也因美元坚挺而得到了汇兑收益，同时也确定了筹资成本。此后，国际货币互换市场不断发展，现在已成为国际金融衍生商品市场的重要组成部分。

【知识链接】

平行贷款和背对背贷款

平行贷款（Parallel Loan）是指在不同国家的两个母公司分别在国内向对方公司在本国境内的子公司提供金额相当的本币贷款，并承诺在指定到期日，各自归还所借货币。平行贷款是两个独立的贷款协议，分别有法律效力，是分别由一母公司贷款给另一国母公司的子公司，这两笔贷款分别由其母公司提供保证，效果相同。平行贷款的期限一般为5至10年，大多采用固定利率方式计息，按期每半年或一年互付利息，到期各偿还借款金额。如果一方违约，另一方仍须依照合同执行，不得自行抵销，为了降低违约风险，另一种与平行贷款非常相似的背对背贷款就产生了。

背对背贷款（Back-To-Back Loans）就是为了解决平行贷款中的信用风险而诞生的一种产品。它是指两个国家的母公司相互直接贷款，贷款币种不同单币值相等，贷款到期日相同，各自支付利息，到期各自偿还原借款货币。背对背贷款是处在不同国家的两个企业之间签订的直接贷款协议。尽管有两笔贷款，却只签订一个贷款协议。

金融互换是为了解决平行贷款和背对背贷款会影响资产负债结构的问题，当前金融互换是广大企业最为广泛使用的。

互换是比较优势理论在金融领域的很好运用。只要双方对对方的资产或负债均有需求且双方在两种资产或负债上存在比较优势，就可以进行金融互换。

国际清算银行定义金融互换是"互换双方签约同意，在确定期限内互相交换一系列支付的一种金融活动。"

所谓金融互换（Financial Swaps），亦称"货币掉期""货币调换"，是指交易双方按照预先约定的汇率、利率等条件，在一定期限内，相互交换一系列现金流的合约，达到规避风险的目的。金融互换合约的标的物可以是资产，也可以是负债；可以是货币，也可以是利息。互换交易不仅可以降低互换双方的筹资成本，而且使有关企业、政府机构等得以利用外国资本市场，获得本来不易获得的某类币种的资金。另外，它还有助于规避外汇风险。

二、金融互换的作用

金融互换这一新型的金融工具曾被誉为20世纪80年代最重大的金融创新，互换市场发展迅速。尤其是1983年利率互换被广泛使用后，交易额迅猛增长。1982年全球互换市场成交额只有30亿美元，1985年猛增至2 000亿美元。根据国际清算银行（BIS）的统计数据，截至2012年6月，全球互换市场名义本金达到了465万亿美元，若以总市值来衡量，互换市场已接近场外OTC衍生品市场总额的90%。互换交易之所以受到普遍欢迎，主要是因为它具有以下作用：

（一）有利于降低交易双方的筹资成本

互换交易使融资双方分别利用有利条件举借成本较低的货币，通过互换得到想要融资的货币，来降低筹资成本。这就使得具有不同信用级别和融资优势的互换双方通过互换可以分享它们各自单独直接融资所得不到的好处。

(二) 有利于防范利率和汇率风险

通过利率互换，筹资者的浮动利率负债可以转变为固定利率负债，将筹资成本固定了下来，从而成功地避免了未来利率变动的风险。同样，货币互换可以用来避免汇率风险。因为期初换出和期末换回的货币数额保持不变，就完全避免了汇率变动对本金的影响，受汇率影响的仅仅是所交换的两种货币的利息。

(三) 有利于调整资产负债结构

运用互换交易可以在不改变现有资产和负债规模的情况下，根据金融市场各种货币汇率和利率的变化，不断调整和改进资产和负债的货币结构，使其更加合理。因为互换交易也是表外业务，通常不会直接增加或减少资产和负债的数额，这就为企业和银行等金融机构的资产负债管理上有了更多选择的余地。

(四) 有利于借款人突破外汇管制进入某些特定市场融资

当借款人受到特定市场的限制或信用级别的原因，直接进入某些优惠市场有困难时，利用互换交易就可以突破这些限制，间接地进入这些外国资本市场，从而获得更多的筹资来源，并降低其融资成本。

(五) 有利于赚取投机利润和中介费用

互换交易既是一种避免外汇风险和利率风险的手段，也是重要的投机工具，被一些跨国金融机构和跨国集团公司所青睐，他们利用金融互换进行投机交易，以获取巨额的投机收益。但其所潜伏的风险也是巨大的。而对于从事互换交易的中间商来说，互换则是赚取可观的中介费用收入的一个重要来源。

【课堂讨论】
金融互换与掉期交易的区别。

三、金融互换的种类

金融互换主要有货币互换和利率互换两种形式。

(一) 货币互换

货币互换（Currency Swap）又称为货币掉期，是指交易双方以商定的本金和利率为基础，互相交换不同币种、相同期限、等值资金债务或资产并结清利息的一种金融交易活动。

货币互换有以下几个特点。

1. 货币互换交易必须存在对货币种类需要相反、但在期限和金额上相同的交易对手，并且要具有融资的相对优势。

2. 货币互换交易条件非常灵活。在货币互换交易中，交易条件由双方商定，本金互换的汇率以及双方支付的利率都可以根据需要商定。例如，可以用即期汇率，也可以用远期汇率，但对应于不同汇率水平的利率水平会有所不同。货币互换的利率形式，可以是固定利率换浮动利率，也可以是浮动利率换浮动利率，还可以是固定利率换固定利率。期初本金互换的过程也可有可无。

3. 货币互换可以拓宽融资渠道。筹资者可以在各自熟悉的市场上筹措资金，通过互换来达到各自的目的。

4. 货币互换可以规避汇率和利率风险，也可以降低融资成本。

5. 货币互换交易存在信用风险。一笔货币在货币互换中，银行承担了这种信用风险，因此银行要评定客户或交易对手的信用等级，评价交易真实价值风险，并要采取相应的安全保障措施。

货币互换实际上是交易双方交换使用不同货币的交易。具体操作过程包括三个步骤：

1. 期初的本金交换。通常在互换双方订立货币互换合约后，即按即期汇率相互交换约定的两种货币的本金，并在合约中规定好两种货币的利率、期限和本金到期换回的方式。

2. 期中的利息交换。互换的货币通常采用固定利率计息，但两种货币的利息一般不相同。利息每半年相互支付一次，因此在互换合约期间有可能发生多次利息支付。

3. 期末的本金换回。互换合约到期时，双方按照期初交换本金的汇率，换回各自原来的货币资金。本金可以期末一次换回，也可以分次换回。

【操作实例】

假设甲乙两公司在国际金融市场中融资，甲公司需要筹借浮动利率的美元 1 亿，乙公司需要筹借固定利率的欧元 1.2 亿，融资成本如表 6-6 所示。双方在互换交易商的帮助下进行货币互换交易，货币互换的汇率为 EUR1 = USD1.2000，每年支付一次利息，互换期限为 3 年。分析双方的筹资成本。

表 6-6　　　　　　　　　　　　甲乙两公司筹资成本

	甲公司	乙公司	比较优势
EUR 固定利率筹资成本	9%	10.1%	1.1%
USD 浮动利率筹资成本	1 年期 LIBOR	1 年期 LIBOR	0

互换的具体流程如图 6-4 所示：

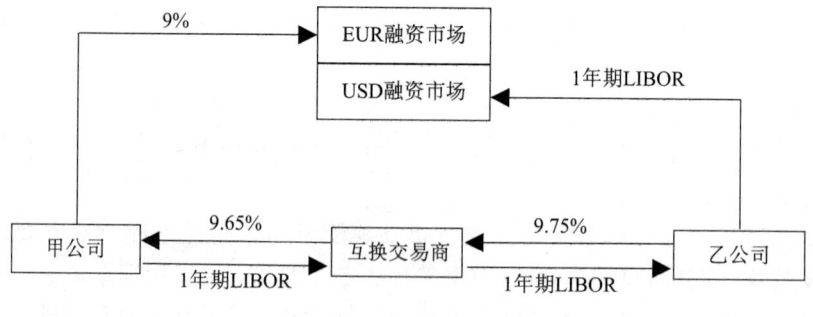

图 6-4　货币互换流程图

第一步，期初双方各自进入有优势的市场筹集资金并交换本金（见图6-5）。

图6-5　期初本金互换

第二步，期间每年年末双方互换利息（见图6-6）。

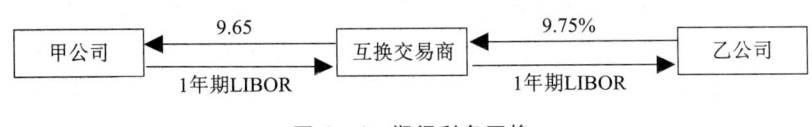

图6-6　期间利息互换

第三步，期末双方再进行本金互换（见图6-7）。

图6-7　期末本金互换

甲公司的筹资成本：9% + LIBOR - 9.65% = LIBOR - 0.65%，降低成本0.65%。
乙公司的筹资成本：LIBOR + 9.75% - LIBOR = 9.75%，降低成本0.35%。

通过货币互换，甲乙两公司都筹集到了所需要的资金，并降低了筹资成本，互换交易商获得收益0.1%，三方分享了1.1%的比较优势。

（二）利率互换

第一笔利率互换发生在1982年8月。德意志银行发行了3亿美元的7年期固定利率欧洲债券，经中介安排，同另外3家银行进行了债务的互换。德意志银行将固定利率的美元债务换成了浮动利率的美元债务，与其持有的浮动利率长期资产相匹配，避免了利率变化的风险。而它的交易对手则以浮动利率美元债务换取了优惠的固定利率美元债券，也从这一交易中获益。

利率互换（Interest Rate Swap，IRS）又称利率调换或利率掉期，是指交易双方在两笔货币与金额相同，期限一样，但付息方式不同的资产和债务之间进行相互交换利率的业务活动。以交易双方协商的本金为计息基础，在同种货币之间进行固定利率与浮动利率、固定利率与固定利率、浮动利率与浮动利率的互换。在互换的整个交易过程中不发生本金的转移，双方只结清互换的利率差额。

虽然利率互换产生的时间较晚，但金融市场对规避中长期利率风险的需求推动着利率互换交易的迅速发展。目前国际金融市场上利率互换的交易量已经超过货币互换，成为金融互换中最主要的交易品种。随着互换市场的迅速发展，银行间的竞争日益激烈，要求创造出更多的方法来安排互换交易，以适应交易各方的需要，这就产生了三角或多角互换。

利率互换的基本特征有：（1）互换的两种货币相同；（2）名义本金量在互换期间不变；（3）互换双方定期支付利息的频率相同。

【知识链接】

人民币利率互换

人民银行宣布自 2008 年 2 月 18 日起正式开展人民币利率互换业务，参与机构从原来试点规定的部分商业银行和保险公司，拓展到所有银行间债券市场参与者。这意味着利率互换业务的进入门槛降低，同时非金融机构的可交易对象也有所增加。

《中国人民银行关于开展人民币利率互换业务有关事宜的通知》中指出，利率互换的参考利率应为经中国人民银行授权的全国银行间同业拆借中心（以下简称交易中心）等机构发布的银行间市场具有基准性质的市场利率或中国人民银行公布的基准利率。全国银行间债券市场参与者（以下简称市场参与者）中，具有做市商或结算代理业务资格的金融机构可与其他所有市场参与者进行利率互换交易，其他金融机构可与所有金融机构进行出于自身需求的利率互换交易，非金融机构只能与具有做市商或结算代理业务资格的金融机构进行以套期保值为目的的利率互换交易。

根据央行规定，利率互换交易既可以通过全国银行间同业拆借中心的交易系统进行，也可以通过电话、传真等其他方式进行。具有银行间债券市场做市商或结算代理业务资格的金融机构，可通过交易中心的交易系统进行利率互换交易的双边报价，其双边报价价差应当处于市场合理范围。

资料来源：中国人民银行网站。

【操作实例】

甲乙两公司各自需要在国际金融市场上筹措资金 USD 5 000 万元，甲公司的信用等级为 AAA，乙公司的信用等级为 BBB，两公司的筹资成本如表 6-7 所示。甲公司需要浮动利率的美元资金，乙公司需要固定利率的美元资金。互换交易商安排进行利率互换，分析双方的筹资成本。

表 6-7　　　　　　　　　甲乙两公司筹资成本

	甲公司	乙公司	比较优势
固定利率筹资成本	10.25%	11.25%	1%
浮动利率筹资成本	6 个月期 LIBOR	6 个月期 LIBOR +0.5%	0.5%

互换的具体流程如图 6-8 所示：

甲公司的筹资成本：$10.25\% + (LIBOR - 0.1\%) - 10.4\% = LIBOR - 0.25\%$，降低成本 0.25%。

乙公司的筹资成本：$(LIBOR + 0.5\%) + 10.6\% - LIBOR = 11.1\%$，降低成本 0.15%。

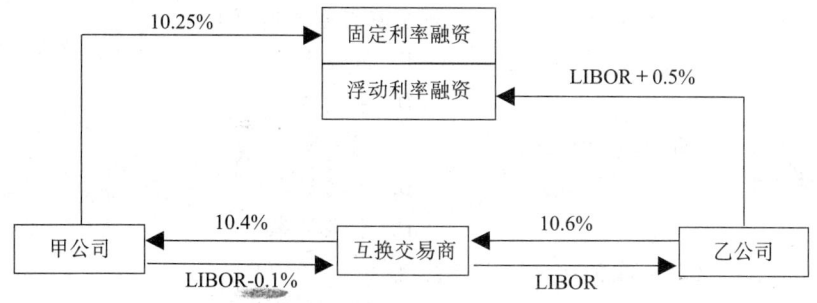

图6-8 利率互换流程图

通过货币互换，甲乙两公司都筹集到了所需要的资金，并降低了筹资成本，互换交易商获得收益0.1%，三方分享了0.5%的比较优势。

【综合实训】

一、基础知识测试

（一）单选题

1. 一般情况下，即期外汇交易的交割定为（　　）。
   A. 成交当天　　　　　　　　　　B. 成交后的第一个营业日
   C. 成交后的第二个营业日　　　　D. 成交后一个星期内

2. 外汇远期交易的特点是（　　）。
   A. 它是一个有组织的市场，在交易所以公开叫价方式进行
   B. 业务范围广泛，银行、公司和一般平民均可参加
   C. 合约规格灵活
   D. 交易只限于交易所会员之间

3. 商业银行经营外汇业务时，常遵循的原则是（　　）。
   A. 保持空头　　　　　　　　　　B. 保持多头
   C. 扩大买卖价差　　　　　　　　D. 买卖平衡

4. 若在巴黎外汇市场即期汇率为 EUR/USD 1.2120/28，3个月远期外汇率的点数为10/15，则实际远期汇率为1欧元等于（　　）。
   A. 1.2130/43 美元　　　　　　　B. 1.2130/33 美元
   C. 1.2110/13 美元　　　　　　　D. 1.2110/03 美元

5. 货币期货与远期外汇交易都不具有的特征是（　　）。
   A. 通过合同的形式固定汇率　　　B. 一定时期以后交割
   C. 即时交割　　　　　　　　　　D. 为了投机或保值

6. 下面哪个报价来自外汇期货市场（　　）。
   A. GBP1 = USD1.3850　　　　　　B. USD1 = CHF0.9400
   C. USD1 = JPY115.15　　　　　　D. USD1 = CAD1.2600

7. 为确保期权合同的履行，期权卖方须在签订合同时缴付（　　）。
   A. 保险金　　　　　　　　　　B. 保证金
   C. 佣金　　　　　　　　　　　D. 手续费
8. 一国利率的上升将会导致该国货币（　　）下降。
   A. 即期汇率　　　　　　　　　B. 远期汇率
   C. 商业汇率　　　　　　　　　D. 金融汇率
9. 下列关于期权业务的特点说法正确的有（　　）。
   A. 必须执行合约　　　　　　　B. 保险费不能收回
   C. 保险费能收回　　　　　　　D. 保险费的费率固定
10. 某银行买进1月期的100万美元，同时卖出3月期的100万美元，这种交易属于（　　）。
    A. 即期对即期掉期　　　　　　B. 即期对远期掉期
    C. 远期对远期掉期　　　　　　D. 期货对远期掉期

（二）多选题

1. 在外汇市场上，远期外汇的卖出者主要有（　　）。
   A. 进口商　　　　　　　　　　B. 出口商
   C. 对外进行短期贷款的债权人　D. 对远期汇率看涨的投机商
   E. 对远期汇率看跌的投机商
2. 在中国银行的外汇牌价中 USD/CNY 6.3025/35，这表明（　　）。
   A. 6.3025是中国银行卖出美元的价格
   B. 6.3025是中国银行买入美元的价格
   C. 6.3025是中国银行买入人民币的价格
   D. 6.3035是中国银行卖出美元的价格
   E. 6.3025是中国银行卖出人民币的价格
3. 即期外汇交易的程序包括（　　）。
   A. 询价　　　　　　　　　　　B. 报价
   C. 成交　　　　　　　　　　　D. 证实
   E. 交割
4. 下列属于金融衍生品的有（　　）。
   A. 外汇期货　　　　　　　　　B. 外汇期权
   C. 货币互换　　　　　　　　　D. 套汇交易
   E. 套利交易
5. 外汇期货交易的规则有（　　）。
   A. 合约标准化　　　　　　　　B. 保证金制度
   C. 每日清算制度　　　　　　　D. 交易所内交易
   E. 合约必须持有并到期交割
6. 外汇期权交易的特点有（　　）。
   A. 保险费不能收回　　　　　　B. 买卖双方都要缴纳保证金

C. 买方的损失有限 D. 权利义务不对等
E. 卖方的损失有限

7. 按期权的性质划分，外汇期权有（ ）。
   A. 欧式期权 B. 美式期权
   C. 看涨期权 D. 看跌期权
   E. 期货式期权

8. 利率互换的基本特征有（ ）。
   A. 互换的两种货币相同
   B. 名义本金量在互换期间不变
   C. 互换双方定期支付利息的频率相同
   D. 期初和期末要互相交换本金
   E. 互换双方都能降低筹资成本

9. 由于建立了（ ），从而可确保期货契约的履行。
   A. 保证金制度 B. 佣金制度
   C. 限价制度 D. 日清算制度
   E. 交易所内交易

（三）判断题

1. 即期外汇交易使用双向报价。（ ）
2. 远期外汇交易是在成交后的两个营业日内办理交割的外汇交易。（ ）
3. 如果外汇汇率上升，银行选择择期开始时的汇率作为卖出汇率。（ ）
4. 如果预测汇率下降，投机者会进行买空交易。（ ）
5. 掉期交易的买卖方向相反，但是货币的币种、数量完全相同。（ ）
6. 当高利率货币的远期贴水年率低于两国利差时，货币资金调往高利率国家投资有利可图。（ ）
7. 外汇期货交易中唯一变动的是期货的价格。（ ）
8. 外汇期权交易的双方都要缴纳保证金并逐日清算。（ ）
9. 只能在合约到期日履约的期权是美式期权。（ ）
10. 买方放弃期权合约后期权费应该退还。（ ）

（四）问答题

1. 什么是掉期交易？
2. 期货交易的规则有哪些？
3. 简述外汇期权交易的特点。
4. 金融互换的作用有哪些？
5. 简述货币互换的特点。

二、实务题

1. 如果你用电话向中国银行询问 GBP/USD 的汇价，中国银行答道："1.3900/10"。
请问：（1）中国银行以什么汇价向你买进美元？

（2）你以什么样的汇价从中国银行买进英镑？

（3）如果你向中国银行卖出英镑，汇价是多少？

2. 如果外汇市场行情如下：

USD/JPY = 108.55/90   USD/CNY = 6.2651/99

USD/CHF = 1.0487/594   EUR/USD = 1.2285/95

计算：（1）JPY/CNY；（2）CNY/JPY；（3）EUR/CHF；（4）CHF/EUR。

3. 假设某一时间外汇市场行情如下：

纽约外汇市场：USD1 = CHF0.9720/40

苏黎世外汇市场：GBP1 = CHF1.3140/60

伦敦外汇市场：GBP1 = USD1.3870/80

问：（1）有无套汇的机会？

（2）分别用 CHF100 万、USD100 万、GBP100 万进行套汇，各获利多少？

4. 如果纽约市场上年利率为 14%，伦敦市场的年利率为 10%，伦敦外汇市场的即期汇率为 GBP1 = USD1.5200，求 3 个月的远期汇率。

5. 苏黎世货币市场三个月 CHF 定期存款利率 4%，纽约货币市场三个月 USD 定期存款利率 7.5%，即期汇率：USD/CHF1.0400/10，三个月远期汇水数：67/50。

问：（1）有无套利机会？（2）用 CHF100 万抵补套利，获利多少？（3）年收益率是多少？

6. 某澳大利亚公司以 3.5% 的年利率借款 CHF1 000 万，期限 6 个月。该公司将这笔借款兑换成 AUD，如果即期汇率 AUD/CHF0.7350/60，6 个月远期汇水数为 50/40，该出口商利用远期交易进行套期保值。

（1）计算 AUD/CHF 的远期汇率。（2）到期需要多少 AUD 偿还贷款？（3）实际年利率是多少？

7. 一名美国商人在 2018 年 3 月 1 日从澳大利亚进口汽车，约定 3 个月后支付 AUD250 万，为避免 AUD 的币值上涨，他利用期货套期保值。如果当日现货与期货市场的行情如下：

日期	现汇市场汇率	期货市场价格
2018 年 3 月 1 日	USD/AUD1.2917/27	USD0.7291/AUD
2018 年 6 月 1 日	USD/AUD1.2023/33	USD0.7672/AUD

计算该商人的盈亏情况。（每份合约价值 AUD10 万）

8. 美国某进出口公司在 2018 年 1 月 9 日往苏黎世发送一批货物，价值 CHF100 万，双方约定两个月后付款。外汇及期货市场的行情如下：

日期	现汇市场汇率	期货市场价格
2018 年 1 月 9 日	USD/CHF0.9778/88	USD1.1260/CHF
2018 年 3 月 9 日	USD/CHF0.9850/60	USD1.1210/CHF

该进出口公司如何利用期货市场套期保值？（每份合约价值为 CHF125 000）

9. 瑞士一家出口商要在 3 个月内收回 USD100 万，利用期权交易保值，购买了欧式期权。期权费 CHF0.01/USD，协定汇率为 USD/CHF0.9500。这家出口商购买的是看涨期权还是看跌期权？计算在收款日市场汇率出现以下三种情况时该出口商是否执行期权，为什么？

（1） USD/CHF0.9600；（2） USD/CHF0.9400；（3） USD/CHF 0.9500。

项目七 Project 7
外汇行情与交易策略

知识目标：通过本项目的学习，能使学生了解主要交易货币的特性和重要指标，初步掌握外汇交易基本分析方法和技术分析方法的理论内容，熟知一定的外汇交易策略。

能力目标：通过本项目的学习，能使学生通过各种渠道及时准确地搜集影响外汇行情的主要宏观经济指标，并通过基本因素影响汇率的传导机制，针对具体的实际案例，结合技术指标，对外汇行情进行分析和预测，并能正确制定和实施外汇交易策略。

任务一 外汇行情分析

【任务要求】

教师要解读外汇行情，讲解影响外汇行情的基本面因素和技术分析方法，明确各个基本面因素影响汇率变动的传导机制。

学生要掌握影响外汇行情的基本面因素和技术分析方法，能够灵活运用基本分析方法和技术分析方法分析外汇行情，进行外汇市场投资。

教学活动 1　外汇行情基本面分析

【活动设计】

1. 教师组织相关案例；
2. 教师通过实例讲解外汇行情基本面的分析方法；
3. 学生运用所学知识分析主要货币汇率走势。

【案例导入】

丹斯克：中期看涨英

未来数月英镑将上行，本周初英镑走软，欧元兑英镑涨至 0.8860 上方，因英国 1 月 Markit 服务业 PMI 跌至 53，远不及预期和前值。北京时间 2018 年 2 月 8 日 20：00 英国央行将公布 2 月利率决议、货币政策会议纪要及季度通胀报告，遂采取观望立场，本周欧元兑英镑风险偏上行，因当前市场对英国央行加息立场的计价相对鹰派，5 月加息几率为 50%，英镑的非商业头寸高企，当前"英国脱欧"风险溢价低企。因此本周汇价可能上测 1 月 17 日高点 0.8909，不过策略上来看中期仍看涨英镑，若欧元兑英镑站上 0.8950，将考虑逢高抛售。

资料来源：汇通网，2018.02.06。

【基础知识】

外汇基本面分析是指对影响一国经济以及货币汇率变化的核心要素进行研究，旨在通过分析一系列经济指标、政府政策及事件，来预测某一经济周期中的汇率变化和市场趋势。基本面数据不仅告诉我们现在的市场情况，更重要的是，它能帮助我们预测未来市场的发展。

基本面分析的研究对象包括经济、政治、军事、人文、地理、突发事件等各个方面。一般用以判断长期汇率变化的趋势。在某些书籍中，将基本面分析只定义为对经济因素的分析是片面的。由基本面分析得来的汇率长期发展的趋势较为可靠，并具有提前性。但其缺点是无法提供汇率涨跌的起止点和发生变化的时间；并且在一些时候，汇率的变化并不是严格遵从于基本面的变化。因此，对于基本面的分析一定要结合技术面以及市场心理等因素进行研究。

一、经济因素

一国经济各方面综合效应的好坏是影响本国货币汇率最直接和最主要的因素，其中主要考虑经济增长水平、国际收支状况、通货膨胀水平、利率水平等几个方面。

（一）经济增长率

一般来说，一国货币汇率的变动反映了该国经济增长的情况。高经济增长率会推动本国货币汇率的上升，而低增长率则会造成该国货币汇率的下跌。经济增长率是预测汇率走势的中长期因素。

一个国家的经济增长率是由国内生产总值 GDP 的增长来衡量的。一国的 GDP 大幅增长，反映出该国经济蓬勃发展，国民收入增加，消费能力也随之增强。在这种情况下，该国中央银行将有可能提高利率，紧缩货币供应量。经济增长以及利率的上升，会增强该国货币的吸引力，该国货币供不应求，汇率上升。反过来说，如果一国的 GDP 出现负增长，显示该国经济处于衰退状态，消费能力减弱。这时，该国央行可能减息以刺激经济再度增长。利率下降加上经济不振，降低了该国货币的吸引力，该国货币汇率下跌。

（二）国际收支差额

国际收支的顺逆差是影响汇率走势的直接和重要的因素。国际收支是一国对外经济活动的综合反映，国际收支的差额是一国外汇供给与需求的直接体现。一国国际收支出现顺差，就会引起外国对该顺差国货币的需求增加和外国货币供应的增加，从而引起顺差国汇率的上升。反之，当一国国际收支出现逆差，就会引起国内对外币的需求增加和本币的供应增加，进而导致逆差国汇率下跌。

（三）通货膨胀率

通货膨胀率是影响汇率走势的一个重要因素。通货膨胀既直接关系到一国货币本身实际代表的价值量，又关系到一国商品的对外竞争能力，以及人们对外汇市场的预期心理。一般来说，一国通货膨胀率高于其他国家，该货币购买力下降，单位货币价值量减少，该国货币汇率趋于下跌；反之，则上涨。

反映通货膨胀的经济指标很多，常用的有：

1. 生产物价指数（PPI）

生产物价指数主要反映商品的生产成本，即生产原料的价格变化状况，用于衡量各种商品在不同生产阶段的价格变化情形。该指标影响着未来的消费价格的上升或下降，也是预示消费价格趋势的指标。生产物价指数与汇率的关系非常微妙，并且反复无常，如果生产物价指数较预期的高，则有通货膨胀的可能，有关部门会实行紧缩的货币政策，这种情况下该国货币的汇率可能会上升；但如果有关部门处于其他的考虑，没有紧缩银根，则该国货币的汇率就可能下跌。

2. 消费物价指数（CPI）

消费物价指数主要反映城市消费者支付商品和劳务的价格情况，是广泛用来反应通货膨胀的情况的工具，一般用百分比来表示。当消费物价指数上升时，显示通货膨胀率上升，即货币的购买力下降，理论上来说，该国货币应该有下降的趋势，但很多国家都以控制通货膨胀为主要目标，通货膨胀率的上升往往带来利率上升的可能性，反而会利好该国货币；而如果通货膨胀受到控制，利率也可能会趋于回落，反而利淡该国货币了。

3. 零售物价指数

零售物价指数指的是市场零售价格的变化，是一国通货膨胀状况的另一种指示器。当一国社会经济蓬勃发展，个人消费增加，就可能带来零售物价指数的上升。该指标的持续上升，就带来通货膨胀的压力，使政府收紧货币供应，该国货币汇率上升。零售物价指数反映的是零售商品价格的平均变化，与消费物价指数不同，消费物价指数是按照不同商品在消费中所占的权重进行加权计算的，它反映的是人们生活费用的变化。

4. 批发物价指数

批发物价指数反映的是批发价格的变化，其反映的内容与零售物价指数基本相同，其计算方法更加简便，在没有零售物价指数的情况下，可以用批发物价指数来代替分析通货膨胀状况。

（四）利率

利率是影响汇率的短期因素。利率作为政府部门调节宏观经济的政策工具，常常会随着经济的发展而变化。利率水平对汇率有着重要的影响，而且其影响非常灵敏。利率的高低，直接影响金融资产的供求。一国利率上升，使持有该种货币的利息收益增加，可能导致国际资本的流入，造成对该国货币的需求增加，从而引起本币汇率的上升；一国利率下降，会导致资本外流，增加对外国货币的需求，从而导致本币汇率的下跌。

需要注意的是，影响投资者的是实际利率而不是名义利率。有些国家货币的利率虽然很高，但由于政权更迭频繁、投资环境不佳、通货膨胀，因此，极少吸引国际资本的流入。有时也可能存在利率上升但货币反而贬值的现象，这种差异的出现与人们对于通货膨胀的预期有关。"利率升、货币强，利率低、货币弱"的结论是建立在其他主要经济因素基本正常的前提之上的。如果一国的国际收支和国际储备状况已经恶化，经济增长前景不佳，即便提高利率，也只能在短期内维持本币汇率的稳定，随之而来的将是更严重的货币贬值。

外汇市场走势的基本经济因素间的关系错综复杂，有时一种因素起主要影响作用，另一种因素起着次要作用；有时各因素同时起作用；有时各经济因素甚至起着相互抵销的作用。但基本可以认为，从长期来看，取决于经济增长率、通货膨胀率和国际收支状况，它们是决定汇率变化的基本经济因素，而利率水平和实际利率差异则是决定外汇市场短期波动的主要影响因素。

二、政府政策调整因素

央行的货币政策、政府的财政政策和外汇政策对汇率起着非常重要的作用，有时是决定作用。如政府可以直接宣布本国货币法定贬值或升值。

各国政府采取何种货币政策，在很大程度上直接关系到货币的强弱。货币政策的主要形式是改变经济体系中的货币供给量。当货币供给量变化时，利率也随之变化。货币供给量增加，会造成货币贬值；货币供给量减少，会造成货币升值。如果中央银行采取紧缩的货币政策，利率上升，会吸引各国游资的涌入，该国货币汇率坚挺。反之，如果中央银行采取放松银根的货币政策，货币会贬值。再则，货币政策对经济增长率、物价水平、利率、国际收支等会产生一定的影响，这必然影响到汇率的变动。

另外，人们常常把财政状况作为预期汇率变动的重要指标。从长期看，一国的财政状况是影响该国货币对外比价的基本因素。一国的财政收支较以前改善，该货币对外币就升值；如一国财政赤字增大，该货币对外币就贬值。财政政策的主要形式是改变政府支出和税收水平。当政府支出增加时，对货币的需求也相应增加，在货币供给不变的情况下，对货币需求的增加，引起汇率上升，货币升值。当政府支出增加，相应也增加货币供应量时，那么就会使货币贬值。一般而言，若减税，则市场货币流通量增加，货币趋跌；若增税，则货币看涨。

三、中央银行干预因素

由于汇率变动对一国的国际收支、进出口贸易、资本流动、物价、投资、利率、国内生产、国民收入、劳动力的充分利用等经济发展的各方面都有影响，所以，各国为了避免汇率变动时对国内经济造成不利的影响，往往对汇率进行干预，使汇率变动有利于本国。各国干预外汇市场的措施，既有经济手段，又有行政手段；既有一国的单独行动，也有数国的联合协调行动。中央银行最明显的干预是在即期外汇市场上进行的，中央银行的干预因而成为外汇市场短期波动的重要原因之一。

中央银行对外汇市场的干预是指货币当局在外汇市场上通过外汇买卖来影响本国货币的汇率，其途径可以使用外汇储备、中央银行之间的调拨或官方借贷等。当一国货币持续、大幅下跌时，该国中央银行就抛售外币、购买本币，以支持本币汇率回升；反之，本国汇率一直坚挺，中央银行便抛售本币、购买外币，以阻止其进一步上升。例如，1999年日本为了使日元汇率保持在较低水平，以求通过扩大出口刺激国内经济复苏，就先后向外汇市场抛售了价值约700亿美元的日元。至于确定本币是升是降，则主要取决于本国的经济状况和实力，以及贸易伙伴国的态度。中央银行在外汇市场上进行外汇买卖，使汇率波动有利于本国，这是西方国家中央银行平稳汇率的主要手段之一。

四、政治因素

政治因素是短期汇率波动的不可预测的因素。政治因素的内容广泛，包括政局稳定、政权的更迭、政变和战争、政府官员丑闻或下台、政策的连续性、政府的外交政策等。通常政局不稳定、政策缺乏连续性的国家，本国投资者对未来把握不住方向，会减少投资以规避风险，而外国投资者则会抽走资金，资本外流会导致对该国货币需求的下降，该国货币汇率就会趋于下跌。当一国政权更迭时，新政府可能更换当地的交易货币单位，令该种货币大幅度贬值。当一国发生政变或战争时，不仅本国货币汇率下跌，而且还可能造成该地区其他国家货币的不稳定。

五、市场预期心理因素

在影响外汇汇率走势的各种因素中，最难以把握的就是心理因素，它是影响汇率短期走势的重要因素。外汇市场是一个充满预期的市场，市场参与者通常根据所掌握的信息作出预期并先于事实作出反应。他们往往根据各国的经济增长率、货币供应量、通货膨胀率、利率水平、国际收支、国际政治形势等因素，预期外汇市场的汇率走势，从而作出投资或投机的决策。当投资者预期某种货币汇率将上升时，即使一些利好因素微不足道，他也会大量买进，市场对该货币的需求量会大增，从而促使该货币汇率上升；当预期某种货币将看跌时，投资者势必大量抛售该国货币，促使该国货币汇率下跌。

六、投机因素

当今的国际经济市场上，短期资金流动的数额极其庞大，其投机性极强。投机者们无时不在投机造势，从中赚取超额利润。国际游资的投机活动，给外汇市场的汇率带来频繁的波动，各种基金和投资银行是外汇市场投机活动的主角。它们获取信息的渠道广、速度快，有时还凭借其影响力制造舆论假象，在外汇市场上兴风作浪。市场上的投机活动导致外汇供求严重失衡，使汇率波动远远超过了合理的幅度。自20世纪90年代以来，在国际金融市场上发生的多次重大的危机中，对冲基金都充当了重要的角色，如索罗斯的"量子基金"。这种短期的投机资金，对各国的经济、政治、军事形势等都十分敏感，一有风吹草动，就会发生庞大的资金在国际间流动，从而对汇率走势产生影响。

影响汇率走势的因素还有很多，如关税和贸易政策、外汇管制措施、财政赤字、外汇储备、季节性因素等，但这些因素大都通过以上各种因素对汇率发生作用。综上所述，尽管汇率的波动从表面上来看，是由市场的供求关系决定的，但影响供求关系的因素非常复杂，这些因素既有经济的，也有政治的，还有心理的，它们相互联系，相互制约，共同发挥作用。每个因素产生作用的大小在不同时期、不同国家均不同。只有对各种因素进行全面的考察，对具体情况进行具体分析，才能对汇率的波动作出较为准确的分析。

【知识链接】

从高盛预测英镑走势看基本面分析技巧

基本面分析在确定价格变动方向及目标方面明显的强于技术指标分析，它在一定程度上弥补了技术指标分析上的不足。例如去年6月份的英国脱欧事件，技术指标无法判定一旦脱欧，英镑/美元的价格会跌落到哪种程度。但是基本面分析可以解决这方面的难点，比如华尔街著名的投行高盛的基本面报告，就一直强调，英镑/美元汇价会在1.20附近见底。理由就是根据高盛自己的一套汇价模式：汇价公允值（GSDEER），这套公式根据英国脱欧过后贸易经常账及经常账赤字的变化，来计算出当时英镑/美元距离实际有效汇率之间的差距。目前回头来看，英镑/美元的汇价与高盛的预测相差无几（最终英镑/美元在2017年1月份见底1.19930）。单从这个例子可以说明，基本面分析在预测价格变动程度上面有比较好的参考价值。特别适合于一些中长线投资者使用。

中长线交易一般指的是交易员根据综合技术分析，制定交易计划时将开仓头寸持有时间相对较强的一种交易方式。这个时间可以是1个月，1年甚至更长的时间，当然前提是以达到预期利润为止。这种交易方式往往涵盖了两种主流的交易理念：一个是趋势交易，另外一个是价值交易。趋势交易当中，交易员往往非常看重一年之中一到两次的大的单边行情，因为这种行情时间长距离大，利润回报非常丰厚。而价值交易，努力寻找出价值低估值区间，往往不易被市场发现的品种，一旦挖掘成功，除了高额的分红回报以外，还可能会有长期的稳健增长的趋势。因此这两种交易理念，都非常需要基本面分析。

资料来源：搜狐理财，2017.02.27。

教学活动2　外汇行情技术面分析

【活动设计】

1. 教师组织相关案例；
2. 教师通过实例讲解外汇行情技术面的分析方法；
3. 学生运用所学知识分析主要货币汇率走势。

【案例导入】

美元/加元涨势减弱区间盘整　技术分析给出短线关键位

周五（2018年2月9日）欧市盘中，4小时图显示，美元/加元自2月2日触低1.2252，刷新去年9月下旬来的新低位置后，截至发稿，价格保持震荡上行。

欧盘价格最高触及1.2616，刷新6周来新高。但从近两日走势看，价格上行动能似乎渐有消退，逐渐趋于盘整格局。

周四的涨势归于美元迎来买盘兴趣，美股遭遇抛售。周五，由于原油价格延续跌势，加元受拖累，但美元涨势有所抑制，美元/加元由此略有上涨。

后期市场将关注今天的加拿大就业数据，以从中找到短线交易方向。

援引FX Street分析，当前支撑位于1.2565位置，一旦价格表现下跌，并跌破该点位则或继续跌向1.2535支撑位及1.2500心理位。但如果价格获得上行动能，并一路升破1.2610/15区域，料将短线上攻1.2670/75阻力位。

资料来源：FX168财经报社（香港），2018.02.10。

【基础知识】

所谓技术分析，是指以预测汇率的变化趋势为目的，以市场行为的图形、图表、形态、指标为手段，用数学、统计学、价格学等理论对市场行为所进行的分析研究。这里的市场行为，指外汇市场的价格和交易量。技术分析法有多种，其中以图和图表分析最为重要。

技术分析是建立在一系列理论假设的基础上的。其理论假设有：①图表反映了市场的行为因素；②市场价格按趋势变动，有一定的规律存在；③历史会重演。

与基本分析法相比，技术分析法从汇率自身所形成的历史轨迹入手，根据汇率走势图形所反映的外汇供求状况、汇价和成交量等市场信息因素对汇率走势进行分析，从而预测未来汇率走势的趋势，其重点分析汇率短期走势的规律，找出最佳的买入点或卖出点。

技术分析包括多种方法，如 K 线、移动平均线、趋势线、RSI 线等。这里我们仅介绍几种常用的技术分析方法。

一、K 线图分析法

（一）K 线基础知识

K 线又称阴阳线、棒线、红黑线或蜡烛线，最早起源于日本德川幕府时代的米市交易，经过 200 多年的演进，形成了现在具有完整形式和分析理论的一种技术分析方法，现已广泛应用于证券和外汇市场的技术分析中。它的图形简单明快，可操作性强，各种 K 线组合形态能对汇价及时准确地做出判断，因此成为技术分析中的最基本的方法之一。

K 线根据计算单位的不同，一般分为：分钟 K 线、小时 K 线、日 K 线、周 K 线和月 K 线。一个标准的 K 线形态由四部分组成：一段时间之内的最高价、最低价、开盘价与收盘价。若开盘价高于收盘价，则称此 K 线为阴线，通常用黑色表示（见图 7-2）；若开盘价低于收盘价，则称此 K 线为阳线，通常用红色表示（见图 7-1）；当开盘价等于收盘价时，K 线称为十字线（见图 7-3）。开盘价与收盘价之间形成的价格差，如图 7-4 所示的中间柱体表示，一般称之为"实体"。由最高价、最低价与实体之间形成的价格差，如图 7-4 所示的上下线表示，一般称之为"上影线"和"下影线"。

（二）K 线组合

单条 K 线都有自己本身的含义，能够表现买卖双方力量对比情况，但在实际应用中，很少有人只使用单条 K 线作为依据来判断市场行情，而是将多条 K 线组合起来进行分析判断，这样准确性就大大提高了。因此本文略去了单条 K 线的市场含义及使用规则，将详细 K 线组合形态的含义及应用。

1. 锤子线和吊颈线

锤子线（见图 7-5）和吊颈线（见图 7-6）形态中，K 线的小实体在交易区域上部，下影线长度是实体长度的 2~3 倍，上影线很短或者没有。两者不同的是，锤子线出现在近期市价的底部，表示汇价有可能回升；而吊颈线出现在近期市价的顶部，表示汇价有可能回落。

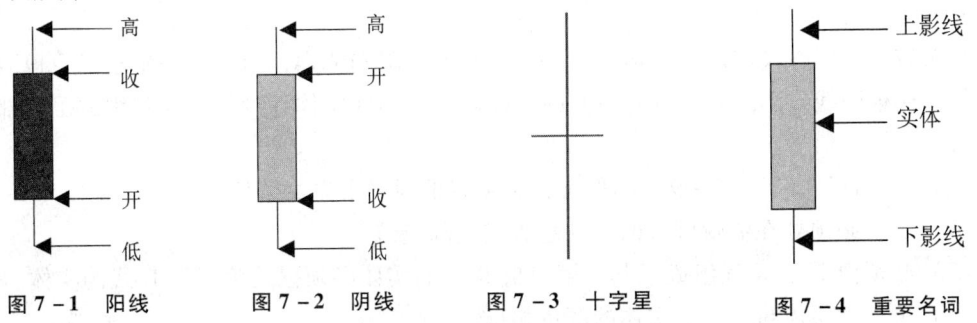

图 7-1 阳线　　图 7-2 阴线　　图 7-3 十字星　　图 7-4 重要名词

判别 K 线图是否为锤子线和吊颈线主要有以下三个依据:
(1) 实体处于整个价格区间的上端,而实体本身的颜色是无所谓的。
(2) 下影线的长度至少达到实体高度的 2 倍。
(3) 在这类 K 线中,应当没有上影线,即使有上影线,其长度也是极短的。

2. 倒锤线和射击之星

倒锤线(见图 7-7)和射击之星(见图 7-8)形态中,K 线的实体部分在汇价位置的底部,上影线的长度通常是实体长度的 2~3 倍,下影线很短或者没有。两者不同的是,倒锤线出现在近期市价的底部,表示汇价有可能回升;而射击之星线出现在近期市价的顶部,表示汇价有可能回落。严格意义上此二者形态反转强度不如吊颈线和锤子线大,此反转形态的确立,必须结合第二天的 K 线及其他分析指标验证。

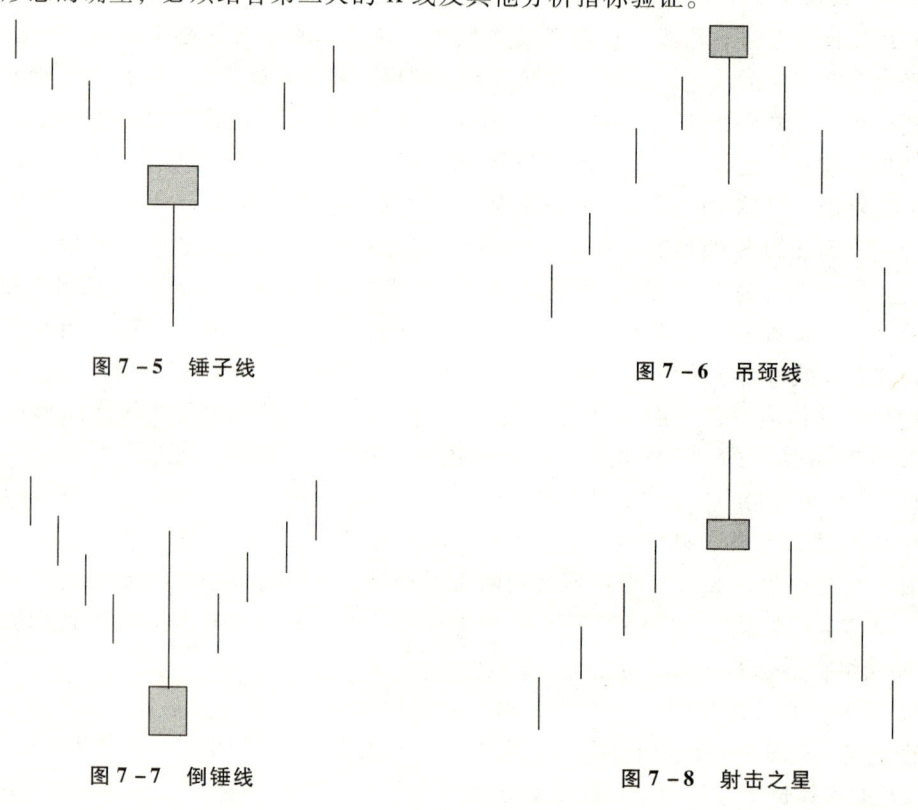

图 7-5 锤子线　　　　　　　图 7-6 吊颈线

图 7-7 倒锤线　　　　　　　图 7-8 射击之星

3. 穿头破足

穿头破足也叫吞没图形。市场本来处于上升或下降趋势中,但是后来出现了一根阴线或阳线,这根阴线或阳线实体将它前面的那根阳线或阴线实体吞没了,这就构成了顶部反转或底部反转的信号。

构成穿头破足(见图 7-9)的形态,必须有下列三个先决条件:
(1) 市场必须处在清晰可辨的上升趋势或下降趋势。
(2) 必须由 2 条 K 线组成,其中第二根 K 线的实体必须覆盖第一根 K 线的实体。
(3) 第二个实体与第一个实体的颜色相反。

4. 乌云盖顶

乌云盖顶（见图 7-10）顾名思义是一种见顶回落、后市看跌的转向形态。其图形由一支阳烛和一支阴烛组成。在这一形态中，第一天是一根坚挺的阳烛，第二天的开市价超过了第一天的最高价，但是市场却收市在接近当日的最低价的水平，并且收市明显的向下扎入到第一天的阳烛的内部。这构成了顶部反转信号。

判别 K 线图是否为乌云盖顶主要有以下三个依据：

（1）经过一段时间上扬之后出现。

（2）由两颗 K 线组成，第一颗 K 线是光脚阳线。

（3）阴线收盘价在阳线实体的 1/2 以下有效。

5. 曙光初现

曙光初现（见图 7-11）其实是乌云盖顶的反转形态，不同之处在于前者出现在市势的底部，表示市势可能见底回升。判别 K 线图是否为曙光初现主要有以下三个依据：

（1）由两颗 K 线组成，一阴一阳。

（2）经过一段时间下跌之后出现。

（3）第二颗阳线的收盘价在第一颗阴线的实体的 1/2 以上有效。

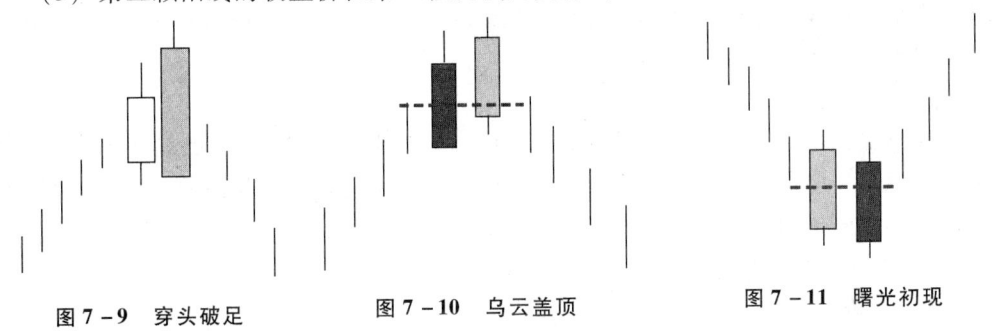

图 7-9　穿头破足　　　图 7-10　乌云盖顶　　　图 7-11　曙光初现

6. 早晨之星

早晨之星，预示着太阳即将升起，前途一片光明，汇市的发展自然看好。早晨之星出现的第一天必须是阴线，并且这根阴线处于下跌趋势中。第二天是星型是阳线是阴线并不重要，重要的是实体部分必须与前一个阴线实体之间有窗口跳空，而且实体部分很小，汇价与在一个小幅范围内波动，如图 7-12 所示形成一根纺轴线。第三天必须是阳线，阳线实体必须推入到第一天阴线实体内部。若实体与第二天的实体存在窗口跳空，则反转意义更大。

7. 黄昏之星

黄昏之星（见图 7-13），预示着太阳即将落山，前途一片黑暗，汇市的发展也不容乐观，很可能表示汇市即将见顶回落。黄昏之星出现的第一天必须是阳线，并且这根阳线处于上升趋势中。第二天是星型线（即实体和上下影线都很小的 K 线），星型线本身是阴线还是阳线并不重要，重要的是实体与第一天的阳线实体之间存在窗口跳空。而且第二天的实体部分很小，汇价当天在很小范围内波动。第三天必须是阴线，阴线实体必须推入到第二天星型线实体内部。若存在窗口跳空，则反转的意义更大。

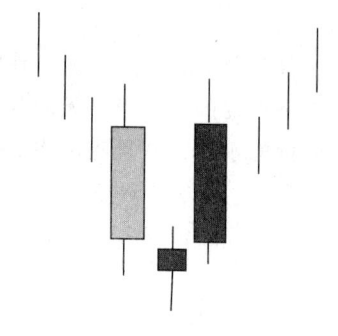

图7-12 早晨之星

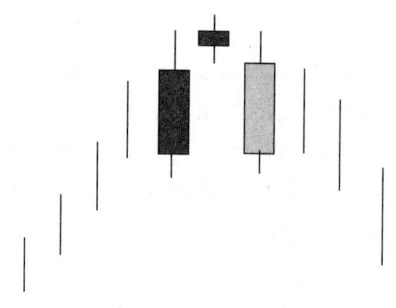

图7-13 黄昏之星

8. 头肩顶

头肩顶（见图7-14）是一个长期性趋势的转向形态，通常会在上升趋势的尽头出现。头肩反转形态一共出现三个峰，中间的峰部比另外两个峰部都高，所以叫做头部。左右两个峰值较低，称之为肩部。当头肩顶颈线击破时，就是一个真正的沽出讯号，虽然汇价和最高点比较，已回落了相当的幅度，但跌势只是刚刚开始。当颈线跌破后，我们可根据这一形态的最少跌幅量度方法预测汇价会跌至哪一水平。量度的方法是从头部的最高点画一条垂直线到颈线，然后在完成右肩突破颈线的一点开始，向下量出同样的长度，由此量出的价格就是即将下跌的最小幅度。

9. 头肩底

头肩底（见图7-15）是头肩顶本身的反转形态，预示着汇率由下跌转势为上升。头肩底的形成原理、规律、对称性以及目标价位的计算和头肩顶都是相同的，只是突破颈线后的汇率波动方向是向上，而不是头肩顶的向下。

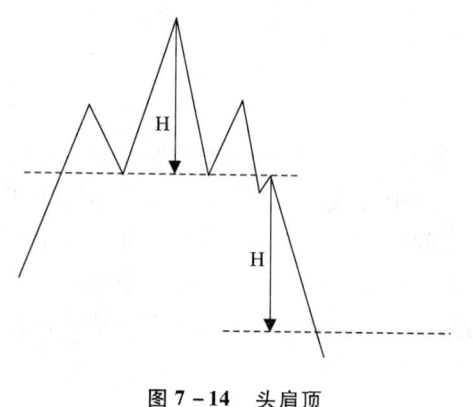

图7-14 头肩顶

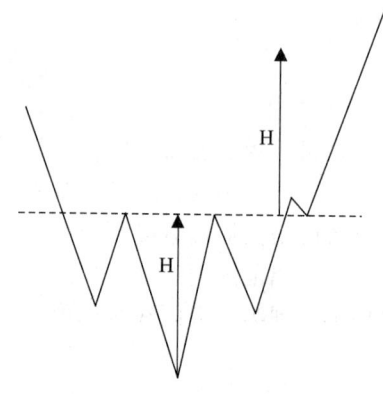

图7-15 头肩底

10. 双重顶/底

双重顶和双重底也是汇率图形中比较常见的形态，如图7-16所示为双重顶，也叫M顶，是指一个在明显的上升趋势中，汇率创出新高A点后，因卖方力量增强而使汇率向下调整，回落至B点后获得支持，汇市仍看好该货币，令汇率再度受到追捧而上升，然而挑战前期高位A点失败，在A点水平接近的C点止步。市场认为汇率破高向上的可能性不大，沽盘力量积累，使汇率掉头向下，穿越前期支持点 B 的水平，图形看似形成了一个类似于 M 形的走势。汇率在 D 点跌穿前期支持 B 点的汇率水平，双重顶形态成立，汇率走势由升转跌，并且在破 D 点向下时可能出现跳水式下跌，最终到达下跌的目标位。

双重底（见图 7-17）正好相反，形状有如 W 形，因此也称作 W 底形态，趋势是先跌，反弹受阻后再度跌至前期低点，受支持持续反弹并破前期阻力，汇率由原来的下跌反转为上升。

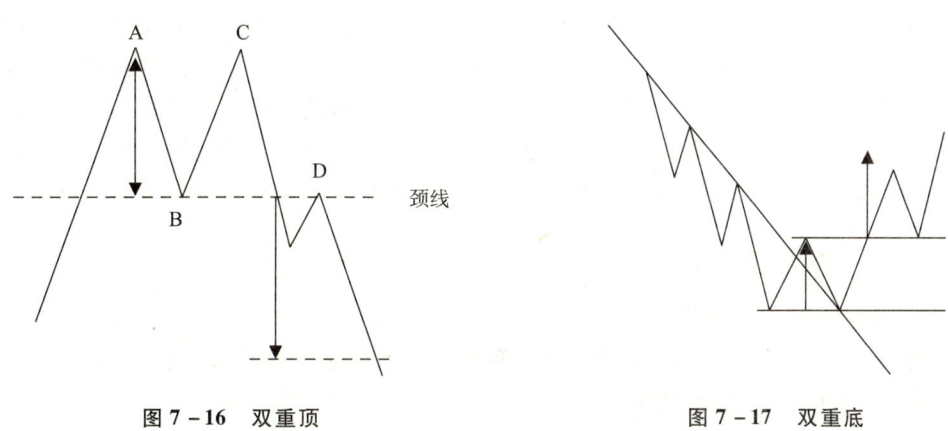

图 7-16　双重顶　　　　　　　　　图 7-17　双重底

11. 圆弧顶/底

如图 7-18 所示，一段时间的 K 线在图上近似的排列成一个圆碟状，碟边画一条弧线。弧形向下通常出现在一段较长时间上升行程的底部，成为圆弧顶；反之成为圆弧底。不论是圆弧顶还是圆弧底，其后市方向总是与图形开始时的汇率走势相反，它们常出现在交易稀少的时期，市价波幅很小，一旦价格到了顶部或底部，就会向着原来走势相反的方向急进。

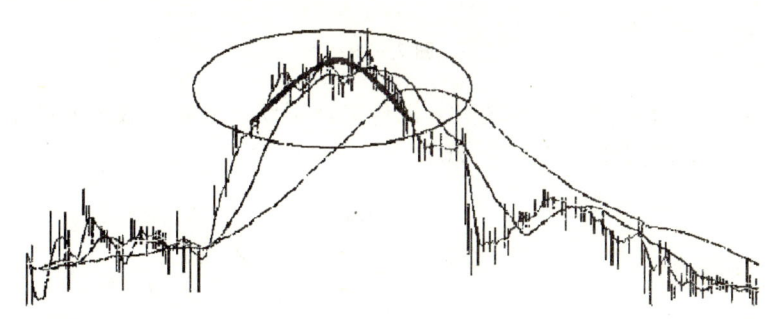

图 7-18　圆弧顶

二、移动平均线分析法（MA）

移动平均线是当今运用最为广泛的技术指标之一，它是运用统计学的原理，将过去若干日（周、月、小时等其他时间单位）的汇率与当日（周、月、小时等其他时间单位）

的汇率相加，除以日子（周、月、小时其他时间单位）总数，把每日（周、月、小时其他时间单位）得出的平均数绘于图上，便成为移动平均线。这样就能够帮助投资者更清楚地看到某一时期汇率变动的大方向。其计算公式如下：

N 日移动平均线 = N 日收市价之和/N

（一）移动平均线的种类及参数设定

以时间的长短划分，移动平均线可分为短期、中期、长期几种。一般短期移动平均线有 5 天、10 天、14 天；中期有 21 天、30 天、55 或 60 天；长期有 200 天及 280 天。所选取的平均天数对于利用 MA 分析汇率走势十分重要。如果天数太短，得出的移动平均线越陡峭，穿越移动平均线指示买入或卖出信号过于灵敏，常常使投资者过早买入或卖出，抓错方向；如果天数太长，其计算得出的移动平均线越平滑，反应过于迟钝，价格与移动平均线间的距离太大，当市场转势时，无法及时发出买卖信号，等到信号发出时，这个趋势可能已经完结了。

（二）移动平均线的运用

1. 单条移动平均线的运用

在使用单条移动平均线时，最具影响力和实用意义的是美国技术分析家葛兰碧（Joseph Granvile）利用 K 线和移动平均线的关系，提出的八大买卖法则：

（1）平均线从下降逐渐走平，当汇价从平均线的下方突破平均线时是为买进信号（见图 7 - 19）。

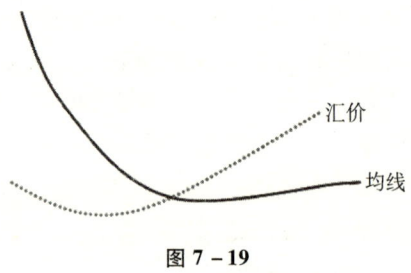

图 7 - 19

（2）汇价连续上升远离平均线之上，汇价突然下跌，但未跌破上升的平均线，汇价又再度上升时，为买进信号（见图 7 - 20）。

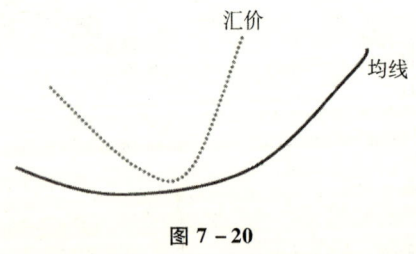

图 7 - 20

（3）汇价虽一时跌至平均线之下，但平均线仍在上扬且汇价不久马上又恢复到平均线之上时，为买进信号（见图 7 - 21）。

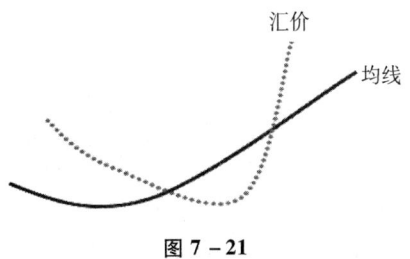

图 7-21

(4) 汇价跌破平均线之下，突然连续暴跌，远离平均线时，很可能再次向平均线弹升，是买进信号（见图 7-22）。

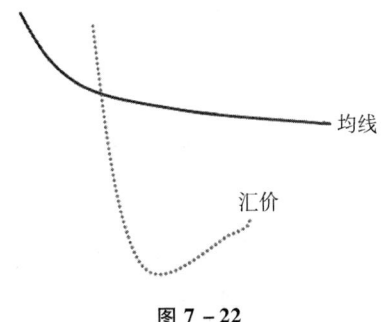

图 7-22

(5) 汇价急速上升远超过上升的平均线时，将出现短线的回跌，再趋向于平均线时，是卖出信号（见图 7-23）。

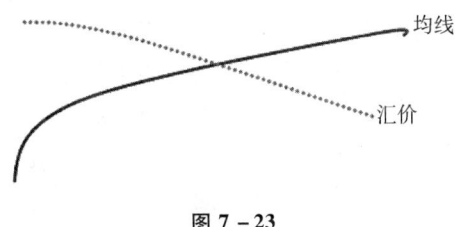

图 7-23

(6) 平均线走势从上升逐渐走平转变下跌，而汇价从平均线的上方往下跌破平均线时，是卖出信号（见图 7-24）。

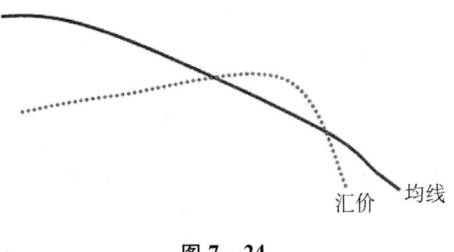

图 7-24

(7) 汇价跌落于平均线之下，然后向平均线弹升，但未突破平均线即又告回落，是卖出信号（见图 7-25）。

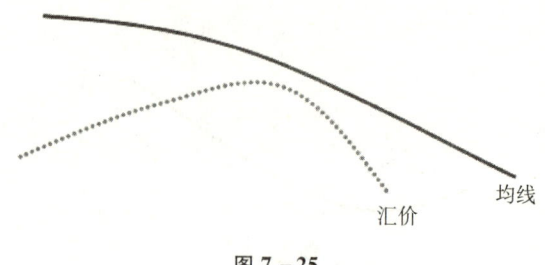

图 7 – 25

(8) 汇价虽上升突破平均线,但立即又恢复到平均线之下而此时平均线又继续下跌,则是卖出信号(见图 7 – 26)。

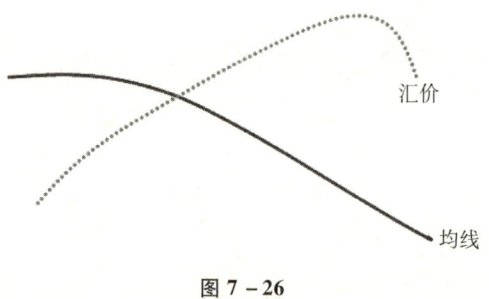

图 7 – 26

2. 复合移动平均线的运用

复合移动平均线是将两条或两条以上的平均线组合使用,以分析汇市走势,得出买卖信号。相比较而言,复合移动平均线更能精确地预测市场价格走向。均线参数的选择要注意短期与中长期相结合,这时的买卖法则仍然可以用葛兰碧八项法则,只要将短期均线作为汇价,将中长期均线作为移动平均线,套用上述法则就可以使用了。比如短期均线上穿中长期形成金叉,是买入时机;短期均线下穿中长期形成死叉,是卖出时机。

另外,当多根移动平均线缠绕在一起时,表明汇市处于盘整状态,此时最好观望等待时机入市;当多条移动平均线并列散开,呈现同一趋势时,则代表市场有很大机会形成单边行情。

三、平滑异同移动平均指标(MACD)分析法

平滑异同移动平均线(Moving Average Convergence Divergence)是 Geral Appel 于 1979 年提出的,它是一项利用短期(常用为 12 日)移动平均线与长期(常用为 26 日)移动平均线之间的聚合与分离状况,对买进、卖出时机作出研判的技术指标。该指标可以去除掉移动平均线经常出现的假讯号,又保留了移动平均线的优点。MACD 指标主要是利用长短期二条指数移动平均线(EMA),计算两者之间的差离值。

MACD 由正负差(DIF)和异同平均数(DEA)两部分组成。DIF 是快速平滑移动平均线与慢速平滑移动平均线的差,DIF 的正负差的名称由此而来。快速和慢速的区别是进行指数平滑时采用的参数大小不同,快速是短期的,慢速是长期的。经常使用的参数为:26、12、9。

从实际图形上看，MACD 线表现为差值 DIF，而 DEA 则被当作信号线。柱状图为 MACD 与信号线的差距。

(一) MACD 与零线的关系

当 MACD 从下往上穿越零线时，表明短期移动平均线将加快上升，汇率上升动能增强，是买入的信号；当 MACD 从上至下穿越零线，是短线下跌速度大于长线的迹象，汇率下降动能上升，是卖出的信号。

(二) MACD 线与信号线配合使用

尽管 MACD 与零线相交的买卖信号较为准确，但是有一些滞后，不能够帮助投资者抓住最有利的时机入市买卖。将 MACD 与信号线配合使用，得出的买卖信号更加强烈和及时。即当 MACD 向上穿越信号线时，是买入信号；当 MACD 向下跌穿信号线时，是卖出信号。

(三) 汇价与 MACD 线的背离——趋势反转信号

汇率一直往上升，而 MACD 线却一路下跌，则出现顶部背离，预示着汇率即将下跌；如果汇率一直下跌，而 MACD 线却出现升势，此时出现底部背离，预示着汇率即将上升。

MACD 主要用于对大势中长期的上涨或下跌趋势进行判断，当汇价处于盘局或指数波动不明显时，MACD 买卖信号较不明显。当股价在短时间内上下波动较大时，因 MACD 的移动相当缓慢，所以不会立即对股价的变动产生买卖信号。MACD 指标仅仅是移动平均线分析方法的一种延续，从趋势判断上无法达到移动平均线图形的效果。可以利用趋势、形态等对 MACD 进行综合分析，合理判研买卖时机。

四、相对强弱指数 (RSI) 分析法

RSI (Relative Strength Index) 是由美国分析家 J. Welles Wilder 于 1978 年提出的，其实质是若干天内价格上升平均数值与若干天内价格下降平均数值之比，它体现了价格上升与下降的强弱程度，同时也反映了市场买方与卖方之间的强弱对比程度。

RSI 天数的选择如同移动平均线一样，是分析的重要因素。如果选用的天数较短，RSI 线较为陡峭，波幅起落太大；如果选用较长的天数，RSI 较为平滑，会使发出的信号灵敏度降低。一般采用 7~21 天为宜，其中 9 天、14 天、21 天较为普遍使用。

(一) 根据数值判断超买和超卖

RSI 的数值在 0~100 之间，当读数在 50 时表明买卖双方力量相持不下，但由于汇率在不断的波动中，反映出买卖双方总是有一方占优，因此 RSI 也在上下波动。具体而言，运用 9 天 RSI 数值来分析，当 RSI 数值超过 80 时，表明市场处于超买阶段，即市场的旺盛气氛令投资者不断加入买盘的行列，市场上买的已经过多了，再追高的动力已经不足，因此一旦进入超买阶段，汇市上出于各种目的沽盘会不断涌现，从而压低汇率。反过来，如果 RSI 数值低于 20 时，显示市场处于超卖阶段，即卖的过多了，空头的回补吸纳等各种买盘不断涌现，阻止汇率进一步下跌，并使之回升反弹。

如果 RSI 使用的交易天数是 14 天、21 天等更长一些期限的数值，超买或超卖的读数会略有降低。当 RSI 高于 70 时即为超买，低于 30 时为超卖。一般情况下，稳健的投资

者可以在 RSI 进入超买超卖区，然后又回到正常区域时，再采取行动。

（二）RSI 指标的失灵

在理解超买和超卖这一概念时，必须认识到这只代表一种市场的状态，而不是表示趋势的逆转或汇率的逆变，而有可能是一种横盘整理。特别是在走势强劲的市场上，RSI 所发出的超买和超卖讯号的可靠程度较为有限。当市场严重看好或看淡某一货币时，汇率出现短时间狂升或猛跌时，RSI 常常失灵，高可达 80~90，低可至 5~10，并能维持相当长的时间。例如，在牛市初期刚刚启动时，RSI 往往会很快进入 70 或 80 以上的区域，并在此区域内停留相当长一段时间，但这不仅不表示上升行情将要结束，反而是一种市场强势的信号。

（三）利用 RSI 图形与汇率图形的背离判断行情

在大部分情况下，汇率曲线与 RSI 曲线的波动方向是同上同下，保持一致的，但在一些特定的时刻会出现相反的方向。背离是技术工具图形中经常出现的现象，在 RSI 图形中，背离常常出现。这些背离现象是外汇市场发出的重要买卖信号。当出现顶部背离时，预示着汇率有可能沿 RSI 曲线的方向迅速下跌；当出现底部背离时，又预示汇率极有可能按照 RSI 曲线方向转跌为升。

（四）利用 RSI 曲线的典型形态来判断行情

RSI 指标形成顶部和底部信号时，并非一日之内即发生变化，其指标的走势如同 K 线图一样，会产生 M 头、W 底、头肩顶、头肩底等形态。如上文提到的，当 RSI 进入超买和超卖区域时，仅具有警示作用，而不是行动时机。但是倘若在底部附件出现 W 底和头肩底走势，或在顶部出现 M 头及头肩顶走势，便是入市的好时机。

【知识链接】

相对强弱指数 RSI 的 10 种卖出时机

第一种情况，多头行情展开之初期，主力拉抬价格比较容易，跟进者也很踊跃，在买气推动下，价格上升特别迅速，角度也陡，而强弱指标值也相对向上跳。通常，当相对强弱指标上升到 80 以上，就是卖点，但如果空头市场刚结束，强弱指标值第一次穿越常态分布区上界线 70，表示多头已取得主动，投资者可耐心持有多头头寸，直到强弱指标值接近或超过 90，再做短线卖出，应是最佳时机。

第二种情况，强弱指标值先前的高点在 85 以上，日后中级上升行情展开，强弱指标值随之上升，达到先前高点值附近或以上时，则是另一次短线卖出时机。

第三种情况，在中级上升行情里，由于多头气势凶猛，主力拉高出货，在高档绝不是只有一个卖点，当价格直冲，获利回吐压力增加，无力再涨，出现回档，强弱指标值随之从高点坠落，此时多空争斗，多头仍居于主动地位，正常回档后，主力再度拉升行情，若买气依然旺盛，价格突破先前高点而创下新高，此时强弱指标值随之向上多半未能同时突破先前的高点，因此当价格新高而三天内指标若仍无力突破先前高点，说明多头拉升力量不足，自然应该卖出。

第四种情况，价格从高档回跌，进入整理，再度弹升，但上升速度已趋于缓和，无力突破先前的高点，强弱指标跳动得更缓慢，距先前最高点已远，不可能在3天内穿越，表示多拉升力量已弱，此时，自然是卖出时机。

第五种情况，在中级上升行情里价格创新高即回档，此时，多头虽然仍居于主动地位，但空头压制力已渐增强，多空力量在转变，随时会出现较大的回档行情，价格在高位振荡，而强弱指标值却显得一顶比一顶低，多头力量明显地在削弱，此时是卖出时机。

第六种情况，中级行情里出现高点回档，价格再弹升时，却无力穿越先前之最高点，即千回档，其低点又比先前低点还低，再次弹升时，此次高点又比第二次高点低，在强弱指标图上，也显示一顶比一顶低，因此第三次高点出现后而回落时是卖出时机。

第七种情况，价格变动趋缓，虽然仍创新高，但是从强弱指标图上可以看出，强弱指标跳动缓慢，超过70时，就是卖出时机。

第八种情况，强弱指标下档支撑线在40～45之间，强弱指标随价格回档而下落，在接近下档支撑线附近就会弹升，成为买进时机。但当多头市场接近尾声，空头压制力量转强，最终出现长阴线，远离高档区，使上档形成大套牢区，反转形势明显，相对地在强弱指标图上多空力量改变已极明显，强弱指标值跌到30以下，反映空头居主动的事实，因此在强弱指标值跌穿支撑线时为卖出时机。

第九种情况，当强弱指标值随价格上涨穿越常态分布区70以上时，力量已尽而回落，但此时价格稳住后再度弹升，强弱指标也向上跳，但速度减慢，未能超过先前的高点，再回落时速度加快穿越先前的低点继续滑落。因此当强弱指标值回落低于先前之低点，反弹时没有超越先前的高点时是卖出时机。

第十种情况，就是把低点连接形成的支撑线延伸，当强弱指标值跌破此支撑线时，空头由被动而居于主动时成为卖出时机。

五、随机指标（KDJ）分析法

随机指标 KDJ 是 George C. Lane 于 20 世纪 50 年代末所发明的，用来推算行情涨跌的强弱势头，从而找出买点和买点。其原理是：在汇率上升过程中，某一时期的最后一个汇率总是处于这个时期的高位附近；在汇率的下跌过程中，某一时期的最后一个汇率总是处于这一时期的低位附近。因此，通过测量某一时期的最后一个汇率水平与整个时期内汇价的关系，可以判断汇率的下一步走势。

在图表上表现为三条曲线，K 线、D 线和 J 线。KDJ 在计算过程中，主要研究高低价位与收市价的关系，并通过计算当日或最近数日的最高价、最低价及收市价的真实波幅，反映价格走势的强弱势和超买超卖状态，它综合了动量观念、强弱指标与移动平均线的优点。

随机指标的参数值有几种普遍使用的组合，适合不同的投资目标：保守的投资者可以利用 13，5，5，这个组合可减少交易讯号的出现次数。较进取的投资者可以选择 8，5，5 或 5，5，3，以获得快速的交易讯号。

（一）利用 KD 的取值大小判断行情

KD 线的读数在 0~100 之间，与 RSI 相同，当 KD 值均在 80 以上时，显示市场超买；低于 20 时，表明市场超卖。这是 KD 指标早期的使用方法，很简单但是很容易出错，完全按照这种方法进行操作很容易导致损失。

（二）利用 K 线与 D 线的交叉判断买卖信号

RSI 仅反映市场的状态，并不能提供入市买卖的信号，而 KD 线却能够提供买卖信号。通常称 K 线为快线指标，反应敏捷，但容易出错；D 指标为慢线指标，反应稍慢，但稳定可靠。因此同短期移动平均线和长期移动平均线的组合用法一样，可以根据 K 与 D 的交叉读出买卖信号。

当 K 线自下往上穿越 D 线时，出现金叉，是买入信号；当 K 线从上往下穿越 D 线时，出现死叉，是卖出信号。但是在实际应用中，运用 KD 线判断买卖点并非这么简单，要满足一些条件，才能确认有效的点位。对于金叉来说，判断其有效需要有三个条件：①金叉出现的位置应该比较低，是在超卖的位置，越低越好。②有时候 K 线与 D 线在低位要来回交叉几次，交叉的次数以两次为最少，越多越好。③交叉点相对于 KD 线的低点的位置，要遵循"右侧相交"原则。K 线是在 D 线已经抬头向上时才同 D 线相交，比 D 线还在下降时与之相交要可靠得多。换句话说，右侧相交比左侧相交好。

同样，对于 K 曲线从上而下突破 D 曲线形成的死叉，也要满足三个条件，才可以被确定为有效：①死叉出现的位置应该比较高，是在超买区的位置，越高成功率也越高。②相交的次数，指的是 K 线与 D 线高位要来回交叉几次。死叉的次数以两次为最少，越多越可以确认是头部。③交叉点相对于 KD 线的高点的位置和金叉一样，也要符合"右侧相交"的原则。K 曲线是在 D 曲线已经开始向下运行时才同 D 线相关，比 D 线还在上升时与之相交要可靠得多。

使用 KD 线的金叉和死叉原则进行买卖决策时，KD 同时满足以上三个条件是最理想的，其中第一个条件最重要。

（三）利用 KD 线与汇价的背离判断底部和顶部

KD 曲线处在高位，并形成两个依次向下的峰，而此时汇价还在涨，出现顶部背离，是卖出信号；KD 线处在低位，形成一底比一底高的形态，而汇价还在继续下跌，此时出现底部背离，是买入的信号。

【单元实训】

选择一个货币对，利用网络等各种渠道搜集相关经济及政治等信息，并结合当前的各种技术指标，寻找阻力位和支撑位，预测汇率未来走势，撰写分析报告。

任务二
外汇交易策略与技巧

【任务要求】

教师要结合案例讲解主要交易货币的特性和重要指标，介绍一些常用的外汇交易策略和技巧。

学生要在模拟交易中学习尝试使用一些交易技巧，能总结经验教训，制定和实施一些适合的交易策略。

教学活动1 了解主要交易货币的特性和重要指标

【活动设计】

1. 教师组织主要交易货币的相关案例；
2. 教师讲解主要交易货币的特征和影响其走势的重要经济指标；
3. 学生在模拟交易中注重观察这些指标对汇率的影响。

【案例导入】

美国非农强势来袭，美元能否逆天改命？

纵观2017年全年的就业市场趋势，可以看出美国就业增长依旧强劲，但由于已经接近充分就业，因此就业增速已经逐步放缓，预计2018年也会延续这一趋势。

美国1月就业数据预计总体向好，不过可能会一定程度上受到天气制约——美国1月初的暴风雪可能在一定程度上影响新增就业。同时，市场的关注点更多地落在薪资增长上，薪资的增速对于市场波动更能起到关键意义。不过，在美联储3月加息已经基本板上钉钉，而且美国已经接近充分就业的基础上，本次非农就业报告的影响预计不及以往。那么，近期持续疲软的美元能否获得上行的时机呢？在上次非农报告发布的时候，美劳工部长亚历山大·阿科斯塔在声明中表示，美国就业市场在2017年显示出强劲动力，全年一共新增206万个就业岗位。其中，制造业、采矿业和伐木业的表现优于其他行业，三个行业成功扭转了2016年的颓势。而且，阿科斯塔预测，随着税改法案获得通过，美国经济有望在2018年延续增长势头，这将进一步促进工资增长以及就业岗位数量增加。

实际上，美国非农业就业人数已连续87个月（注：始于2010年10月）呈现扩增状态,这一长期的扩张打破了纪录。在这段期间平均每个月新增就业人数为19.6万。同时,美国非农业就业人数连续第7年年度增额突破200万大关,这是史上第二次。而且经济学家预期美国2018年年度增额将再度突破200万大关、写下史上首见的连续8年逾200万纪录。

鉴于美联储3月加息已经"板上钉钉",此次非农报告对于美联储短期内的政策影响力也受到了限制。因此可以预计非农对美元的影响也会随之受限。

资料来源:汇通网,2018.02.02。

【基础知识】

一、主要交易货币的特性

为了能顺利地进行外汇交易,交易者必须牢记外汇市场最主要的交易货币的属性。下面我们介绍几种最主要货币的属性。

(一)欧元

欧元的属性有以下几点:

1. 欧元是除美元外交易量最大的货币品种。可作为美元的对立面对冲,在美元指数里占有较大比重。

2. 活跃时间是欧洲交易时段和美国交易时段。

3. 属性较为稳定,走势较为规范,假、破的现象较少;每当美国或者欧洲有重要经济数据公布时,其受到的冲击在欧系货币中属于最大的品种。

4. 起重要影响的交叉汇率:欧元/日元、欧元/英镑、欧元/瑞士法郎(EUR/JPY、EUR/GBP、EUR/CHF)。

(二)瑞士法郎

瑞士法郎(以下简称瑞郎)的属性有以下几类:

1. 走势基本和欧元相同,由于瑞郎交叉盘在短期内一般较为稳定,因此,短线的涨跌一般情况下和欧元保持一致,但瑞郎交叉如果大幅变动,也会出现某一个币种短期相对较强的现象。

2. 具有避险属性,如果世界局势不稳定,瑞郎一般会受到避险需求的青睐。

3. 走势相对欧元较为不稳定。因此,在用技术分析的时候,要注意假、破现象的出现。

4. 起重要影响的交叉汇率:欧元/瑞郎、英镑/瑞郎(EUR/CHF、GBP/CHF)。

(三)英镑

英镑的属性有以下几点:

1. 英镑和欧元、瑞郎同属欧系币种,大的方向较为一致,偶尔会出现单独走强/走弱的行情。

2. 英镑的利息较高,有时会受到高息货币走强的利好刺激而表现较为出色。

3. 波动点数较大，但从百分比上来看，与欧元、瑞郎相近。

4. 起重要影响的交叉汇率：英镑/日元、欧元/英镑、英镑/瑞郎（GBP/JPY、EUR/GBP、GBP/CHF）。

（四）日元

日元的属性有以下几点：

1. 走势较为独立。

2. 容易受到交叉盘的影响。

3. 每年3月为日本财政年结算月，历史上经常在这个月份出现较大的走强行情。

4. 每年9月为日本半年财政结算月，也经常会出现大幅走强行情。

5. 日本政府经常对汇市进行直接干预，而且干预的方向一般是推低日元。

6. 在单边走势中，有时候会出现较长时间的盘整。

7. 起重要影响的交叉汇率：欧元/日元、英镑/日元（EUR/JPY、GBP/JPY）。

（五）加拿大元

加拿大元（以下简称加元）的属性有以下几点：

1. 高息币种。

2. 走势和石油等商品期货有较大联系（因为加拿大是全球第二大石油出口国）。

3. 走势方向性很强，一旦出现一个中线方向，比较容易走出较大的单边行情。

4. 主要活跃时段是在美国交易时段（这个时段也是加拿大市场开市的时间）。

（六）澳大利亚元

澳大利亚元（以下简称澳元）的属性有以下几点：

1. 高息币种。

2. 走势和黄金等商品期货有较大联系（因为澳大利亚黄金产量较大）。

3. 由于日本在澳大利亚投资较多，在日本财政年结算前后，经常出现大幅下跌行情（由于日本的资金回流国内）。

4. 受新西兰元（NZD）走势影响较大。

5. 起重要作用的交叉汇率：新西兰元/澳元（NZD/AUD）。

二、主要经济指标解读

由于美元在外汇市场中的主要地位，以及绝大多数的外汇交易都以美元为中心等原因，美国的经济数据在汇市中最为引人注目。以下是一些美国重要经济指标理论上的观察方法和结论，但在实际运用中情况会复杂得多。

（一）国内生产总值

国内生产总值（GDP）是指某一国在一定时期其境内生产的全部最终产品和服务的总值，反映一个国家总体经济形势的好坏，与经济增长密切相关，被大多数西方经济学家视为"最富有综合性的经济动态指标"，主要由消费、私人投资、政府支出、净出口额四部分组成。数据稳定增长，表明经济蓬勃发展，国民收入增加，有利于美元汇率；反之，则利淡。一般情况下，如果国内生产总值连续两个季度下降则被视为衰退。此数据每季度由美国商务部进行统计，分为初值、修正值、终值。一般在每季度末的某日北京时间21∶30公布前一个季度的终值。

（二）工业生产总值

工业生产总值（Industries Production）指某国工业生产部门在一定时间内生产的全部工业产品的总价值，在国内生产总值中占有很大比重，由于工业部门雇佣了大量工人，其变动对整个国民经济有着重大影响，与汇率呈正相关，尤其以制造业为代表。此数据由美联储统计并在每月15日左右北京时间21∶15或22∶15发布。

（三）失业率

失业率（Unemployment Rate）是经济发展的"晴雨表"，与经济周期密切相关。数据上升说明经济发展受阻，反之则看好。对于大多数西方国家来说，失业率在4%左右为正常水平，但如果超过9%，则说明经济处于衰退。此数据由美国劳工部编制，每月第一个周五北京时间21∶30公布。

（四）贸易赤字

国际间的贸易是构成经济活动的重要环节。当一国出口大于进口时称为贸易顺差；反之称为逆差。美国的贸易数据一直处于逆差状态，重点是在赤字的扩大或缩小。赤字扩大不利于美元，反之则有利。此数据由美国商务部编制，每月中、下旬某日北京时间21∶30公布前一个月数据。

（五）经常项目收支

经常账户是一国收支表上的主要项目，内容记载一国与外国包括因为商品，劳务进出口、投资所得、其他商品与劳务所得以及片面转移等因素所产生的资金流出与流入的状况。如果为正数，为顺差，有利本国货币；反之，则不利于本国货币。此数据由美国商务部编制，每月中旬某日北京时间21∶30公布。

（六）资本账户收支

资本账户主要描述一国的长、短期资本流动情况，包括长期资本、非流动性短期私人资本、特别提款权、误差与遗漏，以及流动性短期私人资本等项目。资本项目在金融日益国际化、自由化的今天，其影响不亚于经常账户项目，金融市场对外开放程度越高，影响越大。其对汇率的影响的观察方法与经常账户基本相同。

（七）利率

利率（Interest Rate）是借出资金的回报或使用资金的代价。一国利率的高低对货币汇率有着直接影响。高利率的货币由于回报率较高，则需求上升，汇率升值；反之，则贬值。美国的联邦基金利率由美联储会议决定。

（八）生产物价指数

生产物价指数（PPI）主要衡量各种商品在不同生产阶段的价格变化的情形。数据上升说明生产旺盛，通胀有上升的可能，联储倾向于提高利率，有利于美元；反之，则不利于美元。此数据由美国劳工部编制，每月第二个周五北京时间21∶30公布。

（九）消费物价指数

消费物价指数（CPI）是以与居民生活有关的产品及劳务价格统计出来的物价变动指标，是判定是否为通胀时最主要的数据。数据上升，则通胀可能上升，联储趋于调高利率，对美元有利；反之，则不利于美元。但是，通胀应保持在一定的幅度里，太高（恶性通胀）或太低（通缩），都不利于汇率。数据由美国劳工部编制，每月第三个星期某日北京时间23：00公布。

（十）趸售（批发）物价指数

趸售（批发）物价指数（WPI）是根据大宗物资批发价格的加权平均价格编制而成的物价指数，包括在内的产品有原料、中间产品、最终产品与进出口品，但不包括各类劳务。它是讨论通货膨胀时，最常提及的三种物价指数之一，观察方法与 CPI、PPI 基本相同，每月中旬公布前一个月的数据。

（十一）领先指标

领先指标由股价、消费品订单、周均失业救济金索求、建筑批则、消费者预期、制造厂商交货订单变动、货币供应、销售业绩、敏感原料价格变动、厂房设备订单、平均工作周等项目构成，是观察未来 6~12 个月内经济走向的指标。数据好，汇率上升；反之则下降。

（十二）个人收入

个人收入（Personal Income）代表个人从各种所得来源获得的收入总和，包括工资薪水、社会福利、支出储蓄、股利收入等。数据提高，代表经济好转，消费可能增加，有利于本国货币；反之则不利。由美国经济研究局编制，每月月初某日北京时间21：30公布。

（十三）商业库存

商业库存（Inventories）包括工厂存货、批发业存货、零售业存货，主要用以评估生产循环状况。存货低于适当水准，将增加生产，经济向好，对货币有利；反之则不利。数据由美国商务部编制，每月中旬某日北京时间21：30或23：00公布。

（十四）采购经理人指数

采购经理人指数（Purchase Management Index）是衡量制造业的重要指标，考察制造业生产、新订单、商品价格、存货、雇员、订单交货、新出口订单和进口等方面的情况。数据以 50 为强弱分界点，以上表示制造业向好，对货币有利；反之则意味着衰退，对货币不利。数据由供应管理协会（ISM）编制，每月初某日 23：00 公布。

（十五）耐久财订单

所谓耐久财是指不易耗损的财物，如汽车、飞机等重工业产品和制造业资本财。其他诸如电器用品等也是。耐久财订单（Durable Good Orders）代表未来一个月内制造商生产情形的好坏，数据与货币汇率呈正相关，但需要注意其国防订单所占的比重。耐久财订单由美国商务部统计，一般在每月的 22—25 日晚上 21：30 或 23：00 公布。

（十六）设备使用率

设备使用率（Capacity Utilization）是工业总产出对生产设备的比率。涵盖的范围包括生产业、矿业、公用事业、耐久财、非耐久财、基本金属工业、汽车和小货车业及汽油等 8 个项目。代表上述产业的产能利用程度。当设备使用率超过 95% 以上，代表设备使用率接近极限，通货膨胀的压力将随产能无法应付而急速升高，在市场预期利率可能升高情况下，对美元是利多。反之如果产能利用率在 90% 以下且持续下降，表示设备闲置过多，经济有衰退的现象，在市场预期利率可能降低情况下，对美元是利空。每月中旬公布前一个月的数据。

（十七）房屋开工率

一般新屋兴建分为两种，即个别住屋与群体住屋。新屋开工率与建筑许可的增加，理论上对于美元来说偏向利多，不过仍须和其他经济数据一同考虑。每月的16—19日间公布。

教学活动2　外汇交易策略的制定和实施

【活动设计】

1. 教师组织外汇交易策略的相关案例；
2. 教师介绍外汇市场上常见的外汇交易策略；
3. 学生制定实施交易策略并相互交流经验。

【案例导入】

索罗斯的投资技巧

乔治·索罗斯1930年出生于布达佩斯。于伦敦经济学院毕业后，索罗斯来到纽约。1969年索罗斯和分析师吉姆罗杰斯一起创立了量子基金（Quantum Fund）。1992年9月索罗斯看准英镑对美元的做空操作机会，仅仅一夜之间就轻松赚得20亿美元。1993年，索罗斯个人的投机利润共计11亿美元。2013年福布斯全球亿万富豪榜排名第30位。索罗斯的三个投资技巧：

1. 从小额资金开始投资。如果投资项目有进展，再追加大笔资金。
2. 市场是愚蠢的，你也无需太聪明。
3. 投机者必须先确定他能承受的投资项目的风险等级。

索罗斯最有趣的著作反映出这样一种看法，认为交易者有时根据自己的偏见行事，并因此改变了市场本身。他认为，通过这种方式交易不仅不会促进市场的稳定，实际上还会动摇稳定性。索罗斯主要操作短线交易，交易风格比较激进。他的交易金额大，杠杆也高，交易风格以全球宏观政策为基础，奉行的哲学就是对金融投资的动向进行单边巨额投注。这种赌注很简单，其基础就是交易的投资价值上升还是下降。

资料来源：百度百科。

【基础知识】

外汇交易市场是一个充满机遇和挑战的地方，存在着无数的机会，可以实现个人的梦想。但只有掌握了外汇交易策略的人才能抓住机会，赚取利润。下面介绍一些基本的外汇交易策略。

一、外汇交易的心理准备

（一）外汇交易是一项生意，一种投资行为，我们的目标是获得长期的稳定的回报，而不是短期的暴利

外汇市场发展至今，无论是交易法规制度还是交易工具，都已经非常成熟和先进，全球各地的外汇信息资料都是即时全面提供的。从这个意义上讲，外汇市场是一个完全公开的市场。在这个市场中，很难有什么内幕交易之类的事情发生，每个投资者只能去把握市场的倾向，因为大家面对的是几乎完全相同的公开的基本资料。

每种货币所属的各发行国中央银行也对其货币汇率走势十分关注，一旦货币汇率超出官方内部界定的底线时，中央银行就会采取干预外汇市场的行动，使汇价回到正常的波动范围以内，所以暴涨暴跌的机会非常小。当然有些金融机构会利用资金优势来拉抬或打压某种货币汇率，造成汇率的大幅波动，但往往这种行为一开始能被市场观察到，投资者在不确定看涨或看跌时，可以暂时抛掉持有的这种货币，等待形势明朗后再说。

（二）客观地看待外汇市场——外汇市场只有一个方面，这个方面既非牛市又非熊市，这个方面就是正确的方面

外汇市场各种货币的汇率，其实质就是各个国家的经济发展状况的"价格体现"，而每一种货币的标价总是与另一货币相比较的结果，比如美元/日元、欧元/英镑，若其中一种货币发生了上涨或下跌，则必然同时伴随着另一种的倾向的下跌或上涨，所以外汇市场整体而言没有牛市也没有熊市。只有买入可能上涨的货币或卖出可能下跌的货币，达到获得收益或保存实力的目的。如果这个目标最终达到了，你就是正确的。

所以作为外汇投资者要做的最重要的事情不是买入或卖出，而是这一行为之前的判断分析过程，根据实际状况得出结论的过程。

（三）能够对市场进行正确判断同时又能坚持这种判断的人才能赚大钱

许多人预测市场惊人地准确，但在一场剧烈的波动以后却没赚到什么钱。这些朋友在操作时多半没有坚持当初的正确判断。比如1998年底亚洲金融危机中，日元兑美元跌幅巨大，当时日本央行多次宣布将针对日元汇率采取适当的行动，而且技术指标方面日元趋势已呈严重超卖的状况，许多投资者都注意到了这个潜在机会，但是市面上日元的汇率却没有一点止跌的迹象，加上一些分析人士看低到160至180，因此只有很少的投资者敢于进场买入日元，结果不久后日元走出了连续3个月的大行情，升幅达30%左右。

（四）消息本身并不重要，重要的是市场对它作出的反应

外汇市场每天要公布很多条消息，包括各个国家的政治动向、经济指标、股市和债券市场的交易情况，还有能源价格、货币供应状况等。一个普通的投资者面对如此多的信息往往无所适从，这种时候需要做的就是密切关注与所公布的消息密切相关的货币走势情况，一旦有异动便立即采取买入或卖出的行动，这样可以准确地把握住市场的热点，同时通过长期积累实践还可以提高自己的分析水平和能力。

（五）对等"浮动亏损"，永远不要有"守回来"的心理

在任何一个投资领域，最难学的但又最需要学会的就是"止损"，外汇市场中的止损并不是仅仅设置一个止损点那么简单,因为止损点只是一个数字结论,但是如何得出这个结论就需要考虑诸多因素了。经过长期的观察,我们认为在外汇市场中最重要的是分析某种货币的经济状况是否发生了方向性的转变。比如欧元 1999 年问世之初,由于整个欧元区的经济发展不平衡,这个时候,尽管德国本身的经济数据还不坏,但由于德国马克与欧元是固定折算汇率,马克汇率已经和欧元汇率牢牢地连在一起,欧元的下跌肯定会影响马克。

二、外汇交易中的基本策略

(一)只参与那些行情趋势强烈或主要趋势正在形成的市场

外汇市场的波动和趋势具有长期性的特点,因为一般说来世界主要国家的经济运行周期会表现出若干明显的段落,而其相应的货币汇率走势也会跟随经济发展趋势。外汇投资的时机就是在每个周期转换的时刻。当某国的经济发展水平由低到高,直至出现了严重的通货膨胀等各种负面结果的时候,这个国家的经济增长速度就会出现自发的或人为调控的回落,此时便是做空这种货币的时机;反之则是做多时机。

实践中怎样才能判别行情趋势强烈呢?多观察各国的经济数据指标、特别是一些重要指标,如 GDP 增长值、生产物价指数、消费物价指数、失业率等,可以大概地了解该国经济发展阶段。另外一条更实用的方法就是观察各国的股市情况,因为股市是国民经济的晴雨表。从近几年的汇市情况分析,主要货币的汇率走势与其所属国家的股票指数基本呈同方向变化。比如美元,1999 年美国股市在科技股大涨的带动下,道琼斯指数和纳斯达克指数创下惊人升幅,美元在当年也表现强势,兑欧元等货币创下新高。

(二)坚持持有有利的头寸

一旦对市场发展方向判断正确,就应该坚持自己的判断。许多炒汇的人能够在低位买进,却在很短的时间内便卖出了筹码,因为他们总是担心汇价会跌下来。而往往在他们卖出以后,汇价却一个劲地往上升,最终一次大行情后他们只赚了一点点。汇市中最多的情况是盲目"买跌",很多人抱着一种"捡便宜货"的心理,而不仔细分析研究货币的基本背景。比如 1997 年底东南亚率先出现金融危机,马来西亚、泰国等货币竞相贬值,随后波及到日元亦下跌。这个时候许多投资者认为日元从 1995 年 6 月份的 1∶80 左右跌到 1∶110 附近,已有近 40% 的跌幅,可以进场抢反弹了。然而东南亚货币贬值对于出口大国日本是最大的威胁,日本央行顾及日本出口利益任由日元贬值,加上日本在 20 世纪 90 年代初快速发展起来的房地产业隐藏着巨大的泡沫,所以日元兑美元最终在 1998 年的八月份跌到了 147.63 兑 1 美元的低位,那些在 110.00 介入的投资者不得不等到 1998 年底日元大反弹时才解套。

所以多头行情中应坚持做多,做空气氛深厚时不轻易买入,也就是道氏理论中说的除非有明确的反转信号,才能判断原有趋势的完结。

(三)一旦所持有头寸的方向有利,在技术分析支持的条件下追加头寸

资本运营的终极目标是使利润最大化,外汇交易的目标也是如此。投资者把握准确基本方向后,就应该考虑增加投资,达到扩大利润的目的。一般来说,外汇市场的货币走势运行周期长则数年,短则数月,所以具体操作中完全可以在上升趋势中的每一次回调时买入新的仓位,同样在做空趋势中的每一次反弹都设立卖空合约,只要技术图形没有出现破位情况,即原的趋势不被破坏,便可选择在阶段性的低点做多和在阶段性的高点做空。

(四) 砍掉亏损的头寸,加大盈利的头寸

外汇交易实践中肯定会出现判断失误,即汇率没有朝自己设想的方向运行。这个时候,应该分析一下持有的货币的基本情况,包括经济背景和技术指标。如果情况正常,则可以耐心地观察其趋势变化;如果确实发生了突变情况,就一定要果断"止损",不能因为不愿割舍一点利益而导致丧失主动权,在未来的风险里越陷越深,直至出现重大亏损。只有先学会赔钱,才有可能赚钱。

(五) 严格遵守风险控制的纪律

在瞬息万变的市场中,一个成功的投资者入市的最基本的前提是树立控制风险的意识,这一点应该始终贯穿整个操作过程,否则市场不但不能给你带来财富,还会吞掉你的一切。有一句话非常形象:诚惶诚恐的人最终取得胜利。

【知识链接】

外汇操作的心得体会

外汇属于金融理财范围,很多人进入外汇市场都是想一夜暴富,那是不可能的,外汇是用来投资而不是用来投机的,这一点要理解。同时还要明白一点,外汇跟股票是截然不同的。

保证金交易在为投资者带来高额获利机会的同时,也随之带来了风险。以下建议,可以帮助您尽可能地将风险最小化,同时实现盈利最大化。

一、理智果断的投资心理

在外汇交易中,良好理智而又果断的心理是非常关键的。必须克服五种心理误区:盲目大胆心理、贪婪恐惧心理、急切焦躁心理、缺乏忍耐心理和不愿放弃一切的心理。通过对各种投资机会的轻重缓急、热点的大小先后等多方面衡量,有步骤的进仓出仓,果断的止损止赢,有选择地放弃小的投资机遇,才能更好把握更大的投资机遇。

二、提高交易平台使用的熟练度

提高交易平台使用的熟练程度,也有助于投资者更好地控制外汇操作风险。首先,在实际操作前,通过大量的模拟交易平台操作,可以有效地规避因为下错单、下反单等低级错误所造成的无谓损失。另外,熟练地掌握各种技术指标来进行分析,提高交易技巧,对于更好地把握市场走势还是很有益处的。

三、加强专业知识的学习

加强外汇专业知识的学习,解析外汇基础面知识,分析各个经济数据特征和各个币种的特性,熟练掌握外汇技术面知识并用以来分析市场,培养敏锐的市场洞察力和预测力,探索"易富通"产品的精髓,

这样不管是对于专业水平的飞跃，还是盈利能力的提升都是百利而无一害的。

四、关注市场热点

作为投资者，关注市场热点是非常重要的。在充分了解市场信息的前提下，及时把握市场节奏，顺势而为，可以降低不必要的损失，获得更大的收益。外汇是一门博大精深的学科，多多研究市场，增进对市场的认知度对于交易是非常有帮助的。

五、止赢不容忽视

因为未平仓部位产生的浮动盈利不算真正盈利，只有平仓结算才是真正获利，所以在达到自己的投资盈利目标的基础上，合理的设置止赢，保障自己的盈利也是很重要的。一般来说短线操作，止赢可以相对小些，长线操作，止赢相对大些。

六、止损常伴左右

每次交易都要设置止损价，并且严格执行，当汇价向自己操作的有利方向运行时，可以设置追踪止损进行风险控制，但是反过来当汇价向不利于自己开仓方向运行时，可以设定止损及时出仓，这样就有效地缩小了损失。同时，为了更好地防范风险，建议您同时使用追踪止损与止损。

一般来说，短线操作时建议设置相对比较小的止损，中长线操作时可以设置相对大些的止损。另外止损点的设置不要比强制平仓点更远，不然还没到止损价就被强制平仓，这样止损价也就不起作用了。

七、控制开仓比例

对于入市不久的交易者来说，开仓比例不能过大，只有当积累了充分的交易经验以及拥有持续良好的交易记录时再考虑逐步扩大开仓比例。对于初涉汇市的新手，建议开仓比例不超过30%。同时根据市场走势，建议采用"累进战术"分批开头寸，以有效分散风险。

八、制定投资计划

航海要靠方向盘，投资也要有计划书。买卖之前有必要对各种情况作充分而全面的评估，制定投资计划。分析利多因素时不能忽略利空消息，列出看跌信号时也要预防上涨威胁。看对出追兵，开错出救兵，这些都要包括在整套计划中，甚至在最理想的情况下赚多少，最严重的情况下亏多少，都应事先计算好。除非执行之前，市场有重大突发性因素出现，否则不应轻易改变计划。

【单元实训】

美国非农数据是美国非农业人口的就业数据,由美国劳工部每月公布一次,反应美国经济的趋势,数据好说明经济好转,数据差说明经济转坏。非农数据会影响美联储对美元的货币政策,经济差,美联储会倾向减息,美元贬值;经济好,美联储会倾向加息,美元升值。非农数据可以极大地影响货币市场的美元价值。一份生机勃勃的就业形势报告能够驱动利率上升,使得美元对外国的投资者更有吸引力。他们现在可以通过持有美国的财政债券赚取更多利息收入。另一方面,一份病殃殃的就业形势报告会弱化对美国货币的需求,因为它对美国股市带来了麻烦,对利率产生了向下的压力。这两者都会减少美元对外国人的吸引力。

思考题:查找近期美国非农数据,请分析其对美元汇率的影响。

【综合实训】

一、基础知识测试

(一) 单选题

1. 判断锤子线的主要依据之一是下影线的长度至少达到实体高度的(　　)倍。
A. 1　　　　　　　　　　　　B. 2
C. 1.5　　　　　　　　　　　D. 2.5

2. 头肩顶是常期趋势的转向形态,一共出现(　　)峰。
A. 1　　　　　　　　　　　　B. 2
C. 3　　　　　　　　　　　　D. 4

3. 汇价跌破平均线之下,突然连续暴跌,远离平均线时,很可能再次向平均线弹升,葛兰碧认为此时是(　　)信号。
A. 买进　　　　　　　　　　　B. 卖出
C. 不确定　　　　　　　　　　D. 买进、卖出均可

4. (　　)被大多数西方经济学家视为"最富有综合性的经济动态指标"。
A. GDP　　　　　　　　　　　B. 投资
C. 消费　　　　　　　　　　　D. 通货膨胀率

5. (　　)是衡量制造业的重要指标,考察制造业生产、新订单、商品价格、存货、雇员、订单交货、新出口订单和进口等方面的情况。
A. 工业生产总值　　　　　　　B. 采购经理人指数
C. 商业库存　　　　　　　　　D. 耐久财订单

(二) 多选题

1. 外汇基本分析的研究对象包括(　　)方面。
A. 经济　　　　　　　　　　　B. 天气
C. 政治　　　　　　　　　　　D. 突发事件

E. 环境

2. 一国经济各方面综合效应的好坏是影响本国货币汇率最直接和最主要的因素，其中主要考虑（　　）方面。

A. 国际收支状况　　　　　　　　B. GDP 增长率
C. 实际利率　　　　　　　　　　D. 企业家信心指数
E. 相对通货膨胀率

3. 决定汇率变化的基本经济因素有（　　）。

A. 经济增长率　　　　　　　　　B. 国际收支状况
C. 利率　　　　　　　　　　　　D. 通货膨胀率
E. 货币政策

4. 政治因素是短期汇率波动的不可预测的因素。政治因素的内容广泛，包括（　　）。

A. 政权的更迭　　　　　　　　　B. 政府官员丑闻或下台
C. 政府的外交政策　　　　　　　D. 战争
E. 政府机构构成

5. 技术分析是建立在一系列理论假设的基础上的，其理论假设有（　　）。

A. 图表反映了市场的行为因素
B. 市场价格按趋势变动，有一定的规律存在
C. 历史不会重演
D. 成交量变动就是价格变动
E. 市场的投资者都是理性的

(三) 判断题

1. 若一国通货膨胀率高于其他国家，则该国货币汇率上涨。　　　　　　　　（　　）
2. 高经济增长率推动本国货币汇率上升。　　　　　　　　　　　　　　　　（　　）
3. 基本分析能找出最佳的买入点和卖出点。　　　　　　　　　　　　　　　（　　）
4. 倒锤线出现在近期市价的底部，而射击之星出现在近期市价的顶部。　　　（　　）
5. 当 MACD 从下往上穿越零线时，表明短期移动平均线将加快下降，汇率上升动能减弱，是卖出的信号。　　　　　　　　　　　　　　　　　　　　　　　　　（　　）

二、实务题

（一）搜集美国和欧洲的经济、政治、军事等信息，分析预测欧元/美元未来的汇率走势，撰写分析报告。

（二）在 K 线图中找出双重顶、圆弧底、早晨之星、黄昏之星的组合图形，并结合 MACD、RSI、KDJ 指标对汇率的走势进行技术分析。

项目八 Project 8
外汇风险管理

知识目标： 实行浮动汇率制以后，汇率波动幅度变化无常，这样就给经营国际业务的经济主体带来很大的外汇风险，如果不采取有效的防范措施，就会给其造成不同程度的损失。所以，通过本项目的学习，理解外汇风险、BSI 和 LSI 的概念，了解外汇风险的类型，掌握外汇风险管理的一般方法。

能力目标： 通过本项目的学习，使学生能对经济主体的外汇风险进行管理。

任务一 认识外汇风险

【任务要求】

教师要结合案例讲解外汇风险的概念、外汇风险的构成要素及类型。

学生通过本任务的学习能对经济主体面临的外汇风险进行分类、计算风险数额。

教学活动1　掌握外汇风险的概念

【活动设计】

1. 教师组织外汇风险的相关案例；
2. 教师讲解外汇风险的概念和构成要素；
3. 学生通过讨论案例感受经济主体面临外汇风险所带来的后果，认识外汇风险管理的重要性。

【案例导入】

中国企业须树立"风险中性"意识，完善汇率风险管理

2017年以来，中国企业进一步完善了汇率风险管理，以适应市场环境的变化。市场主体的风险承受能力实际上和企业的风险意识、风险管理直接相关。部分企业对汇率风险管理不到位，对汇率风险和套期保值认识不到位。企业对汇率风险敞口控制意识不足，不是合理审慎保值，反而有时主动追求风险利润。同时，在外汇市场形势正在调整时，一些企业发现自己判断错误，集中调整汇率风险敞口，就可能引发外汇供求矛盾，加剧人民币汇率、利率调整等风险，造成市场恐慌或者踩踏，从而导致系统性风险增加，最终也会损害企业自身的经营。如果企业不改变对人民币汇率固定的思维，仍是不保值或者赌单边，那么即使面对正常的汇率波动也可能不适应，进而产生非理性的恐慌行为，反过来还会束缚汇率形成机制改革。

2017年8月，发改委、商务部、人民银行和外交部联合发布了《关于进一步引导和规范境外投资方向指导意见的通知》，明确了鼓励类、限制类和禁止类的境外投资类别。2017年12月发改委发布了《企业境外投资管理办法》，于2018年3月1日起施行，常态化管理的制度框架已基本形成。同时，外汇局会和相关主管部门政策保持一致，坚持"三个没有变"，一方面表示支持，另一方面推改革和防风险并举。

未来，随着人民币汇率市场化形成机制的进一步完善，企业对于汇率风险的管理就必须要树立"风险中性"意识和健全汇率风险管理。

资料来源：经济网，2018.01.18，作者：刘晓桦。

【基础知识】

一、外汇风险的概念

当今世界各国间的经济、贸易联系日益密切。一个国家不可能闭关锁国而独立于世界

之外，一个企业也无法闭门造车而称雄于国际市场。国际经济和国内经济通过货币这一特殊的纽带紧密地联系起来。一国货币相对于另一国货币的汇率变动，给从事国际经济活动、贸易活动的经济实体或个人带来经营结果的不确定性，即产生外汇风险。

外汇风险（Foreign Exchange Risk），是指一定时期的国际经济交易当中，以外币计价的资产（或债权）与负债（或债务），由于汇率的变动而引起其价值涨跌的不确定性。

这种风险概念的表述，强调以下几个观点：风险是资产或负债变化的不确定性；这种不确定性是由于汇率的频繁变化；风险是损失（Loss）与收益（Gain）的统一；风险的承担者包括直接和间接从事国际经济交易的企业、银行、个人和政府及其他部门，即国际收支当中所说的居民。间接受险部分，是指因汇率变动，通过经济状况变化及经济结构变化的间接影响，使那些不使用外汇的部门及个人也承担风险，承担风险的金额是不确定的。

二、外汇风险的构成要素

一个国际企业在它的经营活动中所发生的外币收付，如应收账款、应付账款，货币资本的借出或借入等，均需用本币进行结算，并考核其经营成果。本币是衡量一个企业经济效益的共同指标。从交易达成到应收账款的实际收进，应付账款的实际付出，借贷本息的最后偿付均有一个期限，这个期限就是时间因素。在确定的时间内，外币与本币的折算比率可能发生变化，从而产生外汇风险。可见，凡是外汇风险一般包括三个因素：本币、外币与时间。这三个因素在外汇风险中同时存在，缺一不可。

一笔应收或应付外币账款的时间结构对外汇风险的大小具有直接影响。一般来说，时间越长，在此期间汇率波动的可能性就越大，外汇风险相对就大；时间越短，在此期间汇率波动的可能性就越小，外汇风险相对就小。从这个角度看，外汇风险包括时间风险和价值风险。时间风险取决于时间结构，价值风险取决于币种的转换。

【课堂讨论】
我国某外贸公司从美国进口一批机械设备，双方约定以信用证方式结算，付款日期为出票后90天付款，货款为250万美元。当时美元与人民币汇率为：USD1 = CNY6.2530，但90天后，美元汇率上浮，USD1 = CNY6.2630，此时外贸公司要购买250万美元，向美国出口商付款。外汇风险是怎样形成的？

教学活动2　了解外汇风险的类型

【活动设计】
1. 教师组织外汇风险的相关案例；
2. 教师讲解外汇风险的类型；
3. 学生通过讨论案例感受经济主体在日常的经营活动中面临的外汇风险。

【案例导入】

中国企业汇率波动下的"风险"沉浮

2014年上市公司汇兑损失仅37亿元,而2015年汇兑净损失达369.94亿元,2016年则减少至21.64亿元;而根据2017年半年报披露情况来看,上半年上市公司汇兑净损失达58.9亿元,相较于去年同期翻了一倍多。

21世纪经济报道记者据Wind数据不完全统计,截至2018年1月23日,在发布2017年度业绩预告的1 626家公司中,有30多家明确提到,因为人民币升值带来汇兑损失,给公司净利润造成影响。如健盛集团预告2017年汇兑损失约1 500万元,通源石油预告汇兑损失达2 600万元等。而已预告中最大的一笔,则是汇兑损失高达1.5亿元的百隆东方。

资料来源:21世纪经济报道,2018.01.04。

【基础知识】

本活动中以企业为例对外汇风险进行分类,并作适当的分析。

一、交易风险(Transaction Exposure)

交易风险亦称交易结算风险,是指以外币计价的交易,由于该币与本国货币的比值发生变化即汇率变动而引起的损益的不确定性。

交易风险的特点是:具有要么损失、要么获益的或然性,即依一定条件可互相转化。

(一)贸易结算风险

以即期或延期付款为支付条件的商品或劳务的进出口,在装运货物或提供劳务后至费用收支时这一期间,由于外汇汇率变动使出口商收入减少或进口商支付增加,这种风险构成了对外贸易的结算风险。例如:某省一企业,从日本引进大型项目,总价和费用都按照日方要求以日元结算,共计32 000 000 000日元(320亿日元)。2012年6月签约时,汇率为USD1 = JPY247 320亿JPY约合1.3亿USD。其后日元不断升值,到2013年4月中旬预付定金时,JPY升值为USD1 = JPY170,折合约为1.8亿USD,该企业蒙受汇率损失约5 800万USD。

(二)国际信贷风险

以外币计价的国际信贷活动,在债权债务产生之清偿债权债务时的这一时段,由于外汇汇率变动使债权人收入减少或债务人支付增加,这种风险构成对外债权债务的清偿风险。例如:美国某企业2012年借入100万欧元两年期的国际商业贷款,当时的市场汇率为USD1 = EUR1.0255,但是,还款时的市场汇率变为USD1 = EUR0.9235,由于国际信贷汇率风险,美国该企业损失了10.77(100÷0.9235 - 100÷1.0255)万美元。

（三）外汇买卖风险

待交割的即期或远期外汇合同的一方，在该合同到期时，由于外汇汇率变化，交易的一方可能要拿出更多或较少的货币去换取另一种货币，这种风险构成了外汇的买卖风险。例如：某客户与银行在当天以 EUR1 = USD1.1500 卖出美元，买入100万欧元，次日交割；若第二天汇率变为 EUR1 = USD1.1400，则由于外汇买卖风险，该客户将损失1万美元。

二、会计风险（Accounting Exposure）

会计风险亦称折算风险。它是根据会计制度的规定，在公司全球性的经营活动中，为适应报告时需要而出现的风险，即因汇率的变化，引起资产负债表上某些项目价值的变化。

会计风险的特点是：发生折算风险时，用外币计量的项目（资产、负债、收入和费用）的发生额必须按本国货币重新表述，且必须按母公司所在国的会计规定进行。公司在报告时，为了把原来用外币计量的资产、负债、收入和费用，合并到本国货币账户内，必须把上述用外币计量的项目的发生额按本国货币重新表述，亦称折算的重新表述，它必须按母公司所在国政府或公司自己确立的规定进行。

例如：海尔（美国）于5月15日在当地购入一批价值20万美元的零部件，至今仍未出库使用。购入时汇率 USD1 = CNY6.27。由于人民币汇率改革，第三季度会计决算日汇率 USD1 = CNY6.09。母公司合并报表时该笔存货少了3.6万元人民币。

又如：我国某公司因业务需要在美国的银行中存放了1 000万美元，当时存放时美元与人民币的汇率是 USD1 = CNY6.2700，则在该公司的会计账目上，其存款值折算成人民币为6 270万元。如果一段时间后，美元与人民币的汇率变为 USD1 = CNY6.2800，则在该公司的会计账目上，其存款值折算成人民币就会变为6 280万元。这意味着该公司的国外存款按人民币计算在账目上多增加了10万元人民币。反之，如果一段时间后，美元与人民币的汇率变为 USD1 = CNY6.2600，则在该公司的会计账目上，其存款值折算成人民币就会变为6 260万元。这意味着该公司的国外存款按人民币计算在账目上减少了10万元人民币。在这种情况下，就会对企业的盈利和账目平衡等产生很大影响。

【课堂讨论】
  某公司在美国的分公司于5月15日在当地购入一批价值20万美元的零部件，至今仍未出库使用。购入时汇率 USD1 = CNY6.27。由于人民币汇率改革，第三季度会计决算日汇率 USD1 = CNY6.09。问母公司合并报表时该笔存货存在什么样的风险？风险是多少？

三、经济风险（Economic Exposure）

经济风险是指由于突然的汇率波动，引起公司或企业的未来一定期间的收益发生变化。它是一种潜在性的风险，其程度大小取决于汇率变动对产品数量、价格及成本的影响程度。

经济风险的特点是：因为这种风险不但影响公司在国内的经济行为与效益，还直接影响公司在海外的经营效益或投资效益。

（一）带有主观意识

因为它取决于在一定时期内公司预测未来现金流动量的能力，而公司预测这种能力是千差万别的。

（二）它不包括预测的汇率变动

因为公司管理当局或广大投资者在评价预期收益或市场价值时，已把预期汇率变动考虑进去了。

（三）其风险影响比交易风险和折算风险大

此外，企业面临的风险，还有税收风险（Tax Exposure）。它是指因汇率的变动而引起的应税收益或减税损失，它是一种范围较小的风险，因国而异，但亦不可忽视。

【知识链接】

银行经营外汇业务的风险

一、外汇买卖风险

银行在外汇买卖即把本币兑成外币或把一种外币兑成另一种外币过程中所产生的风险，就是外汇买卖风险。

（一）外汇银行与外汇买卖业务

外汇银行是经营外汇买卖的重要金融机构，银行在外汇买卖当中是作为中介而存在。外汇银行在外汇供求者之间、在整个对外金融活动中都是积极参与活动，并成为一切外汇业务交易的中心。外汇买卖是外汇银行的基本业务，包括卖汇和买汇。

外汇银行买卖的结果会导致其国内或国外账户存款的增加或减少。在国内，银行买进或卖出外汇即付出或收进本币。而在国外，则把买进或卖出的外汇，经在国外开立的账户办理收付活动。银行通过买卖不同货币、不同金额、不同支付时间的汇票等外汇支付凭证，把居民或非居民的结算转变为银行之间账户的冲销，以结清国际间的债权债务。

（二）外汇头寸

外汇银行所持有的各种外币账户余额状况，称为外汇头寸。

银行买卖外汇经常处于不平衡之中，某种外币头寸卖大于买（不论即期或各种期限的远期，买卖合并轧抵计算），称"空头"（Short Position）或超卖（Oversold）；反之，买大于卖，称"多头"（Long Position）或超买（OverBought）；买卖持平而不增不减则称"轧平"（Square）。各种外汇各种期限的头寸汇总计算的净余额，即为人们所称的外汇"总头寸"（Overall Position）。

如果买卖外汇不平衡程度较小，银行可用手头资金来抵补，如果差额过大，由于汇率变化莫测，银行有可能会遭受损失。因此，为免除这种风险，银行一般都要进行掩护，执行"买卖平衡"原则。

一般来说，当某个国家对外出现逆差，则意味着外汇的卖出必超过买进，这时银行的外汇资金或外币就会大量集中于国内银行，银行的国外资金势必紧缩。相反，当一个国家出现顺差，则外汇的买进必超出卖出，银行的国内资金必然紧缩。银行为了调节资金盈虚，轧平资金，必须预先作反向的买卖予以补进或抛出。当地国外分行或代理行资金过少时，就需要将其他地方多余的资金调拨到该地以补其不足。这种业务是在银行同业之间进行的，又称为"银行同业外汇交易"。

值得注意的是"轧平"，并不意味着所有银行在买卖外汇后，都需立即进行平衡，而是根据国际金融的发展情况、银行本身资力的大小以及对汇率变动趋势的预测，来决定是立即轧平，还是推迟。如果推迟，实质上就是进行投机（Spcculation）。投机有好有坏，当今西方国家的银行，在经营外汇业务中常要参进投机因素。各国的外汇管理机构（大都为中央银行）为了防止外汇银行在外汇业务中大量投机，有时就根据各外汇银行资力的大小，分别规定银行买卖外汇时多头和空头的额度，予以干涉限制。

二、外汇信用风险

外汇信用风险这是指在外汇交易中由于当事人违约而给银行带来的风险。主要有：（1）与同业交易中，对方到期资力不足或破产倒闭造成的风险；（2）代客买卖中，客户不能或不愿履行期汇合约的交割而造成的风险；（3）外汇贷款中，客户不能如期还本付息而带来的风险。

从某种程度上讲，外汇信用风险比外汇买卖风险还更具"风险"，因此，详细考察对方资信，加强风险防范，十分重要。

三、清算风险

清算风险亦称交割风险，指在外汇交易未能按规定时间，履行付款责任的风险。

按照惯例，在外汇买卖中，当事人应于到期日或交割日把自己卖出的货币如数付至对方指定的收款银行（代理行）。若其中一方由于各种原因未能履行付款责任，则另一方有可能蒙受损失。

【单元实训】

（1）英国某公司从德国进口一批医疗设备，双方商定以美元计价，总价值USD100万，3个月后付款。签约时市场汇率为：GBP1 = USD1.3835，以此汇率计算，英国进口商需支付GBP72.28万（100万÷1.3835 = 72.28万）。但3个月后，英国某公司办理支付时，美元升值，汇率变为：GBP1 = USD1.3700。

问题1：在这一交易过程中，外汇风险是否存在？如果存在，存在于哪一方？

问题2：在此情况下，属于哪一种类型的外汇风险？

问题3：英国某公司需支付多少英镑？

问题4：存在风险的一方，损失的金额是多少？

提示：从案情来看，英国进口商从医疗设备的进口到办理支付的时间是3个月，计价货币美元在此期间汇率上升，所以在付款时，英国进口商需用72.99万英镑（100万÷1.3700=72.99万），比签订合同时多支付了0.71万英镑（72.99万－72.28万＝0.71万）。因此，在这一交易过程中，英国进口商蒙受了对外贸易结算中汇率升值的损失。

(2) 我国某金融机构在日本筹集一笔金额100亿日元的资金，以此向国内某企业发放10年期美元固定利率贷款，贷款利率为8%。当时美元兑日元的汇率为：USD1 = JPY200，该金融机构用100亿日元兑换5 000万美元。但10年后美元兑日元的汇率为：USD1 = JPY110，届时应偿还100亿日元。

问题1：在此情况下，属于哪一种类型的外汇风险？

问题2：该金融机构需用多少美元才能偿还100亿日元的借款？

问题3：该金融机构在筹资过程中承担的风险金额是多少？

提示：此案例中，属于债权债务的清偿风险。由于我国某金融机构在日本筹资100亿日元，其形式是在国内向某企业发放美元贷款，按当时汇率计算，只需5 000万美元即可兑换100亿日元。到期收回本金和利息共计9 000万美元（5 000万＋5 000万×8%×10＝9 000万）。但是，10年以后，美元与日元的汇率发生较大变化，美元大幅度贬值，而该金融机构需要9 090.9万美元（100亿÷110＝9 090.9万）仅能偿还100亿日元的本金，由此可见，该金融机构连借款的本金都难以弥补。这就是该金融机构因日元汇率上浮所蒙受的损失。

(3) 我国某公司与银行签订购买3个月远期100万美元，用于支付进口货款，协定汇率为：USD1 = CNY6.2760，3个月后，该公司需支付627.60万元人民币买入100万美元，以支付进口所需要的货款。此时汇率已变为：USD1 = CNY6.2820。

问题1：在这一交易过程中，外汇风险是否存在？如果存在，存在于哪一方？

问题2：在此情况下，属于哪一种类型的外汇风险？

问题3：蒙受损失的一方，损失的金额是多少？

提示：从案例中，我们不难看出，美元汇率较三个月前上涨了。由于该公司事先与银行签订了3个月远期外汇买卖合同，所以应按合同中的汇率交割，该公司支付627.6万元，可获100万美元。而此时的汇率为：USD1 = CNY6.2820，作为银行来说，少收人民币0.6万元，银行遭受了外汇买卖的风险。

任务二
外汇风险的管理

【任务要求】

教师讲解外汇风险的管理原则和方法。

学生通过本任务的学习,能对经济主体面临的外汇风险进行管理。

教学活动1 外汇风险管理的原则

【活动设计】

1. 教师组织外汇风险管理的相关案例;
2. 教师讲解外汇风险管理的原则。

【案例导入】

人民币升破6.4,企业迎汇率风险考验

2018年1月24日,中国货币网数据显示,人民币对美元中间价报6.3916,为2015年12月7日以来首次升破6.4关口。同2018年年初的6.5079相比,升值再次受到各方关注。根据中国货币网的数据,2017年全年,人民币对美元中间价从年初的6.9498到年底的6.5342,升值幅度达到了5.98%。这意味着,一些出口企业在2016年底享受了人民币贬值带来的"红利"后,已逐渐成为了汇率波动的承压方。

随着越来越多的企业意识到汇率的风险,在合同上加入汇率限制条款、欧元报价、汇率衍生品都成为了出口企业的"避险工具箱"之一。套期保值就是其中的一种,通过在市场上的操作,可以锁定成本、控制风险。

业内有研究表明,伴随着近几年我国企业"走出去",对外资产的规模也迎来了持续增长,在这种情况下,提高汇率风险管理能力的重要性已经变得越来越重要。2017年9月,央行发文将外汇风险准备金率从20%调整为零。民生银行首席研究员温彬指出,这使得银行的报价成本有所降低,有助于企业更好地运用衍生品工具来对冲汇率风险。

资料来源:新京报,2018.01.25。

【基础知识】

一、全面重视原则

要求发生涉外经济业务的政府部门、企业或个人对自身经济活动中的外汇风险高度重视。外汇风险有不同的种类,有的企业只有交易风险,有的还有经济风险和折算风险。不同的风险对企业的影响有差异,有的是有利的影响,有的是不利的影响。因此,涉外企业和跨国公司需要对外汇买卖、国际结算、会计折算、企业未来资金运营、国际筹资成本及跨国投资收益等项目下的外汇风险保持清醒的头脑,做到胸有成竹,避免顾此失彼,造成重大的损失。

二、管理多样化原则

要求涉外企业或跨国公司灵活多样地进行外汇风险管理。企业的经营范围、经营特点、管理风格各不相同，涉及的外币的波动性、外币净头寸、外币之间的相关性、外汇风险的大小都不一样，因此每个企业都应该具体情况具体分析，寻找最适合于自身风险状况和管理需要的外汇风险战术及具体的管理方法。随着时间的推移。外部约束因素会不断变化，因此企业的外汇风险管理战略也需要相应地更改，企业不能抱残守缺，长期只采用一种外汇风险管理方法，应运用多样化管理方法处理外汇风险。

三、收益最大化原则

要求涉外企业或跨国公司精确核算外汇风险管理的成本和收益。在确保实现风险管理预期目标的前提下，支出最少的成本，追求最大化的收益。这是企业进行外汇风险管理的基石和出发点，也是企业确定具体的风险管理战术、选择外汇风险管理方法的准绳。外汇风险管理本质上是一种风险的转移或分摊，例如采用远期外汇交易、期权、互换、期货等金融工具进行套期保值，都要支付一定的成本，以此为代价来固定未来的收益或支出，使企业的现金流量免受汇率波动的侵扰。一般地，外汇风险管理支付的成本越小，进行风险管理后得到的收益越大，企业对其外汇风险进行管理的积极性就越高，反之亦然。

教学活动2　外汇风险管理的方法

【活动设计】

1. 教师组织外汇风险管理的相关案例；
2. 教师讲解外汇风险管理的方法；
3. 学生通过实训选择合适的方法管理外汇风险。

【案例导入】

宝马的外汇风险管理策略

宝马2/3以上的销售在海外，作为一家出口型企业，汇率波动对宝马的经营状况影响很大。如何管理庞大的外汇风险？宝马的策略在经营和战略两个层面上展开：在经营层面上，宝马主要利用合约对冲（主要是远期和期权）、BSI、LSI等方法对外汇风险进行管理；在战略层面上，宝马主要运用自然对冲手段，其核心思想是建立同一币种的现金支出对冲现金收入。

【基础知识】

一、选好或搭配好计价货币

（一）选择本币计价

选择本币计价结算，实际上是将外汇风险构成因素中的外币因素去掉了，不管汇率如何变动，出口商将来以本币收进货款或进口商以本币支付货款，都是确定的，不存在任何不确定因素。因此，采用此方法，可以完全防范外汇风险。

本币计价方法一般有两种形式：一种是以出口商所在国货币作为计价货币，另一种是以进口国货币作为计价货币。此方法的优点是：简便易行，效果明显。但是它受本国货币的国际地位和贸易双方交易习惯的制约。

【知识链接】

在进出口贸易过程中，如果以出口商所在国货币作为计价货币，由于不涉及外币与本币的兑换，所以，对于出口商来说，根本就没有外汇风险，但对于进口商来说仍然存在外汇风险。反之，如果以进口商所在国货币作为计价货币，对于进口商来说，也没有外汇风险可言，出口商的外汇风险仍然存在。

采用本币计价法，对于贸易一方总存在外汇风险，买卖双方会因计价货币的确定产生矛盾，如果因此而影响贸易的进行就得不偿失了，进出口商可以根据自己在贸易中的地位来考虑接受何种计价货币。若处于买方市场的环境下，进口商可以考虑坚持用本币作为计价货币，出口商做出让步；若处于卖方市场环境下，出口商可以考虑坚持用本币作为计价货币，进口商做出让步。有外汇风险的一方可以在商品价格上做文章，或采取转嫁外汇风险法，以达到实现进出口贸易的目的。

（二）选择自由兑换货币计价

可自由兑换货币，是指对国际间经常往来的付款和资金转移不施加限制、不施行歧视性货币措施或多种货币汇率，在另一国要求下随时有义务换回对方在经常往来中所结存的本国货币。选择自由兑换货币作为计价结算货币，便于外汇资金的调拨和运用，一旦出现外汇风险可以立即兑换成另一种有利的货币。

（三）选择有利的外币计价

注意货币汇率变化趋势，选择有利的货币作为计价结算货币，这是一种根本性的防范措施。一般的基本原则是"收硬付软"。出口商在以硬币作为计价结算的货币时，由于硬币不断升值，将来当出口商收到货款时，就可以将这笔货款兑换回更多数额的本币；同样道理，进口商在以软币作为计价结算的货币时，由于软币不断贬值，将来当进口商支付货款时，就可以用较少的本币兑换到这笔货款。此方法的实质在于把汇率变动所带来的好处留给自己，损失推给对方。采用此方法时，一方面要受到贸易双方交易习惯的制约，另一方面由于各种货币的"硬"或"软"并不是绝对的，有时会出现逆转。所以，此方法并不能够保证进出口商完全避免外汇风险。

（四）选用"一篮子"货币

通过使用两种以上的货币计价来消除外汇汇率变动带来的风险。

一篮子货币的创造：假如签约日：USD/JPY：105　　EUR/USD：1.15

$$C = 1USD + 100JPY + 1EUR$$
$$= 1 + 100/105 + 1.15 = 3.124USD$$

即 C/USD：3.124

签约时：出口合同价格 3 124 万 USD，以综合货币单位 C 来保值，合 1 000 万 C

支付日：　　USD/JPY：98　　EUR/USD：1.36

$$C = 1USD + 100JPY + 100/98 + 1.36 = 3.3804USD$$

即 C/USD：3.3804

应该收取：$3.3804 \times 1 000C = 3 380.4$ 万美元

例如，德国进口商从美国进口设备，价值 1 000 万美元，1 年后以美元支付货款。又知签合同时的两种即期汇率分别为 USD1 = EUR 1.3510，SDR = USD1.2280。1 年以后，美元升值，欧元与特别提款权相对贬值，汇率变为：USD1 = EUR 1.7510，SDR = USD1.1000，则：

（1）若以美元计价，1 年后多支付 400 万马克：

USD 1 000 万 × （EUR 1.7510 – EUR 1.3510） = EUR400 万

（2）若以特别提款权计价，1 年后仅多支付 52.18 万欧元：

美元升值前货款为：

（USD 1 000 万 ÷ USD 1.2280/SDR） = SDR 814 万

美元升值后多支付欧元为：

SDR 814 万 × USD 1.1000/SDR × EUR 1.7510/USD – USD 1 000 万 = EUR 52.18 万

（五）软硬货币搭配

软硬货币此降彼升，具有负相关性质。进行合理搭配，能够减少汇率风险。交易双方在选择计价货币难以达成共识时，可采用这种折衷的方法。对于机械设备的进出口贸易，由于时间长、金额大，也可以采用这种方法。

企业如何避免在经济交易中产生的外汇风险，是一个很重要的问题，企业必须从自己的利益出发，通过选择适当的方法来避免或减少外汇风险。外汇风险的防范方法主要有两种：一种方法是在外汇风险发生之前就采取某种相应的措施，称为外汇风险的防止；另一种方法是在外汇风险发生之后采取某种相应的措施，称为外汇风险的转嫁。

该法具体搭配有三种形式：一是软硬货币对半；二是软或硬货币多些；三是把软硬货币与介于软硬货币之间的另一种货币进行组合，使三者各占一定的比例。同时，在该法中，一般还应在合同中标明计价货币、支付货币和币种及当时软硬货币之间的汇率，一旦软硬货币汇率发生变化，就可按变化后的汇率调整支付货币的数量。只有这样，才能避免或减少风险。

二、价格调整法

价格调整法是指当出口用软币计价结算、进口用硬币计价结算时，企业通过调整商品价格来防范外汇风险的方法。由于在进出口贸易中，"出口用硬币计价结算、进口用软币计价结算"的原则往往受交易意图、市场需求、商品质量、价格调条件等因素的制约而不能如愿以偿，有时出口不得不用软币成交，进口不得不用硬币成交，这就加大了外汇风险，这是可采用价格调整法来抵销一部分风险。主要有加价保值和压价保值两种。

（一）加价保值

加价保值法主要用于出口贸易中，在出口商接受软币计价成交时，将汇价损失摊入出口商品的价格中，以转移外汇风险。加价的幅度相当于软币预期贬值的幅度。根据国际惯例，加价有固定的公式。

加价后的商品价格 = 原单价 × （1 + 预期货币贬值率）

例如，我国某厂家出口商品以美元计价结算，现在成交，1年后结汇。美元为软货币。年贬值率预计为5%，每单位商品的原价格500美元，加价后的商品价格为：

500 × （1 + 5%） = 525（美元）

（二）压价保值

压价保值法用于商品进口交易中，进口商在进行硬币计价的国际贸易中，通过压低进口商的价格来减少硬币升值可能带来的损失。压价的幅度相当于硬币预期升值的幅度。根据国际惯例，压价也有固定的公式。

压价后的商品价格 = 原单价 × （1 - 预期货币升值率）

【知识链接】
如果实际升值率大于预期升值率，进口商仍会承担外汇风险。如果进口商坚持以本币计价，出口商就会存在外汇风险。为此，在卖方市场条件下，出口商可以适当提高出口货价；在买方市场条件下，货价则不易提高。反之，如果出口商坚持以本币计价，进口商就会存在外汇风险。为此，在买方市场条件下，进口商可以适当压低进口货价；在卖方市场条件下，货价则不易压低。

应当注意的是，价格调整法不能消除外汇风险，只能转移外汇风险。实际上风险依然存在，只不过当事人承担的风险减少而已。运用价格调整法必须把市场供求因素以及双方的购销意图结合起来考虑，在双方共同承担外汇风险的前提下，提出适当的进出口价格。

三、货币保值法

货币保值是指选择某种与合同货币不一致的、价值稳定的货币，将合同金额转换用所选货币来表示在结算或清偿时，按所选货币表示的金额以合同货币来完成收付。常用的货币保值法有两种：一种是以硬币保值，软币支付；一种是用"一篮子"货币保值。

（一）硬币保值法

硬币保值法一是双方在合同中规定，以硬币保值，用软币支付，记录两种货币当时的汇率，在执行合同时，如这一汇率发生变化，则原货价按这一汇率的变动幅度进行调整，这样，保证了出口商收到的软货币的货款折合成硬货币的金额，等于签订合同中硬货币的计价金额。二是双方在签订合同时，确定一个软币与硬币的"商定汇率"，并规定其波动幅度，如支付时超过"商定汇率"一定幅度时，则对原货价进行调整。此方法适用于交往有素的客户之间，以推进与发展双方长期往来的经济合作关系，软币与硬币汇率变动幅度较小，则不调整货价，以示给予对方的折让与照顾，只有软币与硬币汇率变动超过规定的波动幅度时，才对原货价进行调整。

例如：签约时：合同价格10万美元，以瑞士法郎保值，即以瑞士法郎为计价货币

美元/瑞士法郎：1.55，合同总额为15.5万瑞士法郎

支付时：美元/瑞士法郎：1.45

应支付：15.5/1.45＝10.69

又如：某公司有一笔货款为1 000万日元进口合同，以日元支付，以美元保值，并规定美元与日元波动幅度达到5%时，要对货款进行调整。

假设合同签订时汇率为USD1＝JPY100，支付货款时的汇率为USD1＝110，美元升值10%，波动幅度已经超过5%，所以，货款应进行调整，调整后的货款应为1 100（1 000÷100×110）万日元。

假设支付货款时的汇率为USD1＝103，美元升值只有3%，波动幅度没有超过5%，则货款不作调整，仍为1 000万日元。

（二）"一篮子"货币保值法

"一篮子"货币保值条款，就是选择多种货币对合同货币保值，即在签订合同时，确定好所选择多种货币与合同货币之间的汇率、并规定每种所选货币的权数，如果汇率发生变动，则在结算或清偿时，根据当时汇率变动幅度和每种所选货币的权数，对收付的合同货币金额作相应调整。货币保值法是指在交易谈判时，采取货币保值措施，经过双方协商，在订立合同时加入适当的保值条款，以防止外汇风险的方法。

例如：某笔货款为500万美元，贸易合同中规定用美元、日元、英镑组成"一篮子"货币来对货款进行保值。

其中：美元占30%，日元占30%，英镑占40%。

假设签订合同时的汇率为：USD1＝JPY120，USD1＝GBP0.6667

则500万美元折成保值货币就为：500×30%＝150（万美元）

500×30%×120＝18 000（万日元）

500×40%×0.6667＝133.34（万英镑）

若货款支付日的汇率变为：USD1＝JPY130，USD1＝GBP0.7000

则各保值货币折算成美元应为：150万美元

18 000÷130＝138.46（万美元）

133.34÷0.7000＝190.48（万美元）

合计：150＋138.46＋190.48＝478.94（万美元）

所以，到货款支付日时，进口商应向出口商支付478.94万美元的货款。

由于"一篮子"货币当中，各种货币的汇率有升有降，汇率风险得到分散，并把最大的风险限制在规定的幅度内，避免外汇风险。在目前的国际支付中，特别是对一些金额较大、期限较长的合同，使用这种方法比较普遍，起到了分散外汇风险的作用。

四、配对管理

配对管理是使外币的流入和流出在币种、金额和时间上相互平衡的作法。配对管理分为平衡法和组对法两种。

（一）平衡法

平衡法是指在同一时期内，创造一个与存在风险相同货币、相同金额、相同期限的资金反方向流动。

例如，A公司在3个月后有100 000美元应付货款，该公司为防止美元汇率上浮，设法出口同一货币计价、同等金额的货物，使3个月后有一笔同等数额美元应收货款，以此抵消3个月后的马克应付货款，从而消除外汇风险。我们可以用图8-1将其表示为：

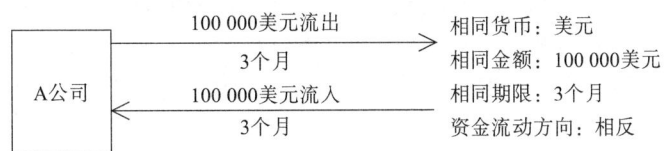

图8-1 平衡法流程

在一般情况下，一个企业要做到应收款和应付款完全平衡是很难的，采用这种方法还有赖于企业的采购部门、销售部门和财务部门的密切配合。不过，在实践中还有另外一种意义上的平衡法，就是指对外交易中收与付的币种一致，借、用、收、还的币种一致，同样可以避免或减少外汇风险。例如，某企业进口合同于1月1日签订，6月30日需付100万英镑货款。企业也可以在4月1日签订一个出口合同，同样用英镑收汇，付款时间仍定于6月30日。到6月30日，100万英镑一付一收，正好相抵。无论英镑汇率上浮还是下浮，风险就在这一付一收中消失了。

（二）组对法

组对法是指收入和支出的不是同一种货币，但这两种货币的汇率通常具有固定的或稳定的关系。

例如：某日本公司，出口100万美元的产品，3个月后收款，该公司创造一笔进口业务，进口金额778万港元，三个月付款。因为香港实行的是钉住美元的联系汇率，美元/港元：7.78，基本不变，同升同降。

组对法比平衡法灵活性大，易于采用。但却不能消除全部风险，而只能减缓货币风险的潜在影响，借助于"组对法"，有可能以组对货币（第三种货币）的得利来抵消某种具有风险外币的损失。但是，如果选用组对货币不当，也会产生两种货币都发生价值波动的双重风险。

五、提前收付或拖延收付法

在国际支付中,通过预测支付货币汇率的变动趋势,提前或拖延收付有关款项,也就是更改外汇资金的收付日期来抵补外汇风险的一种方法。具体地说,当预计货币将升值或汇率上浮时,所欠债务提前偿还,应收款项逾期接收,反之预计货币将贬值或汇率下浮时,则将债务支付推迟,应收款项则要提前收回。但是这种方法要在企业内部或母子公司之间才能进行,若与别的企业用这样的方法需要对方认可,实行起来不一定会顺利。

在提前支付货款的情况下,就一般情况而言,具有债务的公司可以得到一笔一定的金额的折扣。从这一意义上讲,提前付出货款等同于投资;而提前收取货款类似于借款。根据对汇率波动情况预测的结果,选择适当的时机提前结汇,可以减轻因汇率剧烈变化所受的损失。

延迟收付是指公司推迟收取货款或推迟支付货款。尽管拖延收付与提前收付是反方向的行为,但它们所起的作用是一样的,都是为了改变外汇风险的时间结构。

例如:假定将来美元上升,人民币疲软,出口商以及将来有外币收入的人会尽可能推迟收汇日期,以得到更多的人民币。为此,他们尽可能推迟履行出口合同,或延长出口汇票期限,推迟结算日期。相反,进口商以及将来发生支付外币的人在预测到人民币汇率疲软时,就会尽可能提早支付,加速履行进口合同,并缩短出口商提供的短期信用期限,以加快结汇,付清外汇。

假定将来美元将会下跌,人民币将会升值,上述活动则完全相反,即成了出口商加速履行合同,提前收汇;进口商则想推迟履行合同,延期付汇。

上述活动简单归纳如表 8-1 所示:

表 8-1　　　　　　　　　　　　提前或拖延结汇

汇率预测 企业行为	预测外汇汇率上升 本币贬值	预测外汇汇率下跌 本币升值
出口商或债权人(收进外币)	推迟收汇	提前收汇
进口商或债务人(支付外币)	提前付汇	推迟付汇

【课堂讨论】
　　某日本公司从美国进口 100 万美元的货物,货款 6 个月后支付,如何利用远期合同法、BSI、LSI 法消除外汇风险?

六、远期合同法

预约好将来一定时候的外汇交易,将汇率和交易金额预先确定下来的远期交易是弥补外汇风险的最直接的方法。这种方法在许多国家中广泛应用。

远期合同法是指具有远期外汇债权或债务的公司与银行签订卖出或买进远期外汇的合同，以消除外汇风险。具体做法是：

出口商在签订贸易合同后，按当时的远期汇率把与远期收入的相同金额的外币卖给银行，交割期限与收到货款的期限一致，届时可把从进口商处得到的货款与银行办理远期外汇交易的交割。

例如：一家意大利企业向美国某公司出口货物，该企业 3 个月后将从美国获得 80 000 美元的货款。为了防范 3 个月后汇率价格的波动风险，意大利企业可与该国外汇银行签订出售 80 000 美元的 3 个月远期合同。假定签订此远期合同时美元对欧元的远期汇率为 USD1.0000 = EUR0.8900，3 个月后，意大利公司履行远期合同，与银行进行交割，将收进的 80 000 美元售予外汇银行，获得本币 71 200 欧元；如此操作就消除了时间风险与货币风险，最后得到了本币的流入。

进口商在签订贸易合同后，则预先买进所需的远期外汇，到支付货款时，进口商可以先按原定汇率进行外汇交易的交割，再用买入的外汇来支付货款。

例如：德国 E 公司从美国进口 USD50 000 的商品，90 天后付款。为防止 90 天后美元升值带来风险损失，该公司在外汇市场上签订购买 90 天远期 USD50 000 的合同，3 个月远期汇率为 USD1 = EUR 0.8285 ~ 0.8300。3 个月后远期合同交割，E 公司支付 EUR 41 500（EUR 0.8300 ÷ USD1 × USD50 000），买进 USD50 000，向美国公司支付。由于做了远期外汇业务，E 公司把进口成本固定在本币 EUR 41 500 的水平上，防止了风险损失。90 天后从银行购入美元付给出口商，创造了相反的外币流动。

七、BSI 法

BSI 法（Borrow – Spot – Investment）是指企业通过借款、即期外汇交易和投资的程序，以消除外汇风险的一种管理方法。具体做法是：

拥有应收账款的出口商，为了防止汇率变动，先借入与应收外汇等值的外币（以此消除时间风险）；同时，通过即期交易把外币兑换成本币（以此消除价值风险）；然后，将本币存入银行或进行投资，以投资收益来贴补借款利息和其他费用。届时应收款到期，就以外汇归还银行贷款。可见，利用 BSI 法，从理论上讲，可完全消除外汇风险。

例如，德国 C 公司在 90 天后有一笔 USD100 000 的应收款。为防止将来收汇时美元贬值带来损失，该公司向银行借入 90 天期限的 USD100 000 借款。设外汇市场的即期汇率为 USD1 = EUR 0.8870 ~ 0.8880，该公司借款后用美元在外汇市场兑换成本币 EUR88 700，随即将所得欧元进行 90 天的投资。90 天后，C 公司以收回的 USD100 000 应收款归还银行贷款。

拥有应付账款的进口商在签订贸易合同后，为防止应收外币的汇价波动，进口商借入相应数量的本币，同时以此购买结算时的货币，然后以这笔外币在国际金融市场上做相应期限的短期投资。付款期限到期时，进口商收回外币投资并向出口商支付货款。当然，若进口商进行外币投资的收益低于本币借款利息成本，进口商则付出了防范风险的代价，但这种代价的数额是极其有限的。在这种方法中，企业把借来的本币兑换成外币，消除了价值风险,而把未来的外币应付账款用于投资,又改变了外汇风险的时间结构。

八、LSI 法

LSI 法(Lead – Spot – Investment)是指企业通过提前收付、即期外汇交易、投资或借款的程序,以消除外汇风险的一种管理方法。具体做法是:

具有应收外汇账款的出口商,在征得债务方同意后,以一定折扣为条件提前收回货款(以此消除时间风险),并通过在即期外汇市场上将外汇兑换成本币(以此消除价值风险)。然后,将换回的本币进行投资,所获的收益用以抵补因提前收汇的折扣损失。

例如,德国的 D 公司 90 天后有一笔 USD100 000 的应收货款。为防止届时美元贬值给公司带来损失,该公司征得美国进口商的同意,在给其一定付现折扣的情况下,要求其在 2 天内付清款项(暂不考虑折扣数额)。D 公司提前取得美元货款后,立即进行即期外汇交易,外汇市场的即期汇率为 USD1 = EUR 0.8670。随即 D 公司用兑换回的本币 EUR 86 700 进行 90 天的投资(暂不考虑利息因素)。

具有应付外汇账款的进口商在签订贸易合同后,为防止应付账款升值的风险,先向银行借入相应数额的本币。然后通过即期外汇交易,换成外币,从而消除货币风险。经与对方协商,最后将买得的外汇提前支付给对方。

【课堂讨论】

现有一家香港贸易公司,日常资金以美元形式持有,即以美元为本位币,由于经营需要,每年需要在欧洲国家选购贸易产品及其他用品,年支出约 1 亿美元左右,所购产品在中国大陆及香港地区销售和贸易。在欧洲进货时以欧元结算,而销售结算则以美元为本位币结算,因此每次的进货和销售都要经历一次以上两种货币之间转换的循环:

以美元现金兑换→欧元,在欧洲购货以欧元支付货款→香港或中国大陆进行商品交易→最后仍结算成美元。

如果美元对欧元货币汇率在上述循环过程中(存货周转天数假设为 120 天)波动较大,尤其是如果欧元升值,那么这家贸易公司将会在每一次的业务循环中都将面临着巨大的汇兑损失的风险。

要求:

试运用所学汇率风险回避和防范知识做以下探讨:

(1) 该公司所面临的是何种外汇风险?
(2) 防范这类风险有哪些办法?
(3) 在上述业务循环中,在哪部分环节上最有可能发生外汇风险?你有何具体的办法?
(4) 综上所述,你对该公司的业务循环与公司资金组合有何建议?

【知识链接】

管理外汇风险的其他方法

一、即期合同法

即期合同法指具有近期外汇债权或债务的公司与外汇银行签订出卖或购买外汇的即期合同，以消除外汇风险的方法。即期交易防范外汇风险需要实现资金的反向流动。企业若在近期预定时间有出口收汇，就应卖出手中相应的外汇头寸；企业若在近期预定的时间有进口付汇，则应买入相应的即期外汇。

二、期货合同法

期货合同法与远期合同法相似，区别在于后者通常用于数量、金额较大的交易，而前者较适合于数量较少的交易活动。企业购买期货合约是为了在特定的日期按确定的价格收进特定货币的确定数量。持有这种合约可以锁定企业应支付的本币数量。使用期货合约可以减少企业的交易风险，但有时也会产生相反的情况。

三、货币市场保值

货币市场保值是指利用货币市场头寸地位来抵销企业未来应收账款或应付账款头寸的保值技术，即用两种不同货币同时进行借贷，来锁定未来货币现金流量的本币价值。

四、货币期权保值

货币买进期权是赋予期权合同购买者在规定时间内，按特定的价格（执行价格）购买特定货币数量的权利。货币卖出期权是赋予合同购买者在规定的时间内按合同价格出售特定货币数量的权利。企业常常将买进期权用于应付账款的保值，用卖出期权对应收账款进行保值。该法与远期外汇合同法相比，更具有保值作用。因为远期法届时必须按约定的汇率履约，保现在值不保将来值。但期权合同法可以根据市场汇率变动作任何选择，即既可履约，也可不履约。最多损失期权费。

五、货币互换保值

货币互换保值是一种对汇率波动引起的长期交易风险进行保值的措施。常常用于有不同长期资金需求的企业，是用双向交易的货币保值，抵消外汇风险的保值技术。货币互换一般用于回避各种国际经营结算业务所伴随的汇率风险、为赚取利润在外汇市场进行资金运用，调整外汇资金的构成和外汇头寸的不平衡等。

六、掉期合同法

掉期合同法指具有远期的债务或债权的公司，在与银行签订卖出或买进即期外汇的同时，再买进或卖出相应的远期外汇，以防范风险的一种方法。它与套期保值的区别在于：套期保值是在已有的一笔交易基础上所做的反方向交易，而掉期则是两笔反方向的交易同时进行。掉期交易中两笔外汇买卖币种、金额相同，买卖方向相反，交割日不同。这种交易常见于短期投资或短期借贷业务外汇风险的防范上。

【单元实训】

（1）某外贸公司与美商达成一笔交易，合同规定我方出口某商品500吨，每吨450美元，合同签订时的汇率为：USD1 = CNY6.2820，出口人民币收入应为141 450元（450×500×6.2820 = 1 413 450）。但合同同时规定，货物出运后2个月付款，所以结算应以结算时银行挂牌的汇率办理，而2个月后的汇率已经变为：USD1 = CNY6.2750，试分析出口商与进口商在交易过程中的外汇风险。

提示：由此可以看出，作为美国进口商来说，计价货币选择的是本币，所以不论汇率怎样变化，进口该批货物只需支付225 000美元（450×500 = 22 500），没有外币与本币的兑换问题，故也就没有外汇风险。但对于出口商来说，由于汇率的变化，使得他的最终收入折算成本币也发生了变化，外汇风险确实存在。

案例中，2个月后的汇率变为：USD1 = CNY6.2750，此时出口上述货物实际收到货款为1 411 875元（450×500×6.2750）与签订合同时预计收入少了1 575元（1 413 450 - 1 411 875）。

（2）日本商人从美国进口小麦10 000吨，100美元/吨，3个月远期付款，当时东京外汇市场3个月远期汇率为：USD1 = JPY115.50，预计支付115 500 000日元（100×10 000×116.50）。但是，3个月后，美元与日元的汇率为：USD1 = JPY120.00，试分析出口商与进口商在交易过程中的外汇风险。

提示：由此可以看出，作为美国出口商来说，计价货币选择的是本币，所以无论汇率怎样变化，出口该货物都可以得到1 000 000美元，在贸易过程中不涉及本币与外币的兑换问题，没有外汇风险可言。但对于日本进口商来说，由于汇率的变化，使得他拿出了更多的本币去兑换外币，以支付进口所需的货物，承担了汇率变化带来的风险。

由于3个月后美元与日元的汇率变为：USD1 = JPY120.00，日商需购买1 000 000美元（100×10 000）支付进口小麦的货款，在兑换美元时，日本商人应付给银行120 000 000日元（1 000 000×120.00）。比预计多付出4 500 000日元（120 000 000 - 115 500 000）。

（3）美国出口商向日本出口一批商品，计价150万日元，即期汇率为：USD1 = JPY150，到期应收回10 000美元（1 500 000÷150）。然而到期支付时，汇率变为：USD1 = JPY125，美国出口商收到的外汇并没有变，仍是150万日元，但是，按结汇时的汇率折算，可以换回12 000美元（1 500 000÷125）。比签订合同时多收入2 000美元（12 000 - 10 000）。

提示：在这个案例中，计价货币是日元，日元汇率升值，美元汇率贬值，出口商选择的是硬币，符合"收硬付软"原则，所以出口商最终换回的本币比签订合同时多2 000美元。

（4）我国某轻工公司按CFR向德国某客户出口一批磁化杯，原报价即期付款每箱85英镑，共100箱，现该客户要求我公司改用瑞士法郎报价，并给予1个月延期付款的优惠。参考当时法兰克福外汇市场的牌价的即期汇率：GBP1 = CHF2.4320～2.4370，且瑞士法郎汇率有下浮趋势。出口商如何采用平衡法消除外汇风险？

分析：从上述案例中，对于德国进口商来说，要求将英镑报价改为瑞士法郎报价，即采取了本币报价的方法，所以，无论汇率如何变化，进口商都没有外汇风险。但是，对于我国出口商来说，在德国客户的要求下，将英镑报价改为瑞士法郎报价，应为每箱20 714.5 瑞士法郎（85×2.4370×100）。另又从法兰克福外汇市场牌价得知，瑞士法郎1个月汇率有下浮趋势，即瑞士法郎趋软，给出口商带来汇率风险。在此情况下，出口商采用平衡法来抵消由于出口所带来的汇率风险。其具体做法是：出口商可以与另外一国外公司签订一笔相同数额的进口合同，做到付款时间与收款时间一致，这样一收一付就使外汇风险抵消。

（5）某跨国公司的母公司在美国，一个子公司在英国，一个子公司在德国，现预测欧元对美元将上浮，英镑对美元将下浮；为消除外汇风险，跨国公司之间在进口与出口业务中，将如何运用提前结汇和推迟结汇呢？

提示：前面的知识告诉我们，如果计价结算货币汇率下浮，出口商应提前收汇，进口商推迟付汇；如果计价货币汇率上浮，出口商应推迟收汇，进口商提前付汇。

根据案例中所给条件，欧元对美元将上浮，英镑对美元将下浮，所以，欧元最硬，英镑最软。在跨国公司内部贸易时的做法是：(1) 若是用英镑为结算货币，美国母公司向英国子公司出口时，美国母公司应提前收汇，美国母公司从英国子公司进口时，美国母公司应推迟付汇。德国子公司向英国子公司出口时，德国子公司应提前收汇，德国子公司从英国子公司进口时，德国子公司应推迟付汇。(2) 若是用美元为结算货币，英国子公司向美国母公司出口时，英国子公司应推迟收汇，英国子公司从美国母公司进口时，英国子公司应提前付汇；德国子公司向美国母公司出口时，德国子公司应提前收汇，德国子公司从美国母公司进口时，德国子公司应推迟付汇。(3) 若是用欧元为结算货币，英国子公司向德国子公司出口时，英国子公司应推迟收汇，英国子公司从德国子公司进口时，英国子公司应提前付汇；美国母公司向德国子公司出口时，美国母公司应推迟收汇，美国母公司从德国子公司进口时，美国母公司应提前付汇。上述活动可归纳如下（见表8-2）：

表8-2　　　　　　　　　　　　　提前或推迟结汇情况

国家 计价货币	英国	美国	德国
英镑计价 （对英国收付）		进口：推迟付汇 出口：提前收汇	进口：推迟付汇 出口：提前收汇
美元计价 （对美国收付）	进口：提前付汇 出口：推迟收汇		进口：推迟付汇 出口：提前收汇
欧元计价 （对德国收付）	进口：提前付汇 出口：推迟收汇	进口：提前付汇 出口：推迟收汇	

（6）我国某出口企业预定在3个月后收进出口货款1 000 000美元，为防止3个月后美元汇率下跌而遭受损失，该企业与进口商在合同中加注保值条款，规定将美元作为计价货币，人民币作为保值货币，并把计价货币（美元）与保值货币（人民币）之间的汇率

固定为：USD1 = CNY6.2750，美元与人民币的汇率的波动幅度为1%（即USD1 = CNY6.2650），若3个月后，支付时汇率变动超过这一幅度，则按商定汇率对原货价进行调整。

提示：在本案例中，由于合同附加了保值条款，出口商就不会因为美元（软币）汇率下浮而遭受更多损失。若3个月后的汇率在USD1 = CNY6.2650之下，如：USD1 = CNY6.2600，美元与人民币的汇率的波动幅度为1%，则就按商定汇率对货价进行调整，货价就应调整为：1 002 396美元（1 000 000 × 6.2750 ÷ 6.2600）。若3个月后的汇率波动幅度没有超过1%，如：USD1 = CNY6.2690，则不调整货价，以示给予对方的折让。

（7）我某出口企业预定在3个月后收进出口货款1 000 000美元，为防止3个月后美元汇率下跌而遭受损失，该企业与银行预先约定在3个月以后卖出1 000 000美元，汇率约定为：USD1 = CNY6.2700。3个月后，美元货款一经收到，便履行预约，以约定的汇率将这些美元卖给银行，换成本币，3个月后即期汇率为USD1 = CNY6.2750。试对该过程进行分析。

提示：从本案例中可以看出，出口商通过运用远期合同法有效地防范了外汇风险，使不确定的汇率变动因素转化为可计算的因素，防范外汇风险的成本也固定在一定范围内，本案例中，弥补1美元外汇风险的单位成本是0.005元（6.2750 - 6.2700），总成本是5 000元（6 275 000 - 6 270 000）。

（8）某进口企业3个月后将用1 000 000美元支付货款，为防止美元汇率上涨而带来的损失，现在进口商以相同的期限与银行预先约定买进1 000 000美元，汇率约定为：USD1 = CNY6.2700，到期时按约定的汇率履行预约，进行交割，而后进行进口结汇。3个月后即期汇率为USD1 = CNY6.2750。试对该过程进行分析。

提示：从本案例中可以看出，进口商通过运用远期合同法有效地防范了外汇风险，使不确定的汇率变动因素转化为可计算的因素。

【综合实训】

一、基础知识测试

（一）单选题

1. 外汇风险的不确定性是指（　　）。
A. 外汇风险可能发生，也可能不发生
B. 外汇风险给持汇者或用汇者带来的可能是损失也可能是盈利
C. 给一方带来的是损失，给另一方带来的必然是盈利
D. 外汇汇率可能上升，也可能下降

2. 在资本输出（入）中，如果外汇汇率在外币债权债务清偿时较债权债务关系形成时发生下跌或上涨，当事人就会遭受风险。这属于（　　）。
A. 时间风险　　　　　　　　　　B. 交易风险
C. 经济风险　　　　　　　　　　D. 转换风险

3. 一笔应收或应付外币账款的时间结构对外汇风险的大小具有直接影响。时间越长，外汇风险就越（　　）。

A. 大　　　　　　　　　　　　B. 小

C. 没有影响　　　　　　　　　D. 无法判断

4. 出口收汇的计价货币要尽量选择（　　）。

A. 软币　　　　　　　　　　　B. 硬币

C. 黄金　　　　　　　　　　　D. 篮子货币

（二）多选题

1. LSI 法中的 S 是指（　　）；L 是指（　　）。

A. 提前收付　　　　　　　　　B. 借款

C. 即期合同　　　　　　　　　D. 投资

E. 交易时间

2. 时间结构对外汇风险的影响是（　　）。

A. 时间越长，风险越大　　　　B. 时间越长，风险越小

C. 时间越短，风险越大　　　　D. 时间越短，风险越小

E. 没有影响

3. BSI 消除外汇风险的原理是（　　）。

A. 在有应收账款的条件下，借入本币

B. 在有应收账款的条件下，借入外币

C. 在有应付账款的条件下，借入外币

D. 在有应付账款的条件下，借入本币

E. 在有应收、应付账款的条件下，提前结算货款

4. 外汇风险的构成因素包括（　　）。

A. 时间　　　　　　　　　　　B. 地点

C. 本币　　　　　　　　　　　D. 汇率

E. 外币

5. 软硬货币此降彼升，具有负相关性质。进行合理搭配，能够减少汇率风险，其主要方式有（　　）。

A. 软硬货币对半　　　　　　　B. 软或硬货币多些

C. 介于软硬货币之间　　　　　D. 随意配比

E. 在合同存续期随时调整货币的搭配比例

6. 常见的外汇风险的综合管理方法有（　　）。

A. BSI 法　　　　　　　　　　B. LSI 法

C. 远期合同法　　　　　　　　D. 平衡抵消法

E. 币种选择法

（三）判断题

1. 外汇风险是指一个组织、经济实体或个人的以外币计价的资产和负债因汇率变动而蒙受的意外损失。　　　　　　　　　　　　　　　　　　　　　　　　　（　　）

2. 交易风险是指在约定的外币计价的交易过程中，由于结算时的利率与签订合同时的利率不同而面临的风险。（　）

3. 只要企业在进出口贸易中不使用外币，就不存在外汇风险。（　）

4. 在进口贸易中，选择用硬币结算可以防范外汇风险。（　）

5. 外汇风险的一般管理方法，是多元种类的外汇风险防范措施，既能消除时间风险，又能消除价值风险。（　）

（四）问答题

1. 什么是外汇风险？它的构成要素及类型有哪些？
2. 什么是外汇风险管理？它有哪些管理原则？
3. 外汇风险管理的一般方法有哪些？
4. 何谓 BSI 法？试分析 BSI 法怎样消除应收账款和应付账款的外汇风险。
5. 何谓 LSI 法？试分析 LSI 法怎样消除应收账款和应付账款的外汇风险。
6. 简述怎样利用远期合同法进行外汇风险管理。

二、实务题

1. 我国某公司从德国进口一批设备，以欧元计价结算，货价为 500 万欧元，签订合同时欧元与人民币的汇率为：1 欧元 = 7.7026 元人民币，延期付款 3 个月。3 个月后付款时，欧元与人民币的汇率变为：1 欧元 = 7.7520 人民币元。问：

（1）在这一交易过程中，外汇风险是否存在？如果存在，哪一方蒙受损失？
（2）在此情况下，属于哪一种类型的外汇风险？
（3）我国某公司需支付多少元人民币？
（4）存在风险的一方，损失的金额是多少？

2. 假如一出口企业与外商签订一批商品出口合同，外币计价的出口合同金额是 100 万美元。装船时收到外商的即期汇票 100 万美元，出口企业按当时汇率（USD1 = CNY6.2854）将即期汇票卖给银行，收到人民币 628.54 万元（100 万 × 6.2854）。如果装船时，采用托收方式收取货款，则需要 2 个月的时间，如果收到货款时的汇率是：USD1 = CNY6.2756。

问：出口商面临的外汇风险的时间风险和价值风险分别是什么？

3. 我国某公司向德国出口一批机床，每台单价 600 欧元，当时汇率为：EUR1 = CNY7.8380，结汇时汇率为：EUR1 = CNY7.8020。问：

（1）此计价法是本币计价法吗？
（2）此计价法对哪一方有利？为什么？
（3）出口商的最终收益比以前多了，还是少了？具体金额是多少？

4. 美国某公司 3 个月后要向日本出口商支付货款 1 亿日元，假设美元与日元的汇率如下：

即期汇率：USD1 = JPY100

3 个月远期汇率：USD1 = JPY95

在此条件下，为防止日元汇率上涨，进口商如何采用远期合同法来防范外汇风险？

5. 我国某公司向德国出口 50 万欧元商品，预计 3 个月后收回货款，现从外汇行市中得到，欧元汇率趋跌，欧元与人民币的汇率如下：

即期汇率：EUR1 = CNY7.7040　　　3 个月远期汇率：EUR1 = CNY7.7000

在此条件下，为防止欧元汇率下跌，出口商如何采用远期合同法来防范外汇风险？

6. 某跨国公司的母公司在美国，一个子公司在英国，一个子公司在日本，现预测日元对美元将上浮，英镑对美元将下浮；为消除外汇风险，跨国公司之间在进口与出口业务中，将如何运用提前结汇和推迟结汇呢？请说明理由，并填表 8 – 3。

表 8 – 3　　　　　　　　　　　　　　提前或推迟结汇情况

国家 计价货币	英国	美国	日本
英镑计价 （对英国收付）		进口： 出口：	进口： 出口：
美元计价 （对美国收付）	进口： 出口：		进口： 出口：
日元计价 （对日本收付）	进口： 出口：	进口： 出口：	

7. 我某出口企业预定在 3 个月后收进出口货款 50 万美元，为防止 3 个月后美元汇率下跌而遭受损失，该企业与进口商在合同中加注保值条款，规定将美元作为计价货币，人民币作为保值货币，并把计价货币（美元）与保值货币（人民币）之间的汇率固定为：USD1 = CNY6.2750，汇率的波动幅度为 1%（即 USD1 = CNY6.2650），若 3 个月后，支付时美元与人民币的汇率变为 USD1 = CNY6.2620，原货价是否需要调整？为什么？如若需要调整，应为多少美元？

8. 假定一价值 90 万美元的出口合同，以日元、英镑、欧元保值。它们所占的权数均为 1/3，和美元的汇率定为：USD1 = JPY115，USD1 = GBP0.5，USD1 = EUR0.95。到结算时三种货币的汇率变为：USD1 = JPY125，USD1 = GBP0.45，USD1 = EUR0.9。问：

（1）根据所给条件，计算出保值货币的价值分别是多少？

（2）在执行合同时，按当时的汇率变动情况，重新调整后的货价是多少？

综合实训答案

项目一【综合实训】答案

一、基础知识测试:

(一) 单选题

1. A 2. A 3. D 4. C 5. C 6. B 7. A 8. A 9. B 10. C

(二) 多选题

1. CDE 2. ABCDE 3. AB 4. ACE 5. ACE 6. ABE 7. ABCE 8. ABCE
9. ABCE

(三) 判断题

1. × 2. × 3. × 4. × 5. × 6. √ 7. × 8. × 9. √ 10. ×

(四) 问答题

略

二、实务题:

1. 50 万 × 615.78 ÷ 100 = 307.89 万元人民币

2. 10 000 × 1 022.34 ÷ 100 = 102 234 元人民币

3. 30 万 × 6.0078 ÷ 100 = 18 023.4 元人民币；5 万 × 5.7818 ÷ 100 = 2 890.9 元人民币

4. 20 万 × 819.90 ÷ 100 = 163.98 万元人民币

项目二【综合实训】答案

一、基础知识测试:

(一) 单选题

1. C 2. B 3. A 4. B 5. D 6. D 7. A 8. B 9. D 10. A

(二) 多选题

1. ABCD 2. ABD 3. ADE 4. ABD 5. ABC 6. ABCD 7. ADE 8. ABCDE
9. AB 10. BC

(三) 判断题

1. × 2. × 3. √ 4. √ 5. × 6. × 7. × 8. × 9. √ 10. √ 11. × 12. √

(四) 问答题

略

二、实务题：

略

项目三【综合实训】答案

一、基础知识测试：

(一) 单选题

1. B   2. D   3. A   4. B   5. A   6. D   7. C   8. B   9. B   10. A

(二) 多选题

1. ABCD   2. ABCD   3. ABD   4. ABCDE   5. ABCDE   6. ABCD   7. BCD

(三) 判断题

1. ×   2. ×   3. ×   4. √   5. ×   6. ×   7. √   8. √   9. ×   10. √

(四) 问答题

略

三、实务题：

略

项目四【综合实训】答案

一、基础知识测试：

(一) 单选题

1. C   2. B   3. B   4. D   5. A   6. B   7. C   8. B   9. D   10. A

(二) 多选题

1. ABCD   2. ABDE   3. ABCDE   4. ABCDE   5. ABCDE   6. BCDE   7. BCD
8. ABCE   9. BCDE   10. ABCDE

(三) 判断题

1. √   2. ×   3. √   4. ×   5. ×   6. √   7. ×   8. ×   9. √   10. √

(四) 问答题

略

二、实务题：

略

项目五【综合实训】答案

一、基础知识测试：

(一) 单选题

1. B 2. C 3. A 4. C 5. A 6. A

（二）多选题

1. ABCDE 2. ABCDE 3. ABD 4. CD 5. ABCE

（三）判断题

1. √ 2. √ 3. √ 4. × 5. × 6. × 7. √

（四）问答题

略

二、实务题：

略

项目六【综合实训】答案

一、基础知识测试：

（一）单选题

1. C 2. C 3. D 4. A 5. C 6. A 7. B 8. B 9. B 10. C

（二）多选题

1. BCE 2. BDE 3. ABCDE 4. ABC 5. ABCD 6. ACD 7. CD 8. ABCE
9. AD

（三）判断题

1. √ 2. × 3. × 4. × 5. √ 6. √ 7. √ 8. × 9. × 10. ×

（四）问答题

略

二、实务题：

1. （1）1.3910；（2）1.3910；（3）1.3900

2. （1）JPY/CNY = 0.057530/0.057760   （2）CNY/JPY = 17.3129/17.3820
   （3）EUR/CHF = 1.2872/1.3025   （4）CHF/EUR = 0.7678/0.7769

3. （1）0.9730 × 1/1.3150 × 1.3875 = 1.03，有套汇机会。

（2）用 CHF100 万套汇：100 万 ÷ 1.3160 × 1.3870 × 0.9720 = 102.44 万 CHF
     用 USD100 万套汇：100 万 × 0.9720 ÷ 1.3160 × 1.3870 = 102.44 万 USD
     用 GBP100 万套汇：100 万 × 1.3870 × 0.9720 ÷ 1.3160 = 102.44 万 GBP

4. $1.5200 \times (14\% - 10\%) \times \frac{3}{12} = 0.0152$，GBP1 = USD1.5200 + 0.0152 = 1.5352

5. （1）USD 贴水年率 = $\frac{0.00585}{1.0405} \times \frac{12}{3} \times 100\% = 2.25\% < 3.5\%$，资金在美国投资有利。

（2）用 CHF100 万抵补套利：100 万 ÷ 1.0410 × $(1 + 7.5\% \times \frac{3}{12})$ × 1.0333 = 101.12 万 CHF，获利 1.12 万 CHF。

(3) 年收益率 = $\frac{1.12}{100} \times \frac{12}{3} \times 100\% = 4.48\%$

6. (1) 6 个月远期 AUD/CHF = 0.7300/20

(2) 1 000 万 × $(1 + 3.5\% \times \frac{6}{12})$ ÷ 0.7320 = 1 390.03 万 AUD

(3) 1 000 万 CHF 期初可以兑换 1 000 万 ÷ 0.7360 = 1 358.7 万 AUD，

借款的实际年利率 = $\frac{1\,390.03 - 1\,358.7}{1\,358.7} \times \frac{12}{6} \times 100\% = 4.61\%$。

7.

日 期	现汇市场	期货市场
3 月 1 日	USD/AUD1.2917/27 如果买入 250 万 AUD，支付 250 万 ÷ 1.2917 = 193.54 万 USD	USD0.7291/AUD 买入 6 月份交割 AUD 期货合约 25 份
6 月 1 日	USD/AUD1.2023/33 买入 250 万 AUD，支付 250 万 ÷ 1.2023 = 207.93 万 USD	USD0.7672/AUD 卖出 6 月份交割 AUD 期货合约 25 份
盈亏	亏损 14.39 万 USD	盈利 9.525 万 USD

8.

日 期	现汇市场	期货市场
1 月 9 日	USD/CHF0.9778/88 如果卖出 100 万 CHF，收入 100 万 ÷ 0.9788 = 102.17 万 USD	USD1.1260/CHF 卖出 3 月份交割 CHF 期货合约 8 份
3 月 9 日	USD/CHF0.9850/60 卖出 100 万 CHF，收入 100 万 ÷ 0.9860 = 101.42 万 USD	USD1.1210/CHF 买入 3 月份交割 CHF 期货合约 8 份
盈亏	亏损 0.75 万 USD	盈利 0.5 万 USD

9. 该出口商购买看跌期权。

(1) 放弃期权合约，放弃合约比执行合约可以多收入：

(0.9600 - 0.9500) × 100 万 = 10 万 CHF

(2) 执行期权合约，执行合约比放弃合约可以多收入：

(0.9500 - 0.9400) × 100 万 = 10 万 CHF

(3) 执行与否均可。

项目七【综合实训】答案

一、基础知识测试

(一) 单选题

1. B   2. C   3. A   4. A   5. B

(二) 多选题

1. ACD   2. ABCE   3. ABD   4. ABCD   5. AB

(三) 判断题

1. ×   2. √   3. ×   4. √   5. ×

二、实务题

(略)

项目八【综合实训】答案

一、基础知识测试

(一) 单选题

1. B   2. B   3. A   4. B

(二) 多选题

1. AC   2. AD   3. BD   4. ACE   5. ABC   6. ABC

(三) 判断题

1. ×   2. ×   3. √   4. ×   5. ×

二、实务题

1.（1）存在　我国某公司

　（2）交易风险

　（3）7.7520×500万＝3 876万

　（4）7.7520×500万－7.7026×500万＝24.7万

2. 2个月汇率变化的风险：(6.2854－6.2756)×100万＝0.98万

3.（1）对我国来说不是本币计价法

　（2）此计价法对德国有利

　（3）少了；(7.8380－7.8020)×600＝21.6元

4. 卖出三个月远期日元

5. 卖出三个月远期欧元，锁定汇率

6.

国家 计价货币	英国	美国	日本
英镑计价 (对英国收付)		进口：推迟付款 出口：提前付款	进口：推迟付款 出口：提前收款
美元计价 (对美国收付)	进口：提前付款 出口：推迟收款		进口：推迟付款 出口：提前收款
日元计价 (对日本收付)	进口：提前付款 出口：推迟收款	进口：提前付款 出口：推迟收款	

7. 参考硬币保值法例子

8. "一篮子"货币保值法中例子

主要参考文献 References

1. 吕鹰飞，高建侠．国际金融实务．中国财政经济出版社，2015．
2. 刘园．国际金融实务．第三版．高等教育出版社，2017．
3. 吴平凡，黄志强．国际金融实务．第三版．高等教育出版社，2016．
4. 徐冬根．国际金融法．高等教育出版社，2015．
5. 中国人民大学国际货币研究所．人民币国际化报告2017：强化人民币金融交易功能．中国人民大学出版社，2017．
6. 侯迎春，石月华．国际结算实务．中国财政经济出版社，2016．
7. 张晓晖，吕鹰飞．金融学基础．中国财政经济出版社，2014．
8. 约瑟夫·P·丹尼尔斯，戴维·D·范胡斯．国际金融学．中国人民大学出版社，2016．
9. 李齐，唐晓林．国际金融实务．中国海关出版社，2016．
10. 李仁真．国际金融法．第三版．武汉大学出版社，2011．
11. 刘惠好．国际金融．第三版．中国金融出版社，2017．
12. 张宗英，纪建新．国际金融实务．第二版．对外经贸大学出版社，2017．
13. 刘玉操，曹华．国际金融实务．第五版．东北财经大学出版社，2017．
14. 徐荣贞．国际金融概论．第三版．中国金融出版社，2016．
15. 孟昊，郭红．国际金融理论与实务．第三版．人民邮电出版社，2017．
16. 沈四宝，王军．国际商法．对外经贸大学出版社，2016．
17. 施晓春，周江银．商业银行会计．中国财政经济出版社，2014．
18. 史燕平．国际金融．中国人民大学出版社，2016．
19. 孙南申．国际商法．浙江大学出版社，2010．
20. 王爱俭．国际金融概论．第四版．中国金融出版社，2015．
21. 王丹，张帆，燕丽．国际金融理论与实务．第二版．清华大学出版社，2016．
22. 罗平，吴军梅．银行监管学．中国财政经济出版社，2015．
23. 陈雨露．国际金融．第五版．中国人民大学出版社，2015．